“十三五”职业教育规划教材

计算机基础案例教程

主　编　徐卫英
副主编　张晓艳　赵敏涯　吴　伟
参　编　沈效良　华　英　王　磊　范广慧
主　审　李金祥

中国电力出版社
CHINA ELECTRIC POWER PRESS

内容提要

本书为“十三五”职业教育规划教材，采用“案例描述—案例实现—相关知识”的项目案例化教学模式，利用丰富实用的应用案例，深入浅出、循序渐进地介绍了计算机技术基础的基本概念、知识和技能。教材主要包括 Windows 7 操作系统、Word 2010 文字处理、Excel 2010 电子表格处理、PowerPoint 2010 演示文稿制作、Internet 及其应用和 Office 软件的联合应用六个项目。每个项目后有思考与练习题，有助于读者进一步巩固所学知识。

本书可作为高等职业技术学院、高等专科学校、成人高校及本科院校中的二级职业技术学院、中职学校计算机应用基础课教材及各类计算机技术基础培训教材。同时，本书也是备考办公软件应用高级操作员级技能鉴定的首选教材。

图书在版编目（CIP）数据

计算机基础案例教程 / 徐卫英主编. —北京：中国电力出版社，2016.6（2019.8 重印）
“十三五”职业教育规划教材
ISBN 978-7-5123-9358-5

Ⅰ. ①计… Ⅱ. ①徐… Ⅲ. ①电子计算机－高等职业教育－教材 Ⅳ. ①TP3

中国版本图书馆 CIP 数据核字（2016）第 122731 号

中国电力出版社出版、发行
（北京市东城区北京站西街 19 号 100005 http://www.cepp.sgcc.com.cn）
北京雁林吉兆印刷有限公司印刷
各地新华书店经售

*

2016 年 6 月第一版 2019 年 8 月北京第三次印刷
787 毫米×1092 毫米 16 开本 15 印张 368 千字
定价 **32.00** 元

随着我国信息化进程的加快和社会信息化程度的提高，熟悉、掌握计算机信息处理技术的基本知识和技能是每一位大学生走上工作岗位的必备条件之一。本书作为大学计算机的入门课程，根据“办公软件应用高级操作员的国家职业标准”的要求，并参考国家职业资格办公软件应用高级操作员的考试大纲编写。通过本书的学习，使学生具备利用计算机处理实际应用问题的基本能力，熟悉计算机的基本知识，从而帮助他们高效地完成专业学习或实际工作中的一些任务。同时可通过参加全国办公软件应用高级操作员考试，取得相应的职业资格证书。

本书主要内容

本书以着力培养高职高专学生信息素质为突破口，精心组织教学案例，采用“案例描述—案例实现—相关知识”的项目案例化教学模式，利用丰富实用的应用案例，深入浅出、循序渐进地介绍了计算机技术基础的基本概念、知识和技能。教材主要包括 Windows 7 操作系统、Word 2010 文字处理、Excel 2010 电子表格处理、PowerPoint 2010 演示文稿制作、Internet 及其应用和 Office 软件的联合应用六个项目。教材内容翔实、结构清晰、语言简练、易学易用，突出了实用性和可操作性。每个项目后有思考与练习题，有助于读者进一步巩固所学知识。

本书主要特色

本书的主要特色是用项目案例组织知识和技能。从案例入手，将计算机技术基础的基本知识和技能恰当地融入案例的制作和分析过程中，使学生在学习过程中不但能掌握基本知识与技能，而且能运用软件处理实际问题，提高学生的创新与动手能力。

本书适用对象

本书紧贴“全国计算机信息高新技术考试——办公软件应用模块（Windows 7 平台）——高级操作员级考试”的国家职业标准，突出职业技能和实际应用，是参加办公软件应用高级操作员级技能鉴定的首选教材，同时也可作为高职高专院校、中职学校“计算机应用基础”教材及各类计算机技术基础培训教材。

本书所有案例制作所需素材，请到中国电力出版社网站 http：//jc.cepp.sgcc.com.cn 下载。

本书由苏州市职业大学的徐卫英、赵敏涯、张晓艳、华英、沈效良、吴伟、王磊、范广慧等参与编写。李金祥教授担任主审。沈效良老师编写项目 1 的案例 1、2。吴伟老师编写项目 2 的案例 1、2、4，王磊老师编写项目 2 的案例 3、5，张晓艳老师编写项目 3 的案例 1、2，徐卫英老师编写项目 3 的案例 3 和项目 6 的案例 1，赵敏涯老师编写项目 4 的案例 1、2，华英老师编写项目 5 的案例 1～3。全书由徐卫英老师统稿。

本书在编写和出版过程中受到陈珂副教授和中国电力出版社的大力支持，在此表示衷心的感谢。

限于编者的水平和时间，书中难免有不足之处，欢迎读者批评指正。

编　者

2016年5月

目 录

前言

项目 1 Windows 7 操作系统 ······ 1
案例 1 信息资源管理 ······ 1
案例 2 工作环境优化 ······ 18
思考与练习 ······ 38
项目 2 Word 2010 文字处理 ······ 41
案例 1 汽车 4S 店宣传手册的排版 ······ 42
案例 2 保健产品介绍的制作 ······ 60
案例 3 制作菜蓝子产品销售单 ······ 71
案例 4 毕业论文的编辑与排版 ······ 78
案例 5 校友会联系人通知函的制作 ······ 89
思考与练习 ······ 95
项目 3 Excel 2010 电子表格处理 ······ 99
案例 1 建立与统计员工工资 ······ 99
案例 2 管理与分析公司数据 ······ 125
案例 3 制作图书销售统计图表 ······ 137
思考与练习 ······ 152
项目 4 PowerPoint 2010 演示文稿制作 ······ 154
案例 1 制作企业产品展示的演示文稿 ······ 154
案例 2 制作毕业设计答辩的演示文稿 ······ 169
思考与练习 ······ 184
项目 5 Internet 及其应用 ······ 186
案例 1 信息资源搜索与下载 ······ 186
案例 2 处理电子邮件 ······ 189
案例 3 调度日常安排 ······ 204
思考与练习 ······ 210
项目 6 Office 软件的联合应用 ······ 212
案例 制订企业文化建设的发展方案 ······ 212
思考与练习 ······ 232
参考文献 ······ 234

项目 1 Windows 7 [illegible]

[illegible]

项目 2 Word 2010 [illegible] …… 41

[illegible]

项目 3 Excel 2010 电子表格处理 [illegible]

[illegible]

项目 4 PowerPoint 2010 演示文稿制作 [illegible]

[illegible]

项目 5 Internet 应用 …… 186

[illegible] …… 204

[illegible] …… 210

项目 6 Office [illegible]

[illegible]

项目 1 Windows 7 操作系统

操作系统（OS）是计算机中最重要的一种系统软件，它是许多程序模块的集合，它们能以尽量有效、合理的方式管理计算机的软硬件资源，合理地安排计算机的工作流程，控制和支持应用程序的运行，并向用户提供各种服务，使用户能灵活、方便、有效、安全地使用计算机，也使整个计算机系统高效率地运行。

操作系统主要有以下五个管理功能：

（1）处理器管理。处理器是完成运算和控制的设备。在多道程序运行时，每个程序都需要使用处理器。操作系统的一个功能就是安排好处理器的使用权，也就是说，在每个时刻处理器分配给哪个程序使用是操作系统决定的。

（2）存储管理。操作系统一般采用虚拟存储技术（也称为虚拟内存技术，简称虚存）进行存储管理。在 Windows 操作系统中，虚拟存储器是由计算机中的物理内存和硬盘上的虚拟内存（"交换文件"）联合组成的。以 Windows 7 操作系统为例，交换文件的文件名是 pagefile.sys，它位于系统盘的根目录下，用户可以利用系统工具中的"系统信息"来查看内存的工作情况，包括总的物理内存大小、可用的物理内存大小、总的虚拟内存大小等。

（3）文件管理。计算机中的信息是多种多样的，有的是程序，有的是数据。它们又分成许多不同类型，平时它们都存放在外存储器中，使用时才装入内存。为了便于管理，计算机把存储在外存储器中一组相关信息集合起来，称为文件。操作系统负责这些文件的存储、检索、更新、保护和共享。

（4）设备管理。操作系统中的"设备管理"程序负责对系统中的各种输入/输出设备进行管理，处理用户的输入/输出请求，方便、有效、安全地完成输入/输出操作。

（5）进程管理。进程管理也称作业管理，用户交给计算机处理的工作称为作业。作业管理是由进程管理模块来控制的，进程管理模块对作业执行的全过程进行管理和控制。

案例 1 信息资源管理

案例描述

小丽是某汽车 4S 店的一名文员。有一天，公司经理给了她一台笔记本电脑，让她把该电脑 D 盘"临时文件夹"中的文件进行归类，以便经理在使用时能迅速找到相关文件。

小丽拿到文件后，先分析了文件的类型，然后根据文件类型创建了相应的文件夹，最终完成的案例效果图如图 1-1 和图 1-2 所示。

案例实现

按下主机上的 Power 按钮，计算机启动并自动进入 Windows 7 操作系统。利用"项目 1\

案例 1”文件夹中的相关文件，根据要求完成创建文件夹、复制文件、移动文件、删除文件、创建快捷方式等工作。

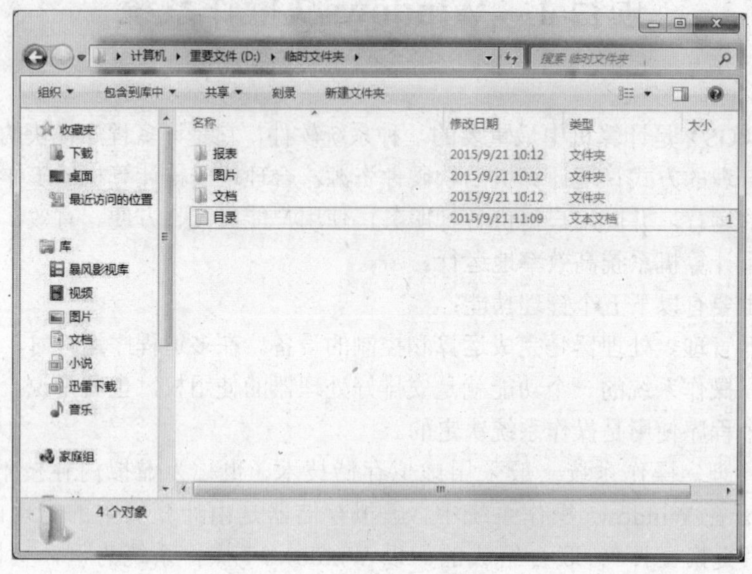

图 1-1　案例 1 效果图 1

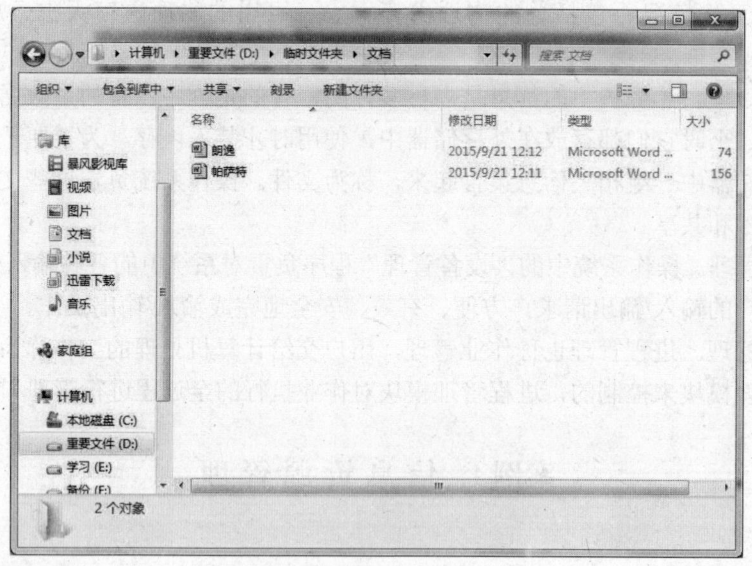

图 1-2　案例 1 效果图 2

1. 启动资源管理器

如图 1-1 所示，启动资源管理器。单击任务栏中的“开始”按钮，鼠标指向“所有程序”，出现菜单如图 1-3 所示，单击“附件”中的“Windows 资源管理器”[或在“开始”按钮上单击鼠标右键，在弹出的快捷菜单中单击“打开 Windows 资源管理器（P)”，如图 1-4 所示]，即可打开“资源管理器”窗口。

2. 创建文件夹、文件

（1）如图 1-1 所示，在“临时文件夹”中创建“报表”“图片”“文档”三个文件夹。

打开 D 盘中的“临时文件夹”，单击工具栏中的新建文件夹按钮，或在空白区域单击鼠标右键，在快捷菜单中选择“新建（W）”→“文件夹（F）”命令，如图 1-5 所示，输入文件夹的名称“图片”，完成文件夹的创建。同理，再创建两个文件夹“文档”和“报表”。

（2）如图 1-1 所示，在“临时文件夹”中创建“目录”文本文档。

在“临时文件夹”空白区域单击鼠标右键，在快捷菜单中选择“新建（W）”→“文本文档”命令，如图 1-5 所示，输入文本文档的名称“目录”，完成文本文档的创建。

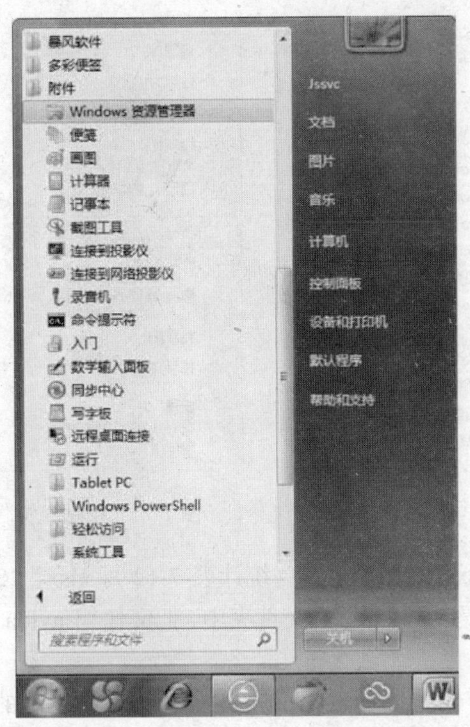

图 1-3 “附件”→“Windows 资源管理器”命令

图 1-4 “开始”按钮→单击鼠标右键

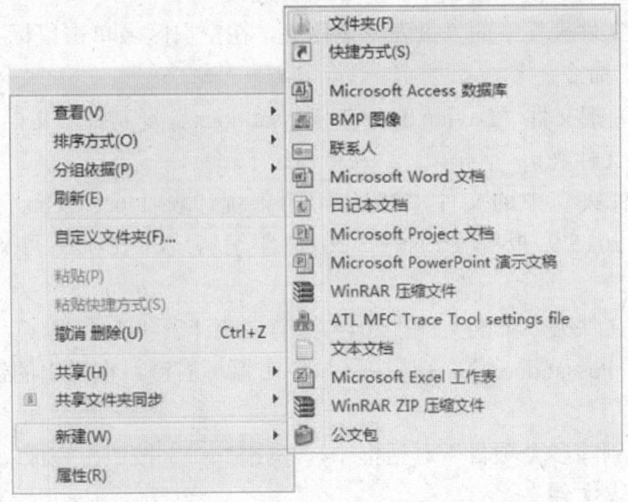

图 1-5 “新建（W）”→“文件夹（F）”命令

3. 复制和移动文件或文件夹

（1）把图片“CrossPOLO”“Lavida”“Passat”“Tiguan”移动到“图片”文件夹中。

1）选中“临时文件夹”中的图片“CrossPOLO”，按住键盘上的 Ctrl 键，选择其余图片“Lavida”“Passat”“Tiguan”，在选中区域单击鼠标右键，在弹出的快捷菜单中选择“剪切”命令（也可按 Ctrl+X 组合键），如图 1-6 所示。

2）打开“临时文件夹”中的“图片”文件夹，在空白区域单击鼠标右键，在弹出的快捷菜单中选择“粘贴”命令（也可按 Ctrl+V 组合键），如图 1-7 所示。

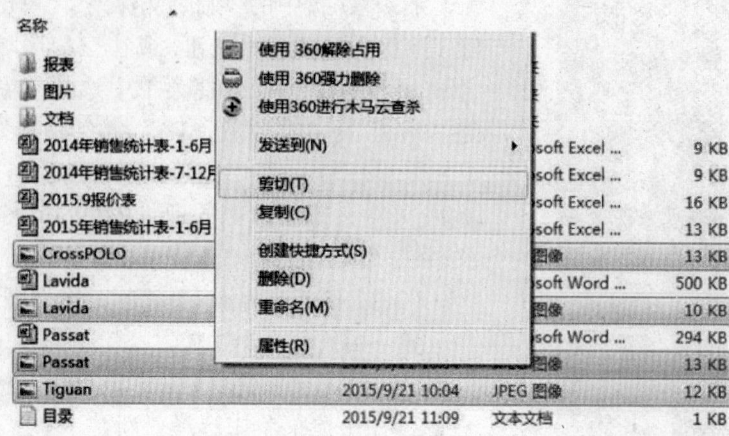

图 1-6 “剪切”文件

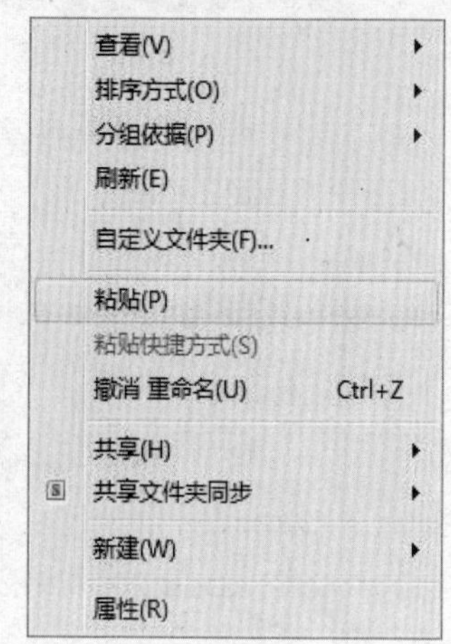

图 1-7 “粘贴”文件

（2）把文件“2014 年销售统计表-1-6 月.xlsx”“2014 年销售统计表-7-12 月.xlsx”“2015.9 报价表.xlsx”“2015 年销售统计表-1-6 月.xlsx”复制到“报表”文件夹中，把文件“Lavida.docx”“Passat.docx”复制到“文档”文件夹中。

1）选中“临时文件夹”中的文件“2014 年销售统计表-1-6 月.xlsx”，按住键盘上的 Shift 键，鼠标选择文件“2015 年销售统计表-1-6 月.xlsx”，在选中区域单击鼠标右键，在弹出的快捷菜单中选择“复制”命令（也可按 Ctrl+C 组合键）。

2）打开“临时文件夹”中的“报表”文件夹，在空白区域单击鼠标右键，在弹出的快捷菜单中选择“粘贴”命令。

3）依照 1）、2）把文件“Lavida.docx”“Passat.docx”复制到“文档”文件夹中。

4. 删除文件或文件夹

删除“临时文件夹”中的文件“2014 年销售统计表-1-6 月.xlsx”“2014 年销售统计表-7-12 月.xlsx”“2015.9 报价表.xlsx”“2015 年销售统计表-1-6 月.xlsx”“Lavida.docx”“Passat.docx”。

1）选中“临时文件夹”中的文件“2014 年销售统计表-1-6 月.xlsx”，按住键盘上的 Shift 键，鼠标选择文件“Passat.docx”，在选中区域单击鼠标右键，在弹出的快捷菜单中选择“删除”命令。

2）在弹出的“删除多个项目”对话框中，单击 是(Y) 按钮，完成文件的删除。

5. 重命名文件或文件夹

如图 1-2 所示，把“文档”文件夹中的文件“Lavida.docx”重命名为“朗逸.docx”，“Passat.docx”重命名为“帕萨特.docx”。

1）打开“文档”文件夹，在文件“Lavida.docx”上单击鼠标右键，在弹出的快捷菜单中选择“重命名”命令。

2）删除原文件名“Lavida.docx”，输入新文件名“朗逸.docx”。

3）依照 1）、2）把文件“Passat.docx”重命名为“帕萨特.docx”。

6. 创建应用程序的快捷方式

在桌面添加应用程序 Microsoft Word 2010 的快捷方式。

1）单击任务栏上的“开始”按钮，鼠标移至“所有程序”上，打开“所有程序”列表，单击“Microsoft Office”项。

2）在程序“Microsoft Word 2010”上单击鼠标右键，在弹出的快捷菜单中选择“发送到（N）”→“桌面快捷方式”命令，如图 1-8 所示，完成 Microsoft Word 2010 桌面快捷方式的创建。

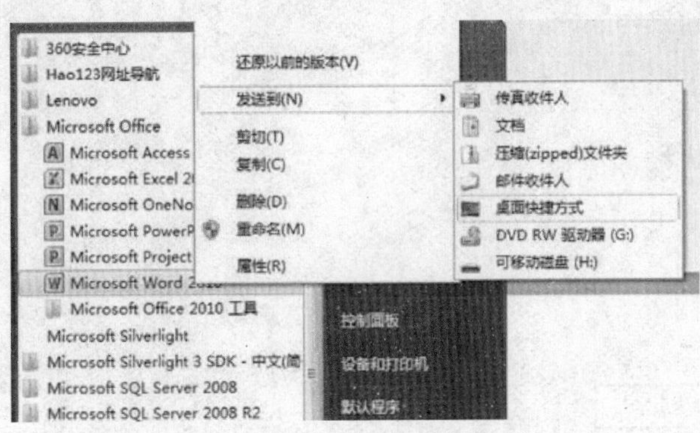

图 1-8　创建“桌面快捷方式”

相关知识

1. Windows 7 操作系统概述

Windows 7 是微软公司 2009 年下半年发布的 Windows 操作系统，供个人使用，包括家用及商业应用。Windows 7 的设计主要围绕五个重点——针对笔记本电脑的特有设计；基于应用服务的设计；用户的个性化；视听娱乐的优化；用户易用性的新引擎。

（1）易用。Windows 7 简化了许多设计，如快速最大化，窗口半屏显示，跳转列表（Jump List），系统故障快速修复等。

（2）简单。Windows 7 将会让搜索和使用信息更加简单，包括本地、网络和互联网搜索功能，直观的用户体验将更加高级，还会整合自动化应用程序提交和交叉程序数据透明性。

（3）效率。Windows 7 中，系统集成的搜索功能非常强大，只要用户打开“开始”菜单并输入搜索内容，无论要查找应用程序、文本文档等，搜索功能都能自动运行，给用户的操作带来极大的便利。

（4）小工具。Windows 7 的小工具并没有像 Windows Vista 的边栏，这样，小工具可以单独在桌面上放置。2012 年 9 月，微软停止了对 Windows 7 小工具下载的技术支持，原因是 Windows 7 和 Windows Vista 中的 Windows 边栏平台有严重漏洞。

（5）高效搜索框。Windows 7 系统资源管理器的搜索框在菜单栏的右侧，可以灵活调节宽窄。它能快速搜索 Windows 中的文档、图片、程序、Windows 帮助甚至网络等信息。Windows 7 系统的搜索是动态的，当我们在搜索框中输入第一个字的时刻，Windows 7 的搜索就已经开始工作，大大提高了搜索效率。

2. 启动、退出 Windows 7 系统

（1）启动 Windows 7。按下主机上的 Power 按钮，系统开始检测内存、硬盘等各个设备，

然后进入 Windows 7 的启动程序并显示 Windows 7 的桌面，如图 1-9 所示。

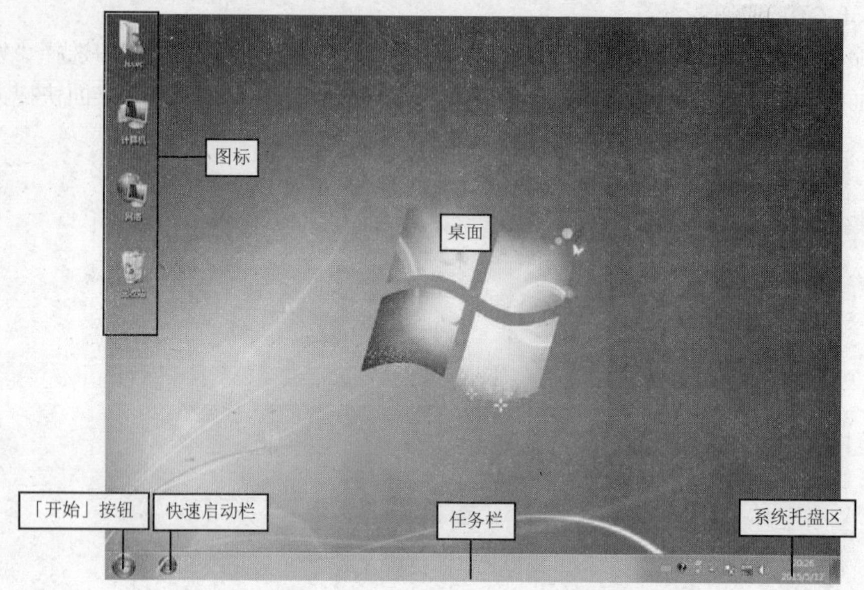

图 1-9 Windows 7 桌面

（2）退出 Windows 7。保存数据、关闭所有打开的窗口，单击任务栏上的“开始”按钮，再单击“关机”按钮，如图 1-10 所示。

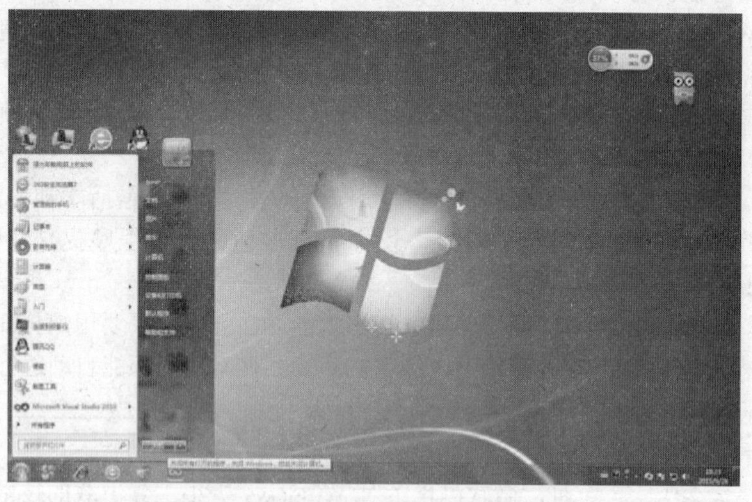

图 1-10 “开始”→“关机”命令

3. 窗口的基本操作

Windows 7 以“窗口”的形式来区分各个程序的工作区域，用户打开计算机、磁盘驱动器、文件夹，或是一个应用程序，系统会打开一个窗口，用于执行相应的工作。

（1）Windows 7 窗口的组成。Windows 7 窗口的组成大同小异，主要由标题栏、地址栏、搜索框、“最大化”“最小化”“关闭”按钮、“前进”和“后退”按钮等组成。以“图片库”窗口为例，对窗口的组成做如下说明，如图 1-11 所示。

1）标题栏。显示文档和程序的名称（或者如果正在文件夹中工作，则显示文件夹的名称）。

图 1-11　Windows 7 窗口

2）地址栏。显示了当前访问对象的完整路径，路径中的每个文件夹节点都会显示为按钮。单击按钮即可快速跳转到相应的文件夹。

3）工具栏。工具栏是显示位图式按钮行的控制条，位图式按钮用来执行命令。

4）导航窗格。以树形图的形式列举了一些常见位置。可以使用导航窗格（左窗格）来查找文件和文件夹。还可以在导航窗格中将项目直接移动或复制到目标位置。如果在已打开窗口的左侧没有看到导航窗格，请单击"组织"，指向"布局"，然后单击"导航窗格"以将其显示出来。

5）搜索框。在搜索框中，键入关于所感兴趣主题的几个字词或短语，然后按 Enter 键或单击"搜索"按钮。将会出现搜索结果的页面。如果没有找到所需的结果，请尝试使用其他搜索术语，或者单击"搜索"按钮右侧的箭头并选择其他搜索提供程序。

6）显示方式切换窗格。用于控制文件显示的视图模式、显示/隐藏预览窗格按钮和获取帮助按钮。

7）库窗格。提供一些与库有关的操作。

8）预览窗格。该窗格默认是隐藏的。单击"显示预览窗格"按钮即可打开。

9）文件窗格。列出当前浏览位置包含的所有内容，包括文件、文件夹等。

10）细节窗格。当选中某文件或文件夹时，在细节窗格中会显示该文件或文件夹的属性信息。

（2）打开和关闭窗口。如需打开某对象对应的窗口，只需在桌面、"开始"菜单或资源管理器等位置，通过鼠标单击或双击操作相应的命令或文件夹。例如，打开"计算机"窗口，可通过以下两种方法：①选择"开始"菜单中的"计算机"命令；②双击桌面"计算机"图标。

关闭窗口可通过以下几种方法：①单击窗口“关闭”按钮；②将鼠标移至任务栏，在相应的任务上单击鼠标右键，选择“关闭窗口”命令；③使用键盘 Alt+F4 组合键。

（3）最大化、最小化、还原窗口。若要最大化窗口，通过单击“最大化”按钮或双击标题栏，窗口会全屏显示；最小化窗口也称为隐藏窗口。若要最小化窗口，通过单击“最小化”按钮。窗口会从桌面中消失，只在任务栏（屏幕底部较长的水平栏）上显示为按钮；若要还原窗口，通过单击“还原”按钮，窗口还原至之前大小（如窗口处于最大化状态，也可通过双击标题栏还原窗口）。

（4）改变窗口的大小。若要调整窗口的大小（非最大化、最小化），通过鼠标指向窗口的任意边框或角。当鼠标指针变成双箭头时，拖动边框或角可以缩小或放大窗口。

（5）移动窗口。若要移动窗口，通过鼠标指针指向其标题栏。然后将窗口拖动到希望的位置（“拖动”意味着指向项目，按住鼠标按钮，用指针移动项目，然后释放鼠标按钮）。

（6）切换窗口。如果打开了多个程序或文档，桌面会快速布满杂乱的窗口。通常不容易跟踪已打开了哪些窗口，因为一些窗口可能部分或完全覆盖了其他窗口。通过以下几种方法实现窗口间的切换：

1）任务栏。任务栏提供了整理所有窗口的方式。每个窗口都在任务栏上具有相应的按钮。若要切换到其他窗口，只需单击其任务栏按钮。该窗口将出现在所有其他窗口的前面，成为活动窗口（即当前正在使用的窗口）。

2）使用键盘 Alt+Tab 组合键。通过按 Alt+Tab 键可以切换到先前的窗口，或者通过按住 Alt 键并重复按 Tab 键循环切换所有打开的窗口和桌面。释放 Alt 键可以显示所选的窗口。

3）使用 Aero 三维窗口切换。Aero 三维窗口切换以三维堆栈排列窗口，用户可以快速浏览这些窗口，如图 1-12 所示。使用三维窗口切换的步骤如下：

图 1-12 Aero 三维窗口切换

按住 Windows 徽标键的同时按 Tab 键可打开三维窗口切换。

当按下 Windows 徽标键时，重复按 Tab 键或滚动鼠标滚轮可以循环切换打开的窗口。还可以按“向右键”或“向下键”向前循环切换一个窗口，或者按“向左键”或“向上键”向后循环切换一个窗口。

释放 Windows 徽标键可以显示堆栈中最前面的窗口。或者，单击堆栈中某个窗口的任意部分来显示该窗口。

（7）自动排列窗口。Windows 7 提供了层叠、堆叠、并排 3 种自动排列窗口的方式。

右击任务栏的空白区域，从快捷菜单中选择“层叠窗口”“堆叠窗口”或“并排窗口”实现窗口的排列方式。层叠排列窗口的效果如图 1-13 所示；堆叠排列窗口的效果如图 1-14 所示。

图 1-13　层叠排列窗口

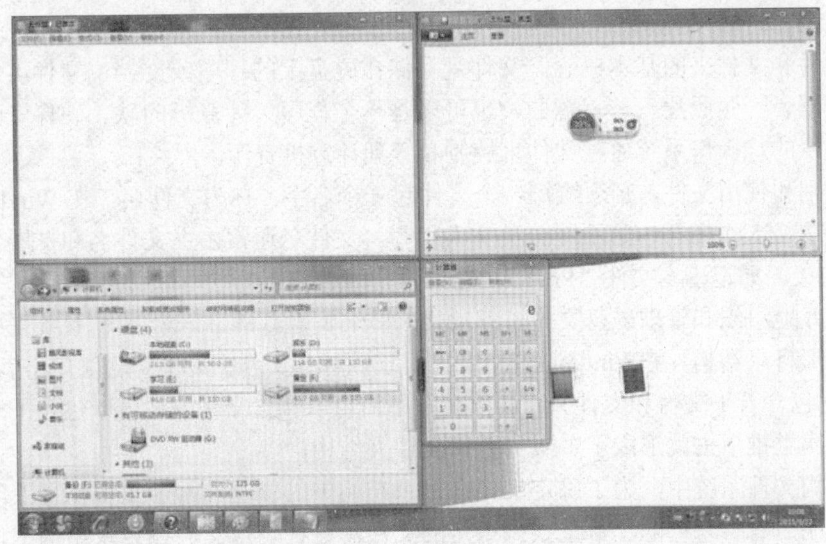

图 1-14　堆叠排列窗口

并排排列窗口的步骤如下：

将窗口的标题栏拖动到屏幕的左侧或右侧，直到出现已展开窗口的轮廓。

释放鼠标即可展开窗口。

对其他窗口重复以上两个步骤以并排排列这些窗口。

4. 对话框的基本操作

对话框是特殊类型的窗口，可以提出问题，允许用户选择选项来执行任务，或者提供信息。当程序或 Windows 需要用户进行响应它才能继续时，经常会看到对话框。以“回收站 属性”对话框为例，如图 1-15 所示。

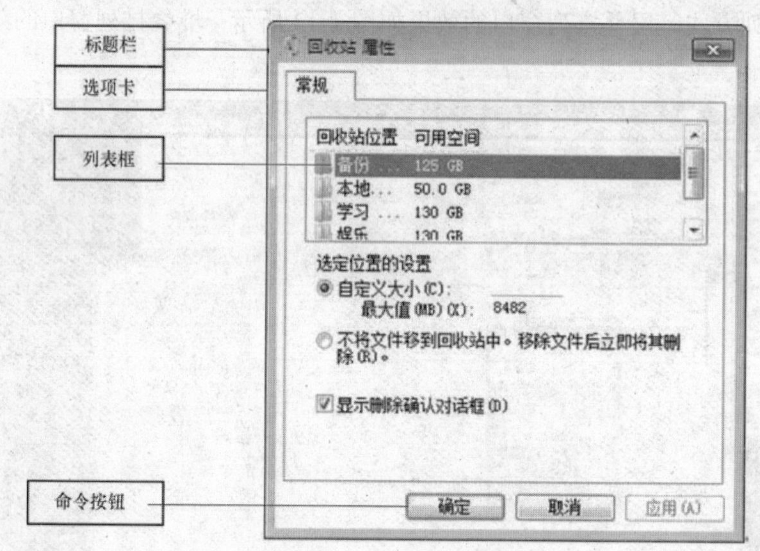

图 1-15 “回收站 属性”对话框

选项卡：也称标签页，每个选项卡代表一个活动的区域。

列表框：显示多个选项，供用户选择一个或多个。

5. 文件和文件夹的管理

（1）文件和文件夹的基本概念。文件是存储在磁盘上的程序或文档，文件可以是一篇文稿、一批数据、一张照片、一首歌曲，也可以是一个程序。计算机的软、硬件资源都是以文件形式来组织的，操作系统通过文件来控制和管理计算机资源。

为了区别和使用文件，必须给每一个文件起一个名字，称为文件名。在 Windows 中，文件名可以长达 255 个字符，且不区分英文大小写。文件名通常由主文件名和扩展名组成，中间以“.”连接，如记事本文件“Practice.txt”。

为了有效地组织和管理磁盘文件，解决文件重名问题，Windows 操作系统采用多级目录结构——树形目录结构。在 Windows 中，文件目录也称为文件夹。每个磁盘有一个根目录（根文件夹），它包含若干文件和文件夹，文件夹中不但可以包含文件，且可以包含下一级的文件夹，这样依次类推下去就形成了多级的树状文件夹结构。

树形结构文件系统中，为了确定文件在目录结构中的位置，常常需要在目录结构中按照目录层次顺序沿着一系列的子目录找到指定的文件。这种确定文件在目录结构中位置的一组连续的、由路径分隔符“\”分隔的文件名称为路径。

（2）新建文件夹、文件。

1）新建文件夹。在管理文件时经常需要使用文件夹，如需新建一个文件夹，可通过在空白区域单击鼠标右键，在弹出的快捷菜单中，选择“新建（W）”→“文件夹”命令；或者在文件夹窗口中，单击工具栏中的 新建文件夹 按钮。输入文件夹的名称，单击桌面或文件夹的空白区域，确认文件夹名称的输入。

2）新建文件。创建新文件的最常见方式是使用程序。例如，可以在字处理程序中创建文本文档或者在视频编辑程序中创建电影文件。

有些程序一经打开就会创建文件。例如，打开写字板时，它使用空白页启动。这表示空（且未保存）文件。开始键入内容，并在准备好保存用户的工作时，单击“保存”按钮 。在所显示的对话框中，键入文件名（文件名有助于以后再次查找文件），然后单击“保存”按钮。

除此之外，使用快捷菜单也可以快速创建一些常见类型的文件，例如.docx 文件、.txt 文件等。以新建.txt 文件为例，在桌面、磁盘或文件夹的空白区域单击鼠标右键，选择“新建（W）”→“文本文档”命令，输入文件的名称，单击空白区域，确认文件名称的输入。

（3）复制和移动文件、文件夹。可以采用许多不同的方法使用文件资源管理器复制和移动文件和文件夹。

1）打开“资源管理器”。

2）浏览到包含要复制或移动的文件或文件夹的文件夹或位置。

3）通过执行以下操作之一来复制或移动文件夹：

选择要复制或移动的项目，单击“主页”，然后单击“复制”命令复制所选的项目，或者单击“剪切”命令剪切所选的项目，如图 1-16 所示。

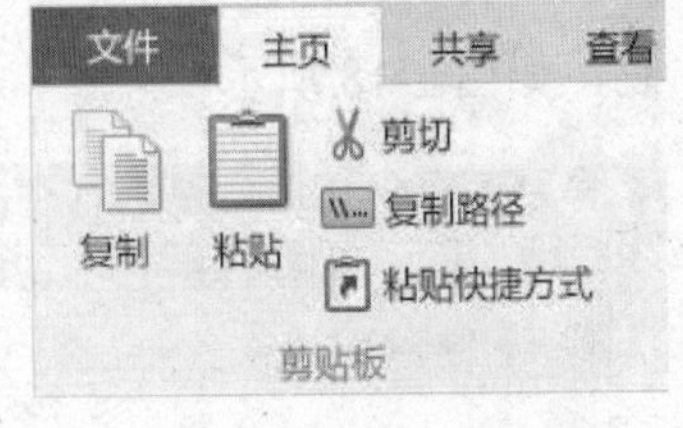

图 1-16 “主页”→“复制”/“剪切”命令

浏览到希望存储文件或文件夹的新位置，单击“主页”，然后单击“粘贴”命令。

并排打开两个“资源管理器”窗口，然后将项目从一个窗口拖动到另一个窗口。若要打开一个新的“资源管理器”窗口，请单击“文件”，然后单击“打开新窗口”命令。

按 Ctrl+C 组合键复制项目，或者使用 Ctrl+X 组合键进行剪切，然后浏览到新位置，按 Ctrl+V 组合键粘贴项目。

鼠标右键单击要复制和移动的项目，在快捷菜单中单击“剪切”或“复制”命令，浏览到新位置，右键单击“粘贴”命令。

（4）删除文件、文件夹。当某些文件或文件夹不再需要时，可以将其删除，以释放磁盘空间。Windows 会将删除的文件或文件夹临时存储到“回收站”中（永久删除的文件或文件夹不会存储到“回收站”中）。使用下列方法之一，即可删除文件或文件夹。

1）删除单个文件。右击文件，在弹出的快捷菜单中选择“删除”命令（或按键盘 Delete 键），打开“删除文件”对话框，提示用户“您确实要把此文件放入回收站吗？”。单击“是”按钮，文件被删除。

2）删除多个文件。按住 Ctrl 键，选择多个所要删除的不连续文件，或按住 Shift 键，选择多个所要删除的连续文件，右击选中文件，在弹出的快捷菜单中选择“删除”命令（或按键盘 Delete 键），在“删除多个项目”对话框中单击“是”按钮，文件被删除。

3）永久删除文件。选中文件，按 Shift+Delete 组合键，打开“删除文件”或“删除多个项目”对话框，单击“是”按钮，删除文件。

（5）重命名文件、文件夹。使用 Windows 7 操作系统时，可以更改文件或文件夹的名称，以便合理管理计算机中的文件。如果要对某个文件或文件夹重命名，可选择下列方式之一进行操作：

1）打开用来创建该文件的程序，打开该文件，然后用不同名称保存该文件。

2）右键单击要重命名的文件，然后在快捷菜单中选择“重命名”命令，输入新的名称，然后按 Enter 键。

（6）文件的压缩与解压缩。压缩是一种通过特定的算法来减小计算机文件大小的机制。这种机制是一种很方便的发明，尤其是对网络用户，因为它可以减小文件的字节总数，使文件能够通过较慢的互联网连接实现更快传输，此外还可以减少文件的磁盘占用空间。

1）选中 USER 文件夹中的 LX1 文件夹，单击鼠标右键，在弹出的快捷菜单中选择“添加到压缩文件 A...”，弹出“压缩文件名和参数”对话框，如图 1-17 所示，在“压缩文件名（A）”文本框内输入压缩文件名，单击“浏览（B）”按钮，可选择保存路径，在“压缩方式”下拉列表中可选择“存储、最快、较快、标准、较好、最好”之一的压缩方式，在“更新方式”下可选择“添加并替换文件、添加并更新文件、仅更新已经存在的文件、覆盖前询问、跳过已存在的文件、同步压缩文件内容”之一的更新方式。

2）单击“压缩文件名和参数”对话框中的“高级”选项卡，单击“设置密码”按钮，打开“输入密码”对话框，在“输入密码”及“再次输入密码以确认”文本框内输入相同的密码，如图 1-18 所示。

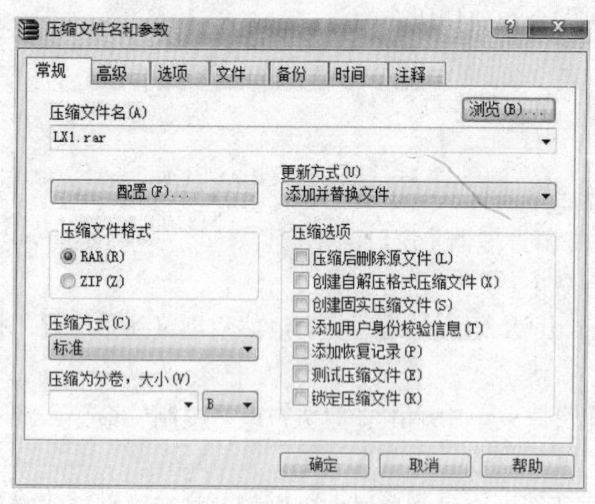

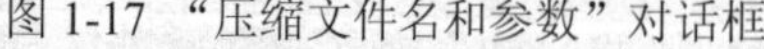
图 1-17 “压缩文件名和参数”对话框

图 1-18 “输入密码”对话框

3）选中压缩文件 wjys.rar，单击鼠标右键，在弹出的快捷菜单中选择“解压文件（A）...”，弹出“解压路径和选项”对话框，如图 1-19 所示，选择“目标路径”，可将压缩文件 wjys.rar 解压到目标路径中。

（7）文件夹中文件的查找，库中文件的查找。当需要对某一类或某一组文件或文件夹进行搜索时，可以使用通配符来表示文件名中的不同字符。Windows 7 使用“？”和“*”两种通配符，“？”表示任意一个字符，而“*”表示任意多个字符。现通过以下操作介绍查找过程。

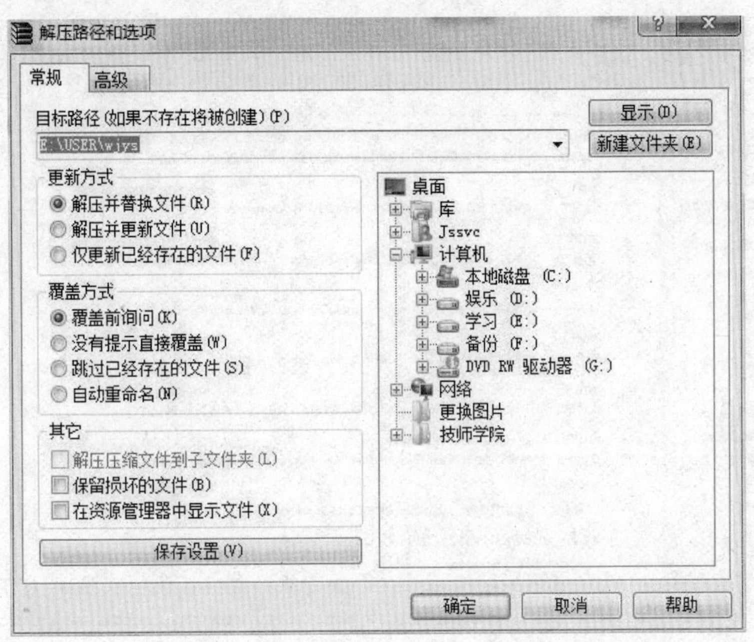

图 1-19 “解压路径和选项”对话框

1）打开 USER 文件夹，在地址栏右侧的搜索栏中输入符号“？x*.*”，在工作区中显示符合要求的文件及文件夹，如图 1-20 所示。

2）单击图 1-20 中左侧的“库”，弹出“库”窗口，在地址栏右侧的搜索栏中输入符号“x*.*”，在工作区中显示符合要求的文件及文件夹，如图 1-21 所示。

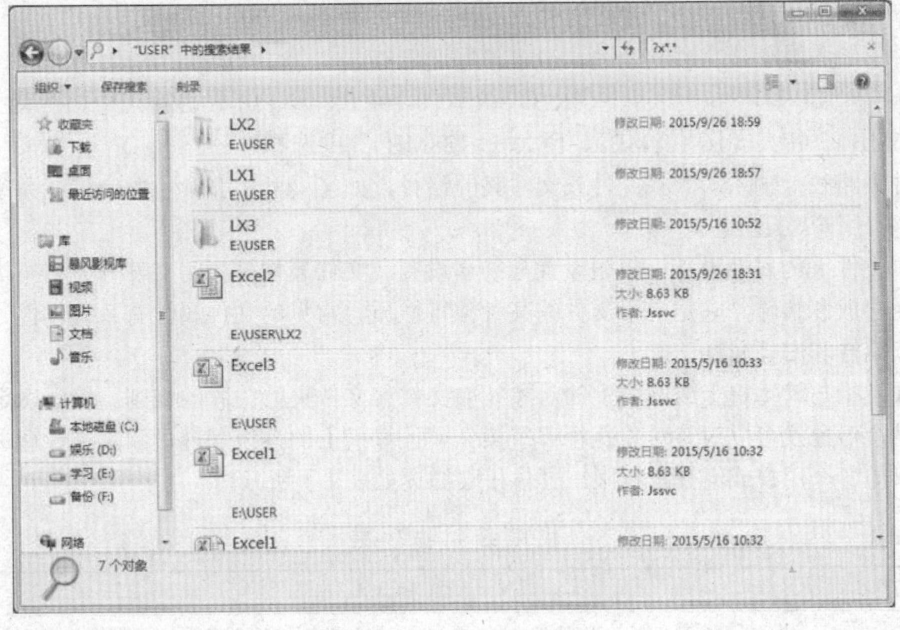

图 1-20 文件夹查找结果

3）条件筛选。在搜索栏中单击鼠标，在搜索栏下方弹出“添加搜索筛选器”，搜索条件有“种类：”“修改日期：”“类型：”“名称：”“大小”“文件夹路径”。

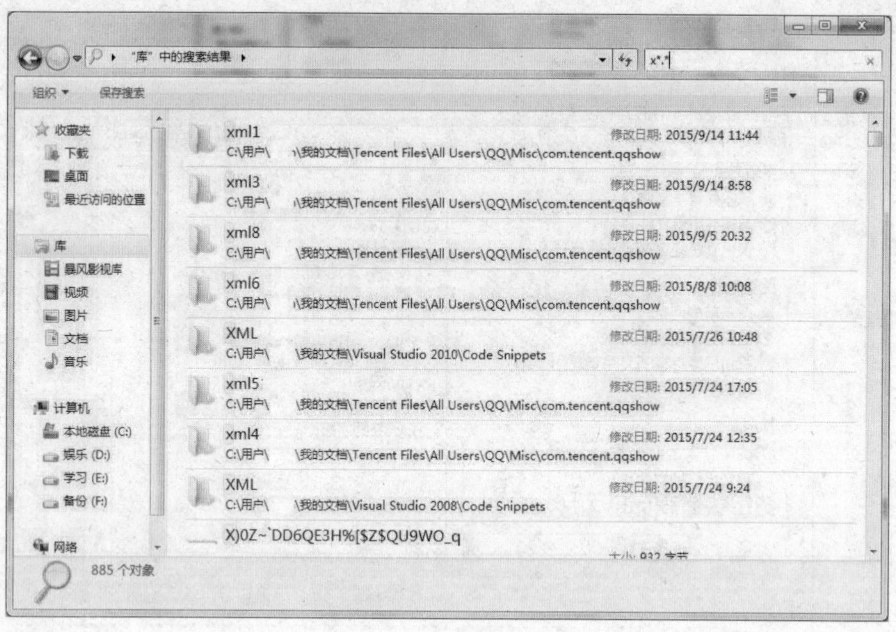

图 1-21 库查找结果

种类：在“种类”下拉列表“日历、通讯、文档、联系人、文件夹……”中选择某种类分支。

修改日期：在“修改日期”下拉列表中选择某具体日期或在日期范围“很久以前、今年的早些时候、这个月的早些时候……”中选择相应日期。

类型：在“类型”下拉列表中选择文件扩展名，如“.exe、.jpg、.mp3……”，也可选择文件类型名，如“应用程序、JPG 文件、mp3 媒体文件……”。

名称：输入文件或文件夹全名，也可使用通配符。

大小：在“类型”下拉列表“空（0KB）、微小（0-10KB）、小（10-100KB）、中（100KB-1MB）、大（1-16MB）、特大（16-128MB）、巨大（>128MB）”中选择。

文件夹路径：输入所查找文件或文件夹的路径，如 C 盘，可输入“C：\”；系统库，可输入“C：\用户\公用”。

（8）文件夹的属性设置、权限设置与共享设置。文件属性是指将文件分为不同类型的文件，以便存放和传输，它定义了文件的某种独特性质。常见的文件属性有系统属性、隐藏属性、只读属性和归档属性。

权限是指与计算机上或网络上的对象（如文件和文件夹）关联的规则。权限确定是否可以访问某个对象及可以对该对象执行哪些操作。计算机上的系统管理员和具有管理员账户的人员可以为各个用户或组分配权限。具体权限描述如表 1-1 所示。

表 1-1 权限级别描述表

权限级别	描　　述
完全控制	用户可以查看文件或文件夹的内容，更改现有文件和文件夹，创建新文件和文件夹以及在文件夹中运行程序
修改	用户可以更改现有文件和文件夹，但不能创建新文件和文件夹
读取和执行	用户可以查看现有文件和文件夹的内容，并可以在文件夹中运行程序

续表

权限级别	描　述
读取	用户可以查看文件夹的内容，并可打开文件和文件夹
写入	用户可以创建新文件和文件夹，并对现有文件和文件夹进行更改

在 Windows 7 中，可以与他人共享单个文件和文件夹，甚至整个库。当文件夹被设置成共享时，用户还可以规定其他用户的访问权限，例如文件只能读不能修改，或者既可以读也可以修改，还可以规定访问文件时是否需要使用口令等。

文件夹的属性设置、权限设置与共享设置如下：

1）打开 USER 文件夹，选择 LX3 文件夹，单击鼠标右键，弹出快捷菜单，选择“属性（R）”命令，打开“LX3 属性”对话框，如图 1-22 所示，在“属性”下勾选“隐藏（H）”，如图 1-23 所示，单击“确定”按钮。

图 1-22 “属性”

2）选择 LX2 文件夹，打开“LX2 属性”对话框，选择“安全”选项卡，如图 1-24 所示，单击“编辑”按钮，在“组或用户名”中选择相应的组或用户名，如图 1-25 所示，单击“确定”按钮。

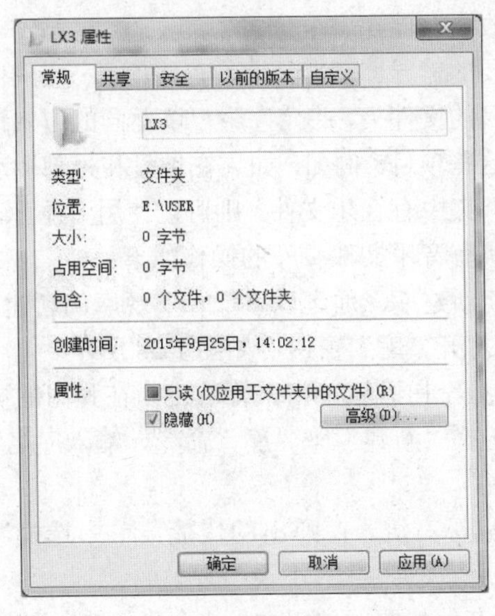

图 1-23 “LX3 属性”对话框

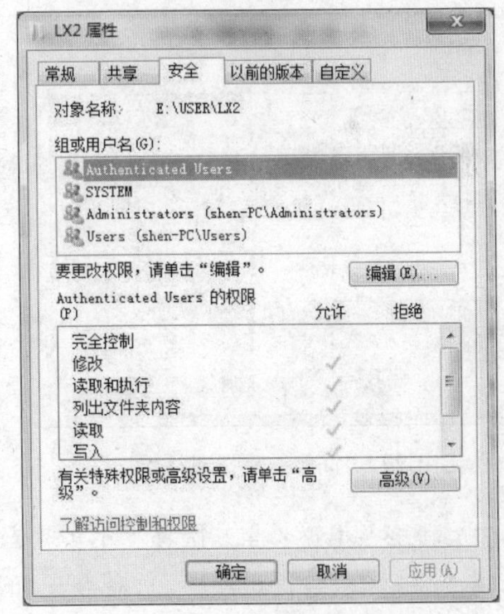

图 1-24 “LX2 属性”对话框

3）选择 LX1 文件夹，打开“LX1 属性”对话框，选择“共享”选项卡，如图 1-26 所示，单击“高级共享”按钮，在“高级共享”对话框中，勾选“共享此文件夹”，如图 1-27 所示，单击“确定”按钮。

6. 库的创建与共享

库是用于管理文档、音乐、图片和其他文件的位置。可以使用与在文件夹中浏览文件相同的方式浏览文件，也可以查看按属性（如日期、类型和作者）排列的文件。

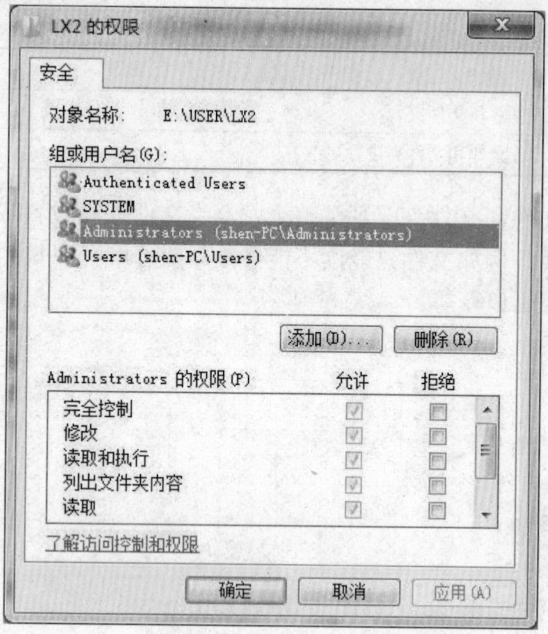

图 1-25 “LX2 的权限”对话框

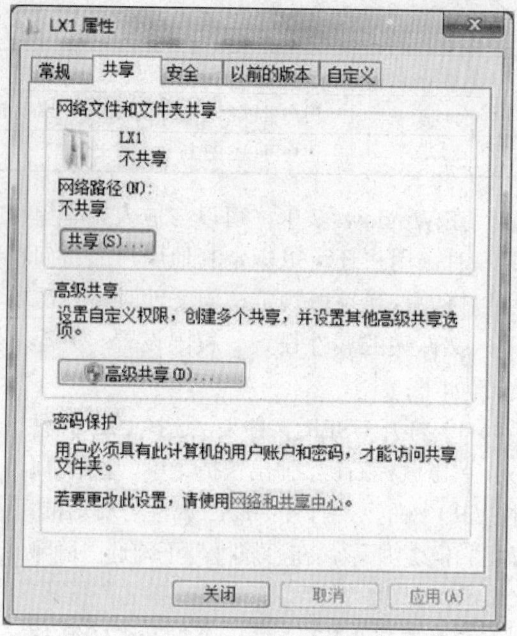

图 1-26 “LX1 属性”对话框

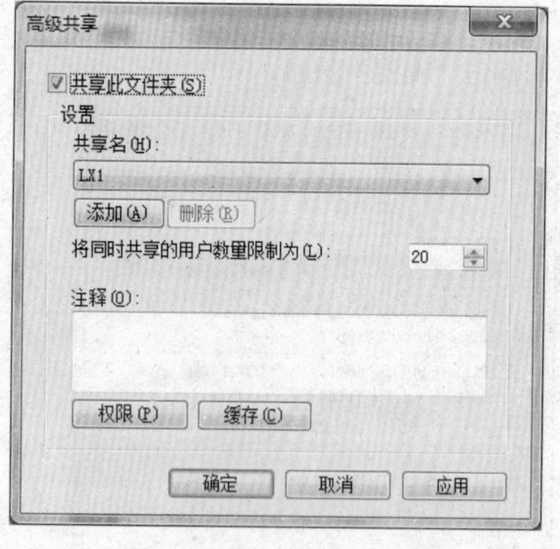

图 1-27 “高级共享”对话框

在某些方面，库类似于文件夹。例如，打开库时将看到一个或多个文件。但与文件夹不同的是，库可以收集存储在多个位置中的文件。这是一个细微但重要的差异。库实际上不存储项目。它们监视包含项目的文件夹，并允许用户以不同的方式访问和排列这些项目。例如，如果在硬盘和外部驱动器上的文件夹中有音乐文件，则可以使用音乐库，同时访问所有音乐文件。库的操作如下：

（1）新建库。通过以下操作实现库的新建。

1）打开“库”窗口，如图 1-28 所示。

2）在空白区域单击鼠标右键，在弹出的快捷菜单中选择“新建”→“库”命令，输入库名称，如“小说”。

（2）共享“小说”库。选择“小说”库，单击鼠标右键，在弹出的快捷菜单中选择“共享”→“家庭组”（读取/写入）命令，如图 1-29 所示，共享“小说”库。

（3）在库中包含文件夹。在使用库时，可以将其他位置的常用文件夹包含进来。例如，将计算机的某个驱动器、外部硬盘驱动器或网络中的文件夹包好到库中。如果要将计算机 D 盘中的“小说”文件夹包含到“小说”库中，可通过以下方法进行操作。

1）打开 D 盘，选中“小说”文件夹并单击鼠标右键，在弹出的快捷菜单中选择“包含到库中”→“小说”命令，如图 1-30 所示。

2）打开库，双击其中的“小说”库，如图 1-31 所示，单击 包括一个文件夹 按钮，打开“将文件夹包括在“小说”中”窗口，选择 D 盘“小说”文件夹，单击 包括文件夹 按钮。

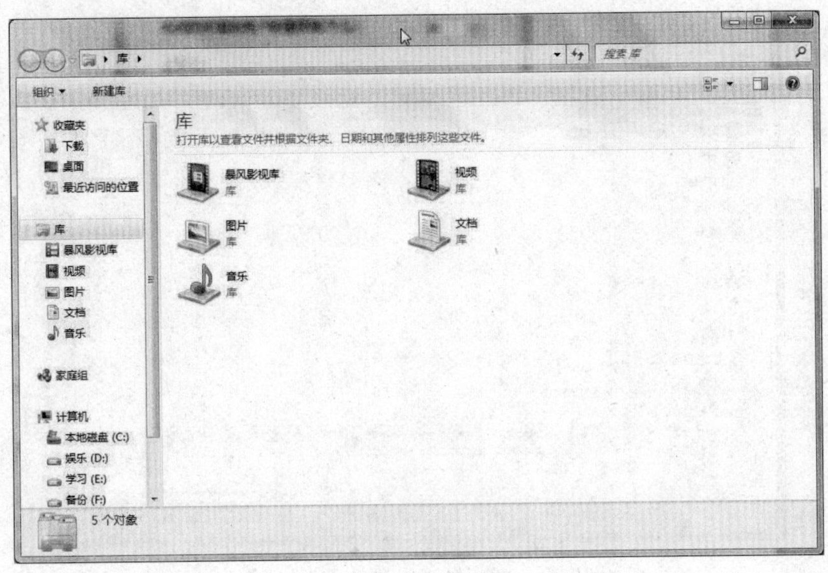

图 1-28 “库”窗口

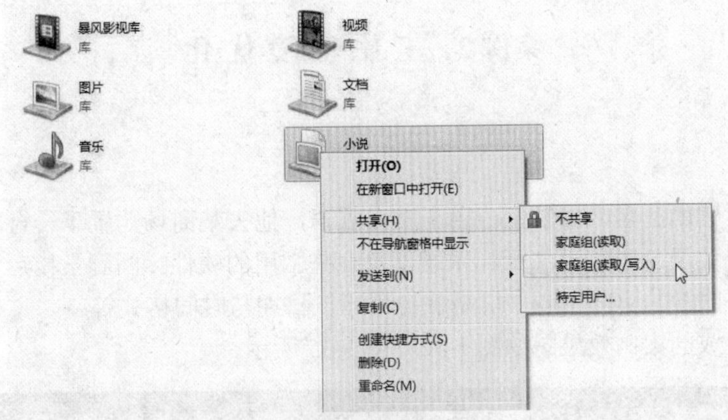

图 1-29　库共享

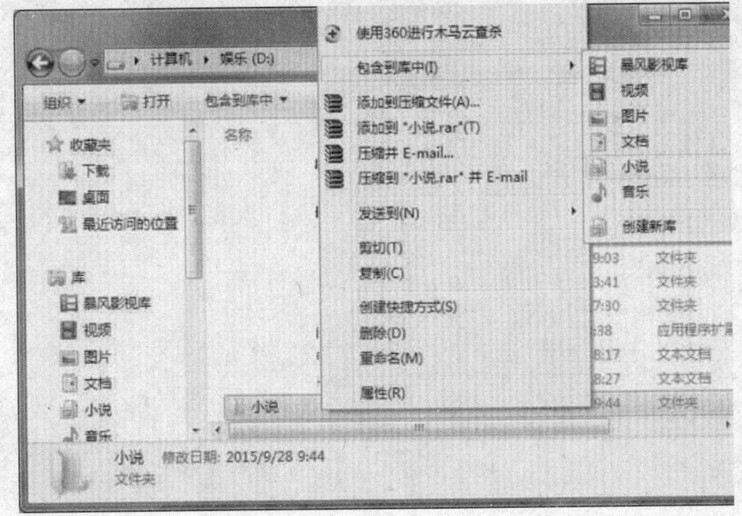

图 1-30 “包含到库中”→“小说”命令

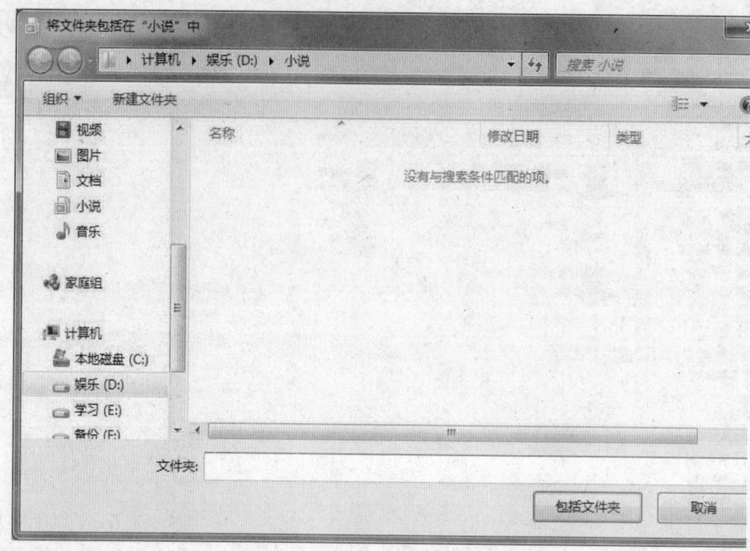

图 1-31　将文件夹包括在“小说”中

案例2　工作环境优化

案例描述

小明是某大学的一名大二学生。由于学习需要，他去某商场购置了一台笔记本电脑，工作人员只帮助安装了 Windows 7 操作系统以及一些常用的软件。回到学校后，小明根据自己的喜好，设置了账户、桌面主题、屏幕保护程序、日期与时间格式等。

小明最终完成的案例效果图如图 1-32～图 1-35 所示。

图 1-32　案例 2 效果图 1

图 1-33　案例 2 效果图 2

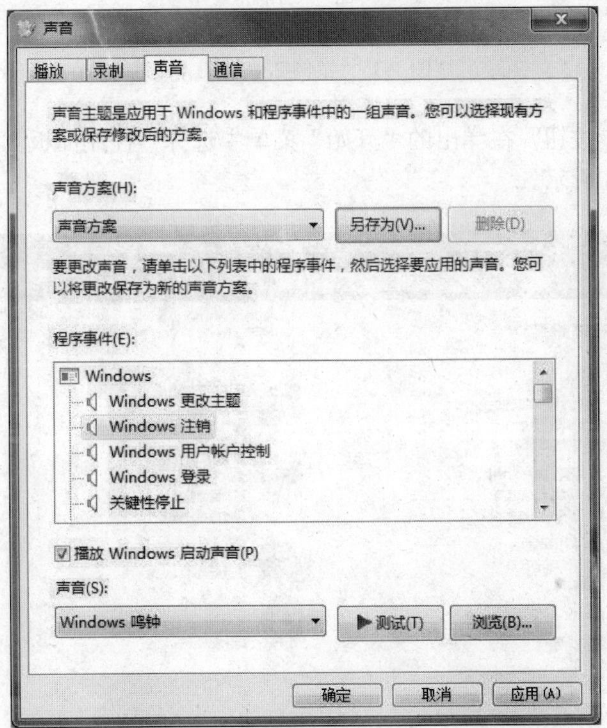

图 1-34　案例 2 效果图 3

案例实现

启动计算机并进入 Windows 7 操作系统，根据要求添加账户并管理账户、设置桌面主题、屏幕分辨率、屏幕保护程序、日期与时间格式、创建声音方案、创建电源计划等工作。

1. 添加账户

（1）如图 1-32 所示，为计算机创建管理员账户 Admin，设置密码为 Admin123。

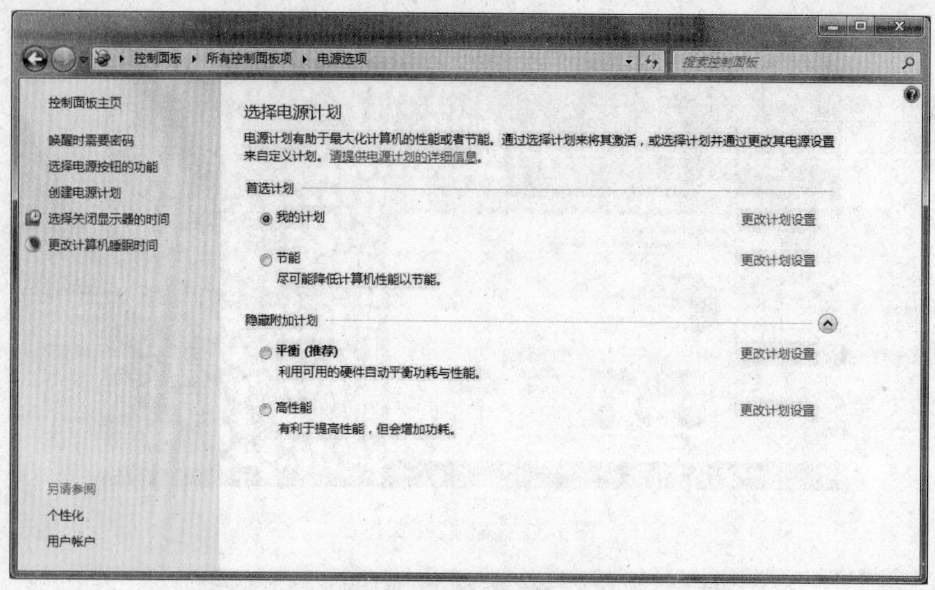

图 1-35　案例 2 效果图 4

1）单击“开始”按钮，在弹出的“开始”菜单中选择“控制面板”命令，打开“控制面板”窗口，如图 1-36 所示。

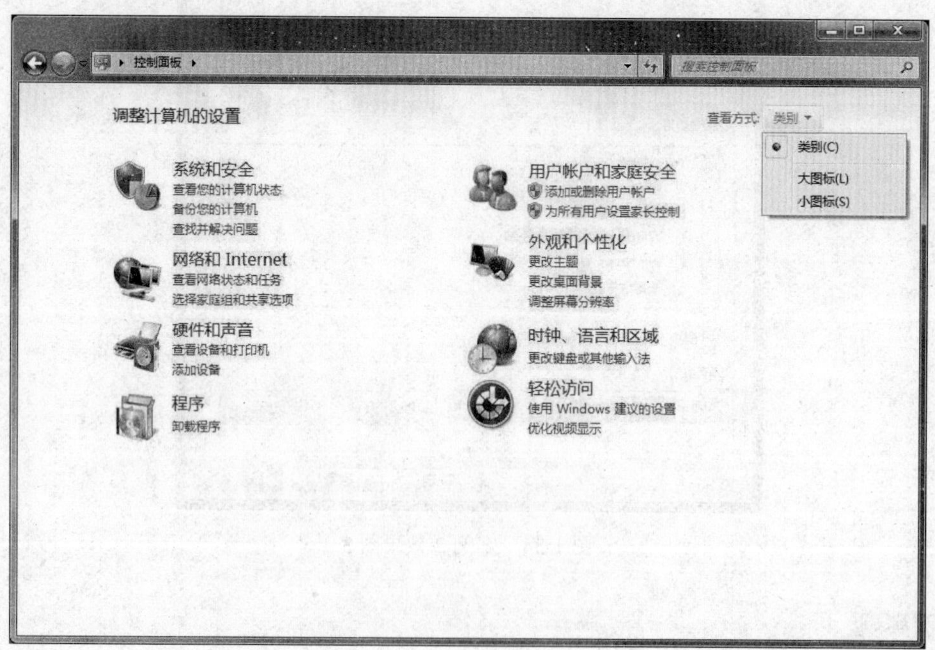

图 1-36　“控制面板”窗口

2）单击“用户账户和家庭安全”，打开“用户账户和家庭安全”窗口，如图 1-37 所示。

3）单击“添加或删除用户账户”命令，打开“管理账户”窗口，单击“创建一个新账户”命令，在“创建新账户”窗口“新账户名”中输入账户名“Admin”，选择“管理员（A）”，如图 1-38 所示，单击“创建账户”按钮，创建管理员账户 Admin。

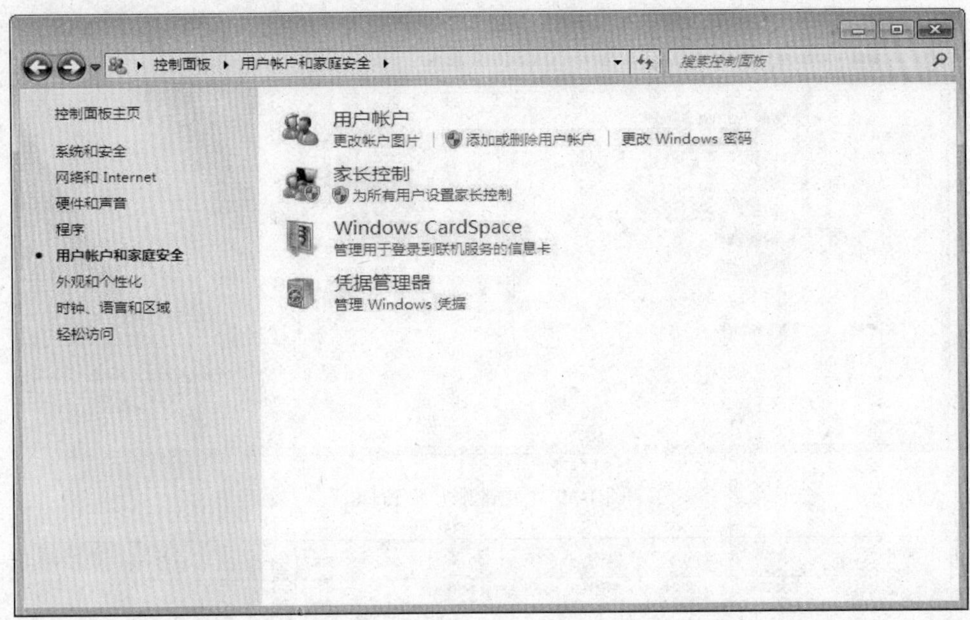

图 1-37 “用户账户和家庭安全”窗口

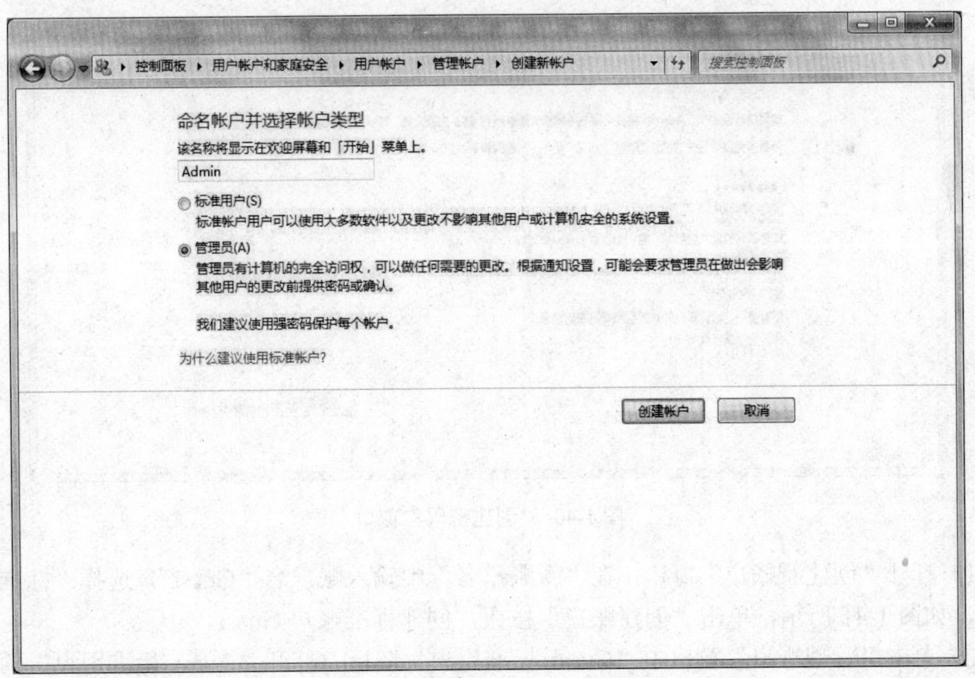

图 1-38 创建管理员账户 Admin

单击“管理账户”窗口中“Admin 管理员”图标，打开“更改账户”窗口，如图 1-39 所示，单击“创建密码”命令，打开“创建密码”窗口，如图 1-40 所示，在密码文本框内输入“Admin123”，单击“创建密码”按钮。

（2）如图 1-32 所示，为计算机创建标准账户 Guest，设置密码为 Guest123。

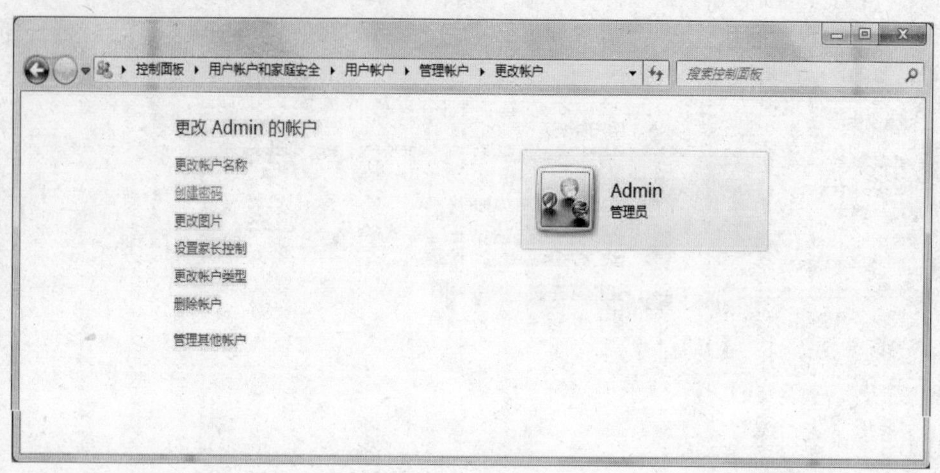

图 1-39 “更改账户”窗口

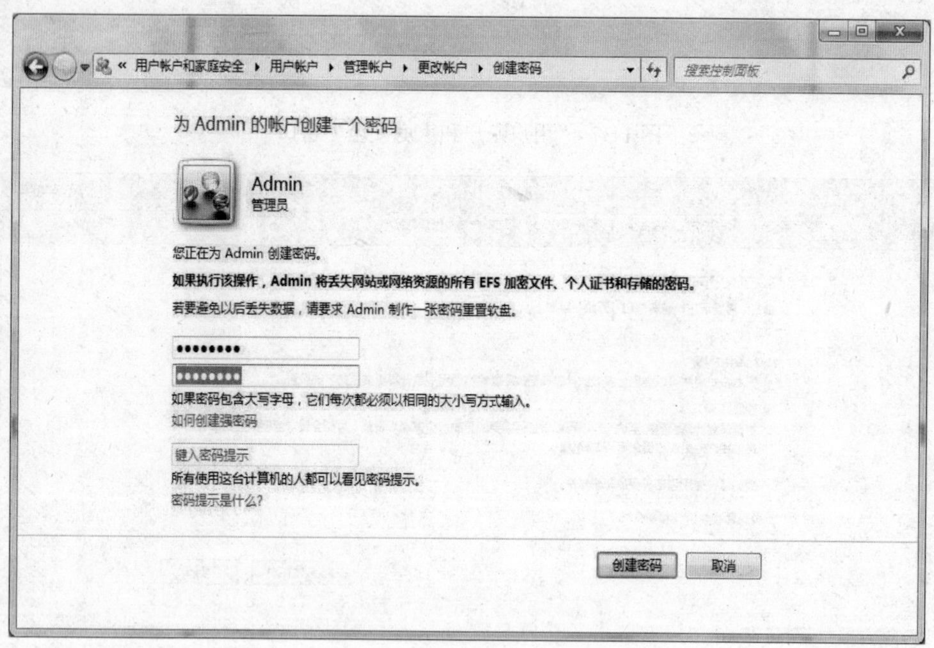

图 1-40 “创建密码”窗口

1）打开“创建新账户”窗口，在“新账户名”中输入账户名“Guest”，选择“标准用户（S）”，如图 1-41 所示，单击“创建账户”按钮，创建标准账户 Guest。

2）单击“管理账户”窗口中“Guest 标准用户”图标，打开“Guest 标准用户”的“更改账户”窗口，单击“创建密码”命令，打开“Guest 标准用户”的“创建密码”窗口，在密码文本框内输入“Guest123”，单击“创建密码”按钮。

2. 设置桌面主题、屏幕分辨率、屏幕保护程序、日期与时间格式

（1）如图 1-33 所示，为计算机设置“风景”Aero 主题，“更改图片时间间隔”为“1 分钟”，无序播放；窗口颜色为“叶”，不启用透明效果；将完成的主题保存为“我的个性主题”。

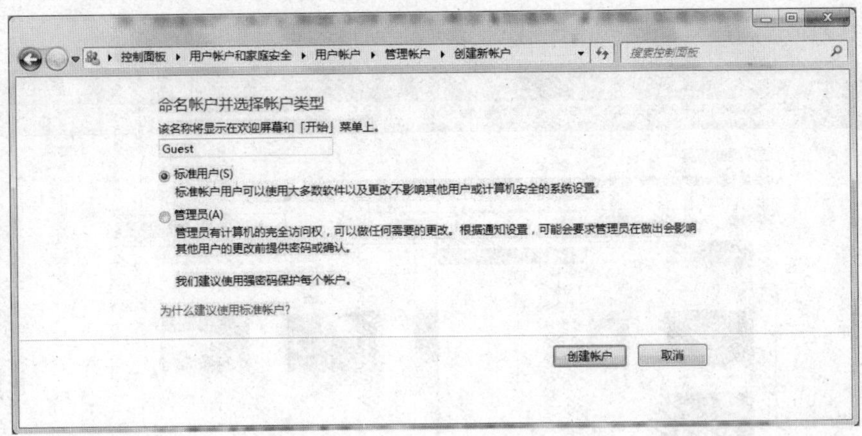

图 1-41　创建标准账户 Guest

1）在桌面空白区域右击，弹出菜单如图 1-42 所示，单击“个性化（R）”命令，打开“个性化”窗口，如图 1-43 所示，在 Aero 主题选项中选择“风景”主题。

2）单击“桌面背景”，打开“桌面背景”窗口，在“更改图片时间间隔”下拉列表中选择“1 分钟”，勾选“无序播放”复选框，如图 1-44 所示。

3）单击“窗口颜色”，打开“窗口颜色和外观”窗口，在“更改窗口边框、「开始」菜单和任务栏的颜色”中选择“叶”，勾选“启用透明效果”复选框，如图 1-45 所示。

4）单击 保存修改 按钮，在“我的主题”列表中显示“未保存主题”，在“未保存主题”上单击鼠标右键，选择“保存主题”，输入主题名称“我的个性主题”，如图 1-46 所示。

图 1-42　桌面右击

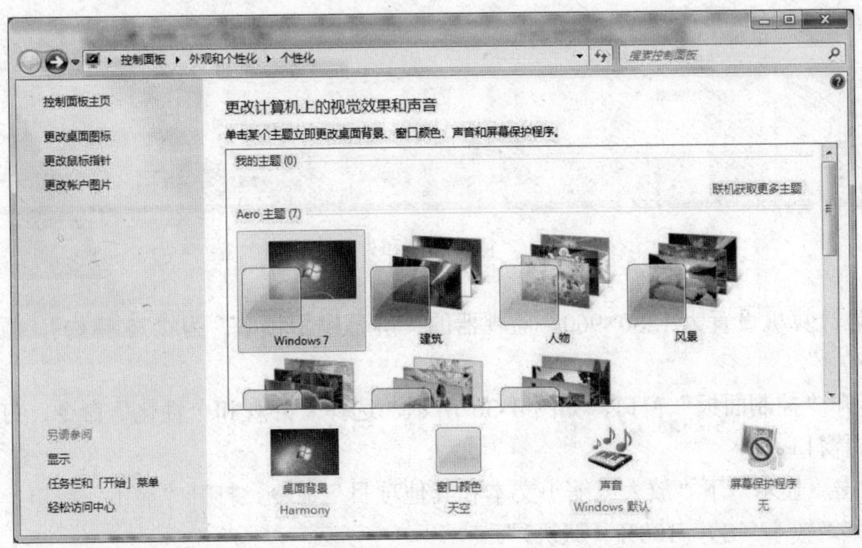

图 1-43　“个性化”窗口

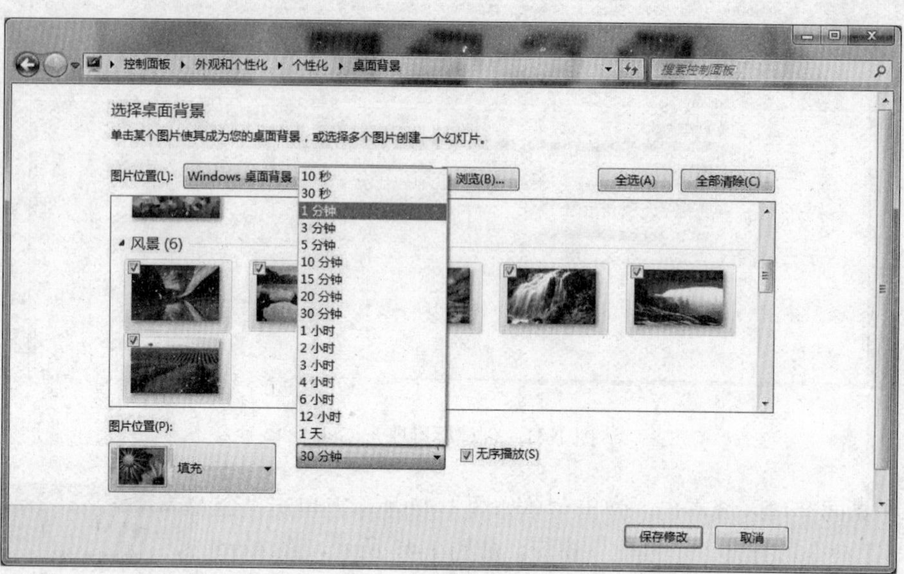

图 1-44 更改图片时间间隔

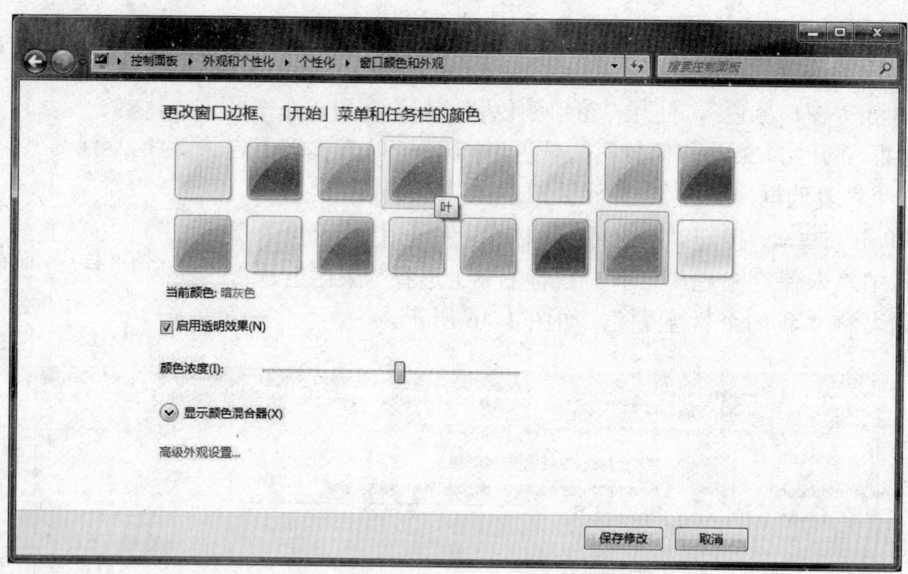

图 1-45 “窗口颜色和外观”窗口

（2）为计算机设置为 1280×960，监视器的“屏幕刷新频率”为“75 赫兹”，颜色为“真彩色（32 位）”。

1）打开“控制面板”窗口，如图 1-36 所示，选择“外观和个性化”命令，打开“外观和个性化”窗口。

2）单击“显示”下“放大或缩小文本和其他项目”命令，打开“显示”窗口，如图 1-47 所示，选择“较小（S）–100%（默认）”。

图 1-46　保存主题

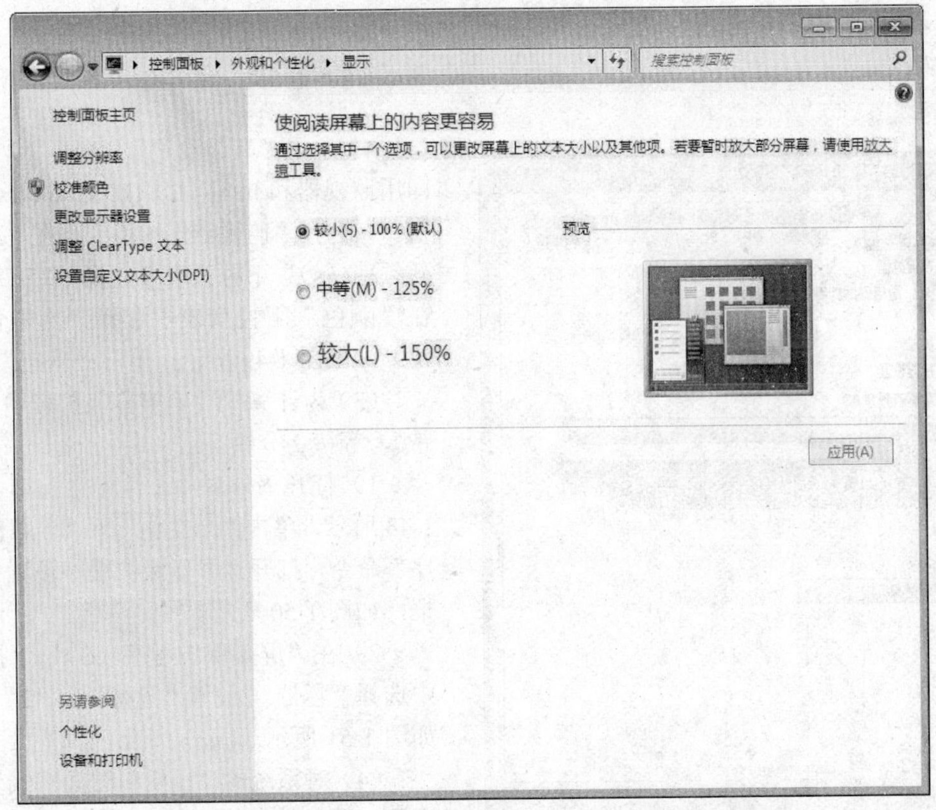

图 1-47　“显示”→“放大或缩小文本和其他项目”命令

3）单击“显示”窗口下“调整分辨率”命令，打开“屏幕分辨率”窗口，如图 1-48 所示，选择分辨率“1280×960”。

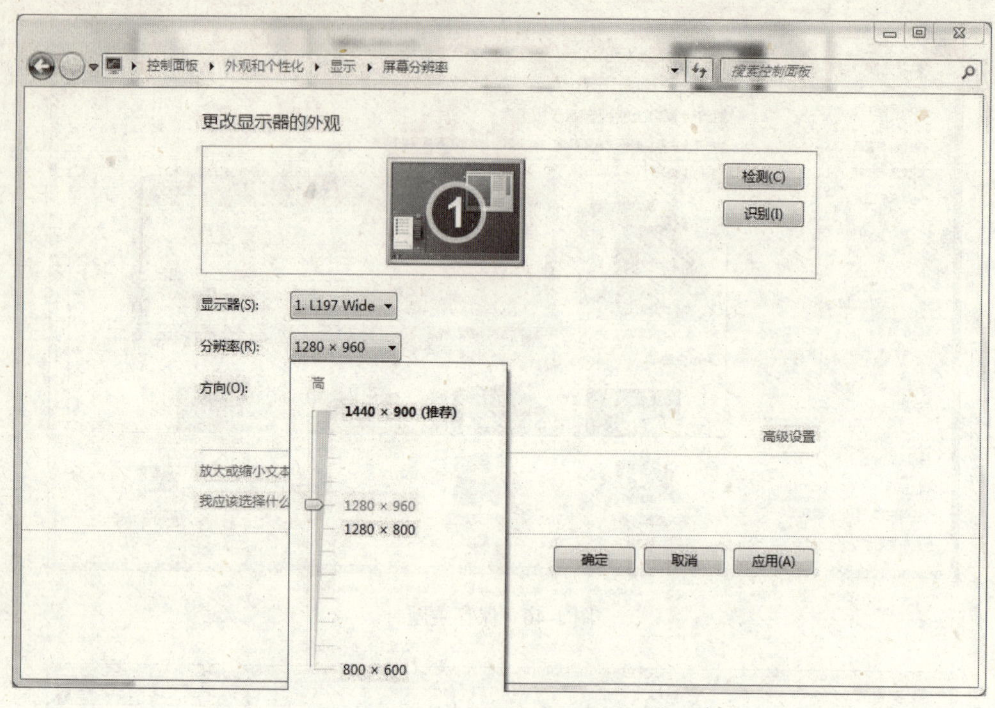

图 1-48 “显示”→“屏幕分辨率”命令

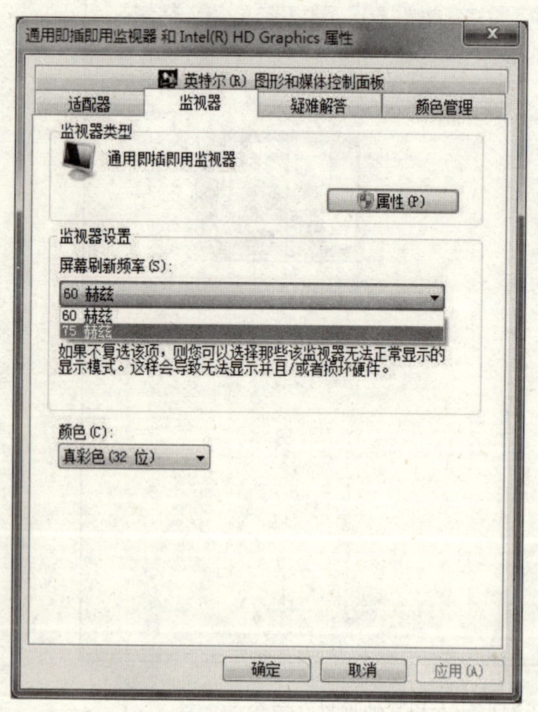

图 1-49 “监视器”选项卡

4）单击“高级设置”，打开“通用即插即用监视器和 Intel（R）HD Graphics 属性”窗口，选择“监视器”选项卡，在“屏幕刷新频率（s）”下拉列表中选择“75 赫兹”，在“颜色”下拉列表中选择“真彩色（32 位）”，如图 1-49 所示，单击“确定”按钮。

（3）为计算机设置屏幕保护程序为“彩带”，等待 2 分钟。

1）打开“外观和个性化”窗口，如图 1-43 所示，单击“个性化”下“屏幕保护程序”命令，打开“屏幕保护程序设置”对话框，如图 1-50 所示。

2）在“屏幕保护程序（S）”下拉列表中选择“彩带”，设置“等待”为“2”分钟，如图 1-51 所示。

（4）对系统的“日期和时间格式”进行设置，短日期显示为“yyyy-M-d”，短时间显示为“HH：mm”，一周的第一天为“星期一”。

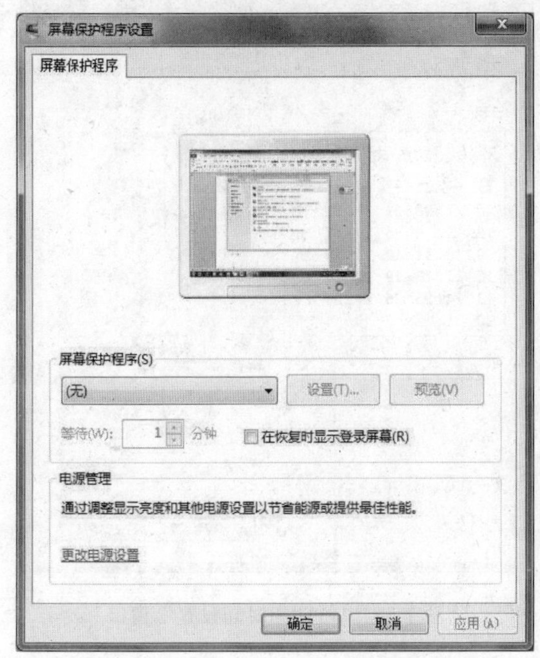

图 1-50 “屏幕保护程序设置”对话框（一）

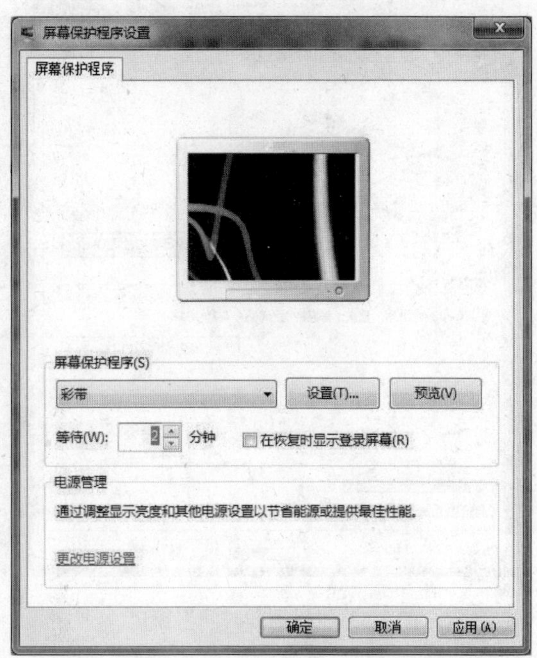

图 1-51 “屏幕保护程序设置”对话框（二）

1）打开“控制面板”窗口，如图 1-36 所示，单击“时钟、语言和区域”，打开“时钟、语言和区域”窗口，如图 1-52 所示。

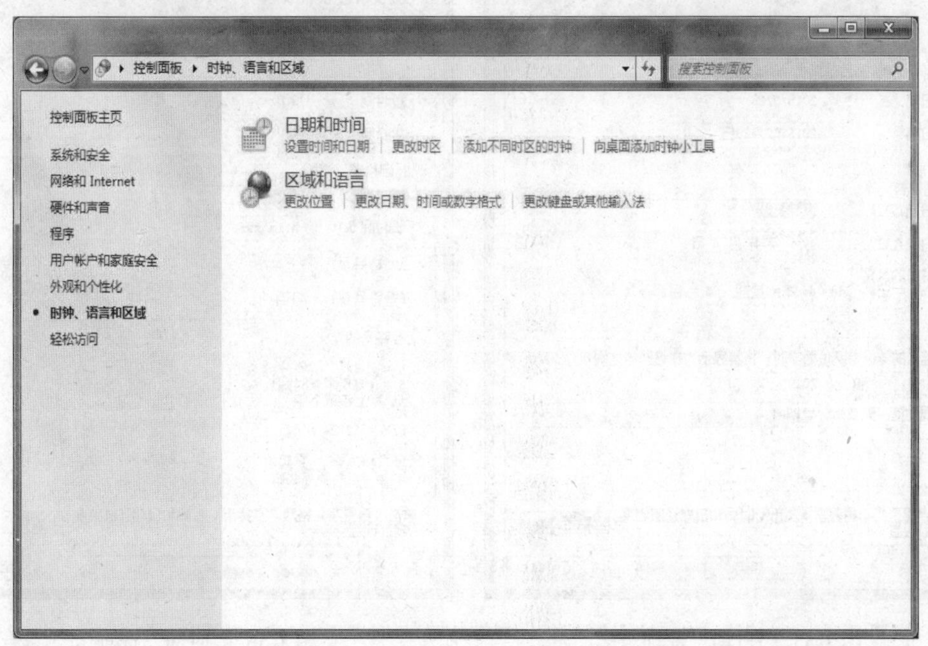

图 1-52 “时钟、语言和区域”窗口

2）单击“日期和时间”下“设置日期和时间”，打开“日期和时间”窗口，如图 1-53 所示。

3）单击“更改日期和时间”按钮，打开“日期和时间设置”窗口，如图 1-54 所示。

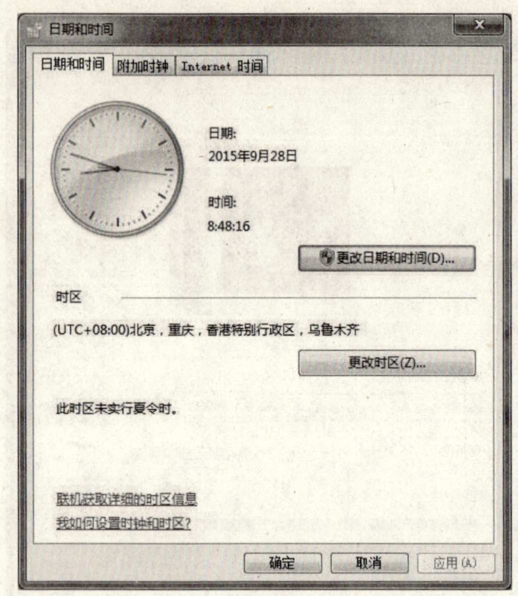

图 1-53 “日期和时间”窗口

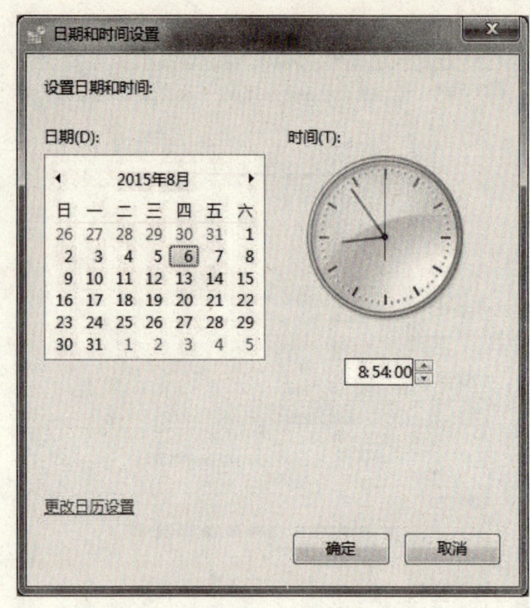

图 1-54 “日期和时间设置”窗口

4）单击“更改日历设置”，打开“自定义格式”对话框，在“日期”选项卡下设置短日期格式为“yyyy-M-d”，一周的第一天为“星期一”，如图 1-55 所示。

5）单击“时间”选项卡，设置短时间显示为“HH：mm”，如图 1-56 所示。

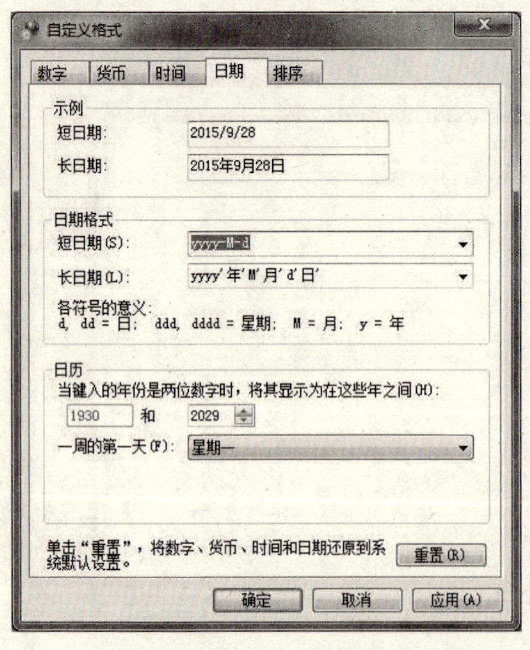

图 1-55 “日期”选项卡

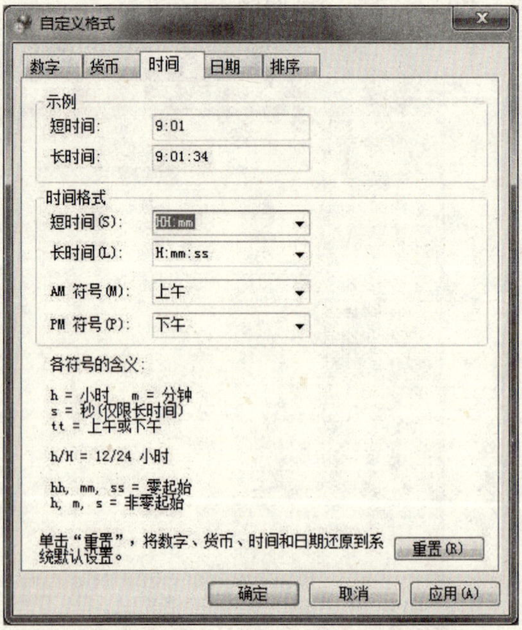

图 1-56 “时间”选项卡

（5）将“附件”中的程序“画图”先附加到“开始”菜单上，然后再锁定到任务栏中。

1）单击屏幕左下角的“开始”按钮，或按键盘上的 Windows 徽标键，打开“开始”菜单，如图 1-57 所示。

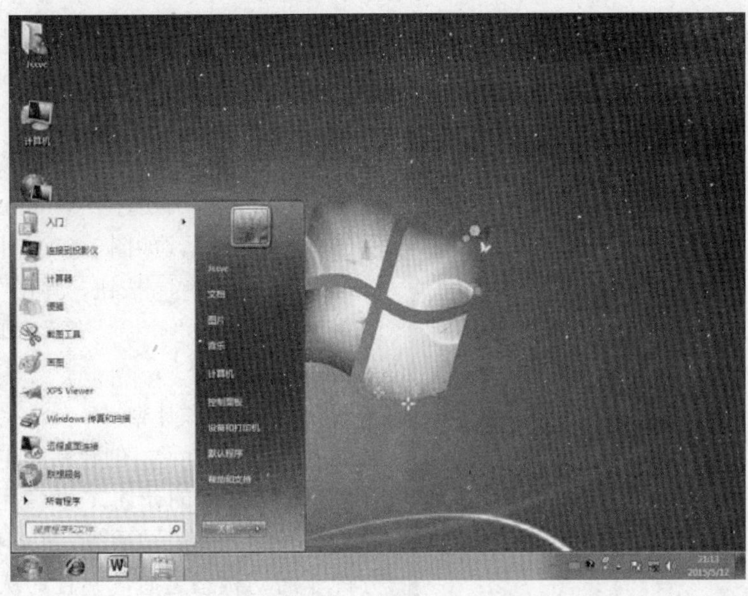

图 1-57 “开始”菜单

2）将鼠标移动至“所有程序”，单击“附件”，在“画图”程序上单击鼠标右键，弹出快捷菜单，如图 1-58 所示，分别单击“附到「开始」菜单”和“锁定到任务栏”命令。

3. 创建声音方案

如图 1-34 所示，更改“系统声音”，应用声音方案“风景”，并将程序事件“Windows 注销”的声音更改为“C：\Windows\Media\Cityscape\Windows 鸣钟.wav”，将该方案另存为“声音方案”。

1）打开“个性化”窗口，如图 1-43 所示，单击“声音”，打开“声音”窗口，如图 1-59 所示。

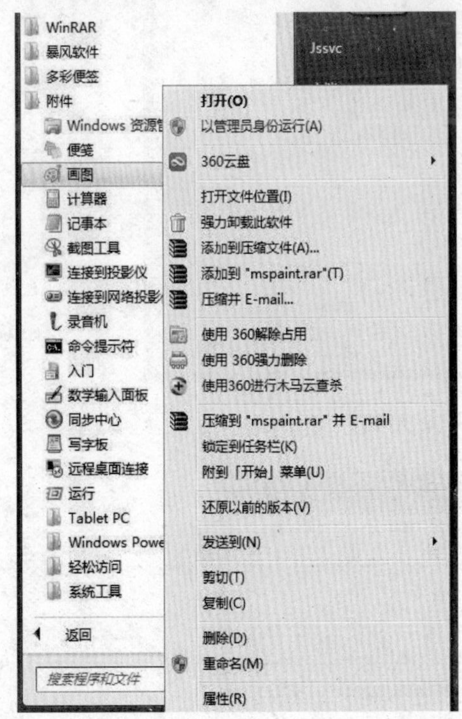

图 1-58 “附到「开始」菜单”和“锁定到任务栏”命令

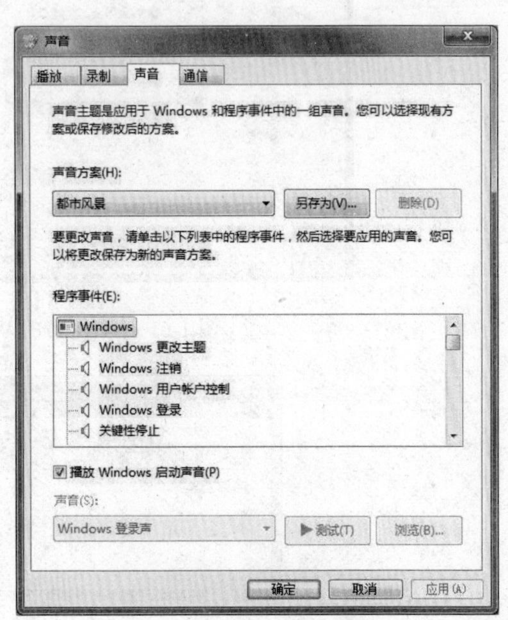

图 1-59 “声音”窗口

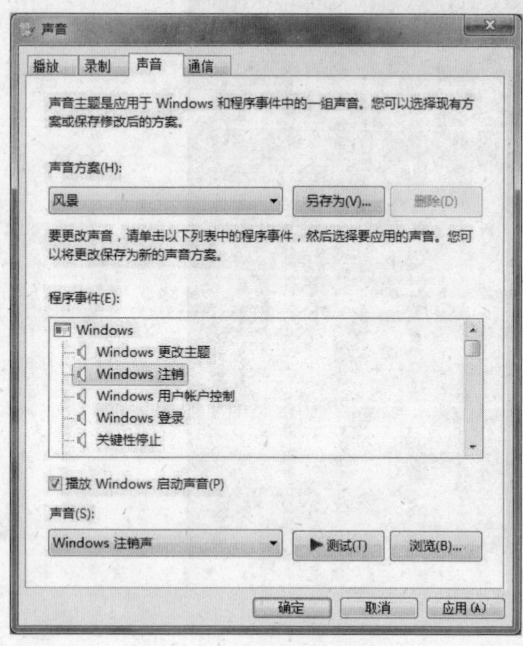

图 1-60 “声音”选项卡

2）在“声音方案”下拉列表中选择“风景”，在“程序事件”中选择“Windows 注销”，如图 1-60 所示。

3）单击 浏览(B)... 按钮，在“浏览新的 Windows 注销 声音”窗口中选择“Windows 鸣钟.wav”，单击 打开(O) 按钮，如图 1-61 所示。

4）单击 另存为(V)... 按钮，弹出“方案另存为”的对话框，输入“声音方案”，如图 1-62 所示，单击 确定 按钮。

4. 创建电源计划

如图 1-35 所示，创建新的电源计划，设置计划名称为“我的计划”，将“用电池”和“接通电源”时“关闭显示器”的时间均设置为 30 分钟非活动状态之后，并且均从不“使计算机进入睡眠状态”。

1）打开控制面板，把“查看方式”更改为“小图标”，如图 1-63 所示。

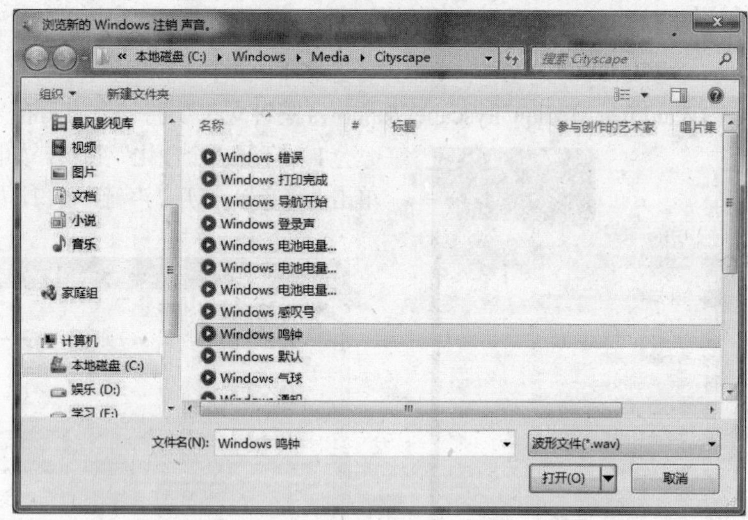

图 1-61 “浏览新的 Windows 注销声音”窗口

图 1-62 “方案另存为”对话框

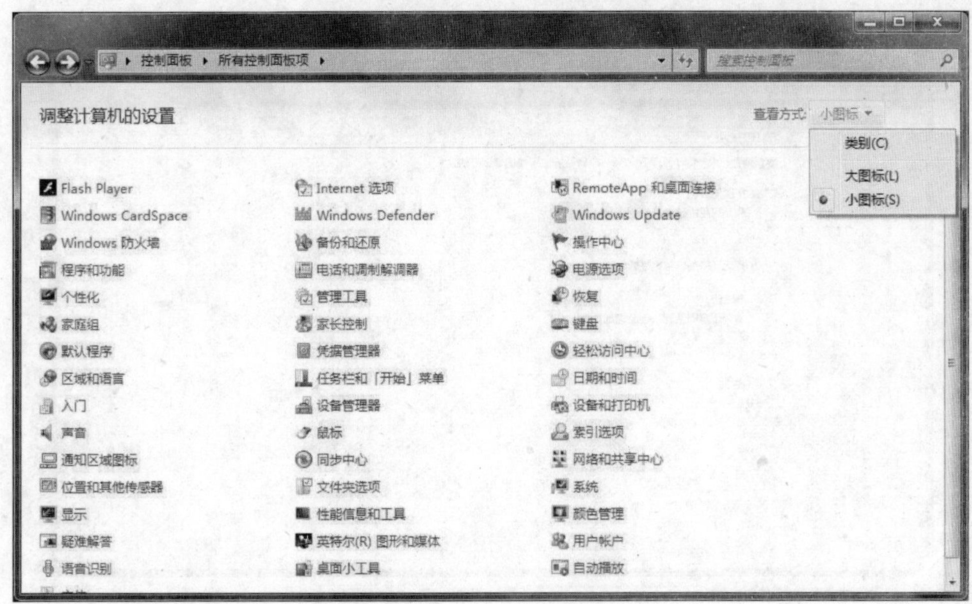

图 1-63　所有控制面板项

2）单击“电源选项”，打开“电源选项”窗口，如图 1-64 所示。

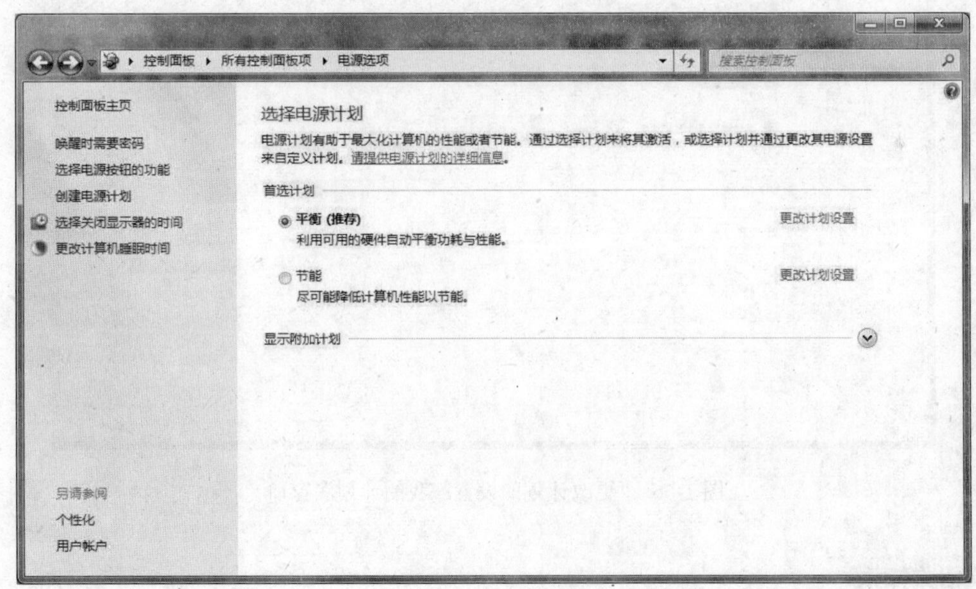

图 1-64　“电源选项”窗口

3）单击左侧列表中的“创建电源计划”，打开“创建电源计划”窗口，选择与要创建的计划类型最接近的计划，如“平衡”，在“计划名称”框中，键入计划的名称“我的计划”，如图 1-65 所示。

4）单击 下一步 按钮，打开“更改计划的设置：我的计划”窗口，将“关闭显示器”设置为“30 分钟”，将“使计算机进入睡眠状态”设置为“从不”，如图 1-66 所示，单击 创建 按钮。

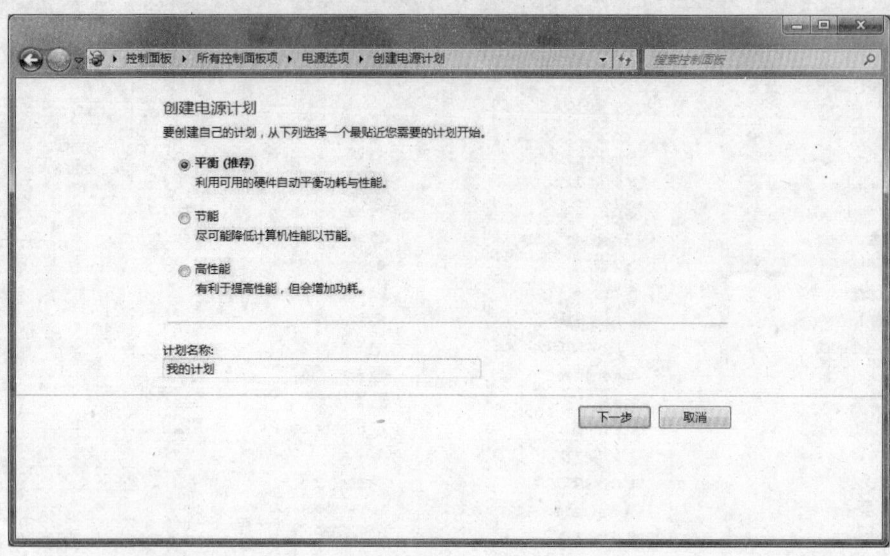

图 1-65 “创建电源计划”窗口

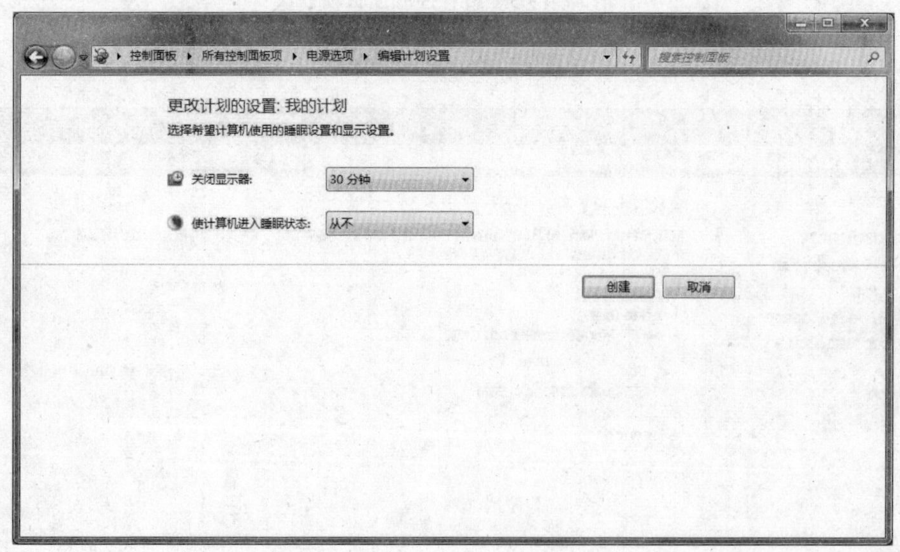

图 1-66 “更改计划的设置：我的计划”窗口

相关知识

1. 定制任务栏和“开始”菜单

任务栏是位于屏幕底部的水平长条。与桌面不同的是，桌面可以被打开的窗口覆盖，而任务栏几乎始终可见。它有“开始”按钮、中间部分和通知区域三个主要部分。“开始”按钮，用于打开“开始”菜单。“开始”菜单是计算机程序、文件夹和设置的主门户。中间部分，显示已打开的程序和文件，并可以在它们之间进行快速切换。通知区域，包括时钟及一些告知特定程序和计算机设置状态的图标（小图片）。

（1）显示或隐藏任务栏。在“任务栏”上单击鼠标右键，在弹出的快捷菜单中选择“属性”命令，弹出“任务栏和「开始」菜单属性”对话框，如图 1-67 所示。

在“任务栏”选项卡的“任务栏外观”下，选中“自动隐藏任务栏”复选框，然后单击“确定”按钮，隐藏任务栏；未选中“自动隐藏任务栏”复选框，显示任务栏。

（2）解锁和移动任务栏。

1）解锁任务栏。右键单击任务栏上的空白空间。如果“锁定任务栏”旁边有复选标记，则任务栏已锁定。通过单击“锁定任务栏”（这将删除此复选标记）可以解除任务栏锁定。

2）移动任务栏。单击任务栏上的空白空间，然后按下鼠标左键，并拖动任务栏到桌面的四个边缘之一。当任务栏出现在所需的位置时，释放鼠标左键。

（3）将常用程序锁定到任务栏。为了快速、便捷地打开程序，可将程序锁定到任务栏，通过以下方法进行操作：

1）选中程序图标并单击鼠标右键，在快捷菜单中选择“锁定到任务栏”命令。

2）从桌面或“开始”菜单中直接将程序的快捷方式拖动到任务栏中。

（4）设置个性化的“开始”菜单。“开始”菜单是计算机程序、文件夹和设置的主门户，它提供一个选项列表，如图 1-68 所示。

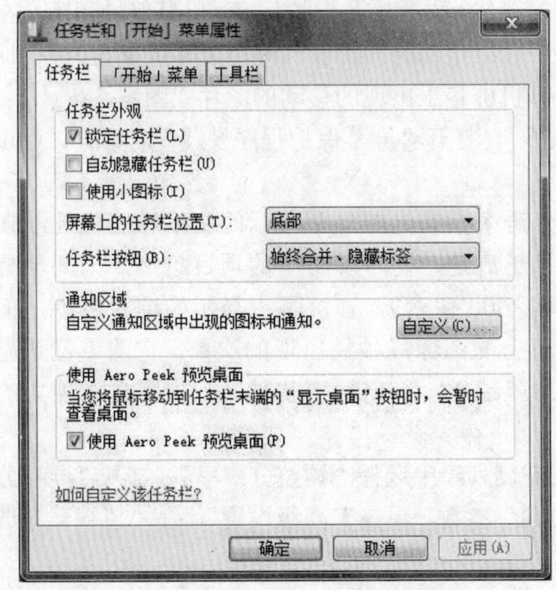

图 1-67　“任务栏和「开始」菜单属性”对话框

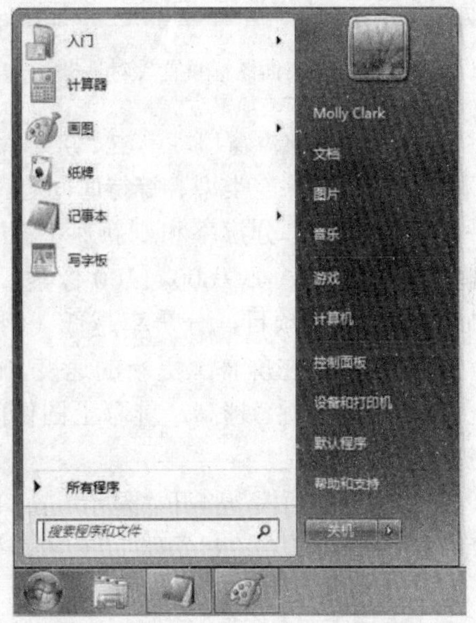

图 1-68　“开始”菜单列表

2. 设置主题

主题是计算机上的图片、颜色和声音的组合。它包括桌面背景、屏幕保护程序、窗口边框颜色和声音方案。Windows 提供了多个主题。可以选择 Aero 主题使计算机个性化；如果计算机运行缓慢，可以选择 Windows 7 基本主题；如果希望屏幕更易于查看，可以选择高对比度主题。

（1）更改桌面主题。Windows 7 系统默认使用 Aero 主题。如需更改桌面主题，则在“个性化”单击“Aero 主题”下的主题即可。

（2）更改桌面图标。打开“个性化”窗口，在左窗格中，单击“更改桌面图标”，打开“桌面图标设置”对话框，如图 1-69 所示。在“桌面图标”栏内选中相应的复选框，单击“确定”按钮。

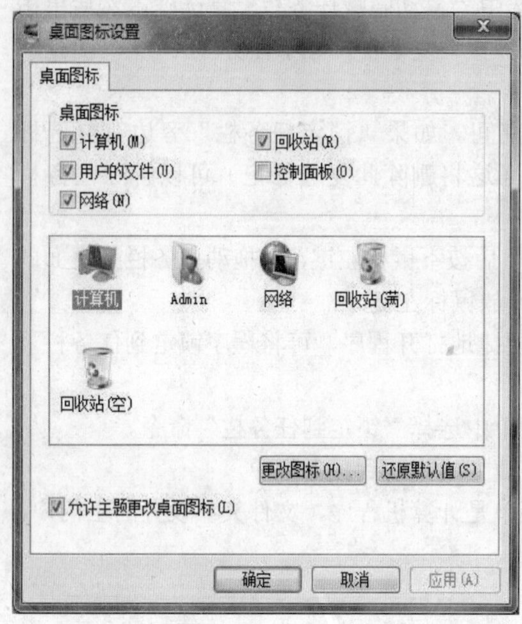

图 1-69 “桌面图标设置”对话框

如需将其他程序或文件夹快捷方式放到桌面，可在相应程序图标上单击鼠标右键，在快捷菜单中选择“发送到”→“桌面快捷方式”命令。

（3）更改桌面背景。打开“个性化”窗口，单击“桌面背景”，打开“桌面背景”窗口。单击“图片位置”右侧的下拉列表，选择图片应用于桌面背景。

（4）更改窗口颜色。打开“个性化”窗口，单击“窗口颜色”，打开“窗口颜色和外观”窗口，单击所需的颜色，拖动“颜色浓度”右侧的滚动滑块，调整窗口及边框的透明度，单击“保存修改”按钮。

（5）更改屏幕保护程序。屏幕保护程序是在一段指定的时间内没有使用鼠标或键盘时，在计算机屏幕上出现的移动的图片或图案。

打开“个性化”窗口，单击“屏幕保护程序”，打开“屏幕保护程序设置”对话框，可设置“屏幕保护程序”类型、等待时间等。

（6）更改屏幕分辨率和刷新速率。屏幕分辨率指的是屏幕上显示的文本和图像的清晰度。分辨率越高（如 1600×1200 像素），项目越清楚，同时屏幕上的项目越小，因此屏幕可以容纳越多的项目。分辨率越低（例如 800×600 像素），在屏幕上显示的项目越少，但尺寸越大。图像在屏幕上更新的速度，即屏幕上的图像每秒钟出现的次数，它的单位是赫兹（Hz）。刷新频率越高，屏幕上图像闪烁感就越小，稳定性也就越高，换言之对视力的保护也越好。

通过“控制面板”打开“显示”窗口，在左侧列表中选择“调整分辨率”，打开“屏幕分辨率”对话框，设置“显示器”“分辨率”“方向”参数，单击“高级设置”，在“监视器”选项卡下设置屏幕的刷新速率。

（7）更改系统声音。声音主题是应用于 Windows 和程序事件中的一组声音。Windows 附带多种针对常见事件的声音方案（相关声音的集合）。此外，某些桌面主题有它们自己的声音方案。

在“声音”选项卡“声音方案”列表中，单击要使用的声音方案，然后单击“确定”按钮。

（8）创建电源计划。电源计划是管理计算机如何使用电源的硬件和系统设置的集合。可以使用电源计划减少计算机耗电量，最大程度提升性能，或保持两者平衡。

打开“电源选项”，在要更改的计划下，单击“更改计划设置”，在“更改计划的设置”页面上，选择要在计算机使用电池（如果适用）运行和接通电源时使用的显示和睡眠设置。

3. 鼠标与键盘的设置

鼠标，能方便地控制屏幕上的鼠标箭头准确地定位在指定的位置处，并通过按键完成各种操作；键盘是计算机最常用的输入设备，用户可以通过键盘将字幕、数字、标点符号等输入到计算机中，从而向计算机发出命令，输入中西文字和数据。

（1）鼠标操作主要包括单击、双击等。

1）单击（一次单击）。若要单击某个对象，请指向屏幕上的对象，然后按下并释放主要按钮（通常为左按钮）。

2）双击。若要双击对象，可以指向屏幕上的对象，然后快速地单击两次。

3）更改鼠标设置。打开“控制面板”中的“鼠标 属性”对话框，如图1-70所示，可实现“切换主要和次要的按钮”“指针方案”“指针移动速度”等。

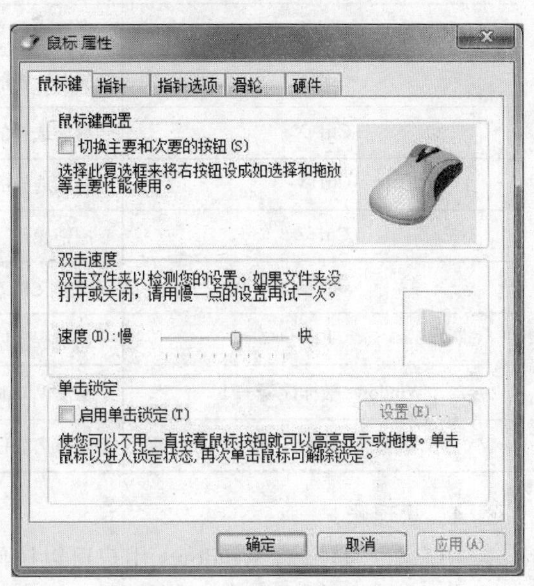

图1-70 “鼠标 属性”对话框

（2）键盘布局及常用快捷方式如下。

1）键盘布局，如图1-71所示。

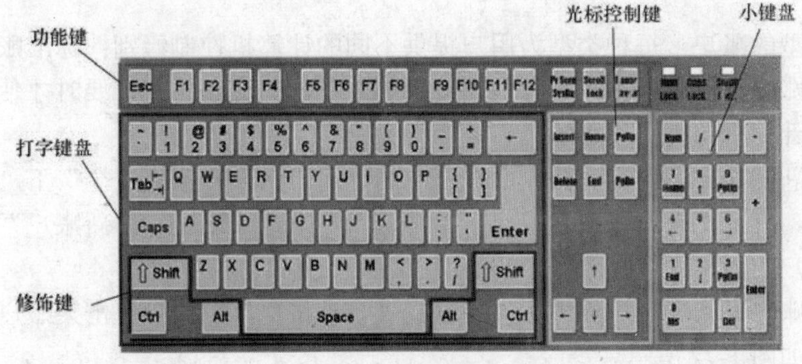

图1-71 键盘按键布局

2）常用键盘快捷方式。键盘快捷方式是两个或多个键的组合，当按下这些组合键时，可用于执行通常需要鼠标或其他指针设备才能执行的任务。键盘快捷方式可使用户与计算机的交互更容易，从而在使用Windows和其他程序时节省时间和精力。常用的键盘快捷方式如表1-2所示。

表1-2 键盘快捷方式

按　　键	功　　能
Windows 徽标键	打开“开始”菜单
Alt+Tab	在打开的程序或窗口之间切换
Alt+F4	关闭活动项目或者退出活动程序

续表

按　键	功　能
Ctrl+S	保存当前文件或文档（在大多数程序中有效）
Ctrl+C	复制选择的项目
Ctrl+X	剪切选择的项目
Ctrl+V	粘贴选择的项目
Ctrl+Z	撤销操作
Ctrl+A	选择文档或窗口中的所有项目
F1	显示程序或 Windows 的帮助
Windows 徽标键+F1	显示 Windows“帮助和支持”
Esc	取消当前任务

4. 管理账户

用户账户是通知 Windows 用户可以访问哪些文件和文件夹，可以对计算机和个人首选项（如桌面背景或屏幕保护程序）进行哪些更改的信息集合。通过用户账户，可以在拥有自己的文件和设置的情况下与多个人共享计算机。每个人都可以使用用户名和密码访问其用户账户。

有三种类型的账户。每种类型为用户提供不同的计算机控制级别：标准账户适用于日常计算。管理员账户可以对计算机进行最高级别的控制，但应该只在必要时才使用。来宾账户是给临时使用计算机的用户使用的。

（1）创建新的账户。通过“控制面板”中的“用户账户和家庭安全”下“添加或删除用户账户”命令，打开“管理账户”窗口，单击窗口左下角“创建一个新账户”命令，在文本框中输入新账户的名称，选择新账户的类型。

（2）更改账户设置。账户创建后，可以在“管理账户”窗口中单击某账户，打开“更改账户”窗口，如图 1-72 所示。

通过“更改账户”窗口可更改账户的名称、密码、图片、账户类型等。

（3）注销、切换用户和锁定计算机的操作如下。

1）注销计算机。从 Windows 注销后，正在使用的所有程序都会关闭，但计算机不会关闭。

在“开始”菜单中单击“关机”按钮右侧的箭头，在弹出的列表中选择“注销”命令。或按键盘 Crtl+Alt+Delete 组合键，在 Windows 7 安全选项界面中选择“注销”命令。

2）切换用户。如果计算机上有多个用户账户，则另一用户登录该计算机的便捷方法是使用“快速用户切换”，该方法不需要注销或关闭程序和文件。

在“开始”菜单中单击“关机”按钮右侧的箭头，在弹出的列表中选择“切换用户”命令。或按键盘 Crtl+Alt+Delete 组合键，在 Windows 7 安全选项界面中选择“切换用户”命令。

3）锁定计算机。当用户账户设置登录密码后，如在使用计算机过程中需离开，并希望在离开的这段时间内继续运行打开的程序或文件，同时又不希望其他用户进入系统，可锁定计算机的界面。

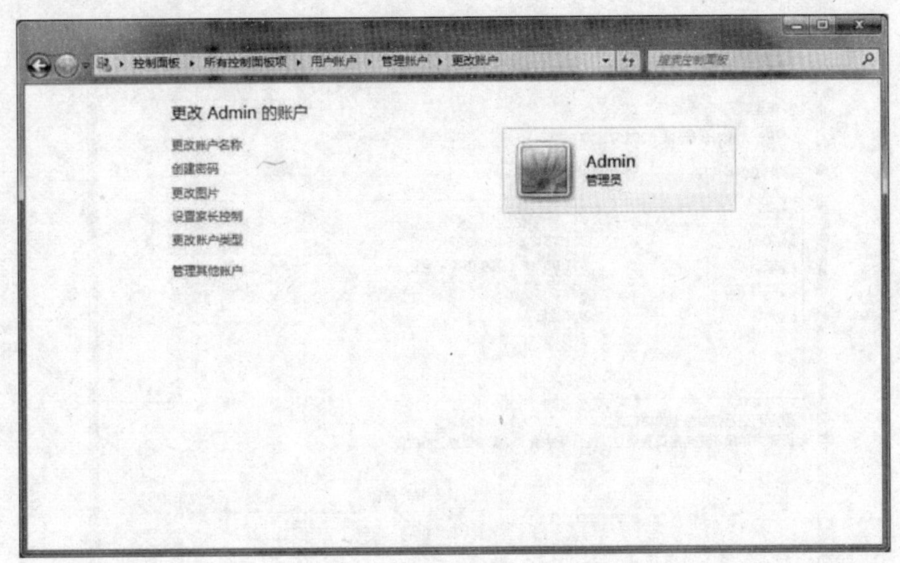

图 1-72　“更改账户”窗口

在“开始”菜单中单击“关机”按钮右侧的箭头，在弹出的列表中选择“锁定”命令。或按键盘 Ctrl+Alt+Delete 组合键，在 Windows 7 安全选项界面中选择“锁定”命令。

5. 磁盘清理与磁盘碎片整理程序

如果要减少硬盘上不需要的文件数量，以释放磁盘空间并让计算机运行得更快，请使用磁盘清理。该程序可删除临时文件、清空回收站并删除各种系统文件和其他不再需要的项；磁盘碎片整理程序可以重新排列碎片数据，以便磁盘和驱动器能够更有效地工作。磁盘碎片整理程序可以按计划自动运行，但也可以手动分析磁盘和驱动器及对其进行碎片整理。

(1) 磁盘清理。打开“附件”→“系统工具”中的“磁盘清理”程序，如图 1-73 所示，在“驱动器”下拉列表中选择需要清理的驱动器，单击确定按钮。

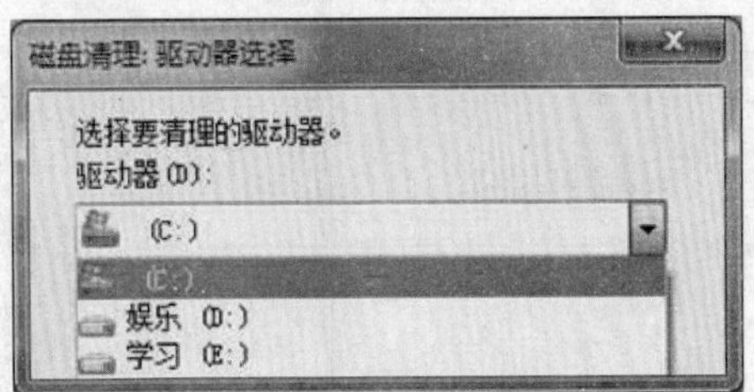

图 1-73　磁盘清理：驱动器选择

(2) 磁盘碎片整理程序。打开“附件”→“系统工具”命令中的“磁盘碎片整理”程序，如图 1-74 所示。

单击配置计划(S)...按钮，打开“磁盘碎片整理：修改计划”对话框，如图 1-75 所示，分别设置“频率”“日期”“时间”“磁盘”，单击确定按钮。

在“当前状态”下，选择要进行碎片整理的磁盘。若要确定是否需要对磁盘进行碎片整理，请单击分析磁盘(A)按钮。在 Windows 完成分析磁盘后，可以在“上一次运行时间”列中检查磁盘上碎片的百分比。如果数字高于 10%，则应该对磁盘进行碎片整理。单击磁盘碎片整理(D)按钮。

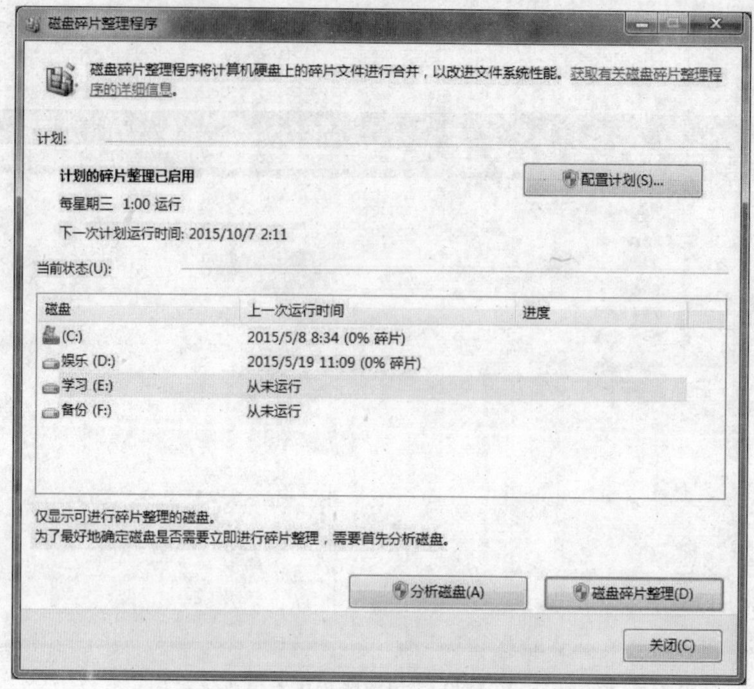

图 1-74 “磁盘碎片整理程序”窗口

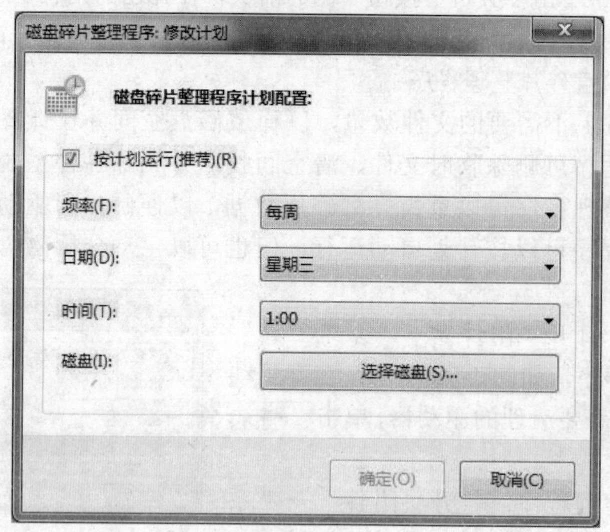

图 1-75 “磁盘碎片整理：修改计划”对话框

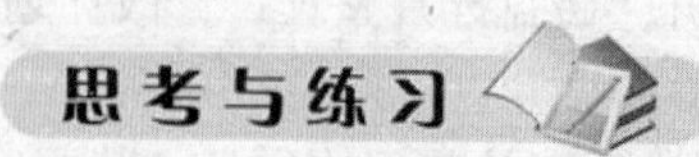

一、思考题

1. 什么是操作系统？它的主要功能有哪些？
2. 如何创建文件、文件夹？
3. 如何设置文件、文件夹的属性、权限？

4．如何在文件夹中或库中查找文件？

5．文件复制、粘贴、剪切等的键盘快捷键是什么？

6．如何设置任务栏和开始菜单？

7．系统何时启动屏幕保护程序？

8．如何设置屏幕分辨率与刷新频率？

9．用户账户有哪些类型？

10．磁盘清理与磁盘碎片整理程序各有什么作用？

二、练习题

1．创建一个新用户，身份为计算机管理员，名称自定，并为新用户设置密码，在欢迎屏幕和开始菜单上显示图片为第 2 行第 3 张图片。

2．为计算机设置 Aero 主题为“建筑”，“更改图片时间间隔”为“5 分钟”，无序播放；窗口颜色为“大海”，不启用透明效果；将完成的主题保存为“我的主题”。

3．将记事本程序添加到“开始”菜单并锁定到任务栏。

4．锁定任务栏，并使用小图标，设置屏幕上任务栏的位置为“左侧”，从不合并任务栏按钮。

5．设置开始菜单，将“自定义开始菜单”中“要显示的最近打开过的程序的数目”设置为“20”，将“要显示在跳转列表中最近使用的项目数”设置为“15”，并将“电源按钮操作”设置为“注销”。

6．文件及文件夹操作：

（1）在 D 盘根目录上建立“计算机作业”文件夹，在此文件夹下建立“文档”“图片”两个子文件夹；

（2）在“文档”文件夹下建立一个文本文件，输入自己的简单信息，命名为“myfile”；

（3）在 C 盘查找所有以 W 开头的 JPG 文件，并选择若干文件复制到“图片”文件夹中；

（4）将“文档”文件夹移动到 D 盘根目录下；

（5）将名为“myfile”的文本文件改名，新名字为自己的学号；

（6）将文件夹“图片”设置为隐藏文件夹。

7．运用 Windows 7 的“库”功能，查找出 C 驱动器中修改日期为“这个月的早些时候”，种类为“图片”，扩展名为“.png”的所有文件。

8．附件的使用：

（1）分别通过菜单方式及运行程序方式启动画图程序 Mspaint.exe，制作一幅画，并保存到 D：\计算机作业\图片下；

（2）用“硬盘碎片整理程序”对 C 驱动器进行碎片整理，并设置计划为每周三 14:00 对 C 驱动器进行碎片整理。

9．对系统的“日期和时间格式”进行设置，短日期显示为“yyyy-M-d”，短时间显示为“HH：mm”，一周的第一天为“星期一”。

10．更改鼠标指针方案“Windows Aero（系统方案）”中鼠标“链接选择”的形状为“C：\Windows\Cursors\aero_arrow_xl.cur”，并将该方案另存为“新鼠标方案”。

11．将显示器的“分辨率”调整为“1440×900”像素，“方向”调整为“横向”并设置监视器的“屏幕刷新频率”为“60 赫兹”，颜色为“真彩色（32 位）”。

12．应用“三维文字”的屏幕保护程序，文本内容为“我的个性计算机”，字体为华文行楷，旋转动态，表面样式为映像，镜面高亮显示；并设置等待时间为 10 分钟。

13．创建新的电源计划，设置计划名称为“考生电源计划”，将“用电池”和“接通电源”时“关闭显示器”的时间均设置为 1 小时非活动状态之后，并且均从不“使计算机进入睡眠状态”。

14．更改“系统声音”，应用声音方案“奏鸣曲”，并将程序事件“Windows 登录”的声音更改为“C：\Windows\Media\Cityscape\打钟.wav”，最后将该方案另存为“我的个性声音方案”。

项目 2　Word 2010 文字处理

Word 2010 是 Microsoft 公司开发的 Office 2010 办公组件之一，常用于制作和编辑办公文档。Microsoft Word 2010 提供了最出色的功能，其增强后的功能可创建专业水准的文档，用户可以更加轻松地与他人协同工作，并可在任何地点访问自己的文件。利用 Word 2010 提供的最上乘的文档格式设置工具，可以更轻松、高效地组织和编写文档，并使这些文档唾手可得。Word 2010 界面友好、操作简便、功能强大，无论使用其进行编辑文档、处理数据，用户都能更为轻松、高效地完成任务。

Word 2010 新增了如下许多实用的功能：

（1）全新界面。Word 2010 界面的主要包括 Office 按钮、功能区、快速访问工具栏、标题栏、功能区选项卡、编辑区、状态栏等几部分。新的界面能够使用户在需要的时候更方便地找到所要使用的命令，可以显著提高人们的办公效率。

（2）创建具有专业水准的文档。Word 2010 模板库和 Microsoft Office Online 官网上提供了传真、信件、名片、合同、报表、简历等各种模板。

（3）新的 SmartArt 模板。可以轻松制出精美的业务流程图，而 Office 2010 在 Office 2007 的类别下增加了大量新模板，还新添了数个新的类别。

（4）屏幕截图。Word 2010 内置了屏幕截图功能，并可将截图即时插入到文档中。单击主窗口上方的“插入”按钮将编辑模式切换到插入模式，然后单击“屏幕截图”图标按钮。

（5）为文档增加视觉冲击力。利用 Word 2010 中提供的新型图片编辑工具，可在不使用其他照片编辑软件的情况下，添加特殊的图片效果。可以利用色彩饱和度和色温控件来轻松调整图片。还可以利用所提供的改进工具来更轻松、精确地对图像进行裁剪和更正。

（6）恢复用户认为已丢失的工作。利用 Word 2010，可以像打开任何文件那样轻松恢复最近所编辑文件的草稿版本，即使用户从未保存过该文档也是如此。

（7）全新的打印体验。Word 2010 集成了打印的功能，用户可以在“文件”按钮下，打开打印预览命令，可以真实地预览到打印后的效果。可以对“打印机属性”进行设置，打开“页面设置”对话框进行相应的设置，极大地方便了用户。

（8）利用增强的用户体验完成更多工作。Word 2010 可简化功能的访问方式。新的 Microsoft Office Backstage 视图将替代传统的“文件”菜单，从而用户只需单击几次鼠标即可保存、共享、打印和发布文档。利用改进的功能区，可以更快速地访问用户的常用命令，可以自定义选项卡或创建自己的选项卡，从而使用户的工作风格体现出个性化经验。

本项目通过 5 个案例介绍 Word 2010 的使用方法，包括基本操作、文档编排、图文混排、表格的制作和处理、模板与样式的使用等内容。

案例 1　汽车 4S 店宣传手册的排版

案例描述

小刚大学毕业后应聘到长安汽车 4S 店，有一天经理把小刚叫到办公室，给他布置了一项任务。经理说："我们汽车的宣传手册太普通了，不能起到吸引顾客的作用，你是新来的大学生，希望你能把咱们的汽车宣传手册重新排版，突出汽车的'性能指标'和'简介'，这样用户就会很方便地了解我们的汽车。"小刚经过认真地思考，把原先的"奔奔微型轿车简介"进行了编辑和排版，最终效果如图 2-1 所示。

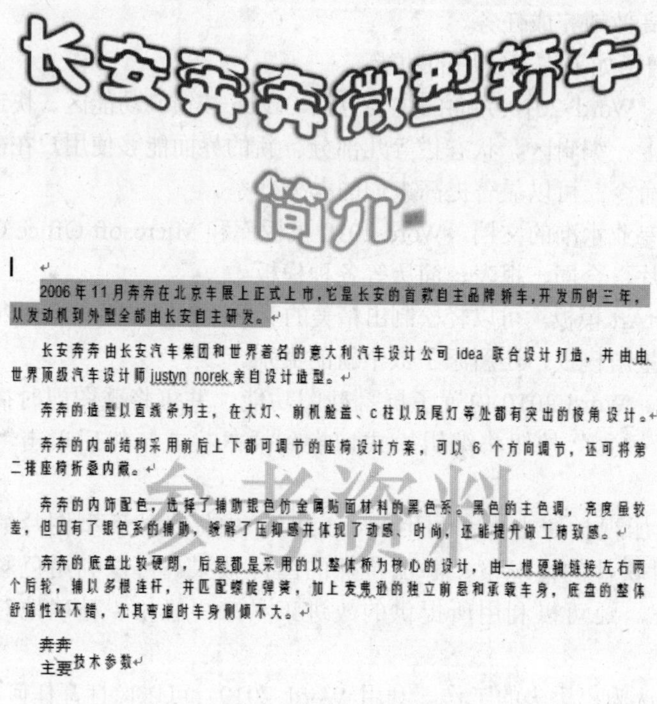

长安奔奔微型轿车

简介

2006 年 11 月奔奔在北京车展上正式上市，它是长安的首款自主品牌轿车，开发历时三年，从发动机到外型全部由长安自主研发。

长安奔奔由长安汽车集团和世界著名的意大利汽车设计公司 idea 联合设计打造，并由由世界顶级汽车设计师 justyn norek 亲自设计造型。

奔奔的造型以直线条为主，在大灯、前机舱盖、c 柱以及尾灯等处都有突出的棱角设计。

奔奔的内部结构采用前后上下都可调节的座椅设计方案，可以 6 个方向调节，还可将第二排座椅折叠内藏。

奔奔的内饰配色，选择了辅助银色仿金属贴面材料的黑色系。黑色的主色调，亮度虽较差，但因有了银色系的辅助，缓解了压抑感并体现了动感、时尚，还能提升做工精致感。

奔奔的底盘比较硬朗，后悬都是采用的以整体桥为核心的设计，由一根硬轴链接左右两个后轮，辅以多根连杆，并匹配螺旋弹簧，加上麦弗逊的独立前悬和承载车身，底盘的整体舒适性还不错，尤其弯道时车身侧倾不大。

奔奔
主要技术参数

图 2-1　宣传手册效果图

案例实现

1. 设置文档页面格式

（1）设置页边距上下各为 2.8 厘米、左右各为 3.2 厘米；为文档插入"飞越型（奇数页）"页眉，录入页眉标题为"奔奔轿车"，插入页码"第 1 页"，字体为微软雅黑、小四、红色，并设置页眉距边界 2 厘米。

1）打开"项目 2\案例 1\奔奔微型轿车.docx"文件，单击"页面布局"选项卡下"页面设置"组右下角的"对话框启动器"按钮，弹出"页面设置"对话框，单击"页边距"选项卡；在"上""下"文本框输入"2.8 厘米"，在"左""右"文本框输入"3.2 厘米"，如图 2-2 所示。切换到"版式"选项卡，在"页眉和页脚"区域的"页眉"文本框输入"2 厘米"，如图 2-3 所示，最后单击"确定"按钮。

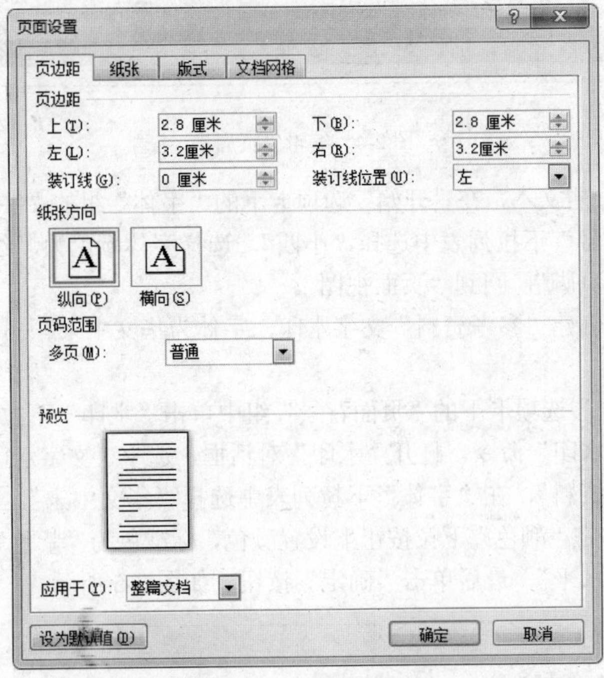

图 2-2 “页边距”选项卡

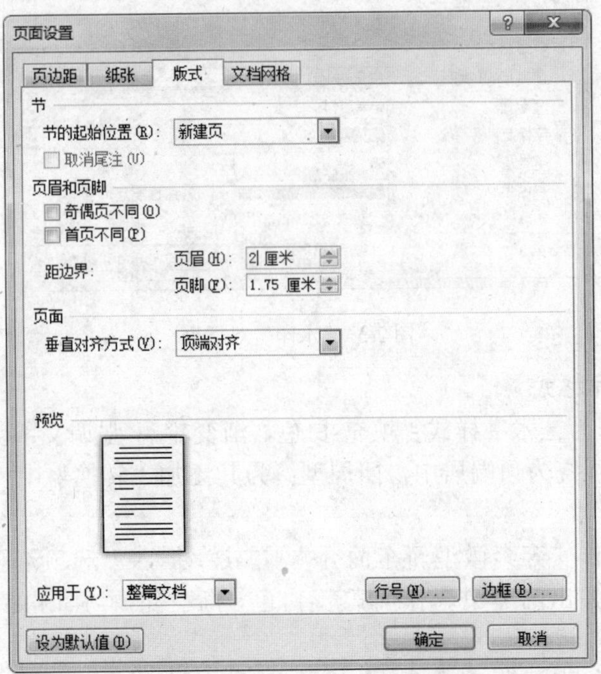

图 2-3 “版式”选项卡

2）单击“插入”选项卡下的“页眉和页脚”组的“页眉”按钮，在弹出的下拉列表中选择“飞越型（奇数页）”页眉样式。

3）将光标定位在“键入文档标题”标题框中，输入文字“奔奔轿车”。将光标定位在“选取日期”框中，输入“第 1 页”，如图 2-4 所示。

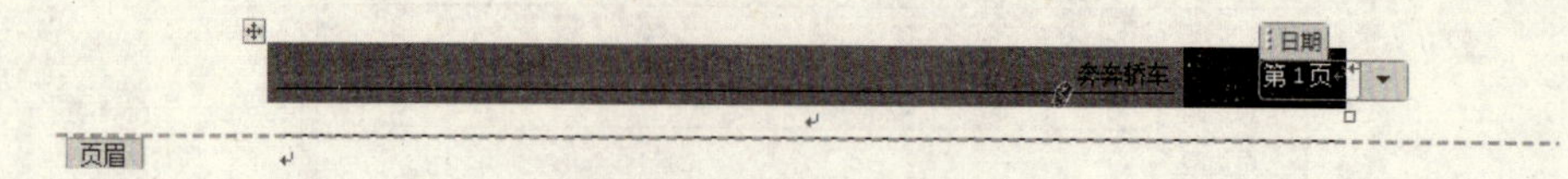

图 2-4 编辑“页眉”

4）选中输入的页眉文本，在“开始”选项卡下的“字体”组的“字体”下拉列表中选择“微软雅黑”，在“字号”下拉列表中选择“小四”，选择字体颜色为“红色”。最后在文档中双击，关闭“页眉和页脚”，回到“页面视图”。

（2）为当前文档创建“参考资料”文字水印，字体为华文中宋、66 磅、紫色、半透明，版式为水平。

1）在“页面布局”选项卡下的“页面背景”组中单击“水印”下拉按钮，在弹出的下拉列表中执行“自定义水印”命令，打开“水印”对话框，选中“文字水印”按钮，在“文字”文本框中输入“参考资料”，在“字体”下拉列表中选择“华文中宋”，在“字号”下拉列表中选择或输入“66”，在“颜色”下拉按钮下设置颜色，标准色为“紫色”，并复选“半透明”，在“版式”中单击“水平”。最后单击“确定”按钮。如图 2-5 所示。

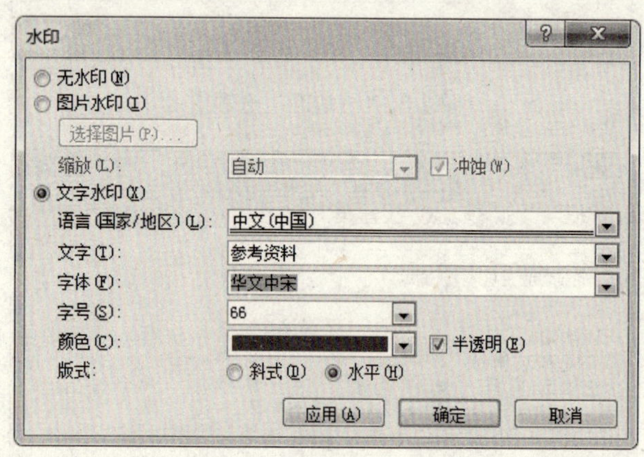

图 2-5 “水印”对话框

2. 设置文档编排格式

（1）将标题设置为艺术字样式“填充-白色，渐变轮廓-强调文字颜色 1”；字体为华文琥珀、50 磅，文字环绕为顶端居中，四周型；为其添加“转换”中“正 V 形”弯曲的文本效果。

1）选中标题“长安奔奔微型轿车简介”，单击“插入”选项卡下的“文本”组中的“艺术字”按钮，在弹出的库中选择“填充-白色，渐变轮廓-强调文字颜色 1”，如图 2-6 所示。

2）选中新插入的艺术字，在“开始”选项卡下的“字体”组的“字体”下拉列表中选择“华文琥珀”，在“字号”下拉列表中选择或输入“50”。

3）在“绘图工具”的“格式”选项卡下“排列”组中单击“位置”按钮，在弹出的下拉列表中选择“文字环绕”区域下“顶端居中，四周型文字环绕”，如图 2-7 所示。

4）在“绘图工具”的“格式”选项卡下“艺术字样式”组中单击“文本效果”按钮，在弹出的下拉列表中选择“转换”选项下的“正 V 形”弯曲的文本效果，如图 2-8 所示。

（2）为正文第 1 段添加浅蓝色（RGB：100，200，255）底纹，正文所有文本的字体设置为方正姚体、五号，段落间距为段后 0.5 行，行距为单倍行距。

1）选中正文第 1 段文本，在“开始”选项卡下的“段落”组中单击“底纹”按钮右侧的下拉按钮，在弹出的下拉列表中执行“其他颜色”命令，在打开的“颜色”对话框下的“自定义”选项卡中设置 RGB 的值，最后单击“确定”按钮。如图 2-9 所示。

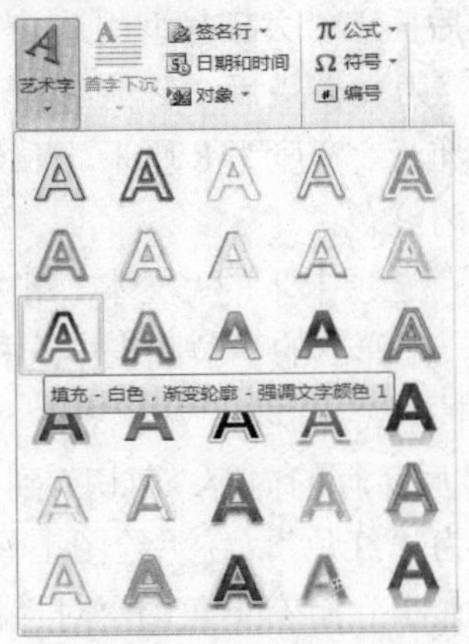

图 2-6 “艺术字”样式

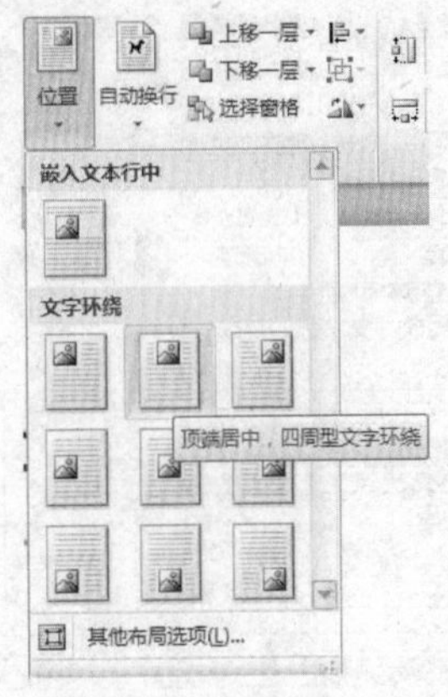

图 2-7 “文字环绕”方式

图 2-8 “文本效果”下拉列表

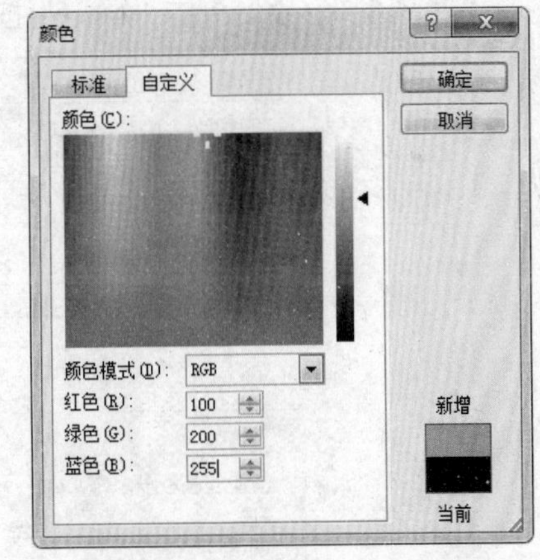

图 2-9 “颜色/自定义”选项卡

2）选中正文所有文本，在“开始”选项卡下的“字体”组的“字体”下拉列表中选择“方正姚体”，在“字号”下拉列表中选择“五号”。

3）选中正文所有文本，在“开始”选项卡下，单击“段落”组右下角的“对话框启动器”按钮，打开“段落”对话框，在“缩进和间距”选项卡下的“间距”选项区域的“段后”文本框中输入“0.5 行”，“行距”下拉列表中选择“单倍行距”，最后单击“确定”按钮。如图 2-10 所示。

（3）为正文第 7 段的文本“奔奔主要”设置为中文版式中的“合并字符”格式，字体为华文细黑、11 磅。

首先选中“奔奔主要”，在“开始”选项卡下的“段落”组中单击“中文版式”按钮，

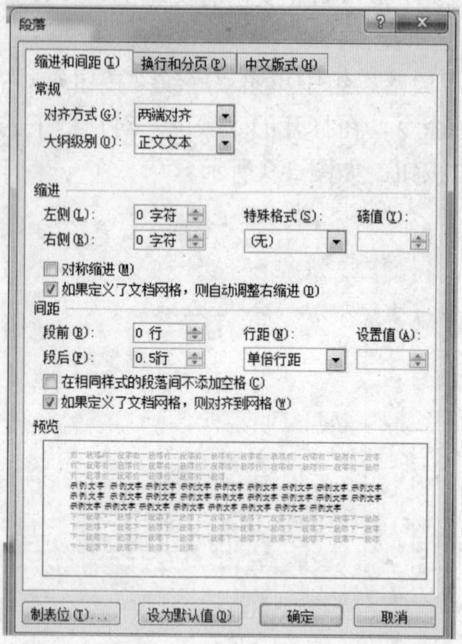

在弹出的下拉列表中执行“合并字符”命令，打开“合并字符”对话框，在“字体”下拉列表中选择“华文细黑”，在“字号”列表中选择“11”，最后单击“确定”按钮。如图 2-11 所示。

图 2-10 “段落/缩进和间距”选项卡

3. 文档的插入设置

在文档的最后插入“大括号型引述 2”样式的文本框，文本框内容为文档最后 7 行的内容，并设置文本框的高度为 8 厘米、宽度为 8 厘米，环绕方式为四周型，字体颜色为红色。

1）在“插入”选项卡下的“文本”组中单击“文本框”下拉按钮，在弹出的下拉列表中选择“大括号型引述 2”文本框样式。

2）把文档最后 7 行的内容“剪切”到文本框中，并设置字体颜色为“红色”，在“绘图工具格式”选项卡下，单击“大小”组右下角的“对话框启动器”按钮，弹出“布局”对话框，如图 2-12 所示。在“大小”选项卡下“高度”绝对值文本框中输入“8 厘米”，“宽度”绝对值文本框中输入“8 厘米”，在“文字环绕”选项卡下的“环绕方式”列表中选择“四周型”，最后单击“确定”按钮。参考效果图 2-1，把文本框移动到文档的尾部。

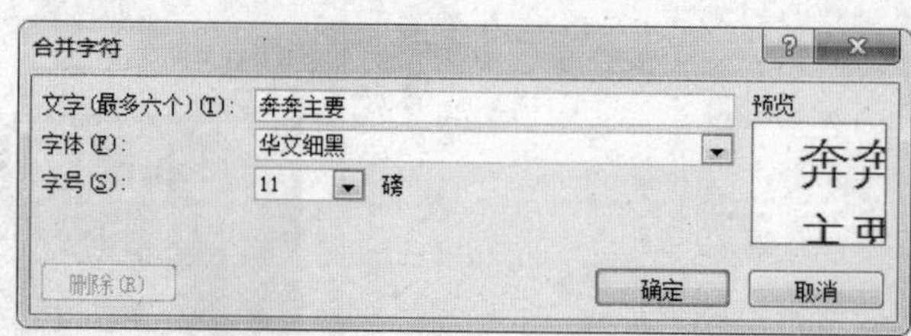

图 2-11 “合并字符”对话框

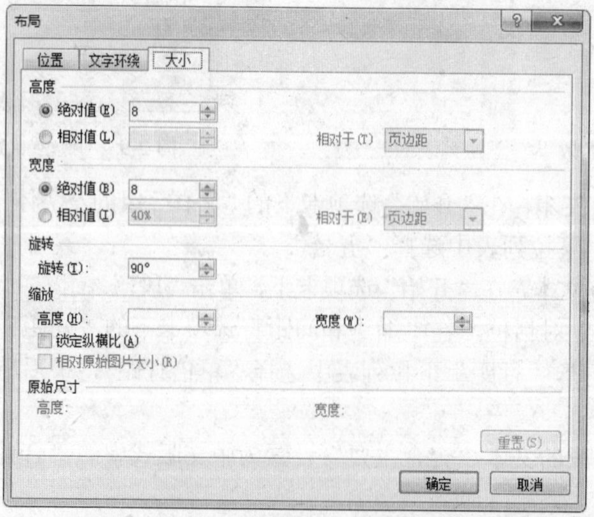

图 2-12 “布局”对话框

相关知识

1. 设置文档页面格式

（1）设置页面。文档完成之前一定要对其页面进行设置，主要包括纸张大小、页边距等。

1）设置页边距。页边距是页面边缘的空白区域，可以选择预定义的页边距，也可以自定义页边距。方法如下：单击“页面布局”选项卡，在“页面设置”组中单击“页边距”按钮，在弹出的下拉列表中执行“自定义页边距”命令，打开“页面设置”对话框，在“页边距”选项卡下可以自定义上、下、左、右的页边距。

2）设置纸张方向和大小。默认情况下，纸张方向总是纵向排列的，大小是 A4 纸。可以进行更改，方法如下。

设置纸张方向：单击“页面布局”选项卡，在“页面设置”组中单击“纸张方向”按钮，在弹出的下拉列表中执行“横向”命令。

选择纸张大小：单击“页面布局”选项卡，在“页面设置”组中单击“纸张大小”下拉按钮，在弹出的下拉列表中选择适合的纸张大小。

（2）设置页眉、页脚与页码。页眉和页脚是文档的重要部分，位于页面的顶部、底部和两侧页边距的区域。可以在页眉和页脚中插入文本或图形，也可以添加时间和日期、公司徽标、文档标题、作者等信息。

1）插入页眉和页脚。在“插入”选项卡下的“页眉和页脚”组中，单击“页眉”下拉按钮，在弹出的下拉列表中选择所需要的页眉样式。

页眉被插入到文档的每一页中。此时光标在文档顶端的页眉区域闪烁，直接输入所需的内容即可。设置完成后，在“页眉和页脚工具设计”选项卡下单击“关闭页眉和页脚”按钮，返回到文档正文。如图 2-13 所示。插入页脚的方法与页眉类似。

图 2-13 “关闭页眉和页脚”按钮

2）设置页眉和页脚格式。为了使页眉和页脚更加美观，可以对页眉和页脚进行格式设置。

设置页眉和页脚文本格式：设置页眉和页脚文本格式与设置文档中普通文本格式相同。首先选择页眉或页脚中的文本，单击“开始”选项卡，在“字体”组中进行相应的设置即可。

设置页眉和页脚、页边距：在“插入”选项卡下的“页眉和页脚”组中，单击“页眉”下拉按钮，在弹出的下拉列表中执行“编辑页眉”命令，在“页眉和页脚工具”中的“设计”选项卡下的“位置”组中，可设置“页眉顶端距离”和“页脚底端距离”。如图 2-14 所示。

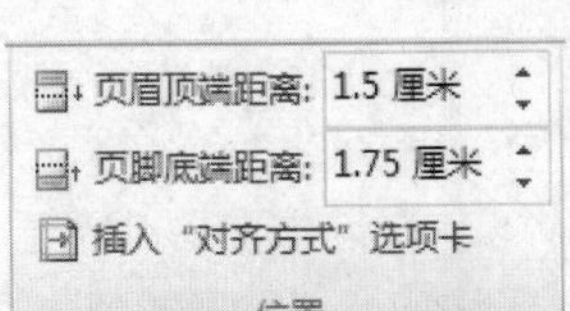

图 2-14　页眉和页脚“位置”组

3）删除页眉、页脚。在“插入”选项卡下的“页眉和页脚”组中，单击“页眉”下拉按钮，在弹出的下拉列表中执行“删除页眉”命令，页眉将在整个文档中被删除。页脚的删除方法相同。

4）页码。一般情况下页码在文档的底端，可以根据自己的需要选择页码的位置。

插入页码：在“页眉和页脚工具”中的“设计”选项卡中单击“页码”下拉按钮，在弹出的下拉列表中选择插入位置，再在弹出的列表中选择自己所需要的页码样式即可，如图 2-15

所示。

设置页码格式：如果对页码格式不满意，可以自己设置页码格式。在“页眉和页脚工具”中的“设计”选项卡中单击“页码”下拉按钮，在弹出的下拉列表中执行“设置页码格式”命令，弹出“页码格式”对话框，在“编号格式”下拉列表中选择或输入自己所需要的页码样式即可，如图 2-16 所示。

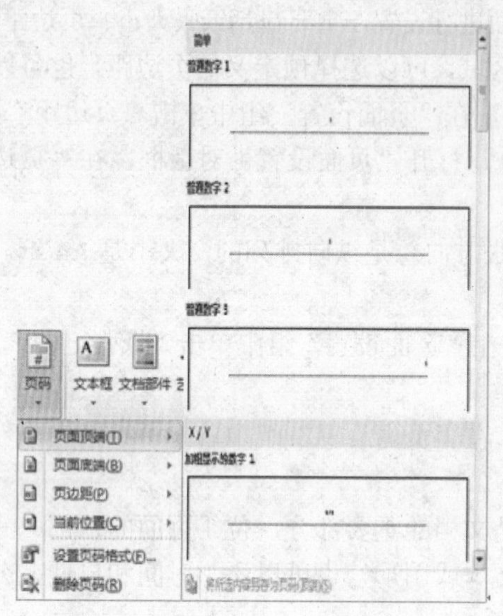

图 2-15 “页码”下拉列表

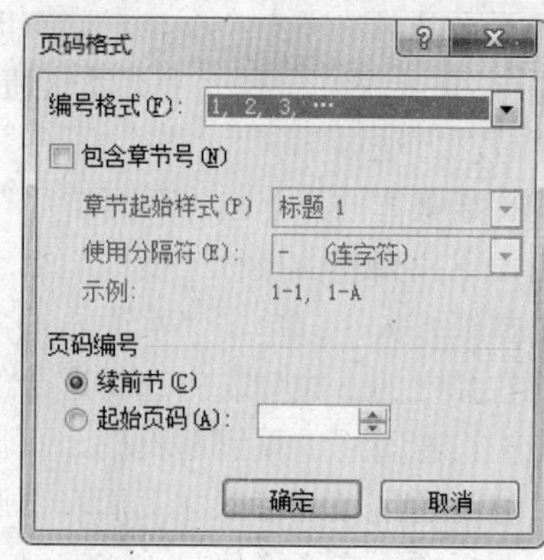

图 2-16 “页码格式”对话框

（3）设置边框和底纹。为了突出显示文档中的重要内容，可以为其设置边框和底纹也可设置突出显示文本。

1）设置边框。首先选择要添加边框的文本或段落，在“开始”选项卡下的“段落”组中单击“下框线”按钮 右侧的下拉按钮，在弹出的下拉列表中选择所需要的边框选项。

也可以在弹出的下拉列表中执行“边框和底纹”命令，打开“边框和底纹”对话框，在“边框”选项卡下对各项进行设置。在左侧的“设置”区域可以选择边框的效果，如方框、阴影、三维等，在“样式”区域可以选择边框的线形，如直线、虚线、波浪线、双实线等，在“颜色”区域可以设置边框的颜色，在“宽度”区域可以设置边框的粗细，如 0.5 磅、1 磅等，在“应用于”区域可以选择边框的应用范围，如文字或段落。如图 2-17 所示。

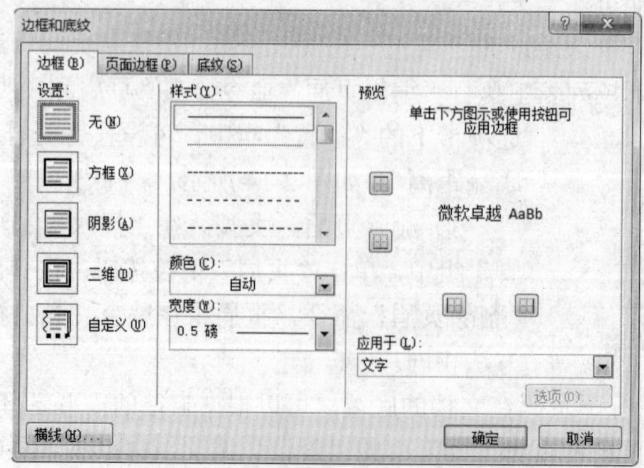

图 2-17 “边框和底纹/边框”对话框

2）设置底纹。在“开始”选项卡下的“段落”组中单击“底纹”按钮右侧的下拉按钮，在弹出的下拉列表中选择所需要填充的颜色。

也可以在“边框和底纹”对话框中的“底纹”选项卡下进行设置。在该选项卡下可以设置底纹的填充颜色、图案样式、图案颜色和应用范围，如图 2-18 所示。

（4）突出显示文本。Word 2010 提供了突出显示文本的功能，可以快速将选择的文本以需要的颜色突出显示出来，常用于审阅文档。

首先选择要突出显示的文本，在“开始”选项卡下的“字体”组中单击“以不同颜色突出显示文本”按钮右侧的下拉按钮，在弹出的下拉列表中选择所需要的颜色，就可以使选择的文本以相应的颜色突出显示出来。

（5）设置页面背景。

1）设置页面水印。在“页面布局”选项卡下的“页面背景”组中单击“水印”下拉按钮，在弹出的下拉列表中选择所需要的水印样式。

也可以自定义水印，在“页面布局”选项卡下的“页面背景”组中单击“水印”下拉按钮，在弹出的下拉列表中执行“自定义水印”命令，打开“水印”对话框，选中“图片水印”按钮，可以选择图片文件作为水印。选中“文字水印”按钮，可以设置语言、字体、字号、颜色、版式等。

2）设置页面背景。为页面添加背景颜色，在“页面布局”选项卡下的“页面背景”组中单击“页面颜色”下拉按钮，在弹出的下拉列表中选择所需要的颜色。如图 2-19 所示。

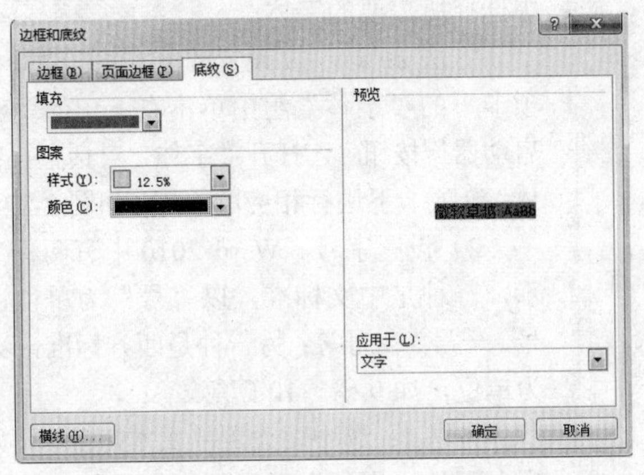

图 2-18　“边框和底纹”选项卡

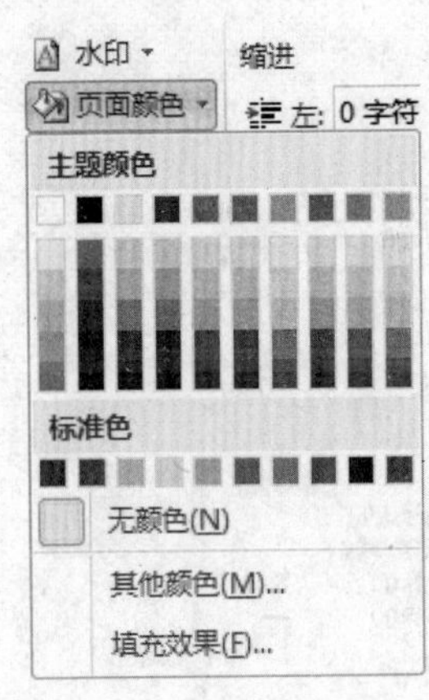

图 2-19　“页面颜色”下拉列表

也可以为页面设置填充效果，在“页面布局”选项卡下的“页面背景”组中单击“页面颜色”下拉按钮，在弹出的下拉列表中执行“填充效果”命令，打开“填充效果”对话框，可以为页面添加渐变、纹理、图案和图片等效果。如图 2-20 所示。

（6）设置页面边框。在“页面布局”选项卡下的“页面背景”组中单击“页面边框”按钮，打开“边框和底纹”对话框，在“页面边框”选项卡下进行相应设置。在左侧的“设置”区域可以选择页面边框的效果，如方框、阴影、三维等，在“样式”区域可以选择页面边框的线形，如直线、虚线、波浪线、双实线等，在“颜色”区域可以设置页面边框的颜色，在“宽度”区域可以设置页面边框的粗细，如 0.5 磅、1 磅等，在“应用于”区域可以选择页面边框的应用范围。如图 2-21 所示。

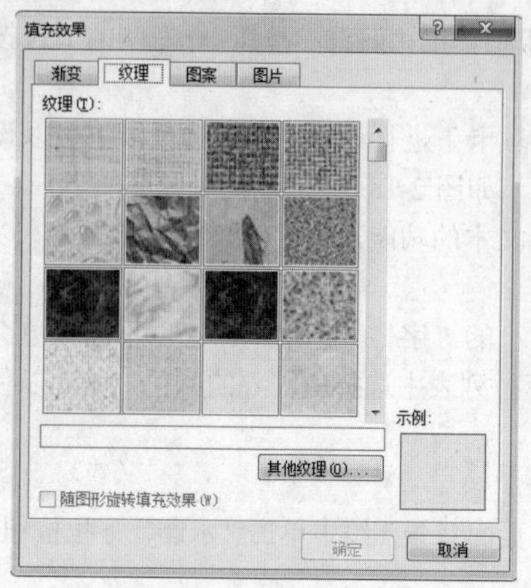

图 2-20 “填充效果”对话框

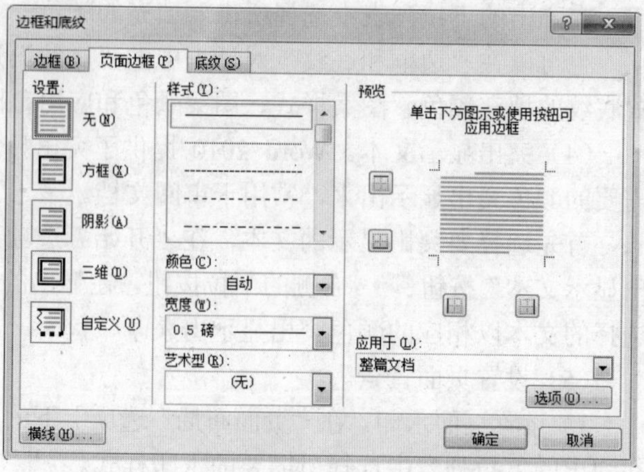

图 2-21 “边框和底纹/页面边框”选项卡

2. 设置文档编排格式

（1）字体格式的设置。文本的字体格式包括设置字体、字形、字号、字体颜色及文本效果等。一般可以通过“字体”组、“字体”对话框、浮动工具栏的方法来设置字体格式。

1）设置字体。

方法 1：选中要设置的文本，在“开始”选项卡下的“字体”组中的“字体”下拉列表中选择所需要的字体。

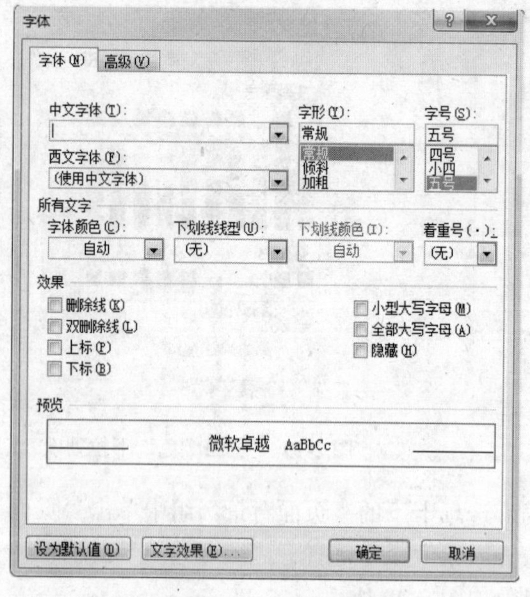

图 2-22 “字体”对话框

方法 2：选中要设置的文本，在“开始”选项卡下的“字体”组中单击右下角的“对话框启动器”按钮，打开“字体”对话框，在“字体”选项卡下进行相应的设置。如图 2-22 所示。

2）设置字号。Word 2010 中有两种字号表示，一种是中文标准，以“号”为单位，如初号、一号、二号等；另一种是西方标准，以“磅”为单位，如 9 磅、10 磅等。

方法 1：选中要设置的文本，在“开始”选项卡下的“字体”组中的“字号”下拉列表中选择所需要的字号。

方法 2：选中要设置的文本，打开“字体”对话框，在“字体”选项卡下的“字号”列表中选择所需要的字号。

3）设置字形。字形包括文字的常规显示、倾斜显示、加粗显示及下划线等。

方法 1：选中要设置的文本，在“开始”选项卡下的“字体”组中单击相应的按钮就可以设置字形。单击“加粗”按钮 **B**，可以设置字符的加粗格式；单击“倾斜”按钮 *I*，可以设置字符的倾斜格式；单击“下划线”按钮 U，可以设置字符的下划线格式，单击“下划线”按钮 U 右侧的下拉按钮，可以从下拉列表中选择下划线的线型和颜色。

方法 2：选中要设置的文本，在“开始”选项卡下的“字体”组中单击右下角的“对话框启动器”按钮，打开“字体”对话框，在“字体”选项卡下的“字形”列表中选择所需要的字形，在“下划线线型”列表中选择所需要的线型，在“下划线颜色”中设置所需要的颜色，在“着重号”列表中可以选择为文本添加着重号。

4）设置字体颜色。

方法 1：选中要设置的文本，在“开始”选项卡下的“字体”组中单击“字体颜色”下拉按钮，在弹出的颜色面板中选择所需要的颜色。

方法 2：选中要设置的文本，打开“字体”对话框，在“字体”选项卡下的“字体颜色”下拉列表中选择所需要的颜色。

5）设置文本效果。为文字添加如阴影、映像、发光等效果，可以更改文字的外观。

①设置文本效果：选中要设置的文本，在“开始”选项卡下的“字体”组中单击“文本效果”下拉按钮，在弹出的文本效果下拉列表中选择所需要的效果，可以设置轮廓、阴影、映像和发光效果，如图 2-23 所示。

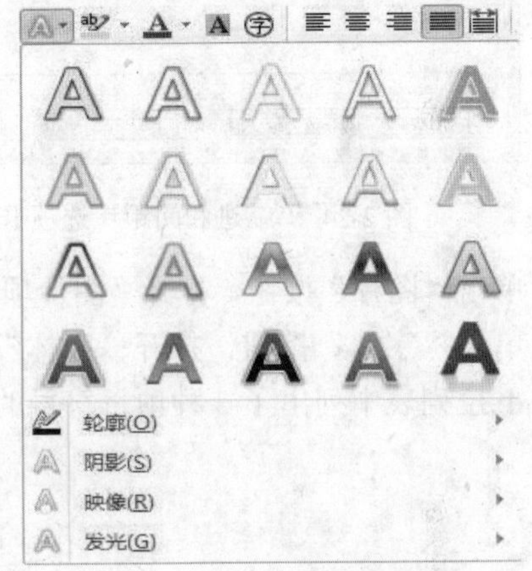

图 2-23 “文本效果”下拉列表

②删除文本效果：选中要删除文本效果的文本，在“开始”选项卡下的“字体”组中单击“清除格式”按钮，就可以删除所选择文本的文本效果。

（2）段落格式的设置。好的段落格式可以使整个文档层次分明、清晰。段落格式包括段落对齐方式、缩进方式、段落间距与行距、段落边框与底纹、项目符号和编号等。大多数的段落格式可以在“段落”组设置。

1）设置段落对齐方式。在“开始”选项卡下的“段落”组中，有一组快速选择段落对齐方式的按钮，单击相应的按钮，就可以快速实现段落的对齐方式。文本左对齐，将选择的段落在页面中靠左对齐。居中对齐，将选择的段落在页面中居中对齐。文本右对齐，将选择的段落在页面中靠右对齐。两端对齐，将文字左右两端同时对齐，并根据页面需要自动增加字符间距以达到左右两端对齐的效果。分散对齐，将选择的段落在页面中分散对齐排列。

2）设置段落缩进。段落缩进包括左缩进、右缩进、悬挂缩进、首行缩进 4 种方式。左缩进：设置整个段落左边界的缩进位置。右缩进：设置整个段落右边界的缩进位置。悬挂缩进：设置段落中除首行外其他行的起始位置。首行缩进：设置段落中首行的起始位置。

首先选择要进行设置的段落，在“开始”选项卡下单击“段落”组右下角的“对话框启动器”按钮，打开“段落”对话框，在“缩进和间距”选项卡下进行相应的设置，“特殊格式”下拉列表中可以选择缩进的方式是首行缩进还是悬挂缩进，如图 2-24 所示。

3）设置段间距与行间距。间距主要是行间距和段间距，行间距是指段落中行与行之间的距离，段间距是指前后相邻的段落之间距离。

方法 1：首先要选择进行设置的段落，在“开始”选项卡下单击“段落”组右下角的“对话框启动器”按钮，打开“段落”对话框，在“缩进和间距”选项卡下进行相应的设置。段间距确定了段落前后空白区域的大小，在“段前”和“段后”框中输入值，就可以进行设置。行距确定了段落中各行文本间的垂直距离，可以在“行距”下拉列表中进行选择并设置

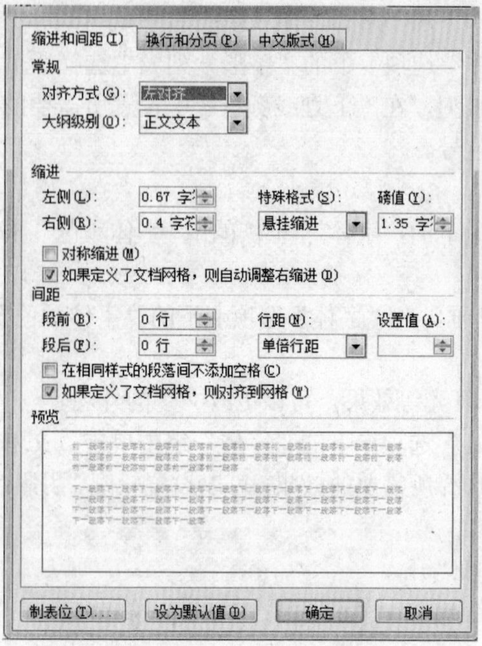

图 2-24 “缩进和间距”选项卡

间距值，可以设置单倍行距、1.5 倍行距、双倍行距、最小值、固定值、多倍行距。

方法 2：在“开始”选项卡下“段落”组中，单击“行和段落间距”下拉按钮，进行相应的设置，如图 2-25 所示。

4）设置项目符号和编号。为使段落层次分明，结构清晰，可以为段落添加项目符号或编号，项目符号或编号是以段落为单位的。

①添加项目符号：选择要添加项目符号的段落，在“开始”选项卡下“段落”组中，单击“项目符号”下拉按钮，在弹出的库中选择所需要的项目符号样式。

也可以自定义项目符号，在“项目符号”下拉列表中执行“定义新项目符号”命令，打开“定义新项目符号”对话框，如图 2-26 所示。

单击“符号”按钮，打开“符号”对话框，可以选择合适的符号作为项目符号，如图 2-27 所示。单击“图片”按钮，打开“图片项目符号”对话框，可以选择合适的图片符号作为项目符号。单击“字体”按钮，打开“字体”对话框，可以设置项目符号的字体格式。在“对齐方式”下拉列表中列出了 3 种项目符号的对齐方式，分别为左对齐、居中和右对齐。

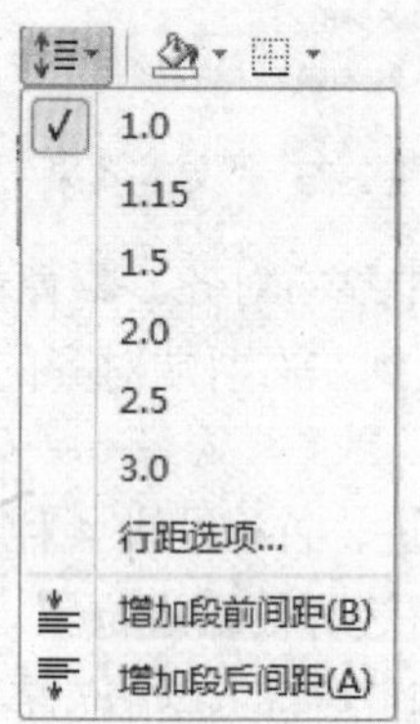

图 2-25 “行和段落间距”下拉列表

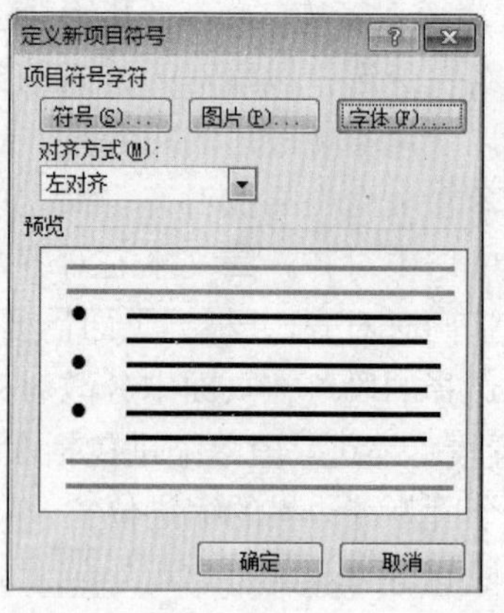

图 2-26 “定义新项目符号”对话框

②添加编号：选择要添加编号的段落，在“开始”选项卡下“段落”组中，单击“编号”下拉按钮，在弹出的库中选择所需要的编号样式。

也可以自定义编号，在“编号”下拉列表中执行“定义新编号格式”命令，打开“定义新编号格式”对话框，如图 2-28 所示。

在“编号样式”下拉列表中可以选择其他编号样式。单击“字体”按钮，打开“字体”对话框，可以设置编号的字体格式。“编号格式”文本框中显示的是编号的最终样式，可以添加一些特殊的符号，如冒号、逗号、半角句号等。

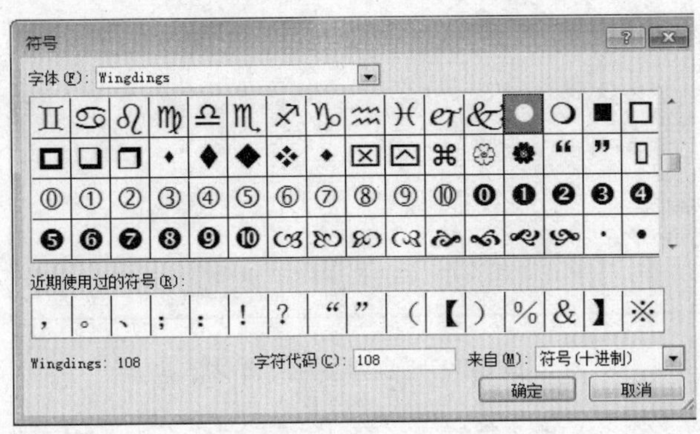

图 2-27　“符号”对话框

对于不需要的项目符号和编号可以删除，要选中需要删除项目符号和编号的文本，之后在“段落”组中，单击“项目符号”或“编号”按钮即可。如果要删除单个项目符号和编号，可以选中该项目符号或编号，之后按 Backspace 键即可。

（3）中文版式。Word 2010 提供了具有中文特色的中文版式功能，包含纵横混排、合并字符、双行合一等。

1）纵横混排。默认情况下文档中的文本是横向排列的，有时根据需要要使文字纵横混排，使文字在原基础向左旋转 90°，就可以实现纵横混排。

首先选择要实现纵横混排的文字，在“开始”选项卡下的“段落”组中单击“中文版式”按钮，在弹出的下拉列表中执行“纵横混排”命令，打开“纵横混排”对话框，在对话框中选中“适应行宽”，将自动调整文本行的行宽，如图 2-29 所示。

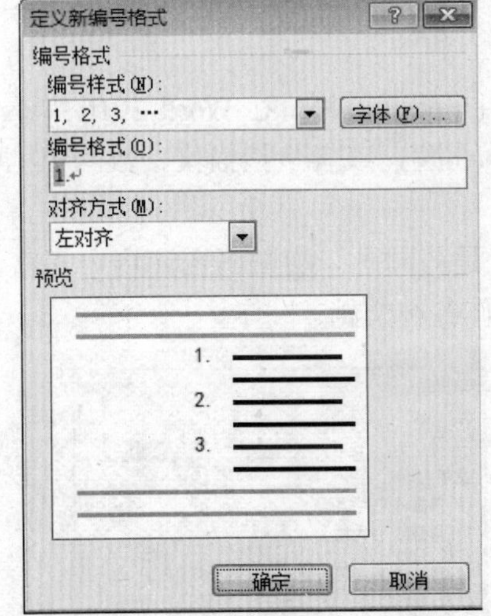

图 2-28　“定义新编号格式”对话框

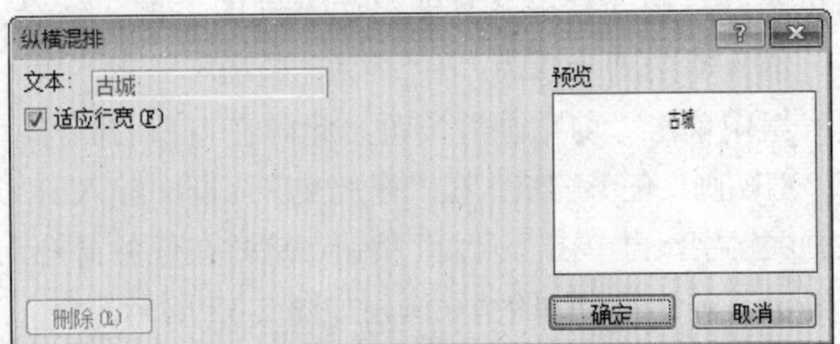

图 2-29　“纵横混排”对话框

要删除纵横混排效果，选择纵向排列的文本，打开“纵横混排”对话框，单击“删除”按钮，就可以恢复文字的横向排列效果。

2）合并字符。该效果可以使所选中的字符排列成上、下两行，且可以设置字符的字体、字号。注意：合并的字符不能超过 6 个汉字的宽度，12 个半角英文字符，超过将被自动截断。

首先选择要实现的合并字符文字，在“开始”选项卡下的“段落”组中单击“中文版式”按钮，在弹出的下拉列表中执行“合并字符”命令，打开“合并字符”对话框，在“文字”文本框中可以对文字内容进行修改，在“字体”和“字号”文本框中可以设置文字的字体和字号，如图 2-30 所示。

要删除合并字符效果，选择合并的字符，再打开“合并字符”对话框，单击“删除”按钮，就可以取消所选字符的合并效果。

合并字符
文字(最多六个)(T): 古城
字体(F): 宋体
字号(S): 5 磅
预览
古
城
删除(R)
确定
取消

图 2-30 “合并字符”对话框

3）双行合一。双行合一效果可使所选的位于同一行的文本内容平均地变为两行，并在一行中显示出来，还可以为文本添加不同类型的括号。注意：设置双行合一的文本只能是位于同一自然段、连续的文本，如果选择多行不连续的文本，只设置首行文本为双行合一。

首先选择要实现的双行合一的文本，在“开始”选项卡下的“段落”组中单击“中文版式”按钮，在弹出的下拉列表中执行“双行合一”命令，打开“双行合一”对话框，在“文字”文本框中可以对文本内容进行修改，选中“带括号”复选框，可在“括号”样式列表中选择为双行合一的文本添加不同类型的括号，如图 2-31 所示。

要删除双行合一效果，选择双行合一的文本，再打开“双行合一”对话框，单击“删除”按钮即可。

3. 文档的插入设置

（1）插入并编辑图片。为了使文档美观，可以在文档中插入图片。在 Word 2010 中不仅可以插入系统提供的图片，还可以从其他程序和位置导入图片，或者从扫描仪、数码相机中直接获取图片。

1）插入剪贴画。Word 2010 中自带了一些图片，就是剪贴画。剪贴画图库内容丰富，构思巧妙，设计精美，且能表达不同的主题，适合于制作各种文档。

插入剪贴画步骤为：在“插入”选项卡下的“插图”组中单击“剪贴画”按钮，此时在窗口右侧打开“剪贴画”任务窗格，在“搜索文字”框中输入剪贴画关键字，再单击“搜索”按钮，这时在任务窗格中显示了多个搜索到的剪贴画，如图 2-32 所示。将

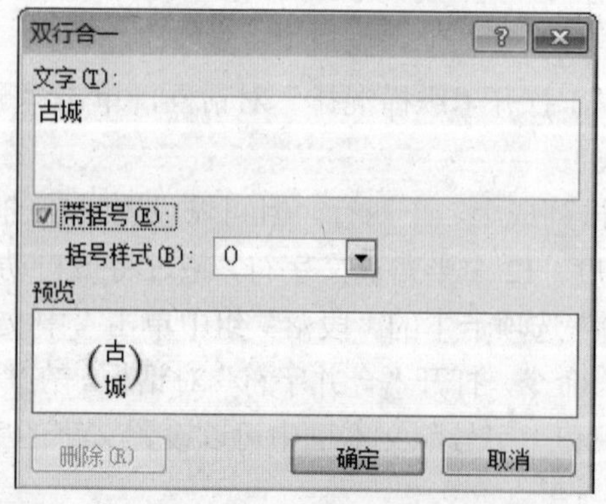

图 2-31 “双行合一”对话框

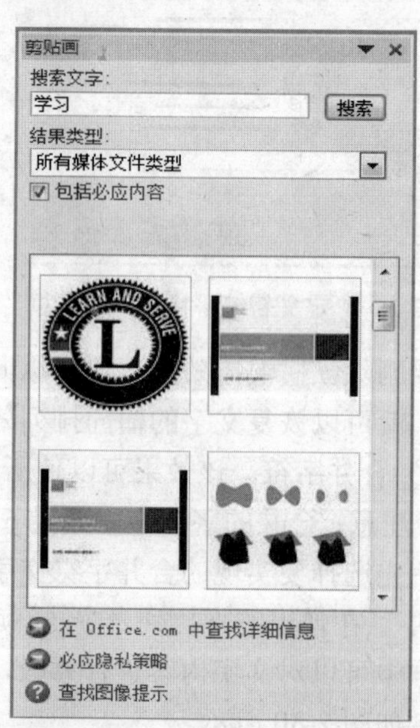

图 2-32 “剪贴画”任务窗格

光标定位到文档中要插入剪贴画的位置，之后单击所需要的剪贴画就可以将其插入到文档中。

2）插入文件中的图片。首先光标定位到要插入图片的文档中，在“插入”选项卡下的“插图”组中单击“图片”按钮，在打开的“插入图片”对话框中选择需要的图片，单击“插入”按钮就可以将图片插入到文档中。

如果要链接图片文件而不是插入图片，可在“插入图片”对话框中选择需要的图片，单击“插入”下拉按钮，在弹出的菜单中执行“链接到文件”命令即可。链接方式的图片在文档中不能被编辑。

3）编辑图片。在文档插入图片后可以对图片进行格式设置，使其更加美观。可以调整图片大小和位置，设置图片的文字环绕方式、旋转图片、裁剪图片、重新设置图片的颜色、应用图片样式等。选中图片，自动打开“图片工具”中“格式”选项卡，如图 2-33 所示。

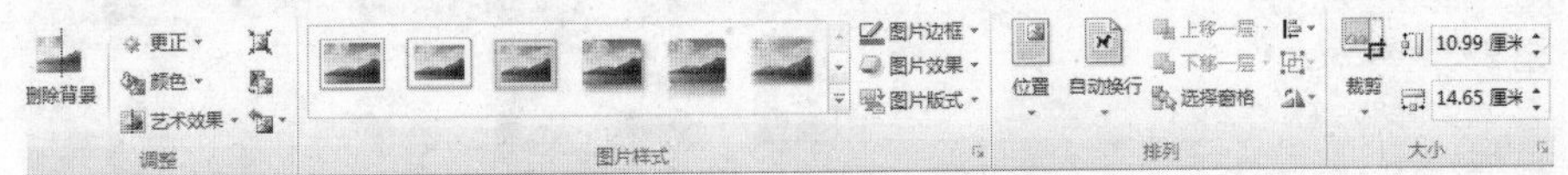

图 2-33 “图片工具/格式”选项卡

①调整图片大小：一般情况下，插入的图片大小和位置并不符合需求，需要对其大小和位置进行调整。调整图片大小的方法如下：

方法 1：选中图片，此时图片四周出现 8 个控制点，将光标移动到控制点时，光标变为“↕”“↔”“↘”双向箭头形状，此时按住鼠标拖拽图片控制点，就可以任意调整图片大小。

方法 2：选中图片，在“格式”选项卡下的“大小”组中的“高度”和“宽度”框中可以精确设置图片的大小。

方法 3：选中图片，在“格式”选项卡下的“大小”组中单击右下角的“对话框启动器”按钮，打开“布局”对话框。在“大小”选项卡下的“缩放”选项区域的“高度”和“宽度”框中可以输入缩放比例，并可以选中“锁定纵横比”和“相对原始图片大小”就可以对图片进行等比例缩放操作。

②调整图片位置：选中图片，并把鼠标指针移至图片上方，此时鼠标指针变为十字形状，按住鼠标进行拖拽，移动图片到适合的位置，释放鼠标即可完成图片的移动。在移动图片的同时按住 Ctrl 键，可以实现图片的复制操作。

4）设置图片的文字环绕方式。默认情况下插入的图片是嵌入到文档中的，可以设置图片的文字环绕方式，使其与文档更加协调。

要设置图片的文字环绕方式，可以在“格式”选项卡下的“排列”组中单击“自动换行”下拉按钮，从弹出的下拉列表中选择一种文字环绕方式。Word 2010 提供 7 种图片的文字环绕方式，如图 2-34 所示。

5）设置图片的样式。为了图片更加美观，使用“图片工具”中的“格式”选项卡为图片设置图片的样式。

选中图片后，在“格式”选项卡的“图片样式”组中单击样式区域右下角的“其他”按钮，在弹出的库中选择自己所需要的样式，如图 2-35 所示。

如果样式库中没有自己所需要的样式，可以自定义图片样式。

图片边框：在“格式”选项卡的“图片样式”组中单击“图片边框”下拉按钮，在弹出的下拉列表中选择图片边框的线型、颜色和粗细。也可以使用“设置图片格式”对话框进行设置，在“格式”选项卡下的“图片样式”组中单击右下角的“对话框启动器”按钮，打开“设置图片格式”对话框，进行相应的设置。

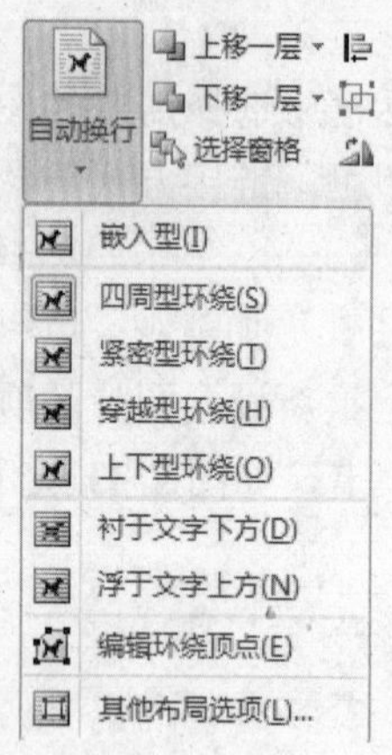

图 2-34 “自动换行”下拉列表

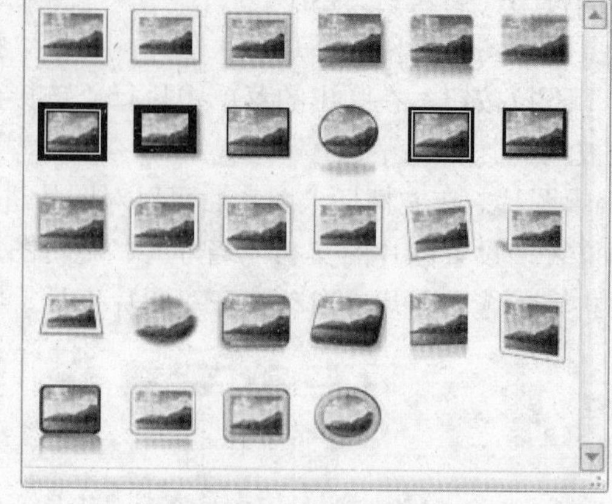

图 2-35 “图片样式”库

图片效果：在“格式”选项卡的“艺术字样式”组中单击“图片效果”按钮，在弹出的下拉列表中可以为图片设置阴影、映像、发光、柔化边缘、棱台、三维旋转等效果。也可以使用“设置图片格式”对话框进行设置，在“格式”选项卡下的“图片样式”组中单击右下角的“对话框启动器”按钮，打开“设置图片格式”对话框，进行相应的设置。

6）删除图片背景。选中图片后，在“格式”选项卡的“调整”组中单击“删除背景”按钮，单击点线框线条上的一个句柄，之后拖动线条，使之包含希望保留的图片部分，并将消除的区域排除在外。多数情况下，需要不断尝试，就可以得到满意的效果。

（2）插入并编辑艺术字。艺术字是一个文字样式库，可以将艺术字插入到文档中起到装饰性的效果。

1）插入艺术字。首先把光标定位到要插入艺术字的位置，在“插入”选项卡的“文本”组单击“艺术字”下拉按钮，在弹出的库中选择自己所需要的艺术字样式。在文档中会出现“请在此放置您的文字”文本框，输入所需文字即可，输入文字后，可以打开“开始”选项卡，在“字体”组中设置所需要的字体格式。

2）编辑艺术字。创建好艺术字后，如果对艺术字不满意，可以编辑艺术字的样式。选择艺术字后会出现“绘图工具”，在“格式”选项卡下可以对艺术字进行各种设置，如图 2-36 所示。

3）更改艺术字样式。在“格式”选项卡下的“艺术字样式”组中，单击“快速样式”按钮，在弹出的库中选择所需要更改的艺术字样式。

图 2-36 “绘图工具/格式”选项卡

4）自定义艺术字样式。

• 文本填充：在“格式”选项卡下的“艺术字样式”组中，单击“文本填充”下拉按钮，在弹出的下拉列表中可以为艺术字选择填充颜色，也可以为文本设置渐变效果，如图 2-37 所示。

也可以使用“设置文本效果格式”对话框进行设置，在“格式”选项卡下的“艺术字样式”组中单击右下角的“对话框启动器”按钮，打开“设置文本效果格式”对话框，选择“文本填充”选项卡，进行相应的设置，如图 2-38 所示。

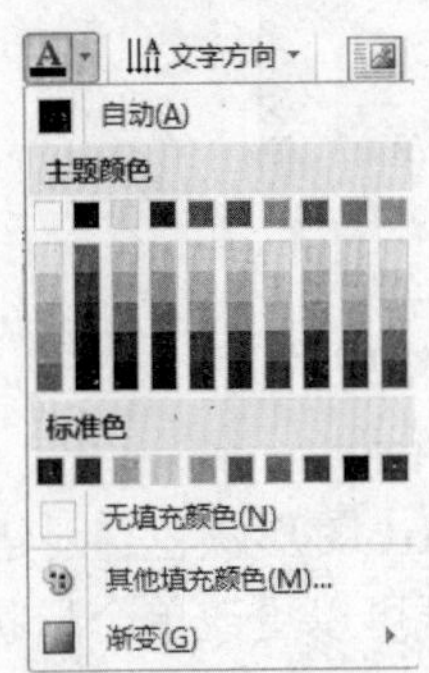

图 2-37 “文本填充”下拉列表

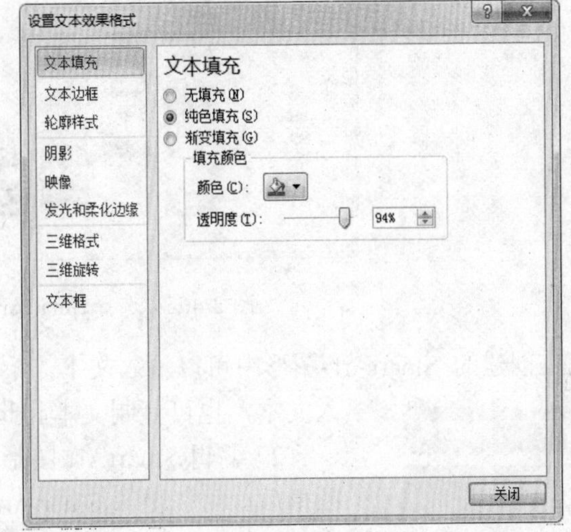

图 2-38 “设置文本效果格式”对话框

• 形状轮廓：在“格式”选项卡下的“艺术字样式”组中，单击“文本轮廓”下拉按钮，在弹出的下拉列表中可以更改艺术字边框的颜色、线条样、线条粗细等。

也可以使用“设置文本效果格式”对话框进行设置，在“格式”选项卡下的“艺术字样式”组中单击右下角的“对话框启动器”按钮，打开“设置文本效果格式”对话框，选择“轮廓样式”选项卡，进行相应的设置，如图 2-38 所示。

• 文本效果：在“格式”选项卡下的“艺术字样式”组中，单击“文本效果”下拉按钮，在弹出的下拉列表中可以为艺术字设置“阴影”“映像”“发光”“棱台”“三维旋转”等效果，还可以将艺术字转换为其他形状，如图 2-39 所示。

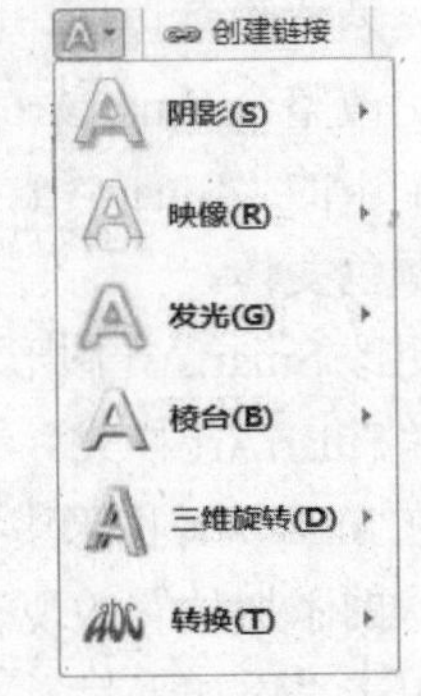

图 2-39 “文本效果”下拉列表

也可以使用“设置文本效果格式”对话框进行设置，在“格式”选项卡下的“艺术字样式”组中单击右下角的“对话框启动器”按钮，打开“设置文本效果格式”对话框，选择“阴影”“映像”“发光和柔化边缘”“三维旋转”选项，进行相应的设置。

• 环绕方式：在“格式”选项卡下的“排列”组中单击“自动换行”下拉按钮，为艺术字选择版式，更改其周围的文字环绕方式，如图 2-34 所示。

（3）插入并编辑 SmartArt 图形。SmartArt 图形是信息的视觉表现形式，创建 SmartArt 图形时系统会提示选择一种 SmartArt 图形类型，如“流程”“层次结构”“循环”“关系”，每种结构都包含几个不同的布局，选择一个布局后，切换到 SmartArt 图形的布局或类型，新布局会保留大部分文字和其他内容以及样式、颜色、效果和文本格式。

1）插入 SmartArt 图形。首先光标定位到要插入 SmartArt 图形的位置，在“插入”选项卡下的“插图”组中单击“SmartArt”按钮，打开“选择 SmartArt 图形”对话框，再按照自己的需求选择一种 SmartArt 图形类型和布局，如图 2-40 所示。

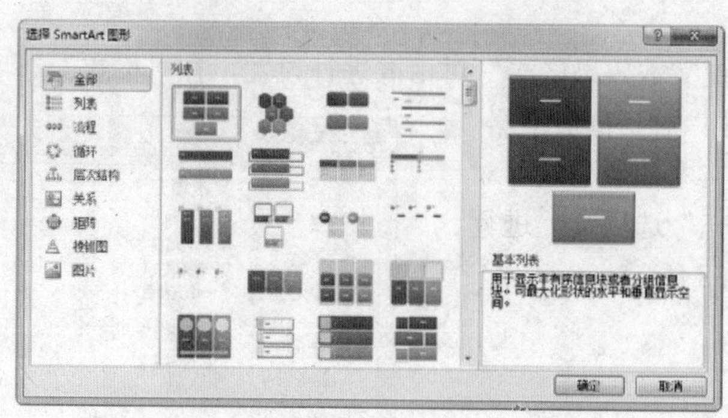

图 2-40 “选择 SmartArt 图形”对话框

在创建的 SmartArt 图形中可以输入文本，单击“文本”窗格中的“[文本]”，就可以输入文本，也可复制文本到此，如图 2-41 所示。

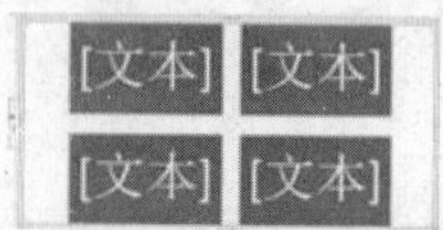

图 2-41 输入“文本”

2）编辑 SmartArt 图形。更改 SmartArt 图形颜色。创建 SmartArt 图形后，可以更改 SmartArt 图形颜色。既可以更改单个形状的颜色，也可以更改形状边框的颜色，还可以更改整个图形的颜色。

更改形状的颜色：单击 SmartArt 图形中要更改的形状，在“SmartArt 工具”下“格式”选项卡下“形状样式”组中单击“形状填充”下拉按钮，在弹出的下拉列表中选择所需的颜色。

更改形状边框的颜色：单击要更改的边框所在形状，在“SmartArt 工具”下的“格式”选项卡下的“形状样式”组中单击“形状轮廓”下拉按钮，在弹出的下拉列表中选择所需的颜色。若要隐藏边框，则执行“无轮廓”命令。

更改整个 SmartArt 图形的颜色：单击 SmartArt 图形，在“SmartArt 工具”下的“设计”选项卡下的“SmartArt 样式”组中单击“更改颜色”下拉按钮，在弹出的下拉列表中选择所需的颜色变体。

更改 SmartArt 图形样式：单击 SmartArt 图形，在“SmartArt 工具”下的“设计”选项卡下的“SmartArt 样式”组中单击右下角的“其他”按钮，在弹出的库中选择所需的样式。

在 SmartArt 图形中添加形状：单击要向其中添加形状的 SmartArt 图形，之后单击最接近新形状的添加位置的现有形状。在“SmartArt 工具”下的“设计”选项卡下的“创建图形”组中单击“添加形状”下拉按钮，在弹出的下拉列表中选择所需的位置。若要从 SmartArt 图形中删除形状，选择要删除的形状，然后按 Delete 键。若要删除整个 SmartArt 图形，要选择 SmartArt 图形的边框，然后按 Delete 键。

（4）插入与编辑文本框。文本框是一种图形对象，作为存放文本或图形的容器，可放置在文档的任何位置，并可调整其大小，还可根据需要对其进行一些设置，如设置其形状、填充、轮廓、对齐、组合、文字环绕等。

1）插入文本框。

插入内置文本框。Word 2010 提供了 44 种内置文本框，在“插入”选项卡下的“文本”

组中单击“文本框”下拉按钮，在弹出的下拉列表中选择一种文本框样式。此时系统会在文档中自动插入一个相应样式的文本框，将其移动到文档中合适的位置，在文本框中输入相应的内容或复制内容即可。

绘制文本框。Word 2010 提供了绘制横排文字的文本框和竖排文字的文本框。操作方法如下：

方法 1：单击“插入”选项卡下的“文本”组中的“文本框”下拉按钮，在弹出的下拉列表中执行“绘制文本框”命令或“绘制竖排文本框”命令，此时鼠标指针变为十字形，拖动鼠标就可以在文档的任意位置绘制横排或竖排文本框。

方法 2：单击“插入”选项卡下的“插图”组中的“形状”下拉按钮，在弹出的下拉列表中单击“基本形状”下的“文本框”按钮，此时鼠标指针变为十字形，拖动鼠标就可以在文档的任意位置绘制出文本框，横排文本输入的文字按从左到右横排显示，竖排文本框输入的文字按从右到左竖排显示。

2）编辑文本框。在文本框中输入的文字或图片等对象的操作与文档中的操作方法是一样的。如果采用文本框的默认样式不是自己所需要的，可以对文本框的大小、位置、边框、填充色和版式等进行设置。

方法 1：通过文本框工具设置文本框效果。选中插入的文本框后，系统将自动打开“文本框工具”的“格式”选项卡，通过该“格式”选项卡下的各功能键，设置出自己所需要的文本框样式，如图 2-42 所示。

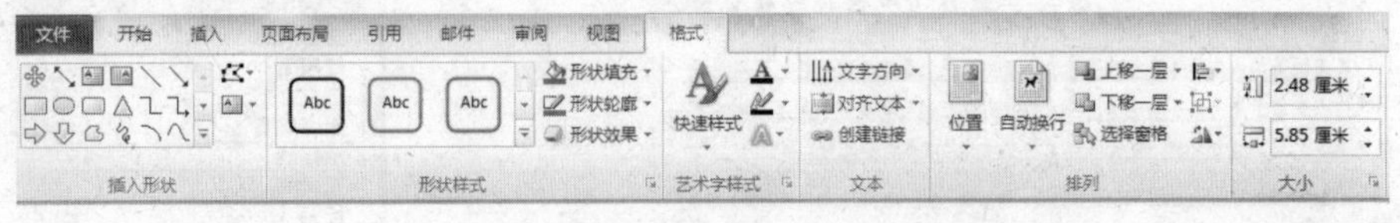

图 2-42 “文本框工具/格式”选项卡

方法 2：通过对话框设置文本框效果。选中插入的文本框后，单击鼠标右键，在弹出的快捷菜单中执行“设置形状格式”命令，打开“设置形状格式”对话框，可以对文本框的版式、填充、线条颜色和三维格式等进行设置，如图 2-43 所示。

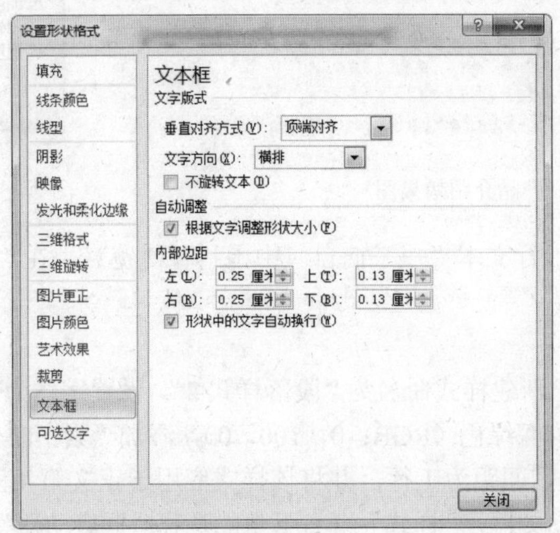

图 2-43 “设置形状格式”对话框

案例2　保健产品介绍的制作

案例描述

大学生小李想利用周末打一份短工，既可以锻炼自己也可以赚一点生活费。很幸运自己得到了一家销售公司促销活动的工作。当拿到主管给自己的新产品介绍时，感到很失望，产品介绍的排版没有突出重点，也没有能引起用户注意的亮点。经过认真考虑，小李决定把产品介绍文档重新进行制作。最终效果如图 2-44 所示。

案例实现

1. 应用样式

参考效果图 2-44，将文档第 1 行的样式设置为“主标题”，第 2 行样式设置为“副标题”。

（1）打开“项目 2\案例 2\氨基酸.docx”文件，选中文档的第一行文本“氨基酸的作用”，单击“开始”选项卡下“样式”组右下角的“对话框启动器”按钮，在弹出的“样式”任务窗格中选择“主标题”样式，如图 2-45 所示。

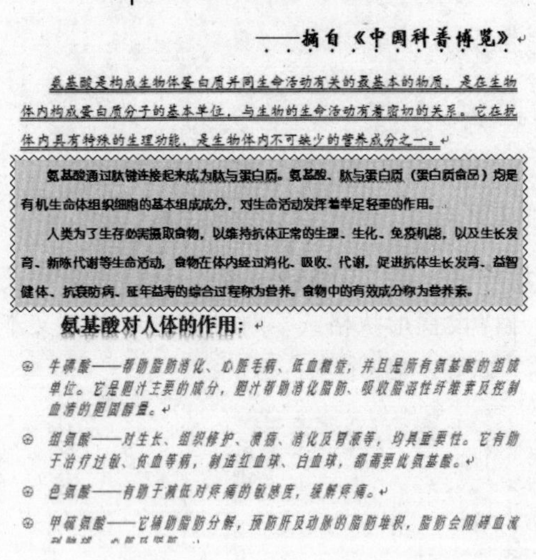

氨基酸的作用

——摘自《中国科普博览》

氨基酸是构成生物体蛋白质并同生命活动有关的最基本的物质，是在生物体内构成蛋白质分子的基本单位，与生物的生命活动有着密切的关系。它在抗体内具有特殊的生理功能，是生物体内不可缺少的营养成分之一。

氨基酸通过肽键连接起来成为肽与蛋白质。氨基酸、肽与蛋白质（蛋白质食品）均是有机生命体组织细胞的基本组成成分，对生命活动发挥着举足轻重的作用。

人类为了生存必需摄取食物，以维持抗体正常的生理、生化、免疫机能，以及生长发育、新陈代谢等生命活动，食物在体内经过消化、吸收、代谢，促进抗体生长发育、益智健体、抗衰防病、延年益寿的综合过程称为营养。食物中的有效成分称为营养素。

氨基酸对人体的作用：

- 牛磺酸——帮助脂肪消化、心脏毛病、低血糖症，并且是所有氨基酸的组成单位。它是胆汁主要的成分，胆汁帮助消化脂肪、吸收脂溶性纤维素及控制血清的胆固醇量。
- 组氨酸——对生长、组织修护、溃疡、消化及胃液等，均具重要性。它有助于治疗过敏、贫血等病，制造红血球、白血球，都需要此氨基酸。
- 色氨酸——有助于减低对疼痛的敏感度，缓解疼痛。
- 甲硫氨酸——它辅助脂肪分解，预防肝及动脉的脂肪堆积，脂肪会阻碍血液

图 2-44　产品介绍效果图

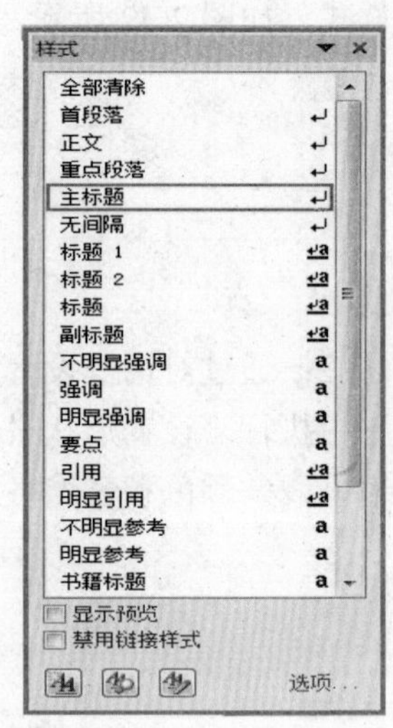

图 2-45 “样式”任务窗格

（2）选中文档的第二行文本“——摘自《中国科普博览》”，在“样式”任务窗格中选择“副标题”样式。

2. 新建样式

以正文为样式基准，新建样式命名为“段落样式 2”，设置字体为华文中宋，字号为三号，字形为加粗，文字颜色为深绿色（RGB：0，100，0），添加“紧密映像，接触”的文本效果，行距为固定值 18 磅，段后间距为 1 行，并将该样式应用于正文第 4 段中。

（1）单击“开始”选项卡下“样式”组右下角的“对话框启动器”按钮，在弹出的“样式”任务窗格中单击“新建样式”按钮，弹出“根据格式设置创建新样式”对话框。在“属

性”区域的“名称”文本框中输入“段落样式 2”，在“样式基准”下拉列表中选择“正文”，在“格式”区域的“字体”下拉列表中选择“华文中宋”，在“字号”下拉列表中选择“三号”，在“字体颜色”下拉列表中执行“其他颜色”命令，在打开的“颜色”面板中单击“自定义”，设置 RGB 的值为（0，100，0），单击“确定”按钮，返回到“根据格式设置创建新样式”对话框，如图 2-46 所示。

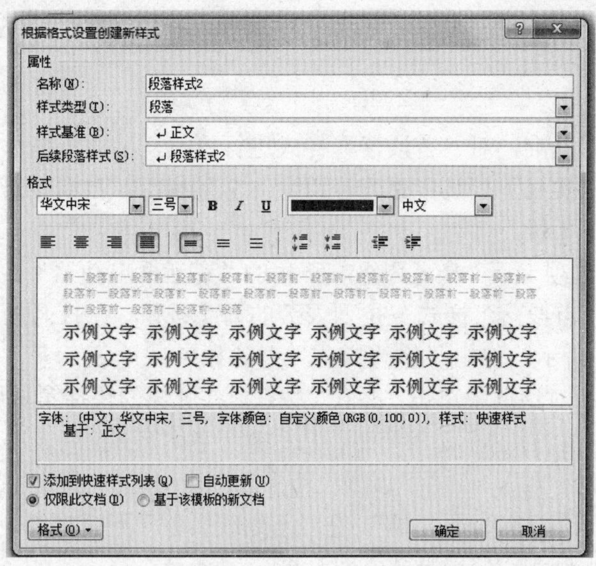

图 2-46 “根据格式设置创建新样式”对话框

（2）单击“根据格式设置创建新样式”对话框下方的“格式”按钮，在打开的快捷菜单中执行“文本效果”命令，打开“设置文本效果格式”对话框，在该对话框左栏中单击“映像”选项，在右栏中单击“预设”按钮，在弹出的库中单击“紧密映像，接触”效果，如图 2-47 所示。单击“关闭”按钮，返回到“根据格式设置创建新样式”对话框。

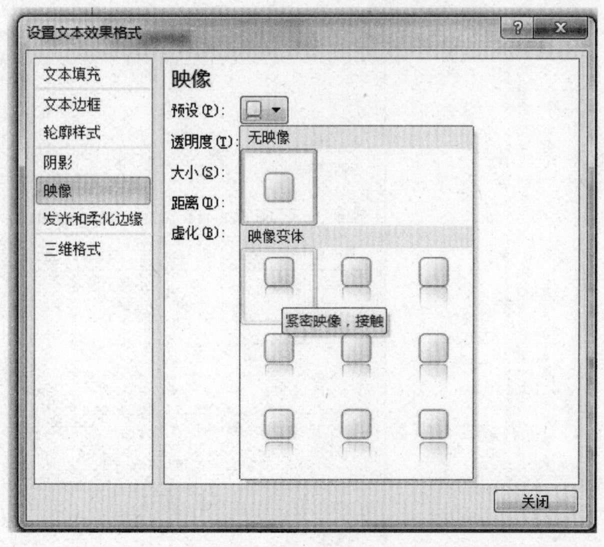

图 2-47 “设置文本效果格式”对话框

（3）单击“根据格式设置创建新样式”对话框下方的“格式”按钮，在打开的快捷菜单中执行“段落”命令，打开“段落”对话框，在“间距”选项区的“行距”下拉列表中选择“固定值”，在“设置值”文本框中输入“18 磅”，在“段后”文本框中选择或输入“1 行”，单击“确定”按钮，返回至“根据格式设置创建新样式”对话框，单击“确定”按钮完成“段落样式 2”的创建。

（4）选中正文第 4 段文本，在“样式”任务窗格中选择“段落样式 2”样式，完成该样式的应用。

3. 修改样式

（1）以正文为样式基准，对“首段落”样式进行修改，字体为楷体，字号为小四，文字颜色为蓝色，红色的双实线下划线；更改行距为 1.5 倍行距，自动更新对当前样式的改动，并将样式应用于正文第 1 段。

1）单击“开始”选项卡下“样式”组右下角的“对话框启动器”按钮，在弹出的“样式”任务窗格中单击“首段落”样式下拉列表旁的箭头按钮，在打开的快捷菜单中执行“修改”命令，如图 2-48 所示。弹出“修改样式”对话框。

2）在“修改样式”对话框中单击“格式”按钮，在弹出的快捷菜单中执行“字体”命令，打开“字体”对话框。在“字体”选项卡下，从“中文字体”下拉列表中选择“楷体”，在“字号”下拉列表中选择“小四”，在“字体颜色”下拉列表中选择标准色“蓝色”，在“下划线线型”下拉列表中选择“双实线下划线”，在“下划线颜色”下拉列表中选择标准色“红色”，单击“确定”按钮，返回到“修改样式”对话框。

3）在“修改样式”对话框中单击“格式”按钮，在弹出的快捷菜单中执行“段落”命令，打开“段落”对话框。在“间距”选项区的“行距”下拉列表中选择“1.5 倍行距”，单击“确定”按钮，返回到“修改样式”对话框。

4）在“修改样式”对话框下方勾选“自动更新”复选框，如图 2-49 所示。单击“确定”按钮完成对样式“首段落”的修改。

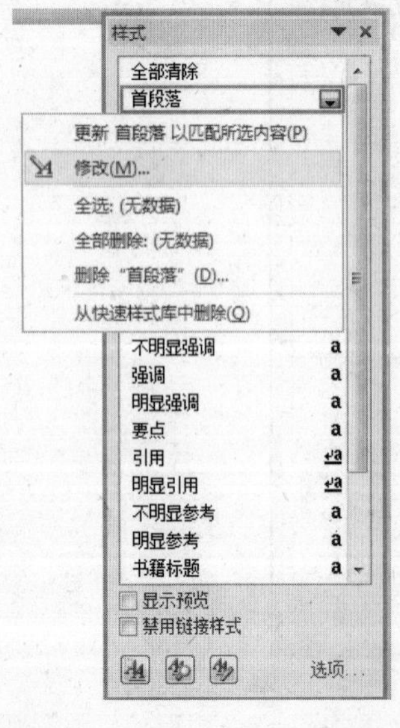

图 2-48 执行“修改”命令

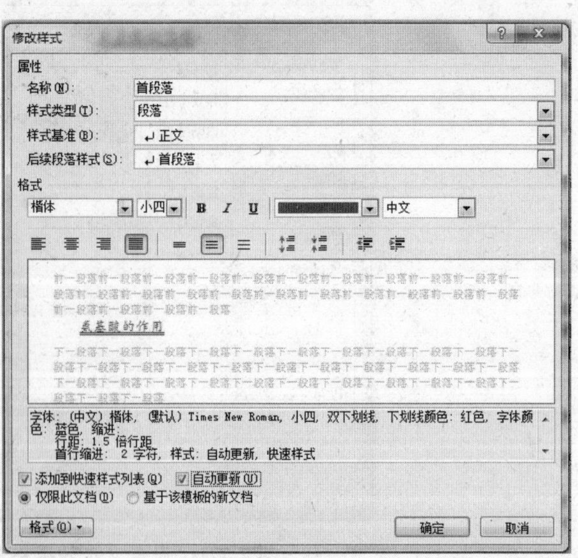

图 2-49 “修改样式”对话框

5）选中正文第 1 段文本，在“样式”任务窗格中选择“首段落”样式，完成该样式的应用。

（2）对“重点段落”样式进行修改：字体为幼圆，字形为加粗；更改行距为 1.5 倍行距，并为段落添加 1.5 磅、单波浪线边框和浅蓝色（RGB：200，230，255）底纹，自动更新对当前样式的改动，并将样式应用于正文第 2、3 段。

1）单击“开始”选项卡下“样式”组右下角的“对话框启动器”按钮，在弹出的“样式”任务窗格中单击“重点段落”样式下拉列表旁的箭头按钮，在打开的快捷菜单中执行“修改”命令，弹出“修改样式”对话框。

2）在“修改样式”对话框中，在“格式”区域的“字体”下拉列表中选择“幼圆”，单击“字形”加粗按钮 B，单击“格式”按钮，在弹出的快捷菜单中执行“段落”命令，打开“段落”对话框。在“间距”选项区的“行距”下拉列表中选择“1.5 倍行距”，单击“确定”按钮，返回到“修改样式”对话框。

3）在“修改样式”对话框中单击“格式”按钮，在弹出的快捷菜单中执行“边框”命令，打开“边框和底纹”对话框。在“边框”选项卡下的“宽度”下拉列表中选择“1.5 磅”，“样式”下拉列表中选择“单波浪线”。

再单击“底纹”按钮，在“底纹”选项卡下执行“其他颜色”命令，在“颜色”对话框的“自定义”设置颜色的 RGB（200，230，255）值，单击“确定”按钮，返回到“边框和底纹”对话框，再单击“确定”按钮，返回到“修改样式”对话框。

4）在“修改样式”对话框下方勾选“自动更新”复选框，单击“确定”按钮完成对样式“重点段落”的修改。

5）选中正文第 2、3 段文本，在“样式”任务窗格中选择“重点段落”样式，完成该样式的应用。

4. 模板的应用

（1）将正文第 5～10 段套用模板文件（项目 2\案例 2\LXDOTX3.dotx）中“项目符号”的样式。

1）单击“开始”选项卡下“样式”组右下角的“对话框启动器”按钮，在弹出的“样式”任务窗格中单击“管理样式”按钮，弹出“管理样式”对话框，如图 2-50 所示。

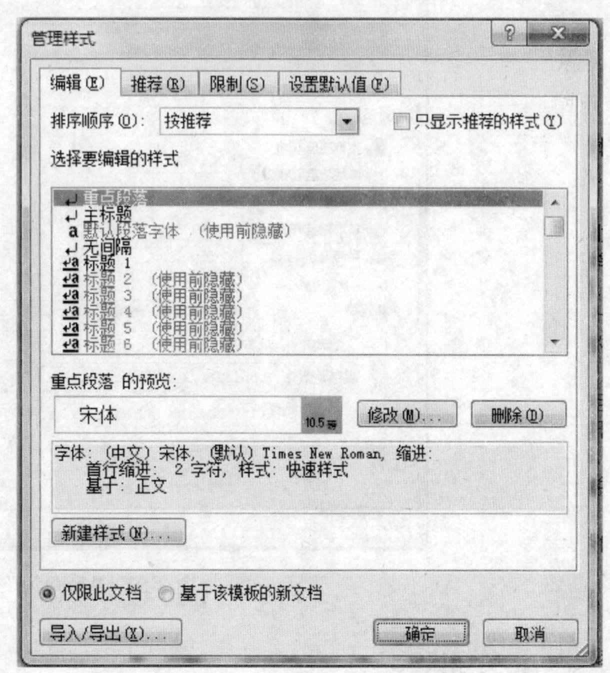

图 2-50 “管理样式”对话框

单击下方的“导入/导出”按钮，在弹出的“样式”选项卡下，单击右侧“在 Normal.dotm”列表下方的“关闭文件”按钮。如图 2-51 所示。

当“关闭文件”按钮变为“打开文件”按钮时，单击该按钮，弹出“打开”对话框，在指定目录（项目 2\案例 2\LXDOTX3.dotx）中选择 LXDOTX3.dotx 文件，单击“打开”按钮。返回到“管理器”对话框，在右侧列表中选择“项目符号”样式，单击“复制”

按钮，就可以将模板中的样式复制到左侧列表中，最后单击“关闭”按钮。

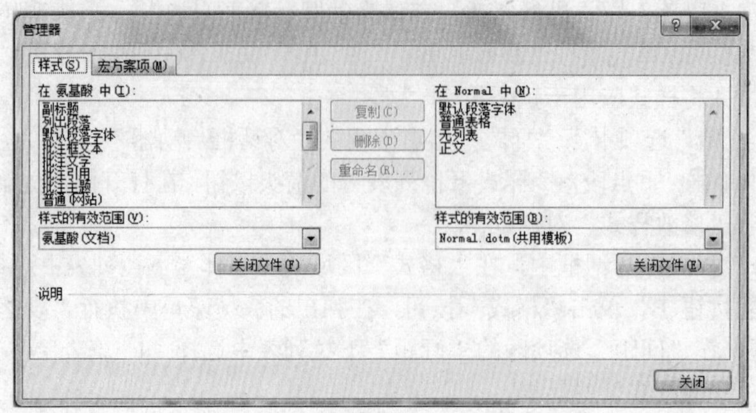

图 2-51 “管理器/样式”选项卡

选中文档中的第 5～10 段，打开“样式”任务窗格，选择“项目符号”样式，就可以将该样式应用到所选文本。

（2）保存文档，再将当前文档以 AL2 为文件名另存为案例文件夹下的模板文件。在“文件”选项卡下执行“另存为”命令，打开“另存为”对话框，在“保存类型”下拉列表中选择“Word 模板（*.dotx）”，在“文件名”文本框中输入“AL2”，最后单击“保存”按钮，如图 2-52 所示。

图 2-52 “另存为”对话框

相关知识

1. 应用样式

样式是文档的重要组成部分，不仅可以快速修改文字的形状、大小和颜色等，还可以调整文档的结构，使文档段落层次分明。也可以对使用的样式进行修改、创建新的样式或应用文本中的样式。应用样式时主要包括段落样式、字符样式、表格样式、列表样式等。

应用内置样式。Word 2010 提供了多种内置样式，可以直接选择自己所需要的样式来格式化自己的文档。

（1）利用“样式”库设置样式。选择需要应用样式的段落或光标定位其中，在“开始”选项卡的“样式”组中单击快速样式右下角的“其他”按钮，在打开的样式库中选择和应用自己所需要的样式，如图 2-53 所示。

（2）利用“样式”任务窗格设置样式。选择需要应用样式的段落或光标定位其中，在“开始”选项卡的“样式”组右下角单击“对话框起动器”按钮，弹出“样式”任务窗格，从中选择自己所需要的样式。窗格中列出了系统中自带的所有样式，将鼠标移动到某个选项上时，系统会自动显示样式的详细说明，如图 2-54 所示。

图 2-53 “样式”库

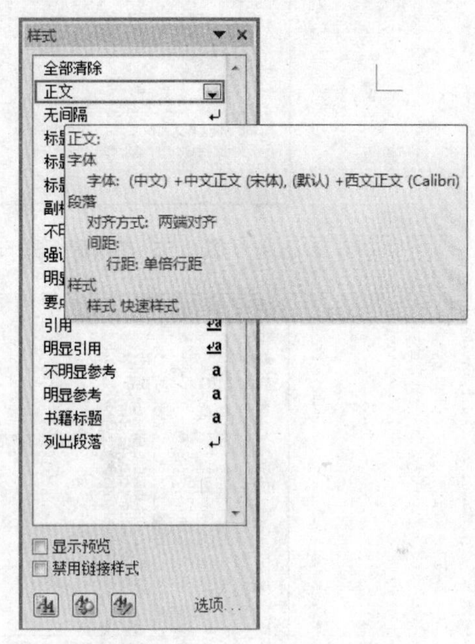

图 2-54 “样式”任务窗格

2. 新建样式

如果系统自带样式没有自己所需要的可以自己创建新样式，在创建新样式时，要给新样式起个名字，并依次设置所需要的格式。

在“开始”选项卡的“样式”组右下角单击“对话框起动器”按钮，弹出“样式”任务窗格，单击“新建样式”按钮，弹出“根据格式设置创建新样式”对话框，如图 2-55 所示。

“名称”文本框。在该文本框中输入新建样式的名称，以方便使用新样式。注意：新样式的名称不能与系统内置的样式重名。

“样式类型”下拉列表。此下拉列表包括段落、字符、链接段落和字符、表格、列表。根据创建样式时设置的类型不同，其应用范围也不同。

“样式基准”下拉列表。此下拉列表框中列出了当前文档中的所有样式，如果创建的样式与文档中的某个样式相似，就可以选择列表中的样式，新建样式会继承该样式的格式，只需要稍做修改，就可以快速创建新样式，如图 2-56 所示。

“后续段落格式”下拉列表。此下拉列表框中列出了当前文档中的所有样式，该选项的作用是在按 Enter 键后，转到下一段落时自动套用样式，避免了每一个段落都要设置一次样式的麻烦。

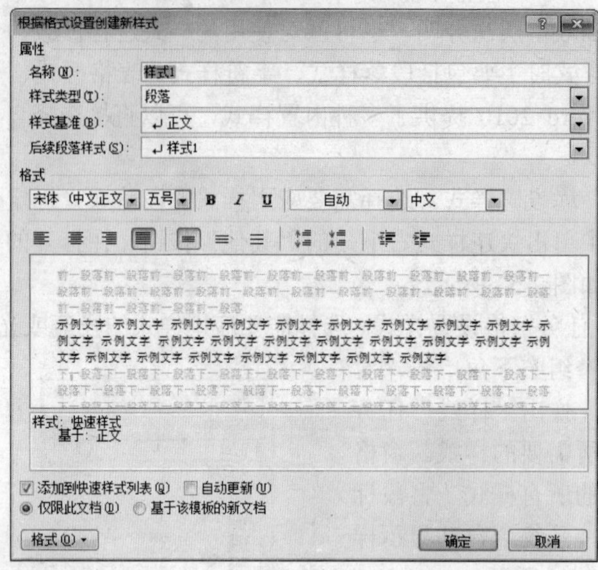

图 2-55 “根据格式设置创建新样式”对话框

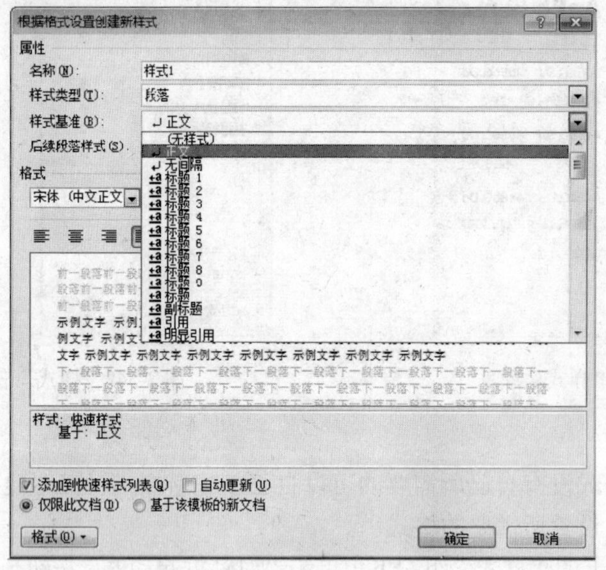

图 2-56 “样式基准”下拉列表

“格式”选项组。在此选项组中可以为样式设置字体、段落的常用格式，如字体、字号、字形、字体颜色、对齐方式、行间距、段落间距、缩进量等，如图 2-57 所示。

图 2-57 “格式”选项组

“格式”下拉按钮。单击此按钮，在弹出的下拉列表中可以对相应的对象进行设置。不仅对段落、字体进行更加详细的设置，还可以对边框、图文框、编号、快捷键、文本效果等进行设置，如图 2-58 所示。

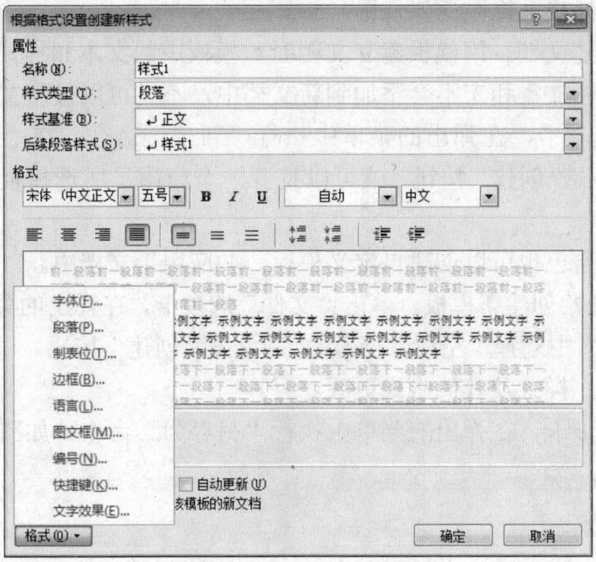

图 2-58 “格式”下拉按钮

3. 修改样式

在应用样式时，如果内置样式与自己所需要的稍有区别，可以在内置样式的基础上进行修改。在“样式”任务窗格中，单击需要修改样式右侧的下拉按钮或右击该样式，在弹出的快捷菜单中执行“修改”命令，如图 2-48 所示。

弹出“修改样式”对话框，对名称、格式等进行相应的修改，如图 2-59 所示。最后单击“确定”按钮返回文档，可以看到文档中应用该样式的内容已经自动更新。

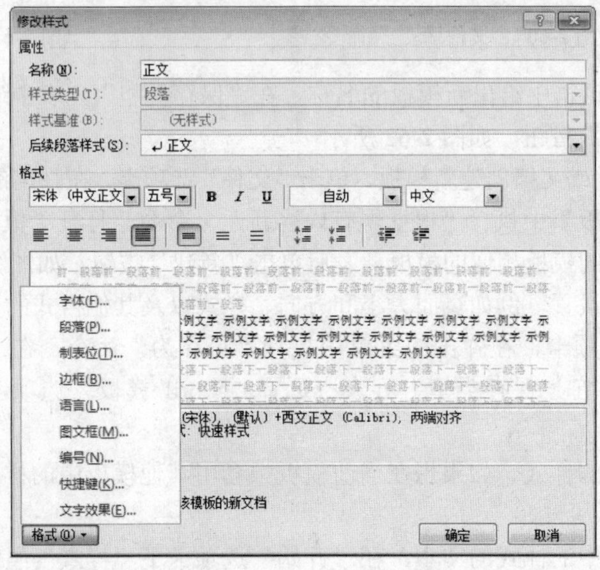

图 2-59 “修改样式”对话框

4. 模板的应用

模板实际是模板文件的简称，是一种具有特殊格式的 Word 文档，扩展名为“.dotx”。模板决定了文档的基本结构和文档的设置，是针对文档中所有的段落或文字格式的设置，使用模板可以统一文档的风格，提高工作效率。

（1）使用模板创建文档。用模板建立文档时，模板中的文本和样式会自动添加到新文档中，但模板中的自动图文集和宏不会添加到新文档中，不过可以被新文档使用。

单击“文件”选项卡，在弹出的菜单中执行“新建”命令，在“可用的模板”中选择所需的模板，之后单击“创建”按钮，就可以打开一个应用了所选模板的新文档，如图 2-60 所示。

（2）创建模板。自己也可以创建自定义模板，并应用于文档中。

1）从空白模板开始创建新模板。单击“文件”选项卡，在弹出的菜单中执行“新建”命令，在“可用的模板”中选择“空白文档”，之后单击“创建”按钮。根据需要，可以对页边距、页面大小和方向、样式及其他格式更改。

单击“文件”选项卡，在弹出的菜单中执行“另存为”命令，如图 2-61 所示。

图 2-60 “文件/新建”命令

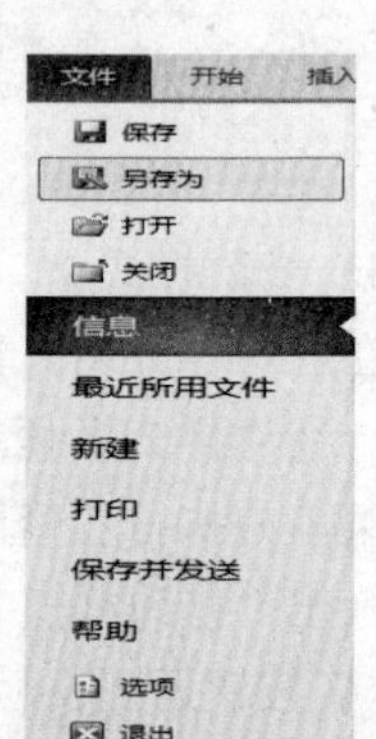

图 2-61 “文件/另存为”命令

在“另存为”对话框中给出新模板的名称，在“保存类型”列表中选择“Word 模板”选项，最后单击“保存”按钮，如图 2-62 所示。

2）基于现有模板或文档创建新模板。单击“文件”选项卡，在弹出的菜单中执行“新建”命令，在“可用的模板”中执行“根据现有内容新建”命令，打开“根据现有文档新建”对话框，单击与要创建的模板相似的模板，之后单击“新建”按钮，如图 2-63 所示。根据需要可以对其进行相应的设置，例如页面大小和方向、样式以及其他格式的更改。

单击“文件”选项卡，在弹出的菜单中执行“另存为”命令，在“另存为”对话框中给出新模板的名称，在“保存类型”列表中选择“Word 模板”选项，最后单击“保存”按钮。

（3）应用模板中的样式。如果想在当前模板中套用其他模板中的样式，就要对模板中的样式进行管理。

选中要应用模板中的样式的文本，在“开始”选项卡下“样式”组中单击右下角的“对话框启动器”按钮，弹出“样式”任务窗格，单击“管理样式”按钮，弹出“管理样式”对话框，如图 2-64 所示。

图 2-62 “另存为”对话框

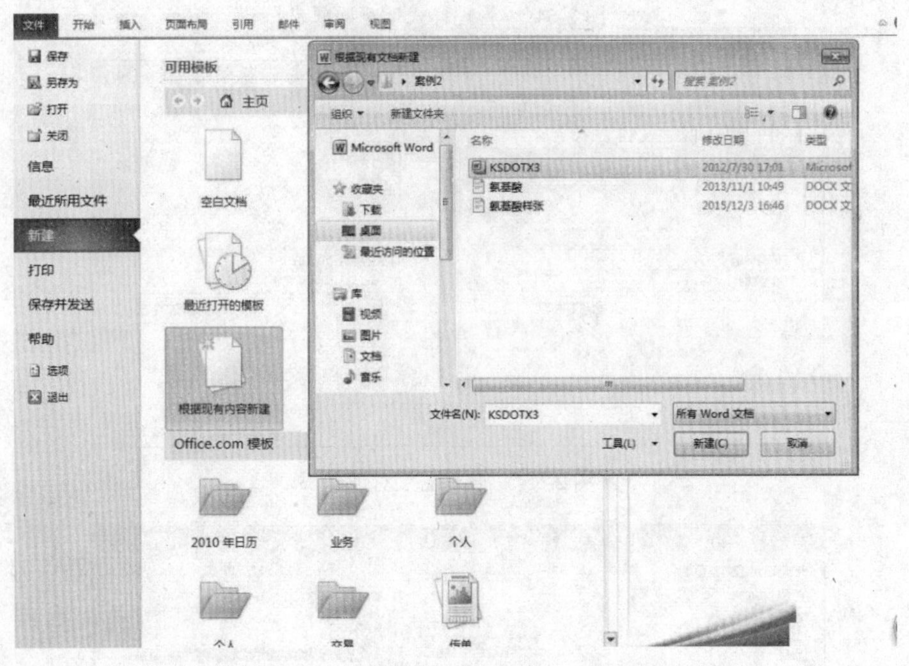

图 2-63 “根据现有文档新建”对话框

单击“导入/导出”按钮，弹出“管理器”对话框，如图 2-65 所示。

通过单击“关闭文件”和“打开文件”按钮，在打开的窗口中选择模板或文档。在左侧和右侧的两个列表框中选择最后样式，通过“复制”“删除”“重命名”按钮对样式进行相应的操作，如图 2-66 所示。最后单击“关闭”按钮。

在管理器中不仅可以完成模板与模板之间样式的复制操作，也可以完成模板与文档之间、文档与文档之间样式的复制操作。

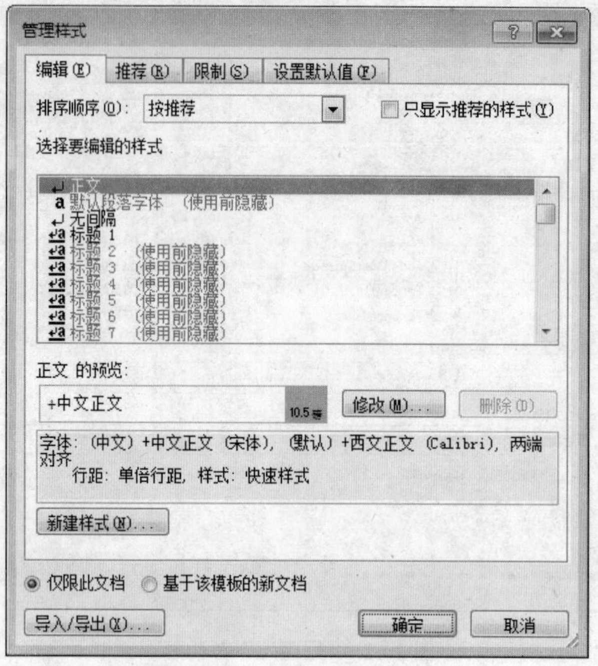

图 2-64 “管理样式”对话框

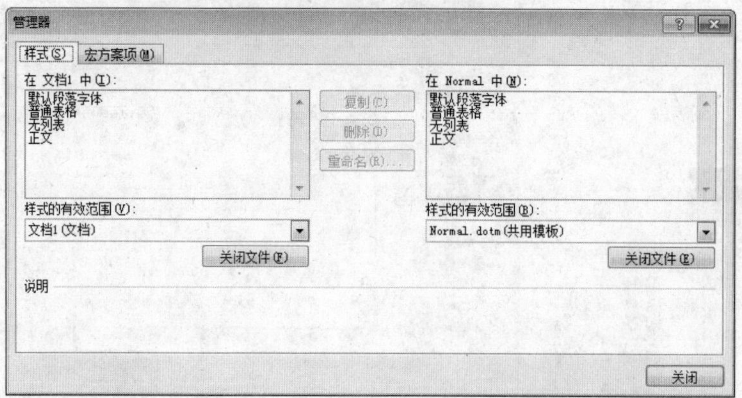

图 2-65 “管理器”对话框

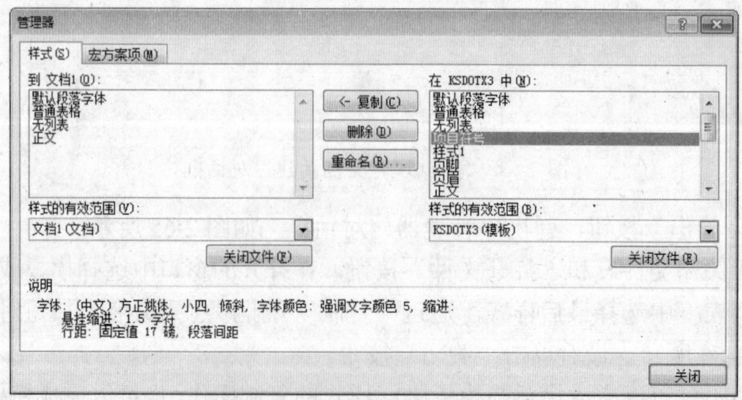

图 2-66 “复制”模板中的“样式”

案例 3　制作菜篮子产品销售单

一张简单的表格，常常可以代替长篇的文字描述。在 Word 2010 文档中合理地使用表格，可以使文档的整体结构更加严谨，表达方式更为明确。在 Word 2010 文档中，用户不仅可以通过指定行和列插入表格，还可以通过绘制表格功能自定义表格。本案例主要介绍 Word 文档中表格的创建、格式、排序和公式的使用，以及如何保护文档的安全性。

案例描述

上级主管交给小陈一个任务，要求他将南桥批发市场的蔬菜、水果、水产、副食品、其他产品等销售情况的文字说明转换成表格样式，同时美化表格，并对各类商品的销售情况进行合计及平均值计算。另外，为保护批发市场商品销售情况等相关信息，启动文档保护，仅允许对文档进行“修订”操作，并设置相应的密码。小陈最终完成的案例效果如图 2-67 所示。

案例实现

启动 Word 2010，利用“项目 2\案例 3”文件夹中的“南桥批发市场销售情况原始素材.docx”文件，根据要求完成“南桥批发市场销售情况”的文字转换表格、设置表格格式、对表格中的数据进行排序、运用公式进行数据计算等工作。

1. 创建表格

（1）将“南桥批发市场销售情况原始素材.docx”文档中的 6 行文字转换为 6 行 8 列的表格。

1）选中文档中的 6 行文字，选择“插入”选项卡下的“表格”下拉按钮，从下拉列表中选择“文本转换成表格”选项，弹出“将文字转换成表格”对话框，如图 2-68 所示。

南桥批发市场一周销售情况统计表（万元）

商品名称	周一	周二	周三	周四	周五	周六	周日
副食品	5.6	6.2	4.2	4.7	3.9	6.2	5.7
其它	1.7	1.9	2.3	1.9	2	3.1	5
蔬菜	9	11	11.5	12	14	17	18
水产	6	5.1	4.9	6.1	6.3	10.1	10.2
水果	12	13	10	7.2	11.5	15.1	16.4
销售平均值	11.43	12.4	10.97	10.63	12.57	17.17	18.43
销售总额	34.3	37.2	32.9	31.9	37.7	51.5	55.3

图 2-67　南桥批发市场一周销售情况表效果

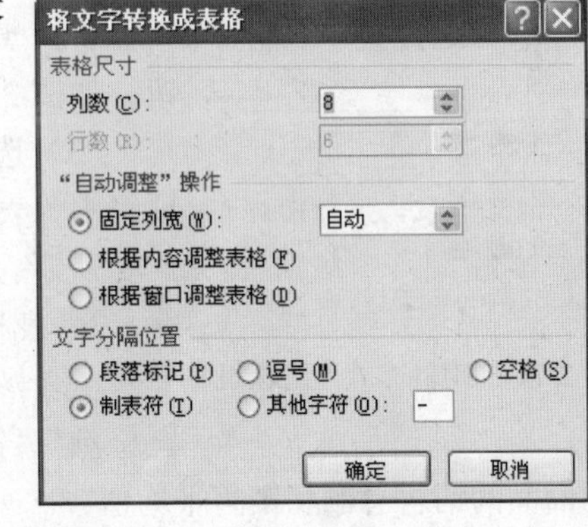

图 2-68　“将文字转换成表格”对话框

2）按要求设置相关参数后，单击“确定”按钮完成操作，如图 2-69 所示。

南桥批发市场一周销售情况统计表（万元）

商品名称	周一	周二	周三	周四	周五	周六	周日
蔬菜	9	11	11.5	12	14	17	18
水果	12	13	10	7.2	11.5	15.1	16.4
水产	6	5.1	4.9	6.1	6.3	10.1	10.2
副食品	5.6	6.2	4.2	4.7	3.9	6.2	5.7
其他	1.7	1.9	2.3	1.9	2	3.1	5

图 2-69　“南桥批发市场一周销售情况”表格

2. 设置表格格式

按图 2-67 效果图所示，将表格对齐方式设置为“居中”，表格中文字对齐方式设置为“水平居中”，并为表格套用“中等深浅底纹 1-强调文字颜色 5”样式。

（1）选择整个表格，在“表格工具”中选择“布局”选项卡下的“属性”按钮，如图 2-70 所示，在“表格”选项卡中设置对齐方式为“居中”。

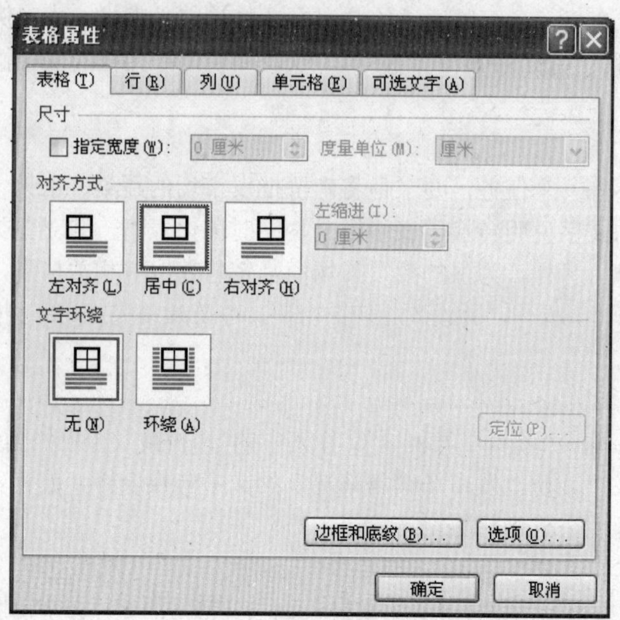

图 2-70 “表格属性”对话框

（2）选择整个表格，在“布局”选项卡下的“对齐方式”选项组中选择“水平居中”按钮，如图 2-71 所示。

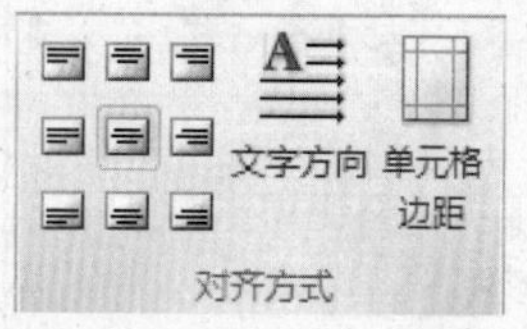

图 2-71 “对齐方式”选项组

（3）选择整个表格，在“设计”选项卡下的“表格样式”选项组中为表格套用“中等深浅底纹 1-强调文字颜色 5”样式，如图 2-72 所示。

3. 表格数据运算

在表格最后一行添加两行，依次在“商品名称”列中输入“销售总额”“销售平均值”，利用求和、求平均值公式计算出每天不同商品的销售总额和销售平均值。

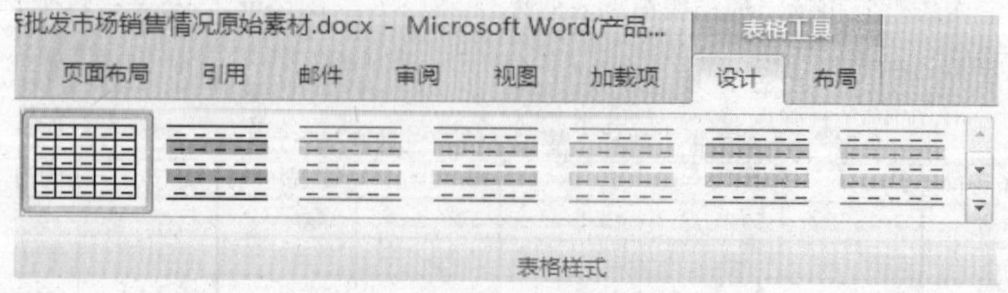

图 2-72 “表格样式”选项组

（1）将光标停在最后一行最后一列的表格外面，单击“回车”键两次，表格自动添加两行，按要求输入“销售总额”和“销售平均值”数据，效果如图 2-73 所示。

南桥批发市场一周销售情况统计表（万元）

商品名称	周一	周二	周三	周四	周五	周六	周日
蔬菜	9	11	11.5	12	14	17	18
水果	12	13	10	7.2	11.5	15.1	16.4
水产	6	5.1	4.9	6.1	6.3	10.1	10.2
副食品	5.6	6.2	4.2	4.7	3.9	6.2	5.7
其它	1.7	1.9	2.3	1.9	2	3.1	5
销售总额	34.3						
销售平均值							

图 2-73　表格最后插入两行样式

（2）单击要放置第一条记录的“销售总额”单元格，如图 2-74 所示，在“布局”选项卡下的“数据”选项组中选择“公式”按钮，打开“公式”对话框，在“公式”文本框中输入计算所需要的公式：=SUM(ABOVE)，效果如图 2-75 所示。依次录入公式，计算每天商品的销售总额。

（3）单击要放置第一条记录的“销售平均值”单元格，在“布局”选项卡下的“数据”选项组中选择“公式”按钮，打开“公式”对话框，在“公式”文本框中输入计算所需要的公式：=AVERAGE(ABOVE)，依次录入公式，计算每天商品的销售平均值。

图 2-74　“数据”选项组

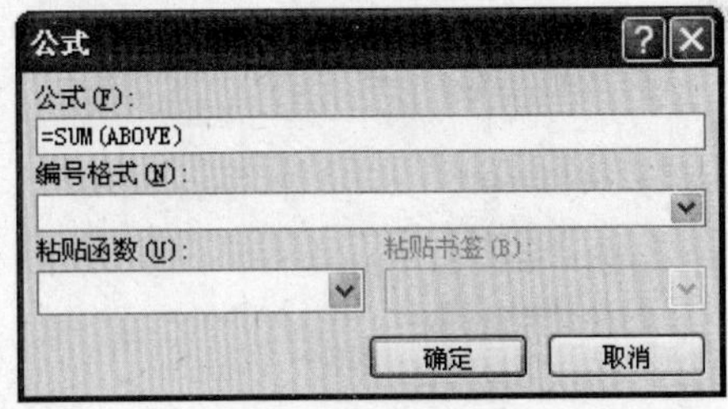

图 2-75　“公式”对话框

4. 表格内容的排序

以“商品名称”为主要关键字，“周日”为次要关键字，对表格中的内容进行升序排序。

（1）选择整个表格，在“布局”选项卡下的“数据”选项组中选择“排序”按钮，打开“排序”对话框，如图 2-76 所示，选择合适的主要关键字和次要关键字，并设置好相应的排序方式。

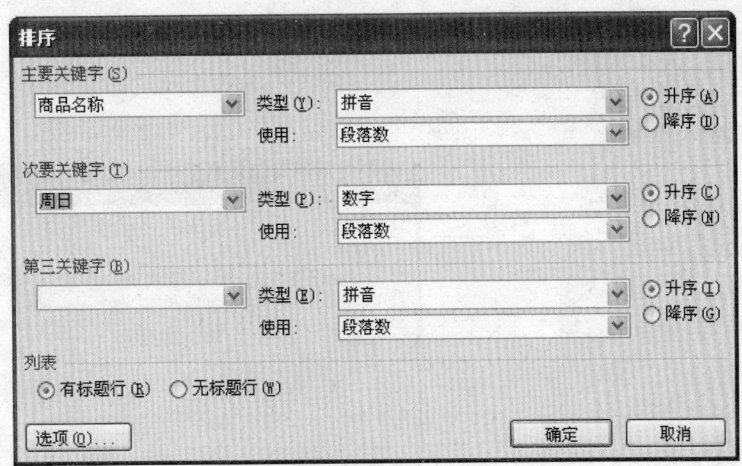

图 2-76　“排序”对话框

（2）将表格标题格式设置为字体为“楷体”，字号为“三号字”，字体颜色为“蓝色、强调文字颜色 1、深色 25%”。

5. 文档的保护操作

在文档中启动文档保护，仅允许对文档进行“修订”操作，密码是“scyz-7”。

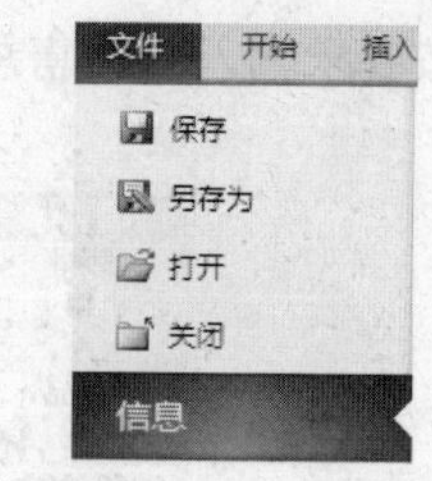

图 2-77 “文件”按钮下拉菜单

（1）如图 2-77、图 2-78 所示，单击“文件”按钮下的“信息”命令，选择“保护文档”选项，设置文档“限制编辑”选项，如图 2-79 所示。

（2）如图 2-80 所示，选择“编辑限制”下拉菜单中的“修订”选项，单击“是，启动强制保护”按钮，如图 2-81 所示，打开“启动强制保护”对话框，按要求输入密码“scyz-7”并确认密码，单击“确定”按钮，仅允许对文档进行“修订”操作。

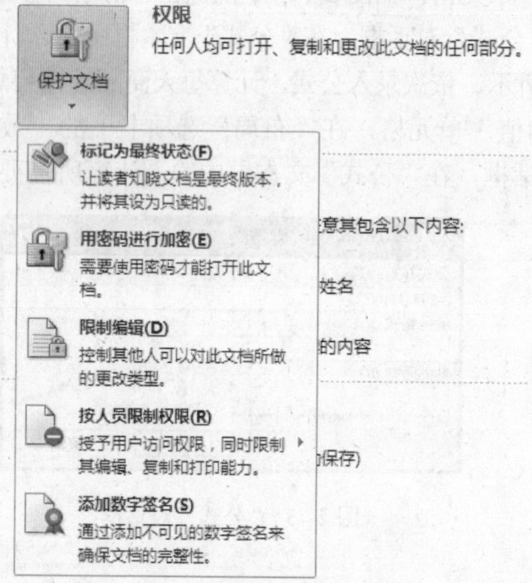

图 2-78 “保护文档”下拉菜单

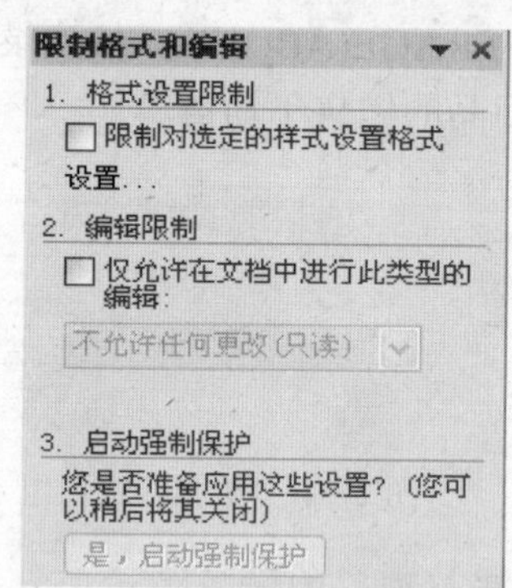

图 2-79 “限制格式和编辑”下拉列表

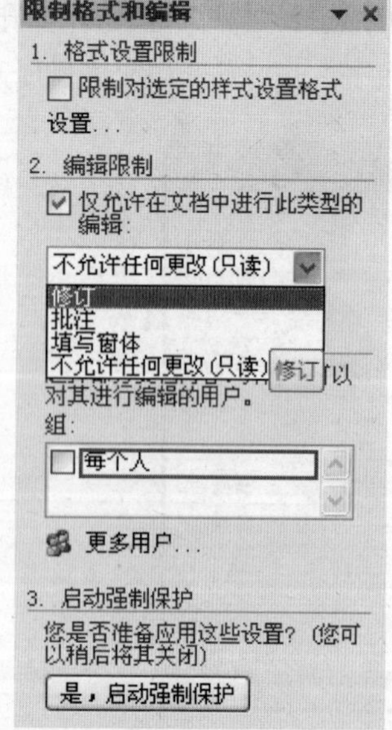

图 2-80 “编辑限制”下拉菜单

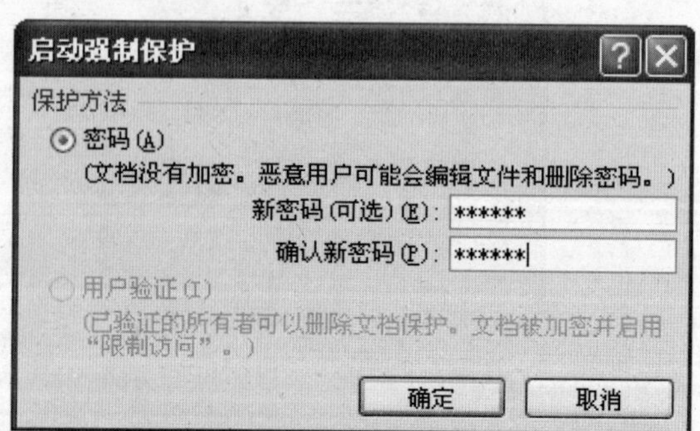

图 2-81 “启动强制保护”对话框

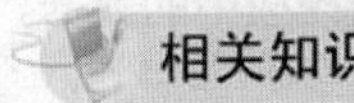

相关知识

1. 插入表格

Word 2010 中，用户可以通过很多方式在文档中插入表格，满足工作中关于数据统计、排列的需要。

（1）使用“插入表格”命令。在“插入”选项卡下的“表格”下拉按钮中选择“插入表格”命令，可以拖动鼠标选择表格的尺寸，选择相应的行数和列数，如图 2-82 所示，可以插入一个 5 行 5 列的表格。

（2）使用“插入表格”选项。在“插入”选项卡下的“表格”下拉按钮中选择“插入表格”选项，打开“插入表格”对话框，设置表格的尺寸和格式，单击“确定”按钮，在文档中插入相应的表格。

（3）绘制表格。如图 2-83 所示，在“插入”选项卡下的“表格”下拉按钮中选择“绘制表格”选项，鼠标指针会变成笔状图形工具，可以根据实际需要在文档空白处绘制出表格。在实际使用中，如果需要擦除一条线或者多条线，可在“表格工具”的“设计”选项卡下选择“擦除”按钮，单击要擦除的线条即可，如图 2-84 所示。

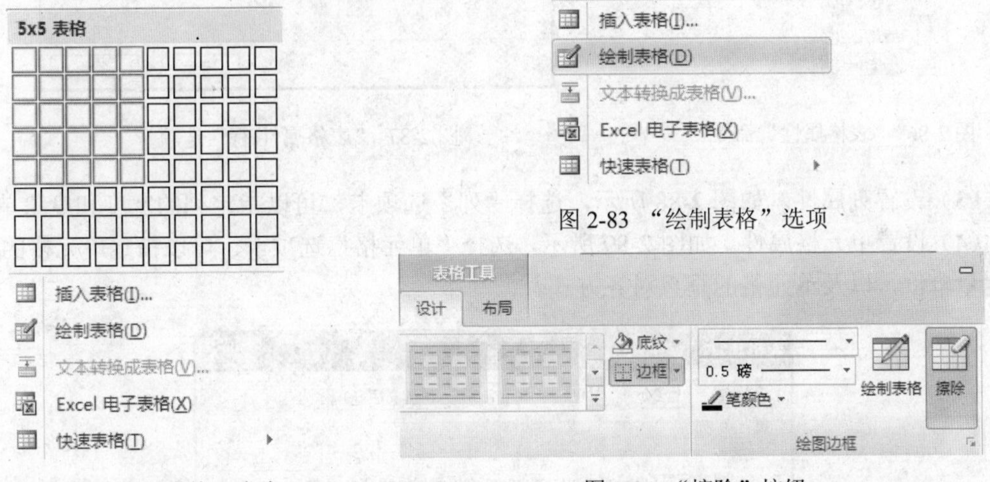

图 2-82　“插入表格”命令

图 2-83　“绘制表格”选项

图 2-84　“擦除”按钮

（4）使用表格模板。如图 2-85 所示，在“插入”选项卡下的“表格”下拉按钮中选择“快速

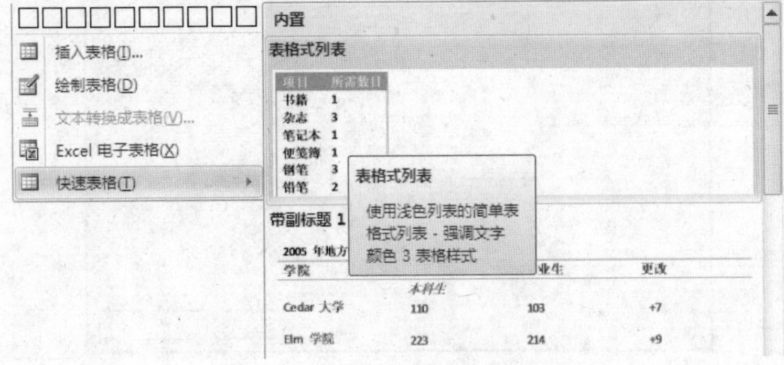

图 2-85　插入快速表格

表格”选项，选择需要的模板插入到文档中。具体使用时，可以用需要的数据替换模板中的数据。

2. 编辑表格

（1）设置表格属性。选择要设置属性的表格，单击鼠标右键，如图 2-86 所示，选择“表格属性”命令，打开“表格属性”对话框，可以设置表格的尺寸、对齐方式、文字环绕方式等。

（2）设置行属性。如图 2-87 所示，选择“行”选项卡，可以指定行的尺寸和相关选项。

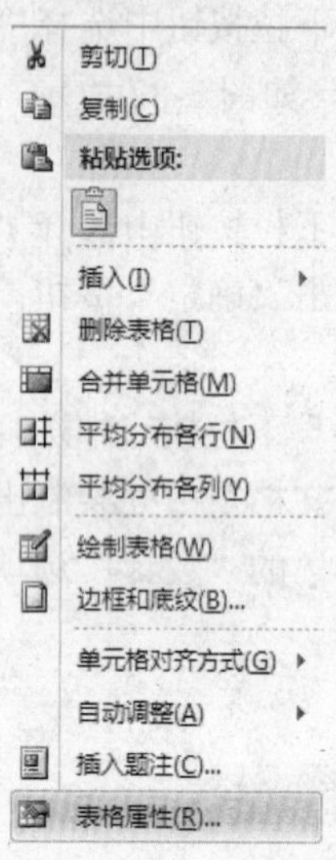

图 2-86 “表格属性”命令

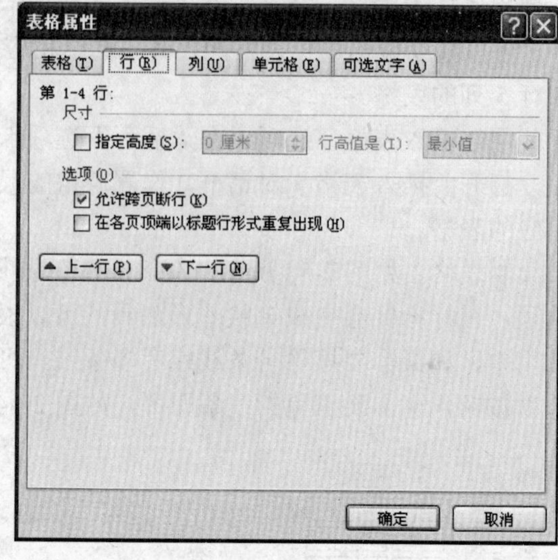

图 2-87 “表格属性/行”选项卡

（3）设置列属性。如图 2-88 所示，选择“列”选项卡，可以指定列的宽度和度量单位。

（4）设置单元格属性。如图 2-89 所示，选择“单元格”选项卡，可以指定单元格的宽度和度量单位，以及单元格的垂直对齐方式。

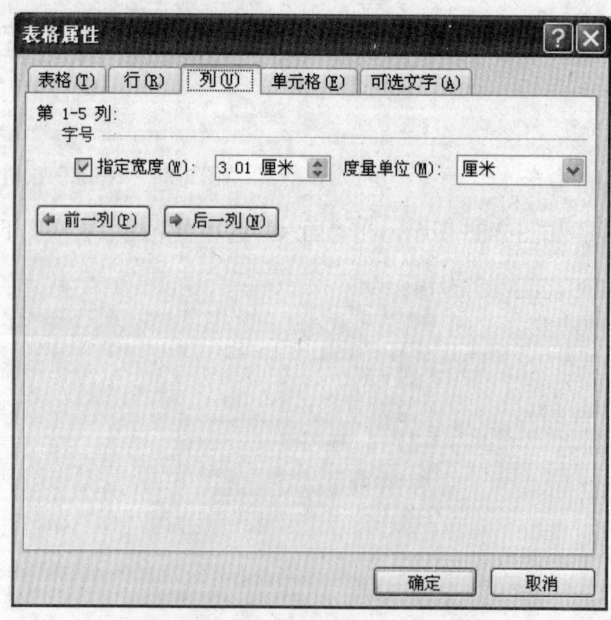

图 2-88 “表格属性/列”选项卡

图 2-89 “表格属性/单元格”选项卡

1）删除单元格、行或列。可在“表格工具”的“布局”选项卡下选择“删除”下拉列表，如图 2-90 所示，根据实际需求选择“删除单元格”“删除列”或“删除行”。

2）合并或拆分单元格。选择需要合并或者拆分的单元格，如图 2-91 所示，可在“表格工具”的“布局”选项卡下选择“合并”选项中的“合并单元格”或者“拆分单元格”。

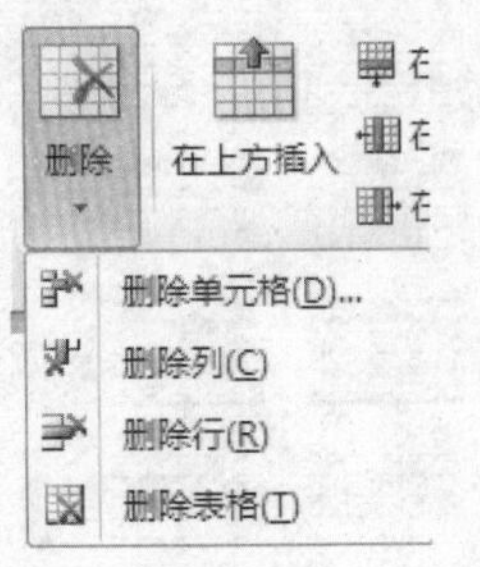

图 2-90 “删除”下拉列表

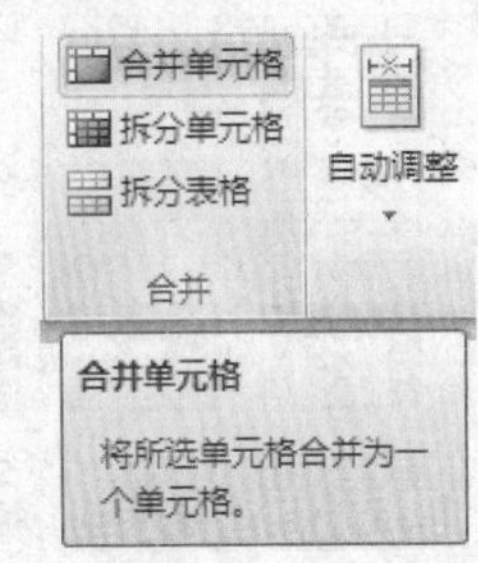

图 2-91 “合并”选项组

3. 美化表格

（1）设置表格的边框和底纹。表格创建完成后，可以先选择需要设置边框和底纹的表格，可在“表格工具”的“设计”选项卡下选择“绘图边框”选项组，打开“边框和底纹”对话框，可以设置表格边框的样式、颜色、宽度等，设置所选表格或者单元格的底纹填充效果。如图 2-92 所示。

（2）套用表格样式。除了采用手动的方式设置表格中的字体、颜色、底纹等格式以外，还可以使用 Word 表格的“表格样式”功能快速美化表格。选择要套用样式的表格，如图 2-93 所示，在“设计”选项卡下的“表格样式”选项组中打开下拉菜单，从中选择一种适合的表格样式即可。

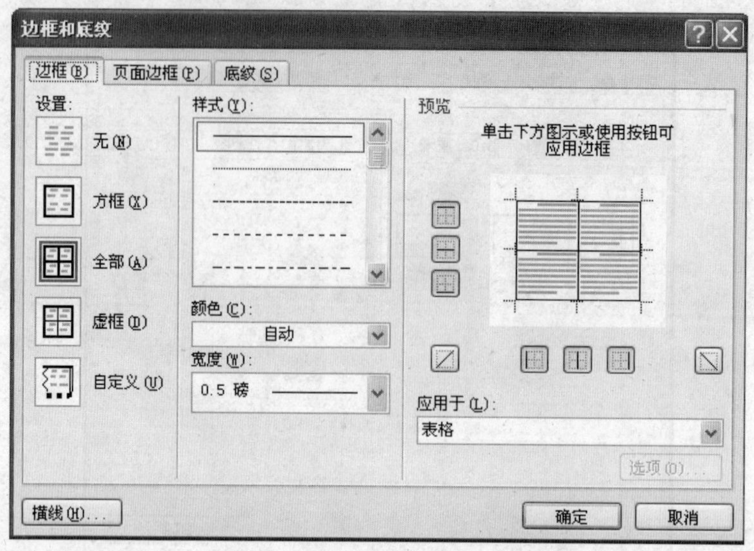

图 2-92 “边框和底纹”对话框

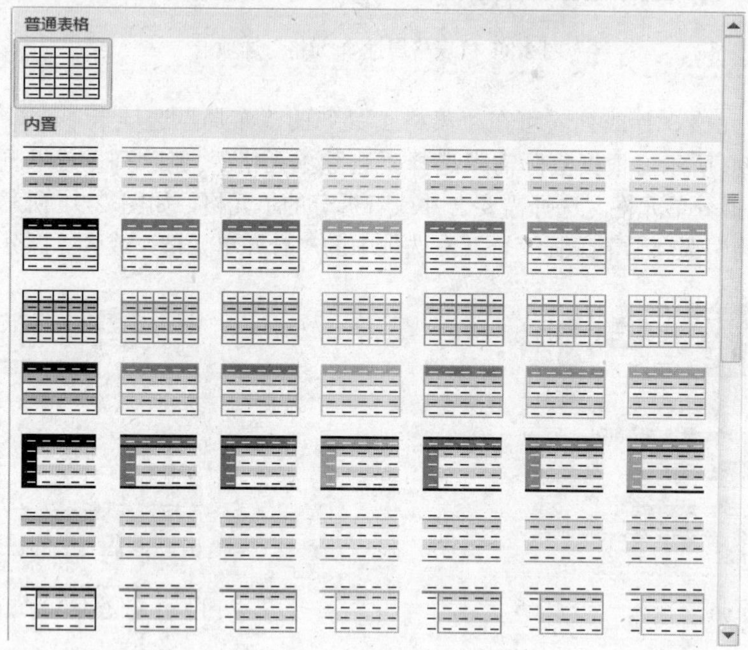

图 2-93 表格样式

案例 4 毕业论文的编辑与排版

案例描述

7 月份是大学的毕业季，对于临近毕业的大学生们，最后也是最重要的一门课就是毕业设计，系统开发完成后就要动手撰写论文。小何同学 5 月份要参加毕业论文答辩，自己的毕业设计完成的差不多了，前期完成了系统的开发和论文的撰写。接下来他要对论文的格式进行编辑和排版，指导老师把学院所要求的“论文格式”发给了自己。小何把自己的论文按照学院的要求进行了排版。最终效果如图 2-94 所示。

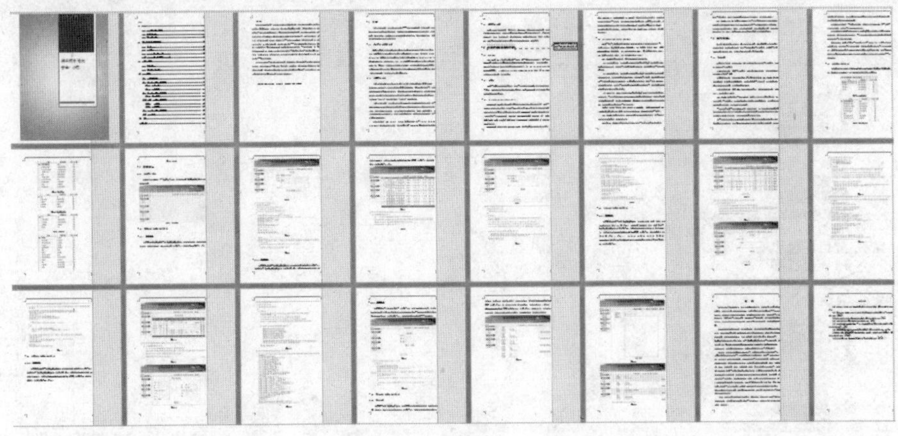

图 2-94　论文排版效果图

案例实现

1．设置大纲级别

根据“毕业设计论文格式.docx”的要求对“毕业论文.docx”每一章标题设置“大纲级别”中的“1 级”，每一小节的标题设置“大纲级别”中的“2 级”。

首先打开“毕业论文.docx”（项目 2\案例 4\毕业论文.docx），单击“视图”选项卡，再单击“文档视图”组的“大纲视图”按钮，如图 2-95 所示。

此时，文档将从默认的“页面视图”转为“大纲视图”，在“大纲级别”栏中可以看到当前选中文本的大纲级别。在每一章节标题的任意处单击，就可以在“大纲级别”栏中查看和设置当前标题的大纲级别。把光标定位到论文第一章“引言”后，在“大纲级别”栏中选择“1 级”，就可以将第一章标题的大纲级别设置为最高的“1 级”。如图 2-96 所示。

图 2-95　“大纲视图”按钮

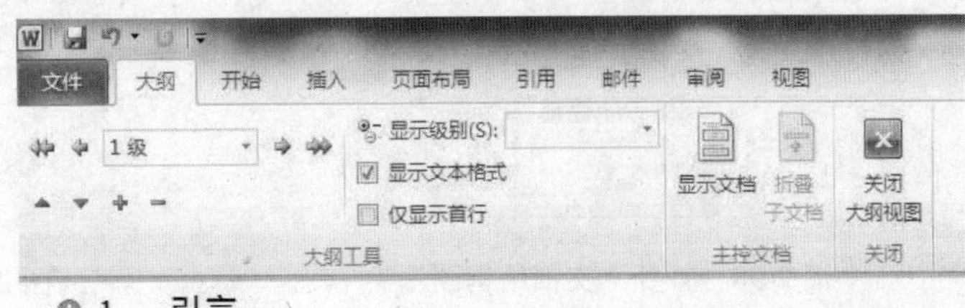

图 2-96　为“引言”设置“大纲级别”

使用相同的方法，将论文每一章标题的大纲级别设置为“1 级”，将每一节标题的大纲级别设置为“2 级”，依次类推。最后，还要检查第一小节下，正文的大纲级别是否被正确的设置为“正文文本”。

设置完大纲级别后，在“大纲工具”栏中选择合适的“显示级别”检查。在本例中，由于最低的大纲级别为“2 级”，因此选择“2 级”即可，此时大纲视图的显示效果如图 2-97 所示。

如果设置的大纲级别还有不足，可以在“大纲工具”栏中重新调整，正确设置整个文档的大纲视图后，单击“大纲视图”右侧的“关闭大纲视图”按钮，退出大纲视图。

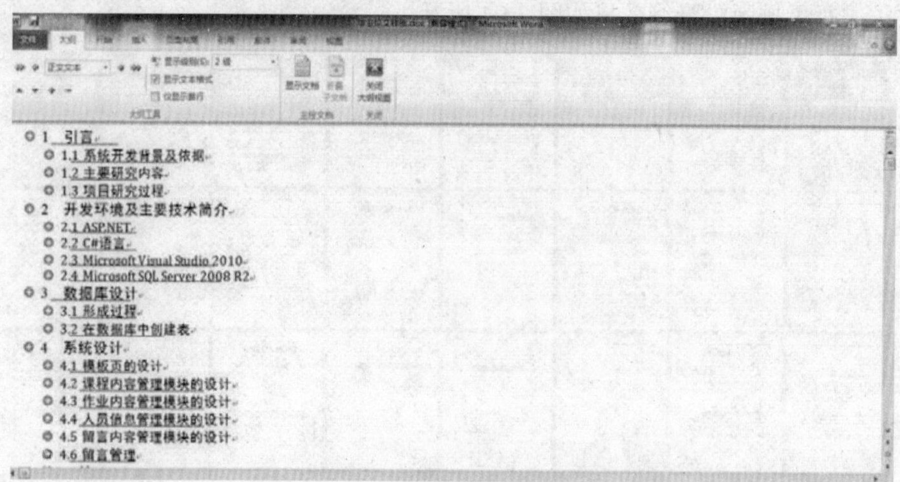

图 2-97 设置大纲“显示级别”

2. 使用文档结构图

单击“视图”选项卡，勾选“显示”组的“导航窗格”，如图 2-98 所示。

此时在文档的左侧出现了“文档结构图”窗格，可以看到在上一步设置了大纲级别的章节标题。单击需要定位的标题，就可以在文档中对其进行快速定位。

在“文档结构图”窗格中，单击黑色三角按钮，可隐藏其下一级别标题内容，再次单击，可重新显示刚才隐藏的下一级别标题，如图 2-99 所示。

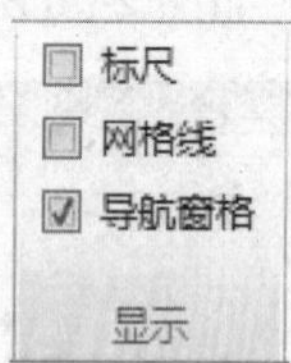

图 2-98 打开“文档结构图”

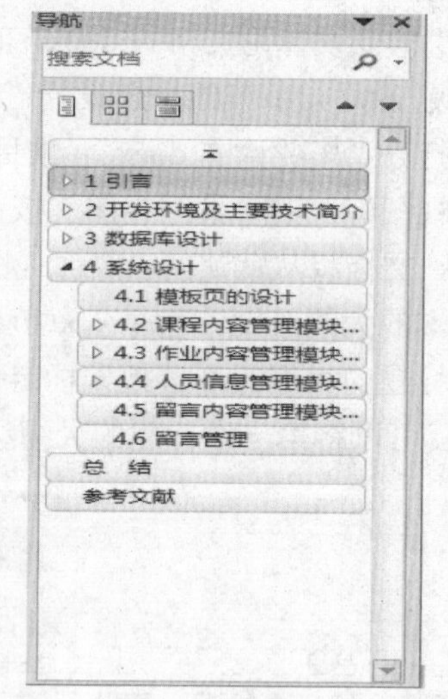

图 2-99 显示/隐藏一下级标题

若发现文档的结构存在问题，可以返回“大纲视图”重新进行设置。

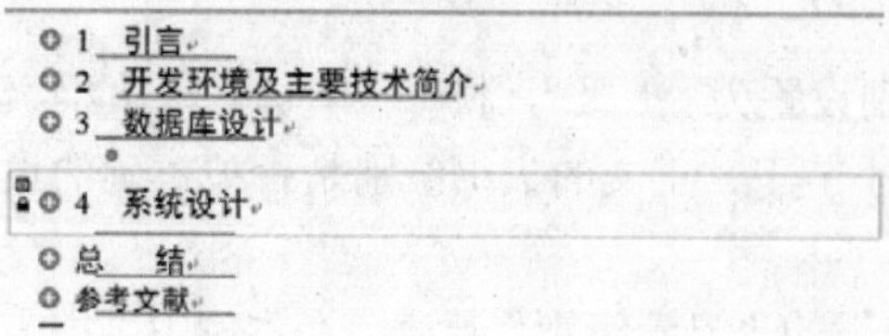

1 引言
2 开发环境及主要技术简介
3 数据库设计
4 系统设计
总 结
参考文献

图 2-100 样张

3. 创建主控文档、子文档

如图 2-100 所示，将文档“毕业论文样张.docx”创建为一级主文档，把标题“系统设计”下的内容创建为子文档，并锁定子文档的链接。

（1）首先打开“毕业论文样张.docx”（项目 2\案例 4\毕业论文样张.docx），在“视图”选项卡的“文档视图”组中单击“大纲视图”按钮，在“大纲”选项卡下“大纲工具”组中的“显示级别”下拉列表中选择 1 级。

（2）选中标题“系统设计”，单击“主控文档”组中的“显示文档”按钮，再单击“创建”按钮把“系统设计”创建为子文档，如图 2-101 所示。

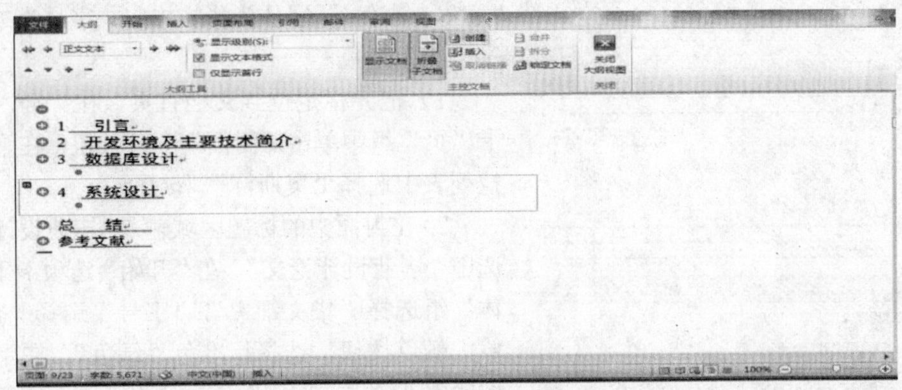

图 2-101　创建“子文档”

（3）选中标题“系统设计”，单击“主控文档”组中的“锁定文档”按钮，打开“是否保存对子文档的更改”询问框，单击“是”按钮，锁定子文档的链接，如图 2-102 所示。

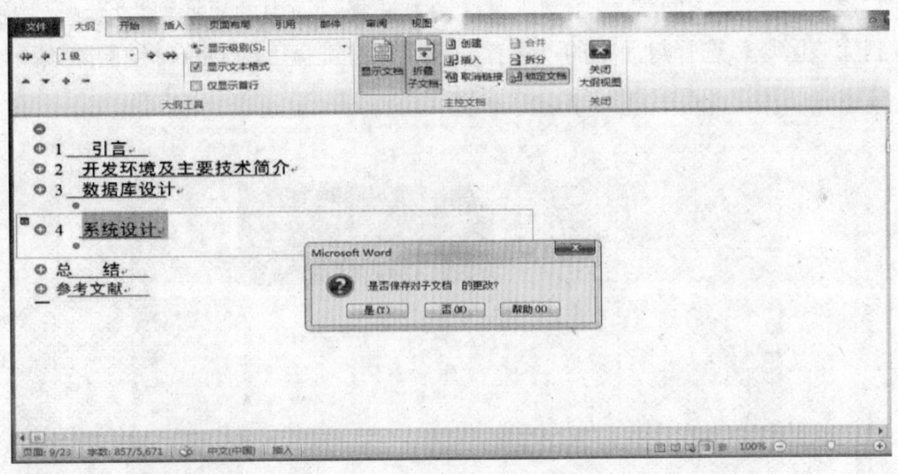

图 2-102　“锁定”子文档

4. 创建封面、目录

（1）在文档开头建立“自动目录 2”样式的目录，并设置字体为华文细黑，字号为五号，字形加粗，行距为固定值 22 磅。

1）把光标定位到文档首页，在“引用”选项卡的“目录”组中单击“目录”下拉按钮，之后在弹出的下拉列表中选择“自动目录 2”目录样式，如图 2-103 所示。

2）选中刚插入的目录，在“开始”选项卡下的“字体”组选择“华文细黑”，“字号”选择“五号”，并单击加粗按钮 B。

3）选中目录，在“开始”选项卡下的“段落”组右下角单击“对话框起动器”按钮，打开“段落”对话框，在“行距”下拉列表中选择“固定值”，并在“固定值”文本框中输入“22”，最后单击“确定”按钮。

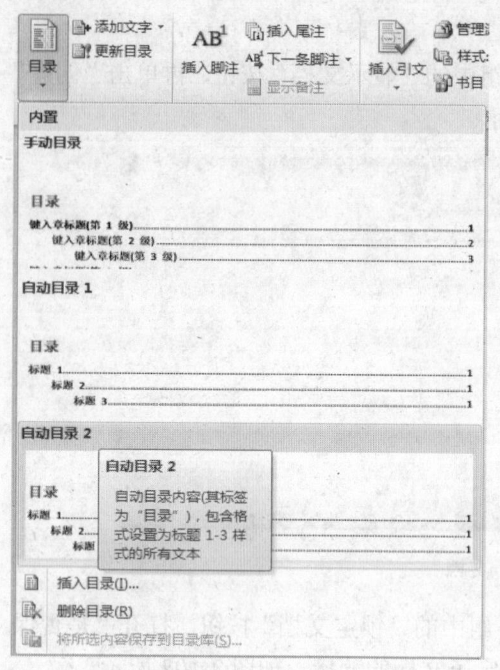

图 2-103 “目录”下拉列表

（2）为文档插入“奥斯汀”型的封面，设置封面标题为“毕业设计论文”，字体为华文细黑，字号为一号，文字颜色为绿色，字形加粗。副标题为“学生：小何”，字体为华文中宋，字号为二号，文字颜色为紫色。

1）把光标定位到文档首页，在“插入”选项卡“页”组中单击“封面”下拉按钮，在弹出的下拉列表中选择“奥斯汀”型封面。

2）在封面中的标题区域输入“毕业设计论文”，选中“毕业设计论文”，在“开始”选项卡下的“字体”组选择“华文细黑”，“字号”选择“一号”，单击颜色按钮，选择标准色“绿色”。在副标题区域输入“学生：小何”，在“开始”选项卡下的“字体”组选择“华文中宋”，“字号”选择“二号”，单击颜色按钮，选择标准色“紫色”，如图 2-104 所示。

3）选择封面中的“摘要”区域，按键盘上的 Delete 键删除该区域，选择封面中的“作者”区域，按键盘上的 Delete 键删除该区域。

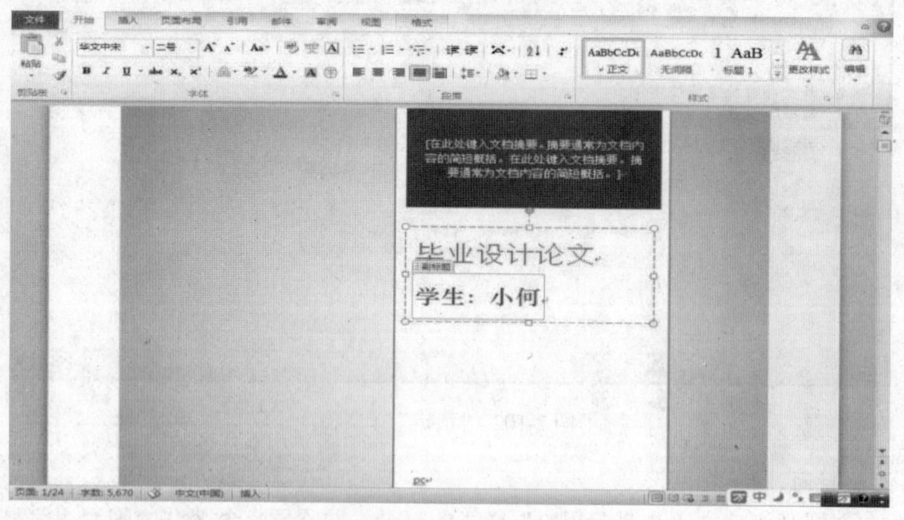

图 2-104 封面“标题”区域

5. 插入分隔符、书签、批注、页眉和页脚

如果要设置奇偶页不同的页眉，以及与前一节不同的页码，必须对文档进行分节。

（1）将论文划分为“封面”“目录”“摘要”“正文”（包括“总结”和“参考文献”）四个节。

1）光标定位到毕业论文封面的结束部分，在“页面布局”选项卡下单击“分隔符”按钮，在弹出的菜单中单击“下一页”选项，如图 2-105 所示。此时就可以在插入点处对论文进行分节。

分别在论文的“摘要”“正文”进行相应的处理，就可以将论文划分为“封面”“目录”

“摘要”“正文”（包括“总结”和“参考文献”）四个节。

在“开始”选项卡，按下“段落”组的“显示/隐藏标记”按钮 ，刚才在论文中插入的分节符将在文档中显示出来，如图 2-106 所示。选中要删除的分节符，按键盘上的 Delete 键就可以删除。在“大纲视图”下把光标对应到相应的位置也可以插入或删除“分节符”。

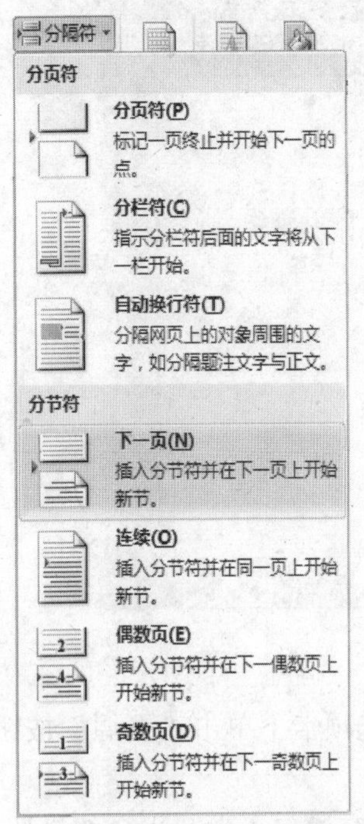

图 2-105　插入“分节符”

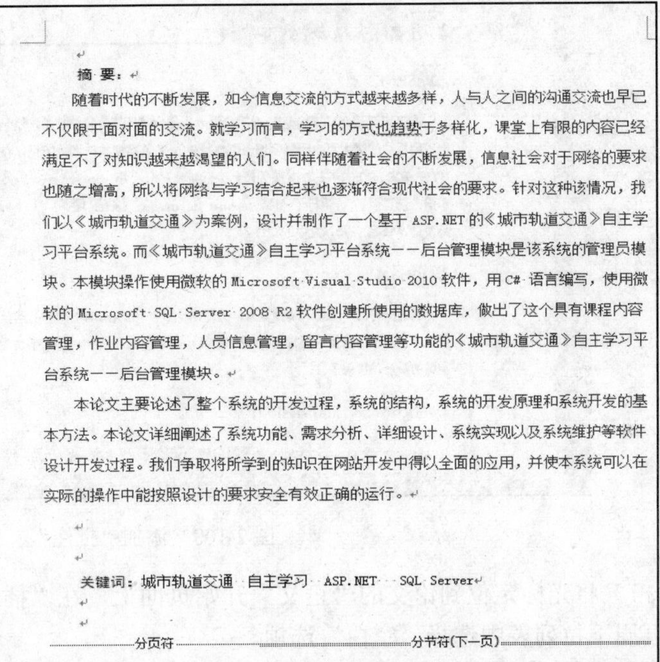

摘 要：

随着时代的不断发展，如今信息交流的方式越来越多样，人与人之间的沟通交流也早已不仅限于面对面的交流。就学习而言，学习的方式也趋势于多样化，课堂上有限的内容已经满足不了对知识越来越渴望的人们。同样伴随着社会的不断发展，信息社会对于网络的要求也随之增高，所以将网络与学习结合起来也逐渐符合现代社会的要求。针对这种该情况，我们以《城市轨道交通》为案例，设计并制作了一个基于 ASP.NET 的《城市轨道交通》自主学习平台系统。而《城市轨道交通》自主学习平台系统——后台管理模块是该系统的管理员模块。本模块操作使用微软的 Microsoft Visual Studio 2010 软件，用 C# 语言编写，使用微软的 Microsoft SQL Server 2008 R2 软件创建所使用的数据库，做出了这个具有课程内容管理，作业内容管理，人员信息管理，留言内容管理等功能的《城市轨道交通》自主学习平台系统——后台管理模块。

本论文主要论述了整个系统的开发过程，系统的结构，系统的开发原理和系统开发的基本方法。本论文详细阐述了系统功能、需求分析、详细设计、系统实现以及系统维护等软件设计开发过程。我们争取将所学到的知识在网站开发中得以全面的应用，并使本系统可以在实际的操作中能按照设计的要求安全有效正确的运行。

关键词：城市轨道交通　自主学习　ASP.NET　SQL Server

分页符　分节符(下一页)

图 2-106　“分节符”标记

（2）在标题“数据库设计”位置处插入书签“掌握数据库的设计”，以位置作为排序依据，并隐藏书签。

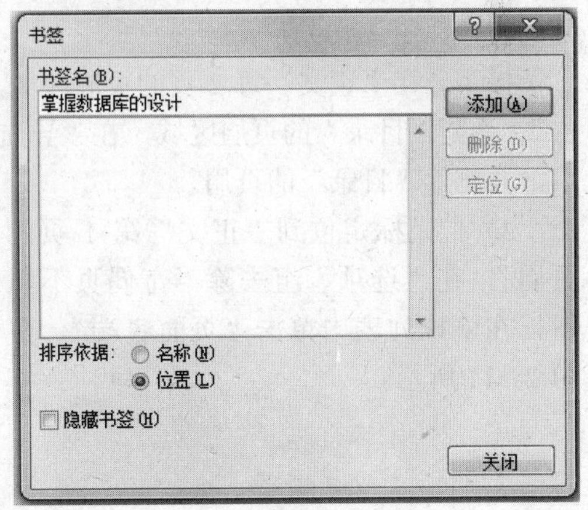

图 2-107　“书签”对话框

光标定位到或选择“数据库设计”，在“插入”选项卡的“链接”组中单击“书签”按钮，打开“书签”对话框，在“书签名”文本框中输入“掌握数据库的设计”，在“排序依据”选项中单击“位置”，如图 2-107 所示，单击“添加”按钮。

（3）为标题“开发环境及主要技术简介”添加批注“在 Visual Studio 2010 平台上使用 ASP.NET、C#语言开发，后台采用 SQL Server 2008 R2 数据库。”

首先选择标题“开发环境及主要技术简介”，在“审阅”选项卡的“批注”组中单击“新建批注”按钮，在批注框中输入批注内容，如图 2-108 所示。

（4）在论文的“正文”第 1 页的页眉区域，插入“城市轨道交通自主学习平台的设计与实现”，“正文”第 2 页的页眉区域，插入“苏州职业大学计算机工程学院毕业设计报告”。为“正文”在页面底端设置“加粗显示的数字 2”页码，“起始页码”设置为“1”。为“目录”

和“摘要”在页面底端设置“普通数字 2”页码，“起始页码”设置为“1”。

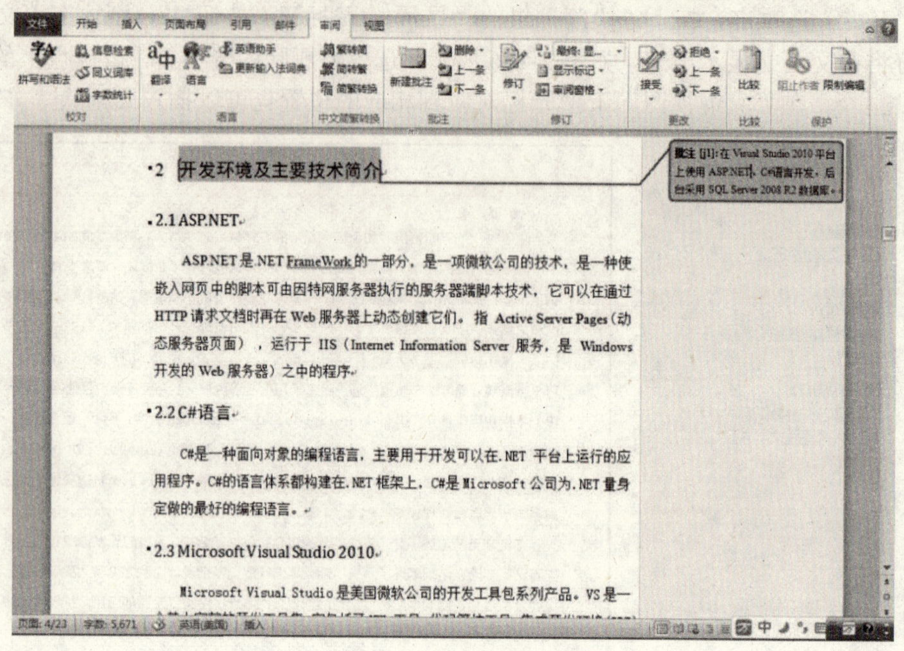

图 2-108 添加“批注”

1）将光标定位到论文的“正文”开始页面上，在“插入”选项卡下单击“页眉”按钮，在页眉下拉列表中选择“空白”选项。

切换到论文“正文”第 1 页的页眉区域中，输入“城市轨道交通自主学习平台的设计与实现”。再切换至“页眉和页脚工具”的“设计”选项卡，在“选项”组勾选“奇偶页不同”复选框，如图 2-109 所示。

接下来在“正文”每 2 页的页眉区域，输入“苏州职业大学计算机工程学院毕业设计报告”。返回“目录”的页眉区域，在“导航”组中取消“链接到前一条页眉”，如图 2-110 所示，并删除“目录”的页眉。

2）把光标定位到“正文”第 1 页的页脚区域，在“导航”组中取消“链接到前一条页眉”，在“选项”组去除“奇偶页不同”复选框，单击“页眉和页脚”组的“页码”按钮，在下拉列表中单击“页面底端”，在下拉列表中选择“加粗显示的数字 2”选项，如图 2-111 所示。

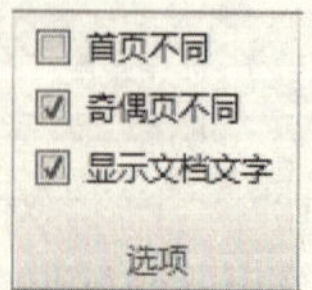

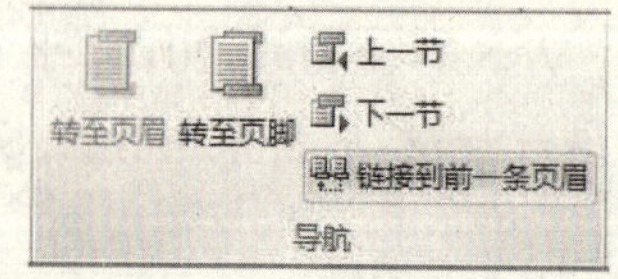

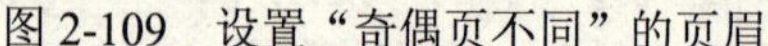

图 2-109 设置“奇偶页不同”的页眉　　图 2-110 取消“链接到前一条页眉”

接下来，为页码重新编号。单击“页眉和页脚”组的“页码”按钮，在下拉列表中单击“设置页码格式”，在弹出的“页码格式”对话框中将“起始页码”设置为“1”。

3）把光标定位到“目录”的页脚区域，单击“页眉和页脚”组的“页码”按钮，在下拉列表中单击“页面底端”，在下拉列表中选择“普通数字 2”选项，并再次单击“页眉和页脚”组的“页码”按钮，在下拉列表中单击“设置页码格式”，在弹出的“页码格式”对话框中将“起始页码”设置为“1”。同理可以设置“摘要”的页码。

相关知识

1. 创建主控文档、子文档

主控文档是一组单独文件（或子文档）的容器，包含系列相关子文档关联的链接。使用主控文档可以将长文档分成易于管理的、较小的子文档，从而便于长文档的编辑。如果要创建主控文档，要从大纲开始，将大纲中的标题指定为子文档，也可以将当前文档添加到主控文档，使其成为子文档。

（1）创建主控文档、子文档。光标定位到文档的任意位置，在“视图”选项卡的“文档视图”组中单击“大纲视图”按钮，之后在“大纲”选项卡下“大纲工具”组中的“显示级别”下拉列表中选择所需级别，如图 2-112 所示。

将光标定位到标题之后，然后在“大纲”选项卡下的“主控文档”组中单击“显示文档”按钮，在展开的命令中执行“创建”命令，文档中就会显示出主控文档、子文档,如图 2-113 所示。注意：子文档不能嵌入正文内部，必须嵌入在标题之后，Word 用一个方框来标识子文档，来区别主文档中的内容和其他子文档。

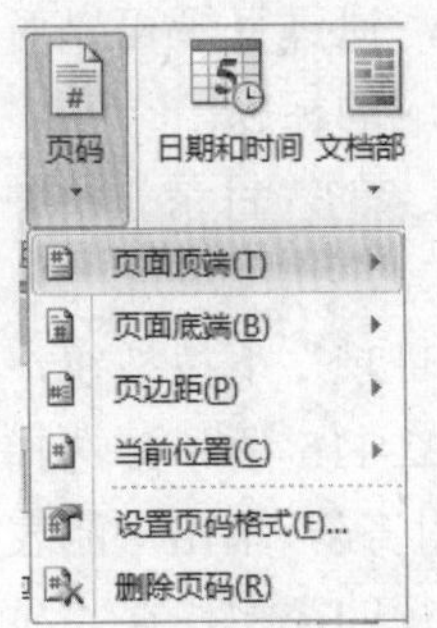

图 2-111 “页码”下拉列表

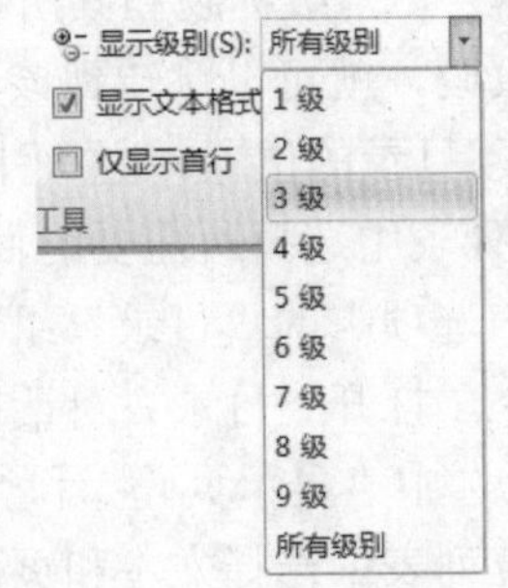

图 2-112 “显示级别”下拉列表

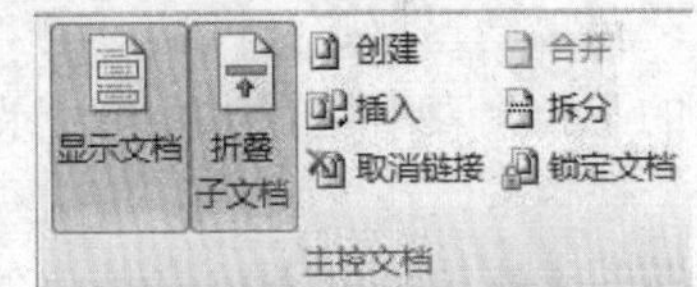

图 2-113 “大纲/主控文档”组

（2）保存主控文档、子文档。如果要以当前文档的名称保存主控文档，只要在“大纲”选项卡下的“关闭”组中单击“关闭大纲视图”按钮。如果要以新文件名来保存，在“文件”选项卡下执行“另存为”命令，在打开的“另存为”对话框中，选择保存位置和输入文件名，单击“保存”按钮。

（3）编辑主控文档、子文档。

1）展开、折叠子文档。在主控文档中，子文档和子文档之间是用分节符分割的，默认情况下每个子文档处于折叠状态，且以超级链接的形式显示文档名称，这时子文档的正文内容是看不到的。在“大纲”工具栏中单击“展开子文档或折叠子文档”按钮，就可以展开或折叠所有子文档。

2）移动子文档。如果要移动子文档的位置，必须在“大纲”工具栏的“显示文档”处于按下状态时，单击该子文档前面的图标“▤”，这样可以选中整个子文档，之后用鼠标拖动子文档到新的位置即可。

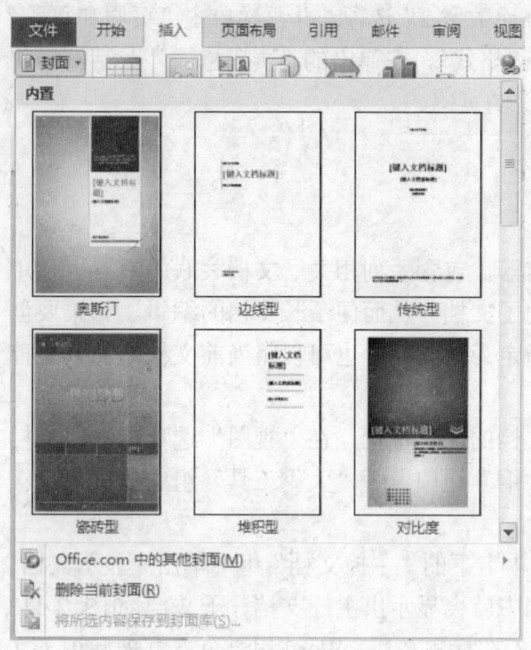

图 2-114 “封面”下拉列表

2. 封面、目录的应用

Word 2010 提供了一个封面库，包含预先设计的各种封面，选择一个自己喜欢的封面，用自己的文本替换示例文本。不管光标在什么位置，总是在文档的开始处插入封面。

（1）封面的应用。

1）添加封面。在“插入”选项卡“页”组中单击“封面”下拉按钮，在弹出的下拉列表中选择封面即可，如图 2-114 所示。插入封面后，单击选择封面区域（如标题和输入的文本）可以用自己的文本替换示例文本。注意：如果在文档中插入了另一个封面，则新的封面会替换旧的封面。

2）删除封面。选择“插入”选项卡，在“页”组中单击“封面”下拉按钮，在弹出的下拉列表中执行“删除当前封面”命令。

（2）目录的应用。目录可以列出文档中各级标题和其所在的页码，通过目录可以对整个文档有个大致的了解。单击目录中的页码，就可以跳转到该页码所对应的标题。

1）创建目录。把光标定位到要插入目录的位置。在“引用”选项卡的“目录”组中单击“目录”下拉按钮，之后在弹出的下拉列表中选择所需要的目录样式。

可以创建自定义目录。在“引用”选项卡的“目录”组中单击“目录”下拉按钮，在弹出的下拉列表中执行“插入目录”命令。打开“目录”对话框，如图 2-115 所示。选择“目录”选项卡，在“打印预览”区，可以选中“显示页码”和“页码右对齐”，单击“制表符前导符”文本框后的下拉按钮，在其下拉列表中选择文本和页码间显示行的类型，在“显示级别”框中输入目录中显示的标题级别数目。

如果要更改目录中显示标题级别的方式，单击“修改”按钮，在弹出的“样式”对话框中，单击要更改的级别，如图 2-116 所示。之后单击“修改”按钮，在打开的“修改样式”对话框中，可以更改字体、字号及缩进量，如图 2-117 所示。

2）更新目录。如果在文档中添加或删除了标题或其他目录项，可以更新目录。

在“引用”选项卡的“目录”组中单击“更新目录”按钮，在打开的“更新目录”对话框中选择“只更新页码”或“更新整个目录”单选按钮，如图 2-118 所示。

3）删除目录。在“引用”选项卡的“目录”组中，单击“目录”下拉按钮，在其下拉列表中执行“删除目录”命令。

3. 书签、题注、批注的应用

（1）书签的应用。书签用于标识位置或选定文本，以方便将来的引用。使用书签对话框可以直接定位到相应的文本，而不需要在文档中上下滚动。

1）添加书签。首先要选择添加书签的文本或对象，或者在要插入书签的位置单击。在“插入”选项卡的“链接”组中单击“书签”按钮，打开“书签”对话框，在“书签名”下输入

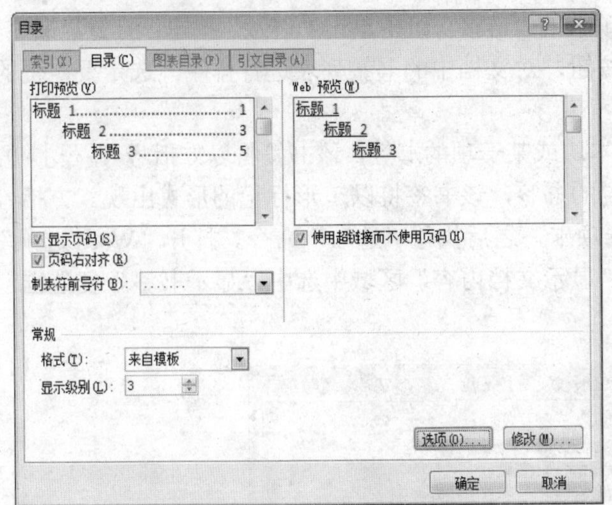

图 2-115 “目录”对话框

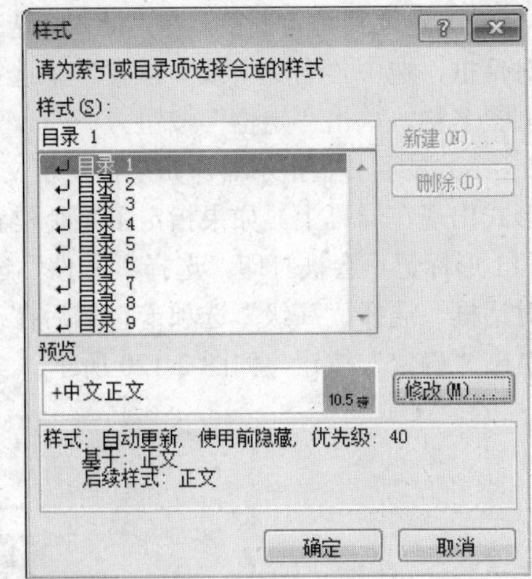

图 2-116 “样式”对话框

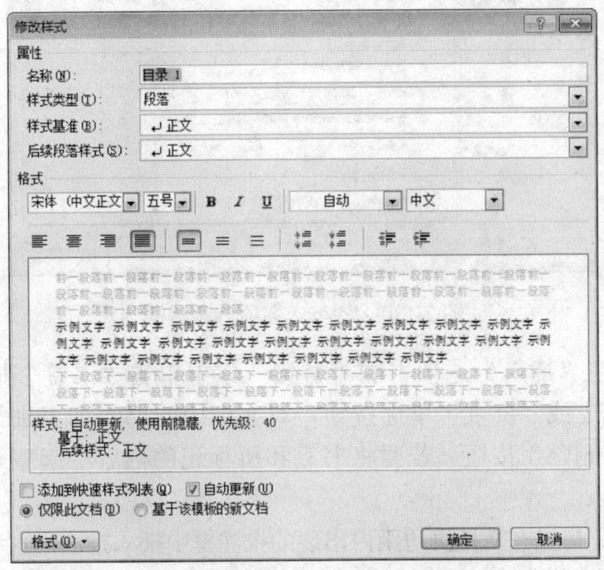

图 2-117 “修改样式”对话框

或选择书签名，如图 2-119 所示，单击“添加”按钮。注意：书签名必须以字母和文字开头，也可以有数字但不能有空格。

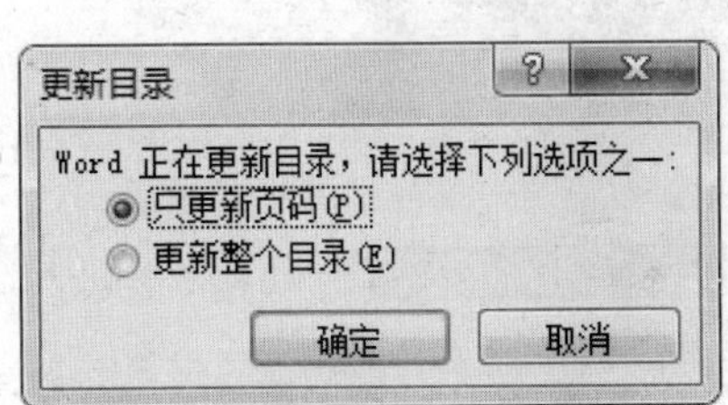

图 2-118 “更新目录”对话框

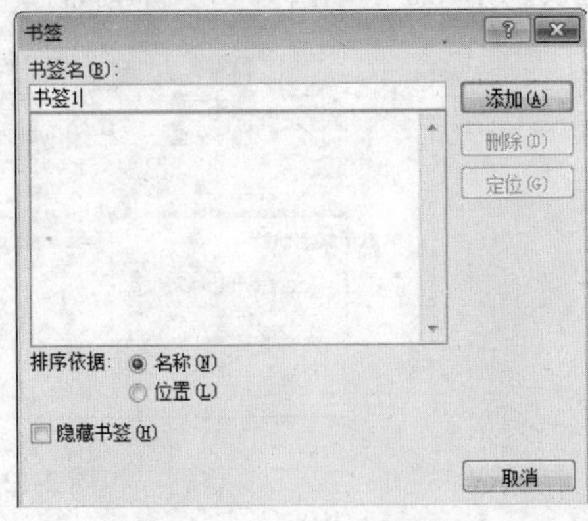

图 2-119 “书签”对话框

2）定位到特定书签。在“插入”选项卡的“链接”组中单击“书签”按钮，打开“书签”对话框，选中“名称”或“位置”单选按钮，对文档中的书签列表进行排序。选定要定位的书签名称，单击“定位”按钮。

3）显示书签指示器。如果指定了文本块或某一项的书签，该书签将以方括号（[…]）的形式出现在屏幕上。如果指定了某个位置的书签，该书签将以 I 形标记的形式出现。方括号和 I 形标记不会被打印。选择“文件”选项卡，之后执行“选项”命令。打开“Word 选项”对话框，选择“高级”选项卡，然后在“显示文档内容”区域中选中“显示书签”复选框，单击“确定”按钮，如图 2-120 所示。

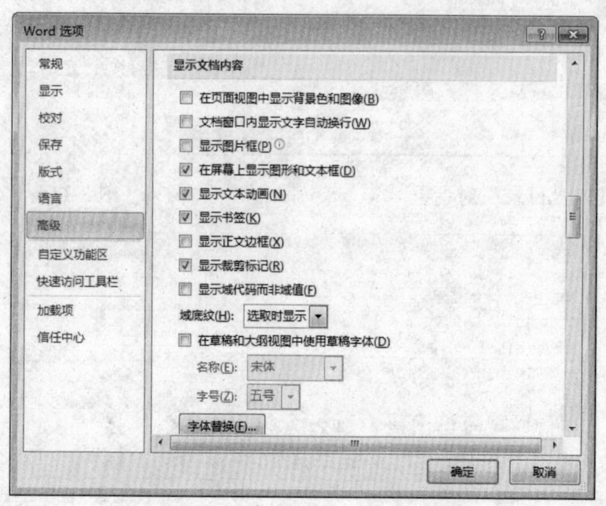

图 2-120 “Word 选项”对话框

4）删除书签。在“插入”选项卡的“链接”组中单击“书签”按钮，打开“书签”对话框，选中“名称”或“位置”单选按钮，对文档中的书签列表进行排序。选择要删除的书签名称，单击“删除”按钮。若要将书签和所标记的内容一起删除，选择该内容，按 Delete 键。

（2）批注的应用。可以在文档页边距内出现的批注框中插入批注，也可隐藏视图中的批注。

1）插入批注。首先要选择对其进行批注的文本或项目，也可以单击文本的末尾处。在“审阅”选项卡的“批注”组中单击“新建批注”按钮，在批注框中输入批注内容，如图 2-121 所示。

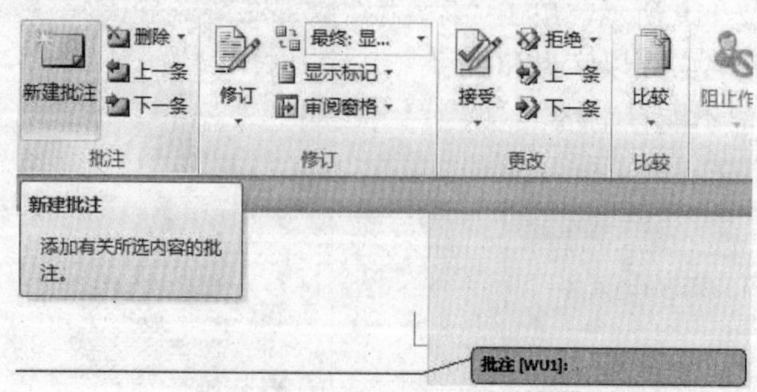

图 2-121 插入批注

2）更改批注。如果批注在屏幕上不可见，可以在“审阅”选项卡“修订”组中单击“显示标记”下拉按钮。在其下拉列表中选中“批注”复选框，如图 2-122 所示。

更改批注，只要单击要编辑的批注框的内部，之后进行更改就可以了。

3）删除批注。如果不需要在审阅时显示批注，必须通过删除文档中的批注来清除。要快速删除单个批注，只要右击该批注，之后执行“删除批注”命令即可。要删除文档中的所有批注，单击文档中的任何一个批注，在“审阅”选项卡的“批注”组中单击“删除”下拉按钮，在其下拉列表中执行“删除文档中的所有批注”命令，如图 2-123 所示。

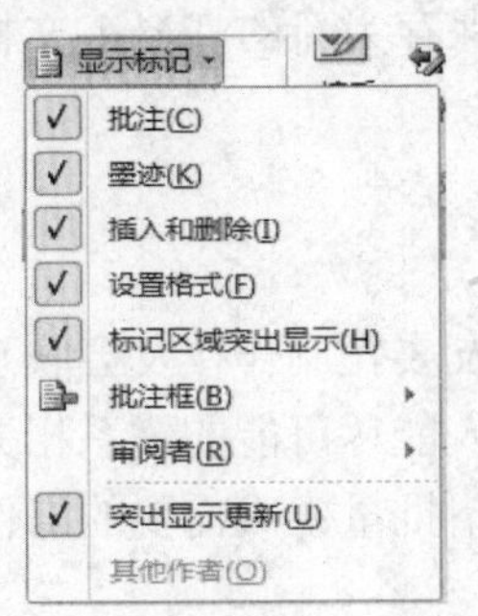

图 2-122　“显示标记”下拉列表

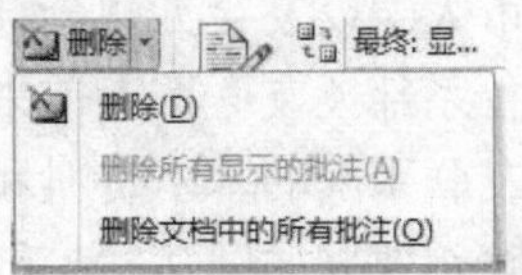

图 2-123　“删除”下拉列表

（3）题注的应用。题注是添加在图形、表格、图表或其他对象上的编号标签，它显示在对象下方，来描述该对象。

1）插入题注。选中要添加题注的对象，在“引用”选项卡的“题注”组中单击“插入题注”按钮，打开“题注”对话框，在“题注”文本框中输入题注名称，在“选项”区域可以选择“标签”类型和题注“位置”，如果题注中不包含标签，可以选中“题注中不包含标签”复选框，如图 2-124 所示。

在“题注”对话框中，若“标签”中没有符合要求的标签，可以新建标签，单击“新建标签”按钮，打开“新建标签”对话框，在“标签”文本框中输入新标签的名称，如图 2-125 所示。

也可以设置标签编号，在“题注”对话框中，单击“编号”按钮，打开“题注编号”对话框，在“格式”的下拉列表中选择合适的编号格式。如果选中“包含章节号”，可以设置“章节起始样式”和“使用分隔符”，如图 2-126 所示。

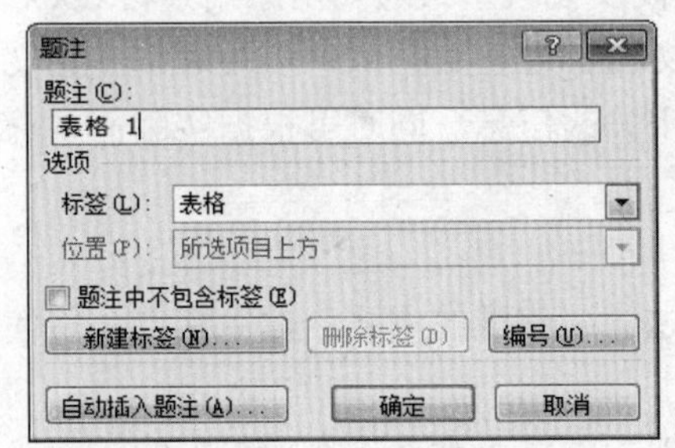

图 2-124　“题注”对话框

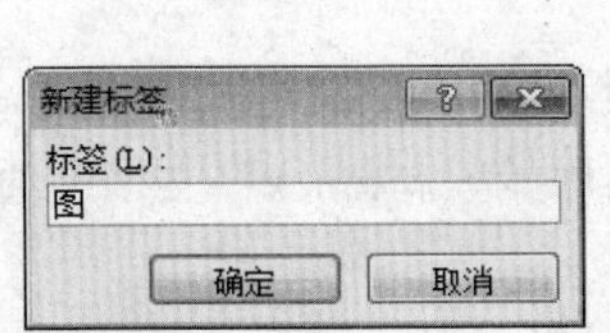
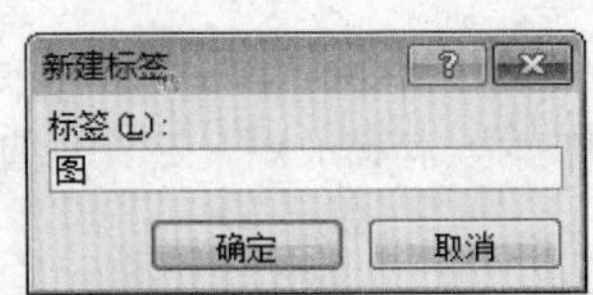

图 2-125　“新建标签”对话框

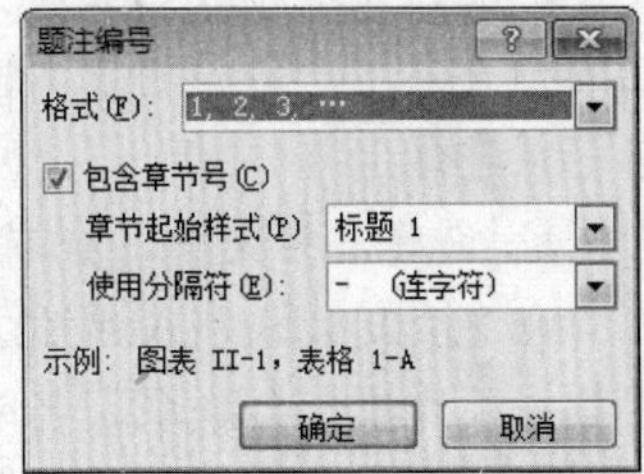

图 2-126　“题注编号”对话框

2）删除题注。要删除题注，选择要删除的题注，在“引用”选项卡的“题注”组中单击“插入题注”按钮，打开“题注”对话框，单击“删除标签”按钮。

案例 5　校友会联系人通知函的制作

如果需要创建一组文档，例如邀请函、通知书等，用户可以借助邮件合并功能在邮件文档（主控文档）的固定内容中，合并与发送信息相关的一组通信资料（使用数据源：如 Excel 表、Access 数据表等），从而批量生成需要的邮件文档，可以大大提高工作的效率。简单地说，邮件合并就是多条记录的不同格式相同内容的一次性打印，该功能具有很强的操作性和实用性。本案例主要介绍以 Word 作为主控文档，应用已存在的数据源，然后使用邮件合并功能在主控文档中插入变化的信息，合成后的文件，用户可以保存为新的 Word 文档，打印出来或者以邮件的形式发出去。

案例描述

苏州城市大学校友会苏州分会准备成立了，小敏受校友委托制作校友会联系人通知函，通知各学院各系部校友联系人前来参加，并希望校友联系人能尽可能的联系相关校友。会长给了小敏校友联系人的基本资料和通知函的样本文档，希望批量生成需要的邮件文档。小敏最终完成的案例效果如图 2-127 和图 2-128 所示。

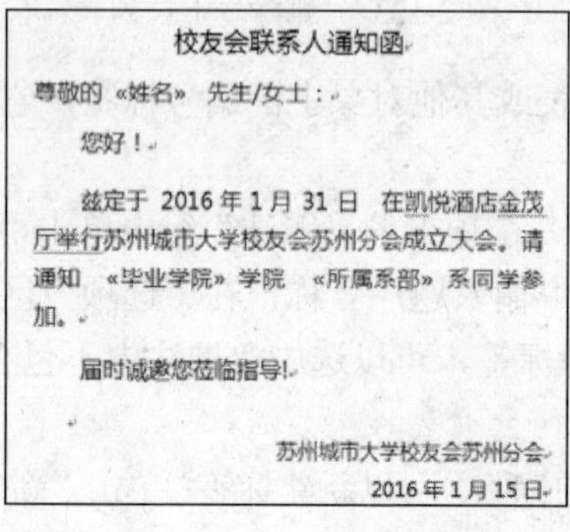

校友会联系人通知函

尊敬的 «姓名» 先生/女士：

您好！

兹定于 2016 年 1 月 31 日 在凯悦酒店金茂厅举行苏州城市大学校友会苏州分会成立大会。请通知 «毕业学院» 学院 «所属系部» 系同学参加。

届时诚邀您莅临指导!

苏州城市大学校友会苏州分会

2016 年 1 月 15 日

图 2-127 联系人通知函效果图

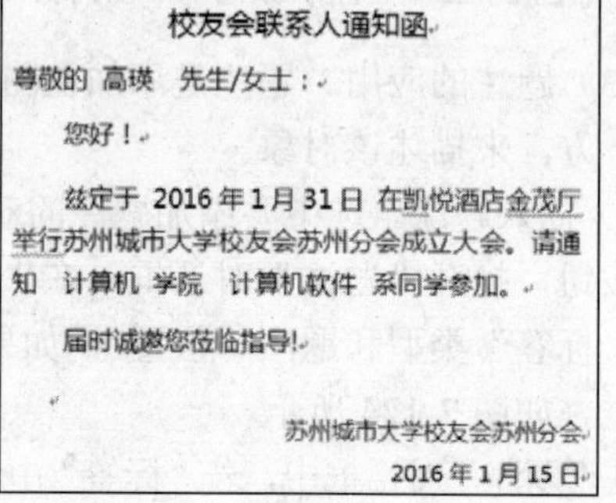

校友会联系人通知函

尊敬的 高瑛 先生/女士：

您好！

兹定于 2016 年 1 月 31 日 在凯悦酒店金茂厅举行苏州城市大学校友会苏州分会成立大会。请通知 计算机 学院 计算机软件 系同学参加。

届时诚邀您莅临指导!

苏州城市大学校友会苏州分会

2016 年 1 月 15 日

图 2-128 条件筛选后通知函效果图

案例实现

启动 Word 2010，利用“项目 2\案例 5”文件夹中的“校友会联系人通知函原始素材.docx”文件，根据要求完成“校友会联系人通知函”创建主控文档、设置数据源，以及编辑主控文档的相关工作，最后通过邮件合并的方式向文档中添加相关的信息，同时可根据实际需要筛选记录进行合并。

1. 创建主控文档，获取数据源

在“校友会联系人通知函原始素材.docx”文档中通过套用信函的方式创建主文档，并使用数据源“校友会联系人名单.xlsx”。

（1）打开“校友会联系人通知函原始素材.docx”文档，选择“邮件”选项卡下的“开始邮件合并”下拉按钮，如图 2-129 所示，单击“开始邮件合并”，在下拉菜单中选择“信函”选项，准备编辑通知函。

（2）单击“选择收件人”下拉按钮，如图 2-130 所示，在下拉菜单中选择“使用现有列表”选项，打开“选取数据源”对话框，根据实际需要选择含联系人相关信息的 Excel 文档“校友会联系人名单.xlsx”，单击“打开”命令按钮，打开“选择表格”对话框，如图 2-131 所示。

“校友会联系人名单.xlsx”工作簿中包含 3 张工作表，姓名、学院、系名等相关信息都在“Sheet1”工作表中，因此在弹出的“选择表格”对话框中选择“Sheet1$”，获取数据源。

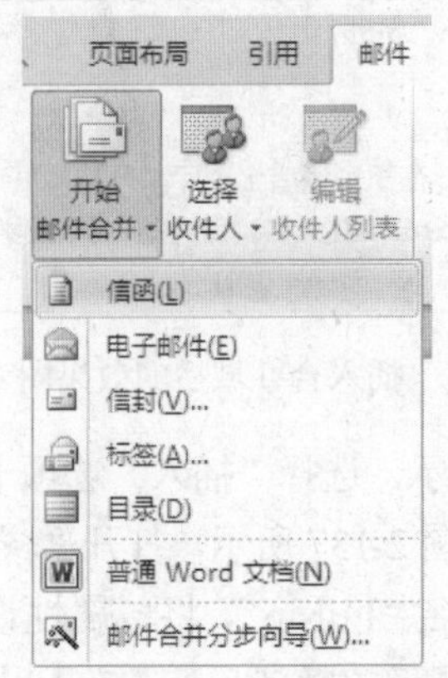

图 2-129 选择“信函”选项

2. 编辑主文档

如图 2-127 效果所示，编辑收件人列表，在当前主文档的相应位置上插入合并域“姓名”“毕业学院”“所属系部”。

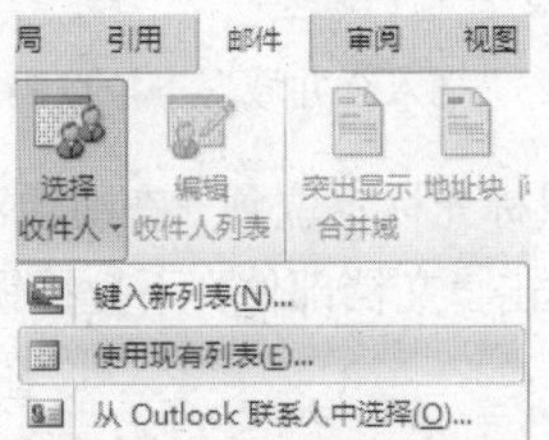

图 2-130 选择“使用现有列表”选项

（1）如图 2-132 所示，选择“邮件”选项卡下的“编辑收件人列表”按钮，打开“邮件合并收件人”对话框；如图 2-133 所示，可根据实际需要选择有效信息，单击“确定”按钮完成。

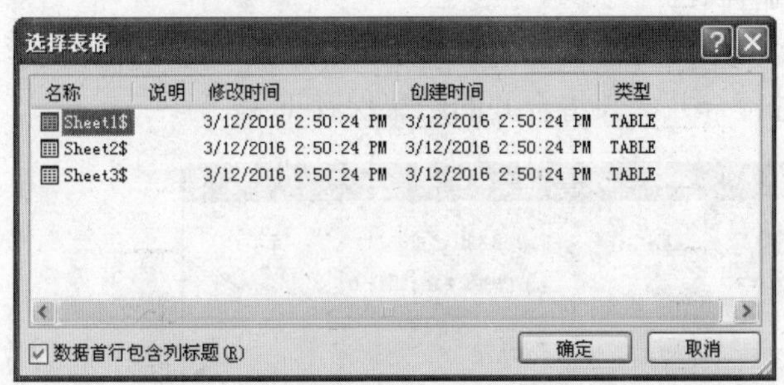

图 2-131 “选择表格”对话框

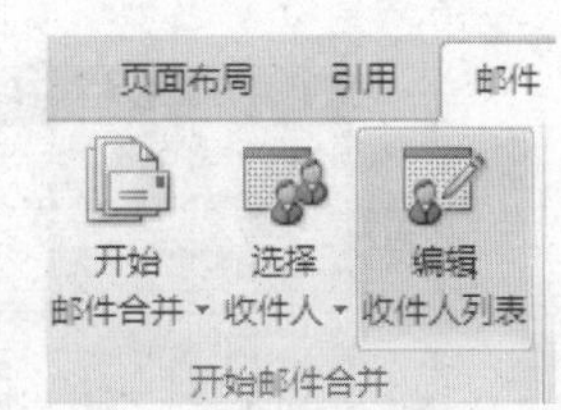

图 2-132 “编辑收件人列表”按钮

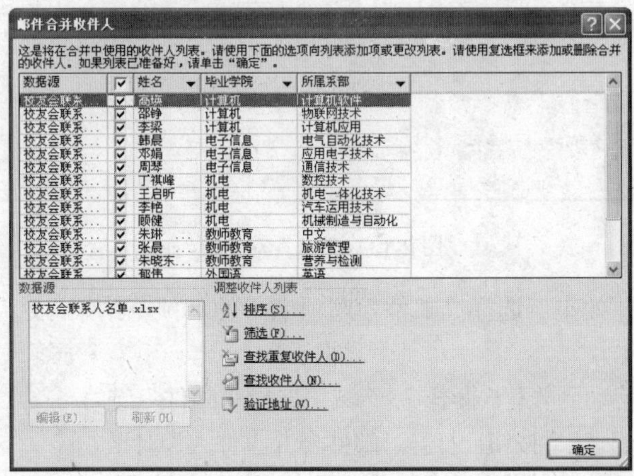

图 2-133 “邮件合并收件人”对话框

（2）选择“邮件”选项卡下的“编写和插入域”按钮，单击“插入合并域”下拉按钮，如图 2-134 所示，将 Excel 数据源中的信息以域的方式插入到 Word 主控文档中。

如图 2-135 所示，在“先生/女士”前添加域“《姓名》”，在“学院”前添加域“《毕业学院》”，在“系”前添加域“《所属系部》”。

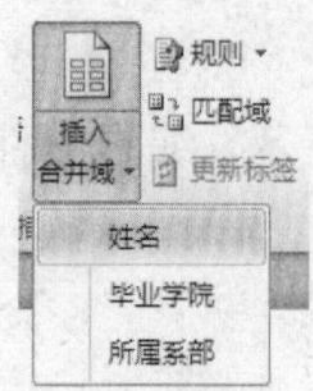

图 2-134 “插入合并域”下拉按钮

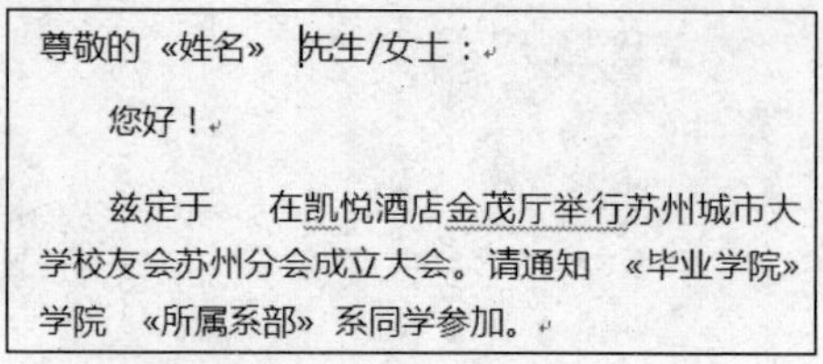

尊敬的 «姓名» 先生/女士：

您好！

兹定于 在凯悦酒店金茂厅举行苏州城市大学校友会苏州分会成立大会。请通知 «毕业学院» 学院 «所属系部» 系同学参加。

图 2-135 插入合并域后的效果图

（3）将鼠标光标定位到“在凯悦酒店”前，如图 2-136 所示，选择“插入”选项卡下的“文本”选项，单击“文档部件”下拉按钮，选择“域”选项，如图 2-137 所示，打开“域”对话框。

图 2-136 “文档部件”下拉按钮

在“域”对话框中选择域名“Fill-in”，将域属性设置为“请输入日期”，并在域选项“对提示的默认反应”前打上“√”，在后面对应的文本框中输入默认填充文字为“年月日”。单击“确定”按钮，打开“Microsoft Word”对话框，设置默认时间为“2016 年 1 月 31 日”。

3. 邮件合并

在文档中使用筛选功能，筛选出“学院”为“计算机学院”的记录进行合并，并将合并的结果保存下来。

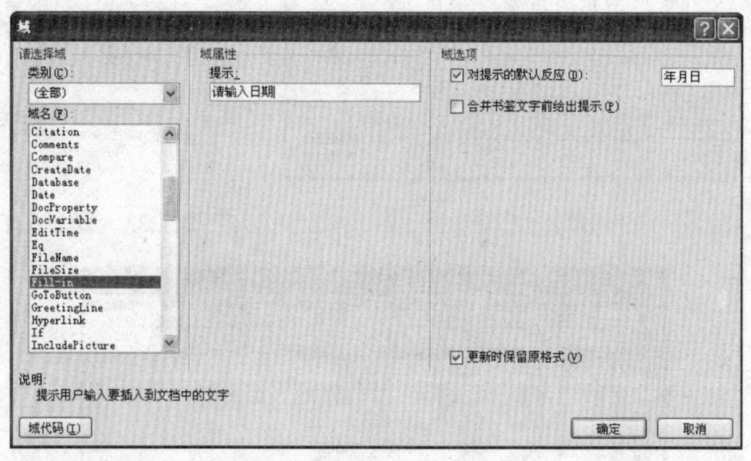

图 2-137 “域”对话框

（1）预览邮件合并效果。选择“邮件”选项卡下的“预览结果”选项组中的“预览结果”按钮，如图 2-138 所示。

预览结果
查找收件人
自动检查错误
预览结果

图 2-138 “预览结果”按钮

（2）将鼠标指针移动到“《毕业学院》”域，选择“邮件”选项卡下的“编辑收件人列表”按钮，打开“邮件合并收件人”对话框，如图 2-139 所示。在“调整收件人列表”中选择“筛选”选项，打开“筛选和排序”对话框，如图 2-140 所示。根据实际需求设置“域”字段为“毕业学院”，“比较关系”为“等于”，“比较对象”为“计算机”，单击“确定”按钮，单击“邮件合并收件人”对话框的“确定”按钮。

（3）选择“邮件”选项卡下的“完成并合并”下拉按钮，如图 2-141 所示，单击“编辑单个文档”选项，打开如图 2-142 所示的“合并到新文档”对话框。将“合并记录”设置为

“全部”，单击“确定”按钮，生成信函 1，包含所有记录，最终效果如图 2-128 所示。

1. 邮件合并简介

在日常工作中，有时需要创建一些文档，其主要内容基本都是相同的，只是具体数据有变化。在这种情况下，可以灵活运用 Word 2010 文档的邮件合并功能，操作简单同时可以设置各种格式，打印效果好，可以满足不同客户的不同的需求。

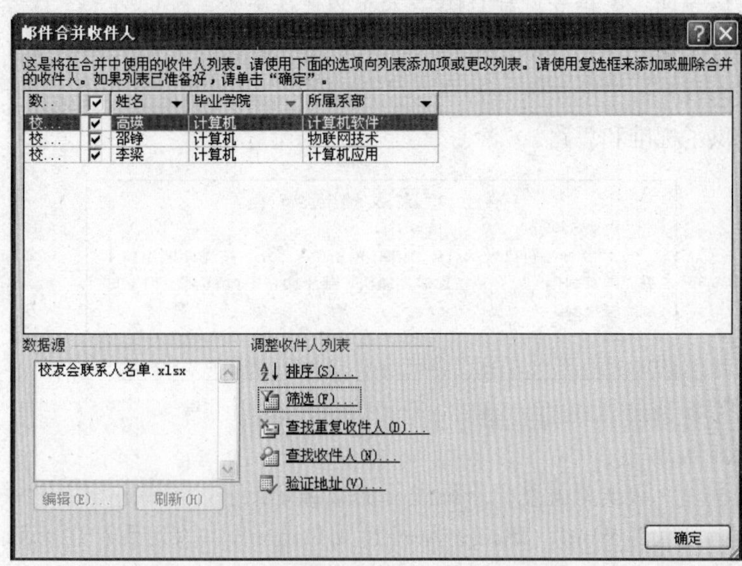

图 2-139　设置筛选条件

图 2-140 “筛选和排序”对话框

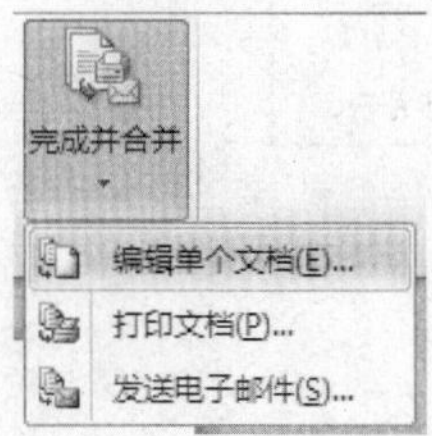

图 2-141 “完成并合并”下拉按钮

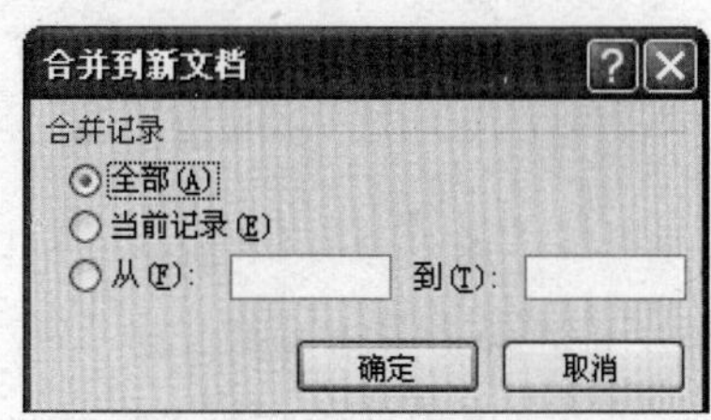

图 2-142 “合并到新文档”对话框

邮件合并功能除了可以批量处理信函、电子邮件、信封等与邮件相关的文档外，同时还可以批量制作标签、学生成绩单、准考证等。

一般情况下，当需要制作的数量比较大且文档内容可分为固定不变的内容和变化的内容时，如学生成绩通知单中的考试科目的基本信息，这些都是固定不变的内容，而学生的姓名、考试成绩等就属于变化的内容。其中变化的部分由数据表中含有标题行的数据记录表（一般由字段列和记录行构成，字段列规定该列存储的信息，每条记录行存储着一个对象的相应信息）来表示。

2. 邮件合并基本过程

（1）创建主控文档。主控文档就是固定不变的主体内容。如图 2-143 所示，成绩单中具体的考试科目的基本信息都是对每个收信人不变的基本内容。在邮件合并之前先建立主控文档，一方面可以考察预计中的工作是否适合使用邮件合并，另一方面是主控文档的建立，为数据源的选择提供了标准和思路。

学生考试成绩通知单

班级，学号　　，　　同学：

本学期各科目考试成绩如下：Flash　　分，多媒体制作技术　　分，网页制作　　分，祝您假期愉快！新学期将于 2015 年 9 月 2 日到学校报到。

计算机学院教务办

2015 年 7 月 6 日

图 2-143　创建主控文档

（2）获取数据源。数据源就是含有标题行的数据记录表，其中包含着相关的字段和记录内容。数据源表格可以是 Word、Excel、Access 或 Outlook 中的联系人记录表。

在实际工作中，数据源通常是现成存在的，比如需要制作学生成绩单，在多数情况下，学生成绩相关信息已经被做成了 Excel 表格，其中含有成绩单需要的“班级”“学号”“姓名”“成绩”等相关字段，可以直接使用，而不必重新制作。注意：在使用 Excel 工作簿时，需要保证数据源文件第一行必须是字段名，数据记录之间不能有空行。

（3）合并数据源到主控文档中。执行邮件合并时，来自数据源中的相关信息会自动填充到邮件合并域中。数据源中的记录行数，决定着主控文件生成的份数。合并数据源后的样式如图 2-144 所示。

学生考试成绩通知单

«班级»班级，学号«学号»，　«姓名»　同学：

本学期各科目考试成绩如下：Flash　«Flash»　分，多媒体制作技术　«多媒体制作技术»　分，网页制作　«网页制作»　分，祝您假期愉快！新学期将于 2015 年 9 月 2 日到学校报到。

计算机学院教务办

2015 年 7 月 6 日

图 2-144　合并数据源后的主控文档

3. 邮件合并中的条件筛选和排序

在邮件合并中可以根据实际需求设计域的筛选和排序。

（1）筛选。假设筛选条件为显示“Flash 科目成绩>=70”的学生成绩通知单，将鼠标指针移动到“《Flash》”域，选择“邮件”选项卡下的“编辑收件人列表”按钮，打开“邮件合并收件人”对话框。在“调整收件人列表”中选择“筛选”选项，打开如图 2-140 所示的“筛选和排序”对话框中的“筛选记录”选项页，根据要求设置条件，单击“确定”按钮完成设置。

如果希望在主控文档一页上可以显示多条筛选结果，如图 2-145 所示，选择“邮件”选项卡下的“编写和插入域”选项页中的“规则”下拉按钮，选择“下一记录”下拉按钮，选择“预览结果”按钮，效果如图 2-146 所示。

（2）排序。要求根据“多媒体制作技术”成绩由高到低的顺序进行排序，打印学生成绩通知单。将鼠标指针移动到“《多媒体制作技术》”域，选择“邮件”选项卡下的“编辑收件人列表”按钮，打开“邮件合并收件人”对话框。在“调整收件人列表”中选择“排序”选项，打开如图 2-147 所示的“筛选和排序”对话框中的“排序记录”选项页，根据要求选择“排序依据”，单击“确定”按钮完成设置。

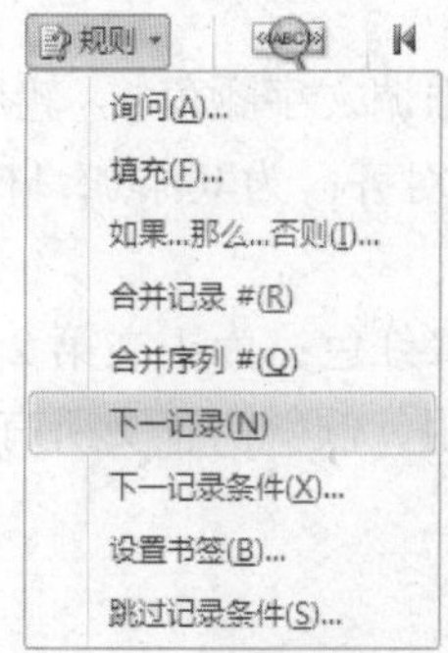

图 2-145 “下一记录”下拉按钮

学生考试成绩通知单

13 计算机信息管理 1 班级，学号 1314040101 ，吴彩凤 同学：

本学期各科目考试成绩如下：Flash 80 分，多媒体制作技术 73 分，网页制作 75 分，祝您假期愉快！新学期将于 2015 年 9 月 2 日到学校报到。

计算机学院教务办

2015 年 7 月 6 日

学生考试成绩通知单

13 计算机信息管理 1 班级，学号 1314040102 ，顾伟明 同学：

本学期各科目考试成绩如下：Flash 78 分，多媒体制作技术 64 分，网页制作 83 分，祝您假期愉快！新学期将于 2015 年 9 月 2 日到学校报到。

计算机学院教务办

2015 年 7 月 6 日

图 2-146 预览效果图

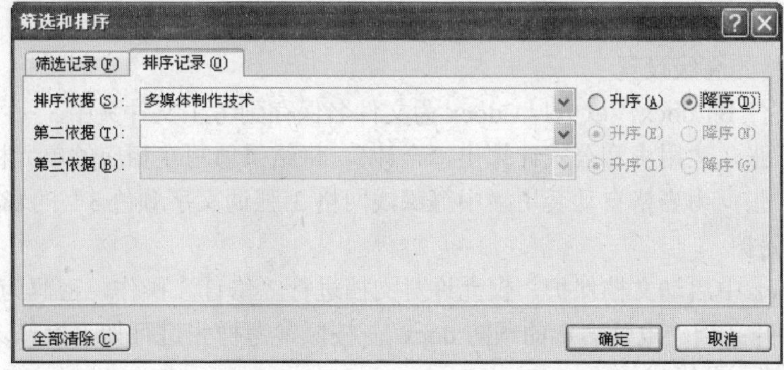

图 2-147 “排序记录”条件设置

一、思考题

1. Word 可以直接打开的文档格式有哪些？

2. 如何设置自动保存？

3．格式与样式区别是什么？

4．如何在页脚中出现“第 X 页　共 Y 页”的效果？

5．在文档中插入图片有哪几种方式？如何实现图文混排？

6．如何制作表格？编辑表格？表格提供哪些计算功能？

7．艺术字如何制作？

8．绘图工具如何使用？

二、练习题

练习 1：打开文档“再试一次.docx”，参考样张进行如下操作。

1．设置文档页面格式：

（1）参考样张，设置页边距上下各为 2.5 厘米、左右各为 3 厘米；为文档插入“字母表型”页眉，录入页眉标题为“再试一次”，字体为方正姚体、四号、加粗、紫色，并设置页眉距边界 2.7 厘米。

（2）参考样张，设置页面的背景色为“水滴”纹理。

2．设置文档编排格式：

（1）参考样张，将标题设置为艺术字样式“填充-蓝色，透明强调文字颜色 1，轮廓-强调文字颜色 1”；字体为华文行楷、48 磅，文字环绕为嵌入型、居中对齐；为其添加“样式 6”形状样式。

（2）参考样张，将正文第 1 段字体设置为华文新魏、三号、深红色；为正文第 2 段添加紫色底纹；正文第 2、3、4 段字体均设置为微软雅黑、小四、加粗、倾斜；正文所有文本段落间距为段前 0.5 行，行距为固定值 18 磅。

3．文档的插入设置：

参考样张，在文档的结尾处插入“关系”SmartArt 图形。设置该图形的布局为“公式”，更改颜色为“彩色范围-强调文字颜色 2 至 3”，并应用三维效果下“雅黑”的外观样式；录入相应的文本内容，并设置字体为华文中宋、30 磅。

4．文档表格的高级设置

（1）打开文件 B1.docx，以 A1-A.docx 为文件名保存到考生文件夹中。

（2）参考样张，运用求和公式计算出“合计”，将结果填写在相应的单元格内。

（3）参考样张，为表格自动套用“中等深浅网格 3-强调文字颜色 3”的表格样式。

5．文档的保护

在 A1-A.docx 中启动文档保护，仅允许对文档进行“修订”操作，密码为“ks1-1”。

练习 2：打开文档“电脑病毒的预防.docx”，按照参考样张进行如下操作。

1．设置文档页面格式：

（1）参考样张，设置页边距上下各为 3.5 厘米、左右各为 3 厘米；为文档插入“危险性”页眉，录入页眉标题为“电脑病毒的预防”，页脚处插入页码“第 1 页”，字体为华文中宋、四号、深蓝色，并设置页眉和页脚距边界 2 厘米。

（2）参考样张，为页面添加 3.0 磅、紫色的三线页面边框，并设置边框与文字的距离上下 1 磅、左右 4 磅；设置页面的背景为浅蓝色由深到浅的渐变背景。

2．设置文档编排格式：

（1）参考样张，将标题设置为艺术字样式“填充-红色，透明强调文字颜色 2，暖色粗糙棱台”；字体为华文新魏、43 磅，位置为“顶端居中，四周型文字环绕”；为其添加“转换”中“腰鼓”弯曲的文本效果。

（2）参考样张，将正文第 1 段字体设置为华文行楷、小四、倾斜，并添加红色、粗点式下划线；将正文第 1 段行距设置为固定值 20 磅。

（3）参考样张，将正文第 3 段的文本设置为竖排文本框格式，字体均设置为隶书、小四、行距为固定值 18 磅，文本框环绕方式为上下型。

（4）参考样张，为正文第 6-11 段文本添加项目符号，并设置字体颜色为深红色中心辐射深色变体渐变，段落间距为段前 0.5 行、段后 0.5 行。

3．文档的插入设置：

参考样张，在文档中插入图片（A2-A.jpg），设置该图片高度为 4.5 厘米、宽度为 5.8 厘米，环绕方式为紧密型，置于底层；为图片添加“胶片颗粒”的艺术效果和“柔化边缘 10 磅”的图片效果。

4．文档表格的高级设置

（1）打开文件 B2.docx，以 A2-A.docx 为文件名保存到考生文件夹中。

（2）参考样张，运用算术平均值公式计算出“平均分”，将结果填写在相应的单元格内。

（3）参考样张，为表格自动套用“中等深浅底纹 1-强调文字颜色 5”的表格样式。

5．文档的保护

在 A2-A.docx 中启动文档保护，仅允许对文档进行“填写窗体”操作，密码为“ks2-2”。

练习 3：打开文档“光纤网络的知识.docx”，参考样张进行如下操作。

1．应用样式：

参考样张，将文档第 1 行的样式设置为“书籍标题”，第 2 行样式设置为“副标题”。

2．新建样式：

以正文为样式基准，新建样式命名为“正文文本 5”，设置字体为方正舒体，字号为四号，文字颜色为水绿色(RGB：75，172，198)，为选中的文本添加紫色的粗实线下划线，添加“右上对角透视”阴影的文本效果，行距为固定值 24 磅，并将该样式应用于正文第 1 段中。

3．修改样式：

（1）以正文为样式基准，对“引用”样式进行修改：字体为华文隶书，字号为小四，文字颜色为蓝色，字形为加粗，文本边框为紫色；更改行距为固定值 16 磅，段落间距为段前 0.5 行；编号样式为“1、2……”，悬挂缩进 2 字符，自动更新对当前样式的改动，并将样式应用于正文第 2-9 段。

（2）对“重点正文”样式进行修改：字体为微软雅黑，字号为四号，文本填充为“漫漫黄沙”效果；更改行距为 1.5 倍行距，段落间距为段前、段后各 1 行，并将样式应用于正文第 10 段。

4．模板的应用：

（1）将正文第 11 段套用模板文件（LXDOTX1.dotx）中“正文段落 9”的样式。

（2）保存文档后，再将当前文档以 A3a 为文件名另存为模板文件。

练习 4：打开 A4.docx 文档，按照参考样张进行如下操作。

1．创建主文档、获取数据源：

在当前文档中，套用信函的形式创建主文档，并打开数据源（KSLX4-4.xlsx）。

2．编辑文档：

（1）参考样张，在当前主文档的相应位置上分别插入合并域“姓名”、“语文”、“数学”、“英语”和“总分”。

（2）参考样张，在文档报名日期处插入适当的 Word 域，使其在完成每次合并时能输入所需日期，设置该域所用到的提示文字为“请输入日期和时间!”，默认填充文字为“年月日上午”，默认时间为“2015 年 1 月 25 日上午 9:00”。设置完成后对文档进行保存。

3．合并邮件：

参考样张，依据“总分”递减的顺序对记录进行排序，然后将“总分”最高的两项记录进行合并，将合并的结果以 A4-A.docx 为文件名保存在文件夹中。

项目 3　Excel 2010 电子表格处理

电子表格处理软件 Excel 2010 是 Microsoft Office 2010 的主要成员之一。它的主要功能如下：①数据输入与编辑；②表格格式设置；③图表处理；④数据管理及分析；⑤丰富的宏命令和函数等。它广泛应用于财务、行政、金融、经济、统计和审计等多个领域。

Excel 的主要应用具体如下。

（1）商务办公。大量的商业数据充斥在企业业务运营的环境中。当信息工作者面对这些大量数据时，往往希望能够借助一些有利的手段进行分析，从而达到指导企业生产、运营的目的。Excel 是一款功能强大的数据图表处理工具，它具备强大的计算和分析能力，以及出色的图表功能，能够帮助用户从大量的数据中归纳出有价值的信息，并制作出令人信服的图表。

（2）财务管理。Excel 凭借自身丰富的计算工具、精密的分析工具及灵活多样的表达形式，使企业财务管理更加容易，而且可以使财务管理人员能够根据企业多变的经济环境，建立各种管理分析模型，高效、准确地进行财务管理分析工作。

（3）工程领域。有强大的计算功能，在水利等土木工程建筑的规划设计、工程造价分析、工程经济分析、建设监理、财务统计及日常办公等诸多领域有着广泛的应用；运用 Excel 的数据自动填充、单元格数据引用、公式与函数、图表等技巧，可达到事半功倍的目的。

本项目通过 3 个案例介绍 Excel 2010 处理电子表格及进行数据管理与分析的过程，其中包括操作工作簿和工作表、输入数据、格式化工作表、使用公式和函数、创建与修饰图表、数据管理与分析等方面的知识与技能。

案例 1　建立与统计员工工资

Excel 工作簿指用来储存并处理工作数据的文件，是 Excel 工作区中一个或多个工作表的集合。对工作表的编辑包含输入数据、单元格的基本操作、引用数据、使用公式等。本案例主要介绍 Excel 中表格环境的设置与修改、表格格式的编排与修改、数据文档的修订与保护的方法。

案例描述

小柯是某公司的人事部职员，7 月份公司财务部进了一名新员工，叫梁一宁。小柯需要将他的个人资料和工资待遇录入 Excel 工作簿，并对原始的工资数据件进行备份。小柯的主管要求他对这些数据表进行美化，以供人事工作会议使用。并要将 7 月份的职工工资、五险一金，上半年 1～6 月的出勤情况都在表里进行统计。由于咨询住房贷款计算方式的员工较多，主管要求小柯对职工进行一次培训，重点讲解单变量模拟运算和双变量分析的使用。

小柯最终完成的格式化工资表如图 3-1 所示，对员工的工资数据计算结果如图 3-2 所示。

速飞公司职员工资表

部门名称	职员姓名	身份证号码	性别	出生年月	基本工资	奖金	加班费	补助	旷工	水电费	房租费	实发工资
人事部	于飞	640912198206041423	女	1982年6月4日	1200	400	130	200	30	41	120	
人事部	王子奇	411722198701194041	女	1987年1月19日	1200	400	30	200	15	44	120	
后勤部	王宏伟	320981198301090427	女	1983年1月9日	1000	400	30	200	0	42	120	
财务部	周松	420922199301095024	女	1993年1月9日	1300	400	40	200	60	50	120	
后勤部	孙飞	13072719840805463X	男	1984年8月5日	1000	400	50	200	60	48	120	
保安部	赵阳	341101198104299957	男	1981年4月29日	1000	400	100	200	15	46	0	
保安部	曾艳芳	320981199210156963	女	1992年10月15日	1000	400	40	200	60	39	120	
财务部	金立	220382198911201052	男	1989年11月20日	1300	400	60	200	30	40	120	
后勤部	王芳	330722198012262847	女	1980年12月26日	1000	400	40	200	50	42	0	
商品部	肖杰	320581199001251913	男	1990年1月25日	1200	400	70	200	0	40	120	
出纳部	刘颖	280502198911113561	女	1989年11月11日	1400	400	40	200	30	40	120	
统计部	杨洋	341125198705133992	男	1987年5月13日	1400	400	80	200	30	47	120	
出纳部	田超	260801198206213337	男	1982年6月21日	1400	400	40	200	30	47	120	
商品部	邹恒	440983198407268198	男	1984年7月26日	1500	400	40	200	0	55	0	
商品部	宋欢	110101198808085638	男	1988年8月8日	1500	400	100	200	0	36	120	
财务部	梁一宁	210107198904175758	男	1989年4月17日	1500	400	80	200	0	45	120	

图 3-1　职员工资表格式化效果

速飞公司员工工资明细

员工编号	姓名	学历	基本工资	奖金	加班费	津贴	餐补	水电费	房租费	请假	实发工资	五险一金	津贴上浮
1000	于飞	研究生	3000	2200	1300	1500	200	141	420	30	¥ 7,609.0	940	500
1001	王子奇	本科	2500	480	300	800	200	144	420	15	¥ 3,701.0	700	300
1002	王宏伟	本科	2500	1460	300	800	200	142	420	0	¥ 4,698.0	700	300
1003	周松	大专	2000	800	400	600	200	150	420	60	¥ 3,370.0	560	300
1004	孙飞	研究生	3000	1670	500	1500	200	148	420	60	¥ 6,242.0	940	500
1005	赵阳	本科	2500	1910	1000	800	200	146	0	15	¥ 6,249.0	700	300
1006	曾艳芳	大专	2000	1820	400	600	200	139	420	60	¥ 4,401.0	560	300
1007	金立	本科	2500	890	600	800	200	140	420	30	¥ 4,400.0	700	300
1008	王芳	本科	2500	2030	400	800	200	142	0	50	¥ 5,738.0	700	300
1009	肖杰	本科	2500	705	700	800	200	140	420	0	¥ 4,345.0	700	300
1010	刘颖	研究生	3000	1400	400	1500	200	140	420	30	¥ 5,910.0	940	500
1011	杨洋	本科	2500	660	800	800	200	147	420	30	¥ 4,363.0	700	300
1012	田超	本科	2500	1045	400	800	200	147	420	30	¥ 4,348.0	700	300
1013	邹恒	本科	2500	520	400	800	200	155	0	0	¥ 4,265.0	700	300
1014	宋欢	大专	2000	986	1000	600	200	136	420	0	¥ 4,230.0	560	300
1015	梁一宁	本科	2500	1860	800	800	200	145	420	0	¥ 5,595.0	700	300

图 3-2　工资数据计算结果

案例实现

启动 Excel 2010，分别利用“项目 3/案例 1”文件夹中的“职员工资表-1.xlsx、职员工资表-2.xlsx、运算分析表.xlsx”三个文件。分别根据要求完成对“职员工资表-1.xlsx”工作簿的环境设置与修改；行、列和单元格的设置；表格格式的编排与修改：单元格格式、文本格式设置；条件格式的使用；文档的修订与保护等工作。完成对“职员工资表-2.xlsx”工作簿的进行公式、函数计算等工作。完成对“运算分析表.xlsx”工作簿的调用单变量模拟运算、双变量分析等工作。

1. 操作工作簿

（1）打开工作簿文件“职员工资表-1.xlsx”，设置新建工作簿时包含的工作表数为“15”；新建一个工作簿，将文件“职员工资表-1.xlsx”中的“工资原始表”工作表复制到新建工作簿的“sheet1”工作表前，自动调整列宽。

1）双击“职员工资表-1.xlsx”图标，打开此文件，单击“文件”按钮，打开下拉菜单，执行“选项”命令，打开“Excel 选项”对话框，如图 3-3 所示。修改“常规”中“包含的工作表数（S）：”的值为 15，单击“确定”按钮。

2）单击“文件”按钮，打开下拉菜单，选择“新建”命令，在“可用模板”下选择“空白工作簿”，单击页面右侧的“创建”按钮，则创建了一个新工作簿，可见到下方工作表标签处默认出现了 sheet1 到 sheet15。

3）切换至文件“职员工资表-1.xlsx”，右击“职工工资数据”工作表标签，弹出快捷菜单，如图 3-4 所示，单击命令“移动或复制”，打开“移动或复制工作表”对话框。选择“工作簿”下的列表项“工作簿 1”，选择“下列选定工作表之前”下的列表项“sheet1”，勾选对话框最下面一行的“建立副本”，如图 3-5 所示，单击“确定”按钮。此时自动切换到文件“工作簿 1”。

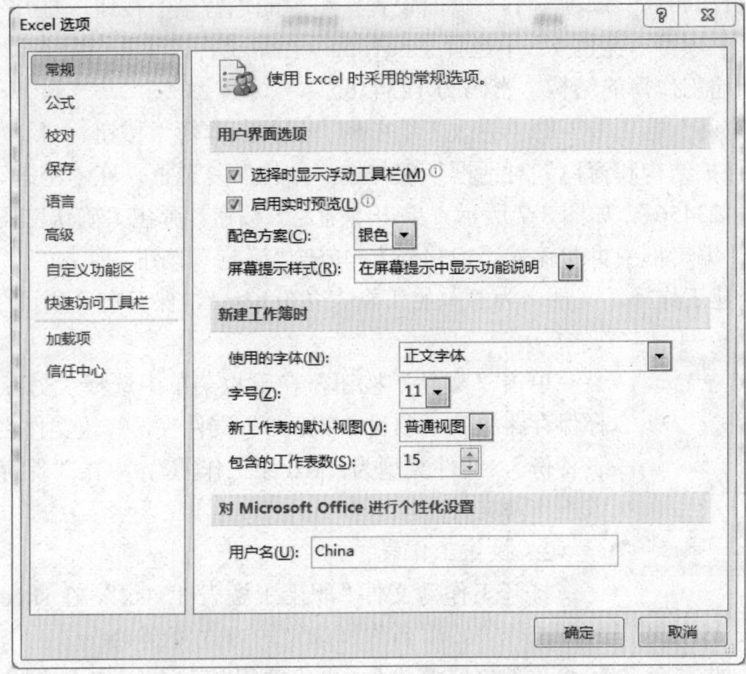

图 3-3 “Excel 选项”对话框

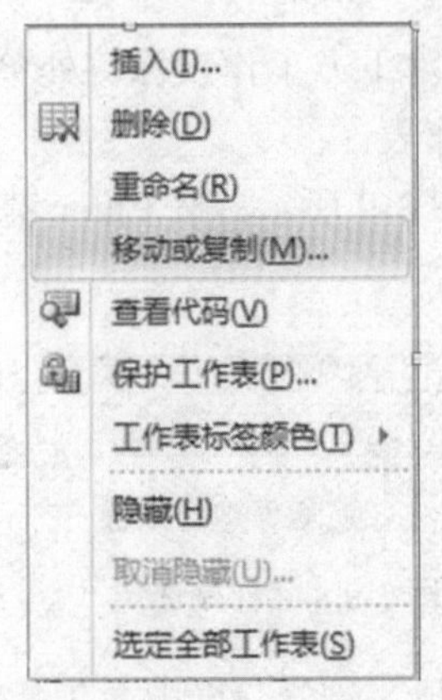

图 3-4 “移动或复制工作表”命令

图 3-5 “移动或复制工作表”对话框

4）单击列标 A，按住鼠标左键向右拖动至列标 M，单击“开始”选项卡下“单元格”组中的“格式”下拉按钮，在弹出的下拉菜单中选择“自动调整列宽”命令，如图 3-6 所示，则所选列的列宽与其中内容宽度自动调至相符。

（2）设置新建工作簿的网格线颜色为浅蓝色，将“项目 3/案例 1”文件夹中的“bg1.jpg”文件设置为 sheet1 工作表的背景图片。

1）单击“文件”按钮，打开下拉菜单，选择“选项”命令，打开“Excel 选项”对话框。单击“高级”中“网格线颜色（D）”

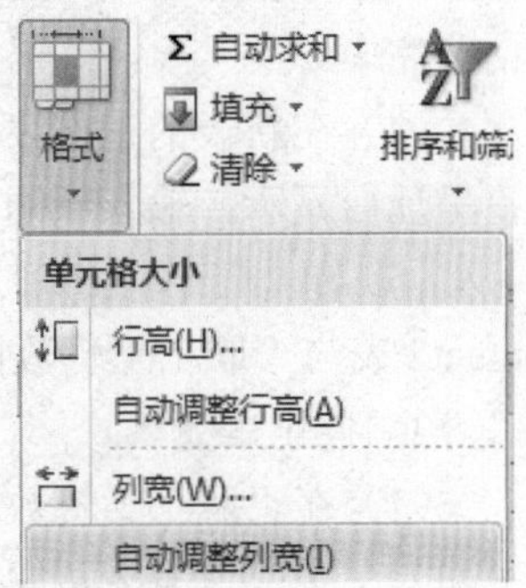

图 3-6 “自动调整列宽”命令

“颜料桶”按钮，在出现的下拉调色盘中选择“浅蓝”，确定。

2）单击“页面布局”选项卡下“页面设置”组中的“背景”按钮，打开“工作表背景”对话框，在目录“项目 3/案例 1”中选择“bg1.jpg”图片文件，单击“插入”按钮。

（3）保护新建工作簿的结构，密码为 123456。

1）单击“审阅”选项卡下的“更改”组中的“保护工作簿”按钮。

2）打开“保护结构和窗口”对话框，仅勾选“结构”复选框，在“密码（可选）(P)：”编辑框中输入“123456”，如图 3-7 所示，单击“确定”按钮。弹出“确认密码”对话框，在“重新输入密码”编辑框中再次输入“123456”，单击“确定”按钮。

（4）保存新建工作簿，文件名为“原始工资表备份.xlsx”，保存在“项目 3/案例 1”文件夹中。

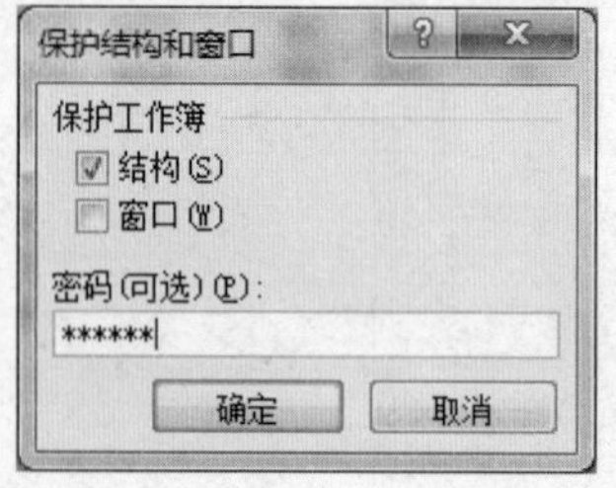

图 3-7 保护工作簿结构

单击“文件”按钮，在下拉菜单中选择“另存为”命令，选择保存路径为“项目 3/案例 1”文件夹，修改文件名为“原始工资表备份”，文件类型为“Excel 工作簿”，单击“保存”按钮，关闭该工作簿文件。

2. 操作工作表

打开工作簿文件“职工工资表-1.xlsx”，在 sheet2 工作表后插入新工作表，用名称框选定的方式复制 sheet2 工作表中的表格数据至新工作表，并重命名为“工资数据备份”，再将此表移动至工作表“职工工资数据”之后。

（1）双击“职员工资表-1.xlsx”图标，打开此文件，在工作簿下方工作表标签处单击 sheet2 后方的“插入工作表”按钮，如图 3-8 所示，自动生成新工作表。

（2）在名称框中输入“A1:J18”（注意是英文冒号），如图 3-9 所示，按 Enter 键确认，则连续选中 A1:J18 单元格区域。

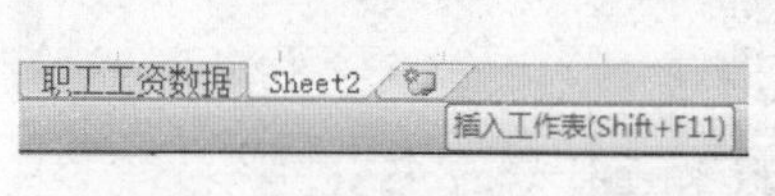

图 3-8 “插入工作表”按钮

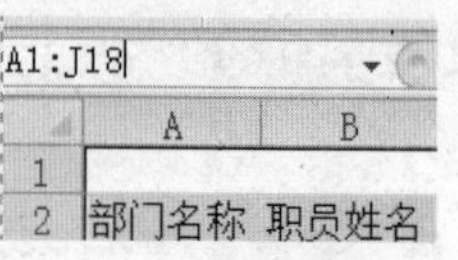

图 3-9 名称框选定

（3）在选中区域内右击，在弹出的快捷菜单上执行“复制”命令；单击新工作表标签，选中 A1 单元格右击，在弹出的快捷菜单上选择“粘贴选项”命令下的“粘贴”按钮，数据粘贴完毕。

（4）在新表的工作表标签上右击，在打开的快捷菜单中执行“重命名”命令。此时原标签呈反白显示，输入新的表名“工资数据备份”，按 Enter 键或在其他区域单击确认。

（5）单击工作表标签“工资数据备份”，按住鼠标左键不松开，拖动“工资数据备份”至 sheet2 表与“职工工资数据”表之间，松开鼠标，完成工作表的移动。

3. 操作单元格

（1）在“职工工资数据”工作表的表格数据顶部插入标题行，行高为 20，在 A1 单元格中输入文字“速飞公司职员工资表”。

1）右击行标 1，弹出快捷菜单，在打开的快捷菜单中执行“插入”命令，原行 1 下移变为行 2，生成新的空白行 1；单击 A1 单元格，输入文字“速飞公司职员工资表”。

2）单击行标 1，单击“开始”选项卡下“单元格”组中的“格式”下拉按钮，在弹出的下拉菜单中执行“行高”命令，如图 3-10 所示；也可右击行标 1，弹出快捷菜单，执行“行高”命令。打开“行高”对话框，输入 20，单击“确定”按钮。

（2）将单元格区域 A2:E18 的名称定义为“人员基本信息”。选中单元格区域 A2:E18，在数据表区域上方的“名称框”编辑栏内输入“人员基本信息”，按 Enter 键确认。

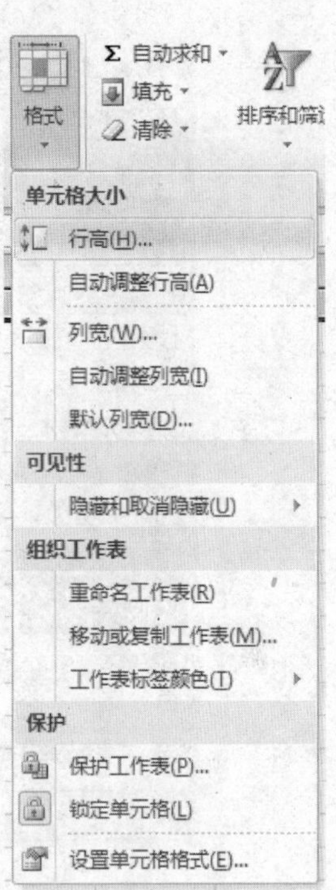

图 3-10　“行高”命令

4. 输入与编辑数据

在“职工工资数据”工作表的第 18 行输入新员工信息：“财务部”“梁一宁”“210107198904175758”“男”“1989/4/17”“1500”“400”“80”“200”“0”“45”“120”。

（1）在原有数据下方，第 18 行，在 A18 单元格至 L18 单元格内分别输入每项数据。

（2）其中，身份证号码输入时须在第 1 个数字前首先输入英文单引号“'”，即“'210107198904175758”，否则身份证号将以科学记数法“2.10107E+17”显示，且会丢失后 3 位数字。原因是 Excel 将直接输入的数字默认视为普通数字，可识别长度为 11 位，超过 11 位的数字将自动以科学记数法显示。身份证号码长度为 18 位，为能直接完整显示，应使用英文单引号“'”将数字格式转换为文本格式。

5. 格式化工作表

（1）设置“职工工资数据”工作表中表格的表头在 A 到 M 列内合并居中，使用“标题 1”样式。设置表格数据中的所有文字（A2:M18 区域）为楷体、居中；标题文字（A2:M2 区域）为标准色：蓝色、14 号字、加粗。将日期数据的格式调整为“××××年××月××日”，自动调整表格列宽。

1）选中单元格区域 A1:M1，单击“开始”选项卡下“对齐方式”组中的“合并后居中”按钮。

2）保持选中单元格区域不变，单击“开始”选项卡下“样式”组中的“单元格样式”按钮，在弹出的下拉列表中选择“标题 1”单元格样式，如图 3-11 所示。

4）选中单元格区域 A2:M18，单击“开始”选项卡下“字体”选项组中的“字体”下拉列表，执行“楷体”命令。

5）单击“开始”选项卡下“对齐方式”选项组中的“居中”按钮。

6）选中单元格区域 A2:M2，单击“开始”选项卡下“字体”选项组中右下角按钮，打开“设置单元格格式”对话框，在“字体”选项卡下的“字体”选项卡下，在“字形”中单击“加粗”，“字号”中单击“14”，“颜色”下拉调色盘中的“标准色”中单击“蓝色”，如图 3-12 所示，单击“确定”按钮。

7）选中单元格区域 E3:E18，在区域内右击，弹出快捷菜单，如图 3-13 所示；执行“设置单元格格式”命令，打开“设置单元格格式”对话框，在“数字”选项卡下的“分类”中单击“日期”，在右侧的“类型”中单击“2001 年 3 月 14 日”，如图 3-14 所示，单击“确定”

按钮，多个单元格格式同时设置完毕。

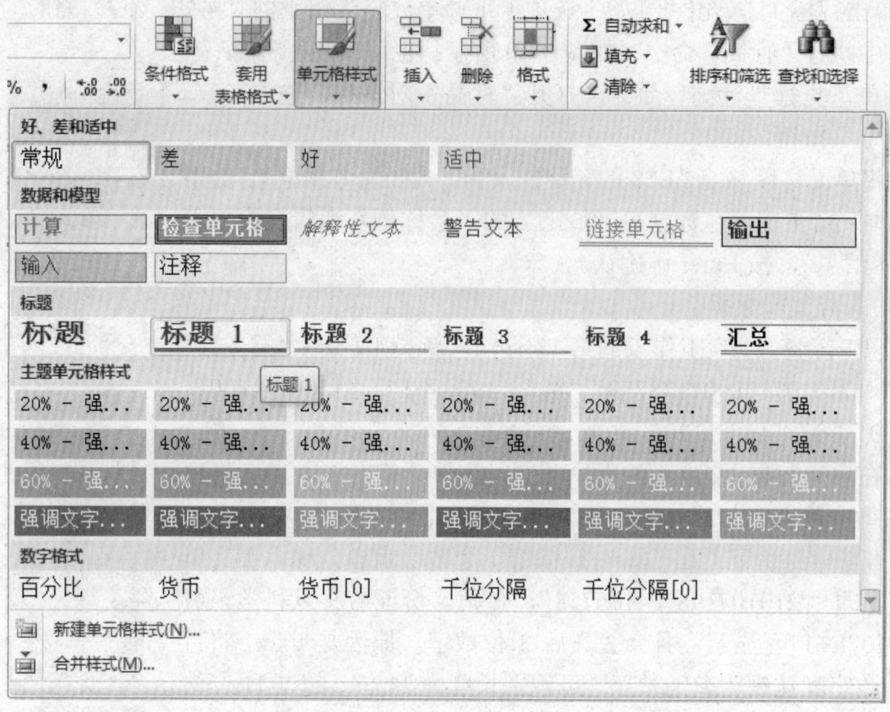

图 3-11 “单元格样式”下拉列表

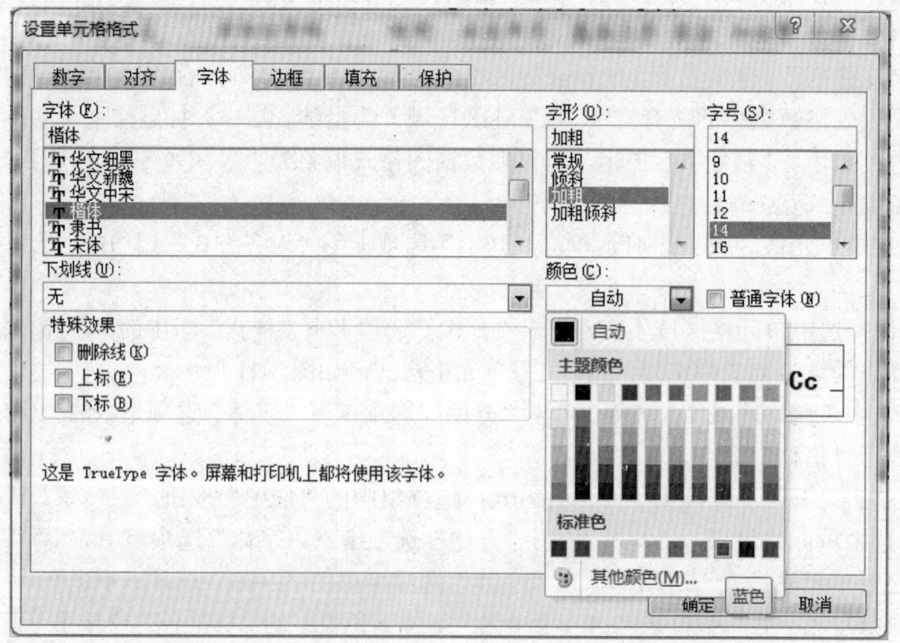

图 3-12 “设置单元格格式/字体”格式设置

8）自动调整列宽参见“1．操作工作簿”。

（2）为“职工工资数据”工作表的表格区域（A2:M18 区域）外框套用最粗实线的外边

框线，颜色为紫色（RGB：255，0，255），内框套用短画线，颜色为黑色；列标题行和数据之间用颜色值 RGB（200，150，255）的双线分隔；单元格区域 A3：M18 使用橄榄色　着色 3 淡色 80%作为背景色。

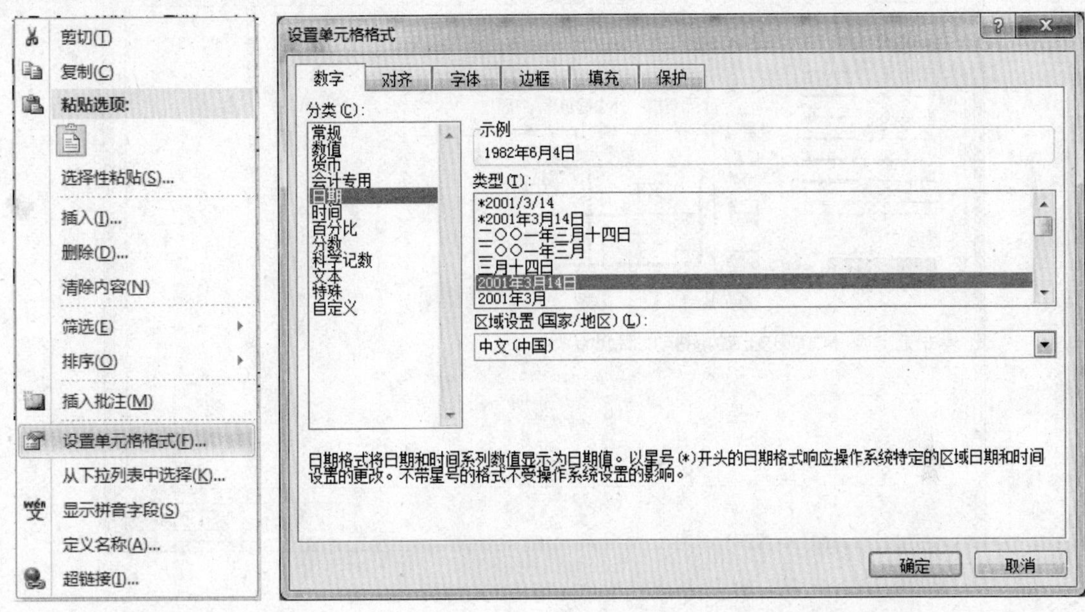

图 3-13 “设置单元格格式”命令

图 3-14 “设置单元格格式/数字/日期”类型

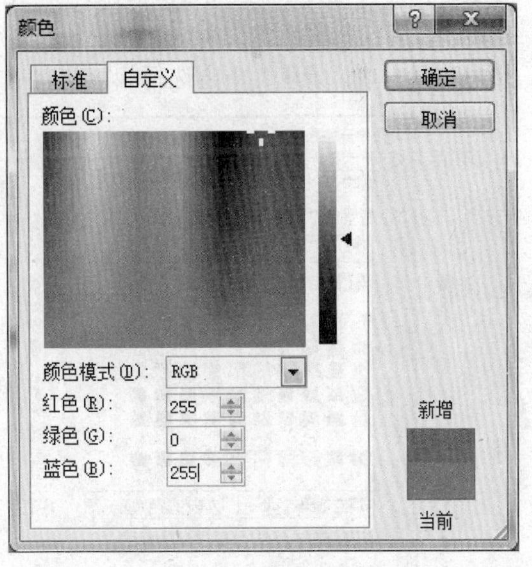

图 3-15 “颜色”对话框

1）选中单元格区域 A2:M18，在区域内右击，弹出快捷菜单，执行“设置单元格格式”命令，打开“设置单元格格式”对话框，在“边框”选项卡下的“线条”中单击第 2 列倒数第 2 项（即最粗实线），在“颜色”下拉调色盘中执行“其他颜色”命令，打开“颜色”对话框，在“红色、绿色、蓝色”后分别输入“255、0、255”，如图 3-15 所示，单击“确定”按钮。

2）返回到“设置单元格格式”对话框中的“边框”选项卡，在“预置”下单击“外边框”；再次在“边框”选项卡下的“线条”中单击第 2 列第 4 项（即短画线），在“颜色”下拉列表中选择“自动”即黑色，在“预置”下单击“内部”，如图 3-16 所示，单击“确定”按钮。

3）选中单元格区域 A2:M2，在区域内右击，弹出快捷菜单，执行“设置单元格格式”命令，打开“设置单元格格式”对话框，在“边框”选项卡下的“线条”中单击第 2 列倒数第 1 项（即双线），在“颜色”下拉调色盘中执行“其他颜色”命令，打开“颜色”对话框，在“红色、绿色、蓝色”后分别输入“200、150、255”，单击“确定”按钮；返回到“设置单元格格式”对话框中的“边框”选项卡，在“边框”预览图中单击下边线，单击“确定”按钮。

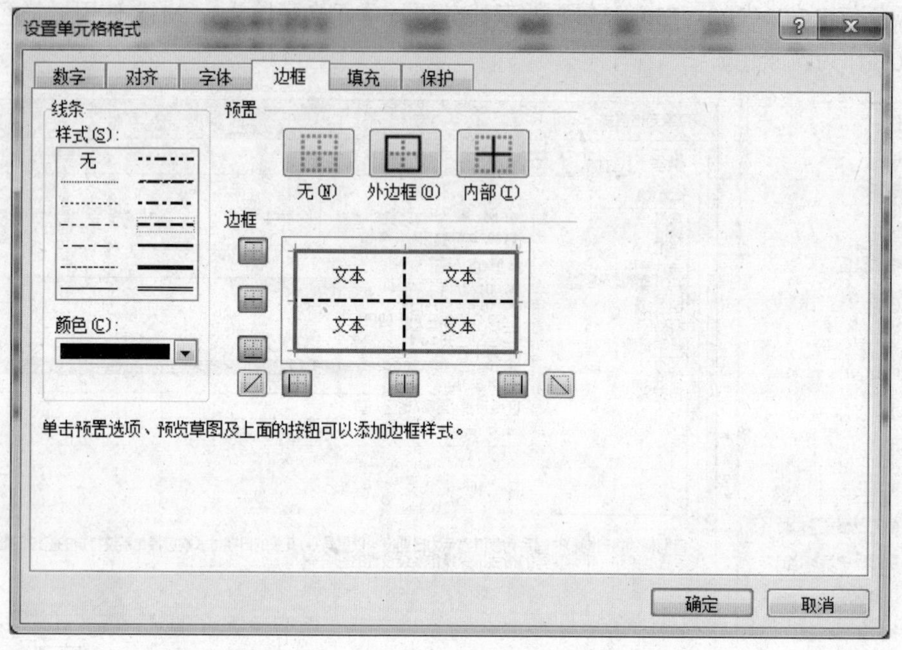

图 3-16 “设置单元格格式/边框”选项卡

4）选中单元格区域 A3:M18，在区域内右击，弹出快捷菜单，执行“设置单元格格式”命令，打开“设置单元格格式”对话框，在“填充”选项卡下单击“图案颜色”右侧的下拉按钮，在弹出的调色盘上确认“橄榄色，强调文字颜色 3，淡色 80%”色块所在的位置，以此为对照在“背景色”下方选择相同位置的色块，如图 3-17 所示，单击“确定”按钮。

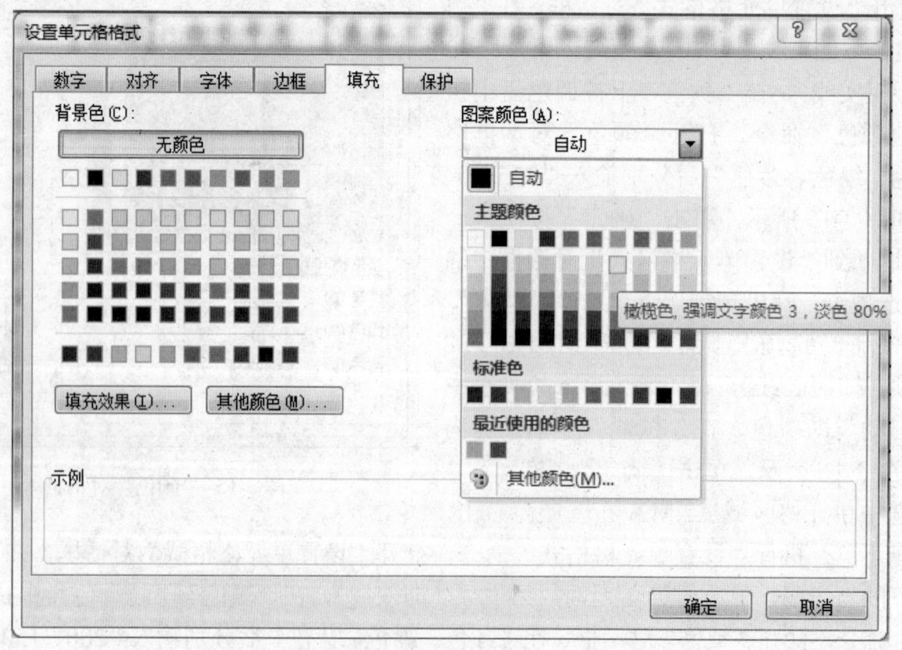

图 3-17 “设置单元格格式/填充”选项卡

（3）为“工资数据备份”工作表中表格数据（A2:J18）区域套用表格格式“表样式中等深浅 2”。

1）单击“工资数据备份”工作表标签，选中单元格区域 A2:J18，在“开始”选项卡下“样式”组中单击“套用表格格样式”下拉按钮，在弹出的下拉列表中选择“中等深浅”下的“表样式中等深浅 2”，如图 3-18 所示。

2）打开“套用表格式”对话框，在“表数据的来源”框中确认“=$A$2:$J$18”单元格区域，如图 3-19 所示，单击“确定”按钮。

（4）利用条件格式将“工资数据备份”工作表中部门名称为保安部的单元格文字加粗；设置基本工资低于平均值的单元格数值为“浅红填充色深红色文本”；设置水电费低于 40 的单元格文字倾斜、绿色；设置实发工资的单元格用“3 个星形”图标集标注。

1）选中单元格区域 A3:A18，在“开始”选项卡下“样式”组中单击“条件格式”下拉按钮，在弹出的下拉列表中执行“突出显示单元格规则（H）”命令，在级联的二级菜单中执行“文本包含（T）…”命令，如图 3-20 所示；打开“文本中包含”对话框；输入包含文本“保安部”，在“设置为”的下拉列表中选择最后一项“自定义格式”，打开“设置单元格格式”对话框，在“字体”选项卡下的“字形”下选择“加粗”，单击“确定”按钮，返回前一个对话框，单击“确定”按钮。

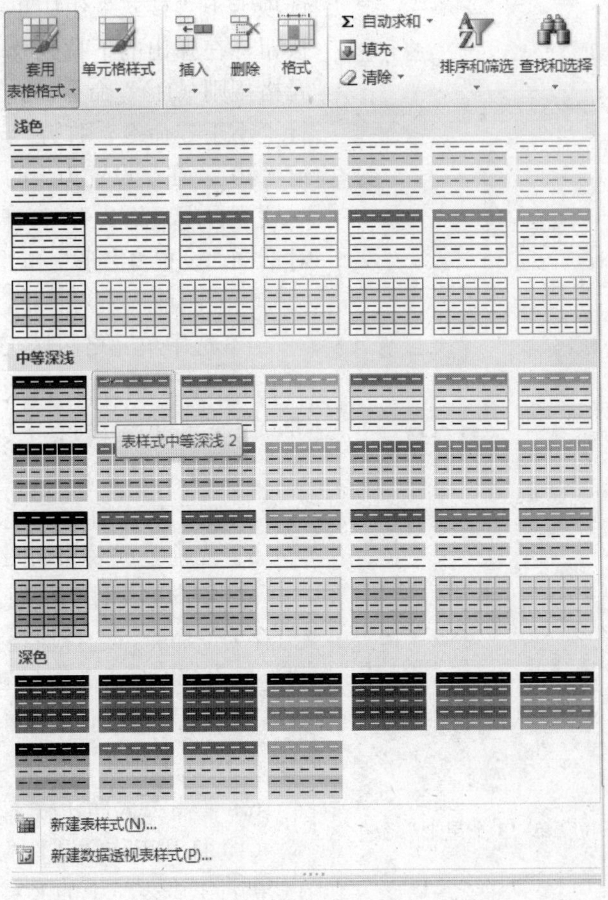

图 3-18 “套用表格格式”下拉列表

2）选中单元格区域 C3:C18，在“开始”选项卡下“样式”组中单击“条件格式”下拉按钮，在弹出的下拉列表中执行“项目选取规则（T）”命令，在级联的二级菜单中执行“低于平均值（V）...”命令；打开“低于平均值”对话框，确认设置为“浅红填充色深红色文本”，单击“确定”按钮。

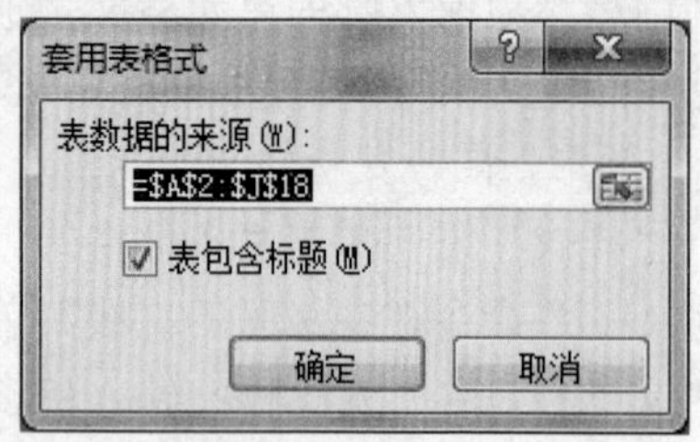

图 3-19 “套用表格式”对话框

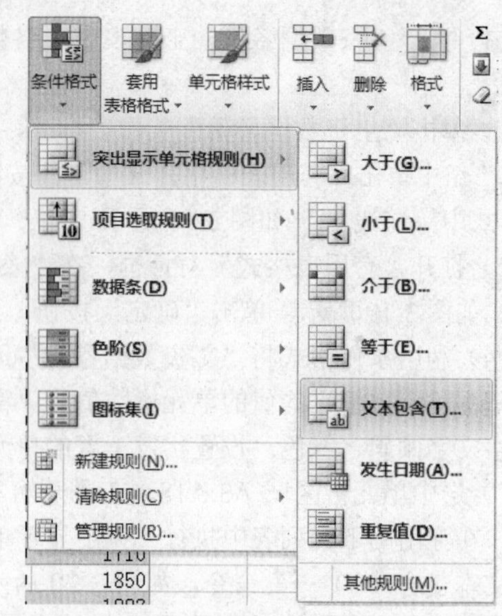

图 3-20 “条件格式”下拉菜单“文本包含”命令

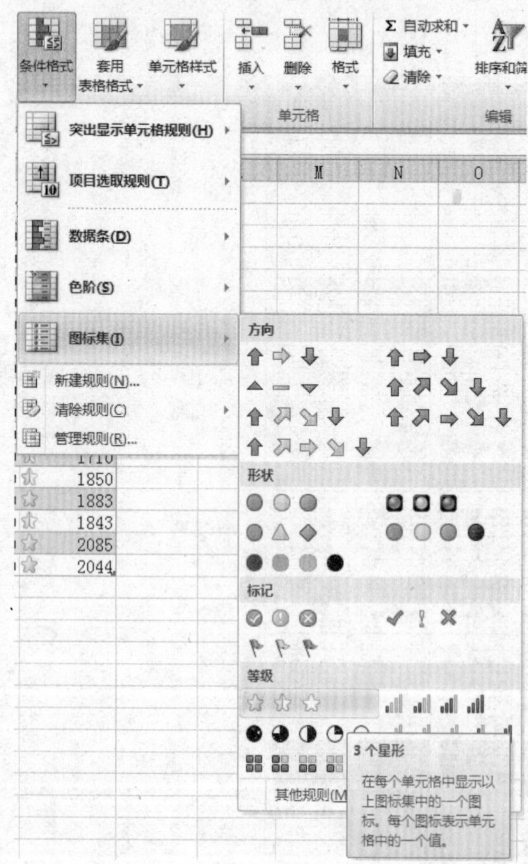

图 3-21 “条件格式”下拉菜单“3 个星形”命令

3）选中单元格区域 H3:H18，在“开始”选项卡下“样式”组中单击“条件格式”下拉按钮，在弹出的下拉列表中执行“突出显示单元格规则（H）”命令，在级联的二级菜单中执行“小于”命令，打开“小于”对话框，输入值“40”，在“设置为”的下拉列表中选择最后一项“自定义格式”，打开“设置单元格格式”对话框，设置“字形”和“颜色”，单击“确定”按钮，返回前一个对话框，单击“确定”按钮。

4）选中单元格区域 J3:J18，在“开始”选项卡下“样式”组中单击“条件格式”下拉按钮，在弹出的下拉列表中执行“图标集（I）”命令，在下拉菜单中执行“等级”下的“3 个星形”命令，如图 3-21 所示。

5）当前完成效果如图 3-22 所示。

6）单击“文件”按钮，在下拉菜单中选择“另存为”命令，选择保存路径为“项目 3/案例 1”文件夹，修改文件名为“职工工资表-1 完成”，文件类型为“Excel 工作簿”，单击“保存”按钮，关闭该工作簿文件。

6. 使用公式和函数

（1）打开工作簿文件“职员工资表-2.xlsx”，在“7 月工资表”中的 K2 单元格输入文字“实发工资”，并在对应单元格中计算每个职员的实发工资（实发工资=基本工资+奖金+加班费+

津贴+餐补–水电费–房租费–请假），结果前加“￥”符号，带 1 位小数；在五险一金列计算每个职员的五险一金金额（五险一金=（基本工资+津贴+餐补）*20%）。

	A	B	C	D	E	F	G	H	I	J
1	速飞公司职员工资表									
2	部门名称	职员姓名	基本工资	奖金	加班费	补助	旷工	水电费	房租费	实发工资
3	人事部	于飞	1200	400	130	200	30	41	120	1739
4	人事部	王子奇	1200	400	30	200	15	44	120	1651
5	后勤部	王宏伟	1000	400	30	200	0	42	120	1468
6	财务部	周松	1300	400	40	200	60	50	120	1710
7	财务部	张雪	1300	400	40	200	40	42	120	1738
8	后勤部	孙飞	1000	400	50	200	60	48	120	1422
9	**保安部**	赵阳	1000	400	100	200	15	46	0	1639
10	**保安部**	曾艳芳	1000	400	40	200	60	*39*	120	1421
11	财务部	金立	1300	400	60	200	30	40	120	1770
12	后勤部	王芳	1000	400	40	200	50	42	0	1548
13	商品部	肖杰	1200	400	70	200	0	40	120	1710
14	出纳部	刘颖	1400	400	40	200	30	40	120	1850
15	统计部	杨洋	1400	400	80	200	30	47	120	1883
16	出纳部	田超	1400	400	40	200	30	47	120	1843
17	商品部	邹恒	1500	400	40	200	0	55	0	2085
18	商品部	宋欢	1500	400	100	200	0	*36*	120	2044

图 3-22　“工资数据备份”工作表

1）打开文件“职员工资表-2.xlsx”，单击“7 月工资表”标签，选中 K 列，在“开始”选项卡下“单元格”组中单击“插入”下拉按钮，原来的 K 列向右移动一列；单击 K2 单元格，输入文字“实发工资”。

2）单击 K3 单元格，切换至英文输入状态，输入“=”，在编辑栏左侧的函数列表中选择 SUM（求和函数），打开“函数参数”对话框，选中 C3:G3 单元格区域，表示对 C3 到 G3 连续的五个单元格中的数据求和，单击“确定”按钮；在编辑栏中的公式后单击，继续输入“-”，单击 H3 单元格，继续输入“-”，单击 I3 单元格，继续输入“-”，单击 J3 单元格，完成完整公式即“=SUM(C3:G3)-H3-I3-J3”，单击“√”表示确认输入，计算出于飞的实发工资，如图 3-23 所示。

SUM　=SUM(C3:G3)-H3-I3-J3

	A	B	C	D	E	F	G	H	I	J	K	L
1	速飞公司员工工资明细											
2	员工编号	姓名	基本工资	奖金	加班费	津贴	餐补	水电费	房租费	请假	实发工资	五险一金
3	1000	于飞	3000	2200	1300	1500	200	141	420	30	=SUM(C3:G3)-H3-I3-J3	

图 3-23　完成公式录入

3）选中 K3 单元格，在“开始”选项卡下“数字”组中单击“会计数字格式”下拉按钮，执行“￥中文（中国）”命令，如图 3-24 所示；再次在“开始”选项卡下“数字”组中单击“减少小数位数”按钮，将小数位数改为 1 位；对 K3 单元格使用填充柄自动填充至 K18 单元格。

4）单击 L3 单元格，切换至英文输入状态，输入“=(”，单击 C3 单元格，输入“+”，单击 F3 单元格，输入“+”，单击 G3 单元格，输入“)*0.2”，完整公式即“=(C3+F3+G3)*0.2”，单击“√”表示确认输入，计算出于飞的五险一金。

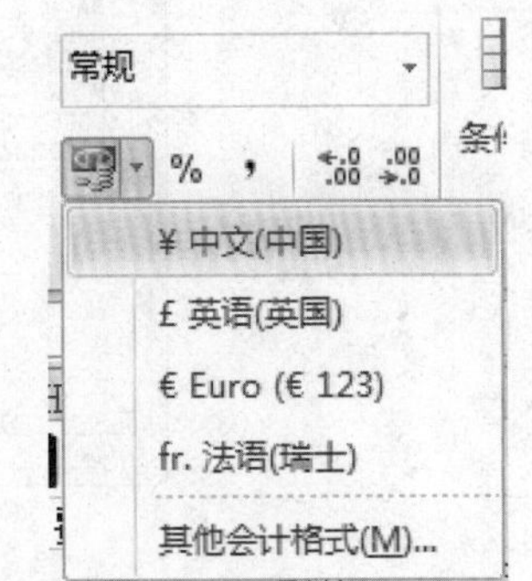

图 3-24　“会计数字格式”下拉菜单

（2）在 1～6 月奖金工作表中统计出半年度平均奖金，并通过函数找出最高值和最低值。

1）单击“1～6 月奖金”工作表标签，在 I1 单元格中输入“半年平均”，单击 I2 单元格，切换至英文输入状态，输入“=”，在编辑栏左侧的函数列表中选择 AVERAGE（平均值函数），打开“函数参数”对话框，连续选中 C2:H2 单元格区域，如图 3-25 所示。

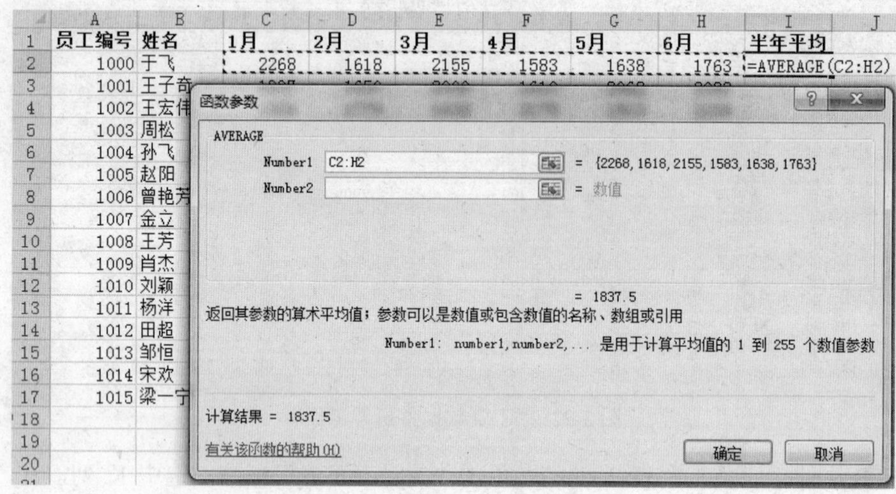

图 3-25 AVERAGE 函数的使用

2）单击“确定”按钮，对 I2 单元格使用填充柄自动填充至 I17 单元格。

3）单击 I19 单元格，切换至英文输入状态，输入“=”，在编辑栏左侧的函数列表中选择 MAX（最大值函数），打开“函数参数”对话框，连续选中 I2:I17 单元格区域，单击“确定”按钮，得到 1～6 月所有员工半年奖金平均的最大值；在 I20 单元格中用 MIN（最小值函数）求出所有员工半年奖金平均的最小值，过程类似，但因 MIN 函数不在默认的函数列表中，须选择“其他函数”选项，打开“插入函数”对话框，在“统计”类别下按字母排序找到 MIN 函数，单击“确定”按钮才可调用，如图 3-26 所示，统计出半年度平均奖金的最大值和最小值。

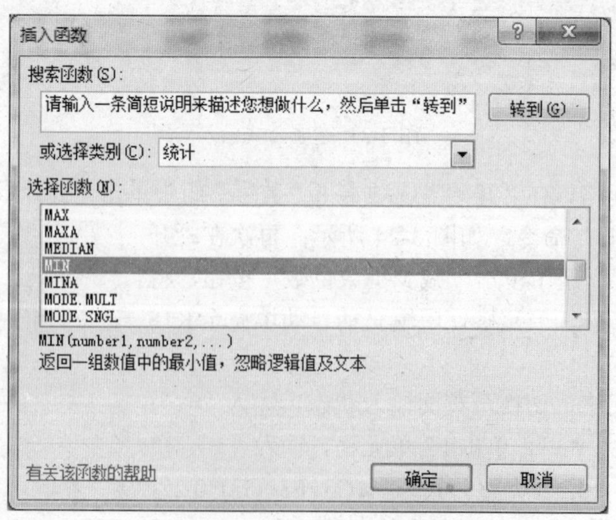

图 3-26 “插入函数”对话框

（3）在“1～6 月考勤”工作表中统计每个月有多少人次请假。

1）单击“1～6 月考勤”工作表标签，单元 C18 单元格，切换至英文输入状态，输入“=”，在编辑栏左侧的函数列表中选择 COUNT（计数函数），打开“函数参数”对话框，连续选中 C2:C16 单元格区域，单击“确定”按钮，如图 3-27 所示。COUNT 函数仅对含有数值数据的单元格进行计数。

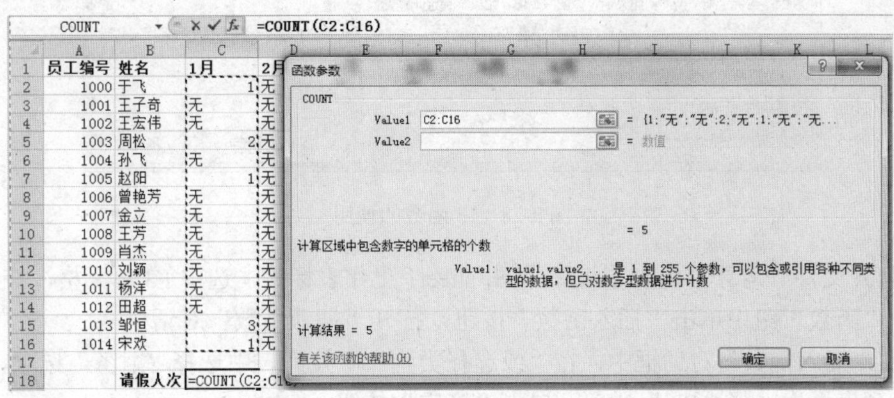

图 3-27　COUNT 函数

2）对 C18 单元格使用填充柄自动填充至 H18 单元格。

（4）在“7 月工资表”工作表的姓名后增加一列“学历”，引用“员工个人资料表”工作表中的“学历”数据；“7 月工资表”工作表的五险一金后增加一列“津贴上浮”，根据学历自动显示每位员工应上浮的金额（研究生津贴上浮 500 元、其他员工上浮 300 元）。

1）选中列标 C，右击弹出快捷菜单，执行“插入”命令，则出现新的空白 C 列，在 C2 单元格中输入文字“学历”；单击 C3 单元格，切换至英文输入状态，输入“=”，单击“员工个人资料表”标签，切换至工个人资料表，单击 F3 单元格，在编辑栏中单击“√”表示确认输入，自动切换回 7 月工资表，此时 C3 单元格中显示“研究生”，编辑栏中显示“=员工个人资料表!F3”，表示 C3 引用了名为“员工个人资料表”的工作表中的 F3 单元格中的内容；按住 C3 单元格右下角的填充柄，向下移动鼠标至 C18 单元格，完成所有员工学历数据的引用。

2）在 N2 单元格中输入“津贴上浮”，单击 N3 单元格，切换至英文输入状态，输入“=”，在编辑栏左侧的函数列表中选择 IF（条件函数），打开“函数参数”对话框，在 Logical_test 中单击 C3 单元格，输入“="研究生"”（注意文本数据两侧要使用英文双引号）；这是逻辑条件表达式，测试学历是否为研究生，结果可能是 TRUE 或 FALSE；如果是 TRUE，表示此人是研究生，在 Value_if_true 中输入 500；如果是 FALSE，表示此人是本科或大专生，在 Value_if_false 中输入 300，如图 3-28 所示。因柳娇娇学历为研究生，条件测试结果为 TRUE，因此自动输入 500，对 N3 单元格使用填充柄自动填充至 N19 单元格。

3）单击“文件”按钮，在下拉菜单中选择“另存为”命令，选择保存路径为“项目 3/案例 1”文件夹，修改文件名为“职工工资表-2 完成”，文件类型为“Excel 工作簿”，单击“保存”按钮，关闭该工作簿文件。

（5）打开工作簿文件“运算分析表.xlsx”，在“sheet1”工作表中，利用模拟运算表来进行单变量问题分析，运用 FV 函数，实现通过“每月存款额”的变化计算“最终存款额”的功能，要求结果数据带中文货币符号、保留两位小数。

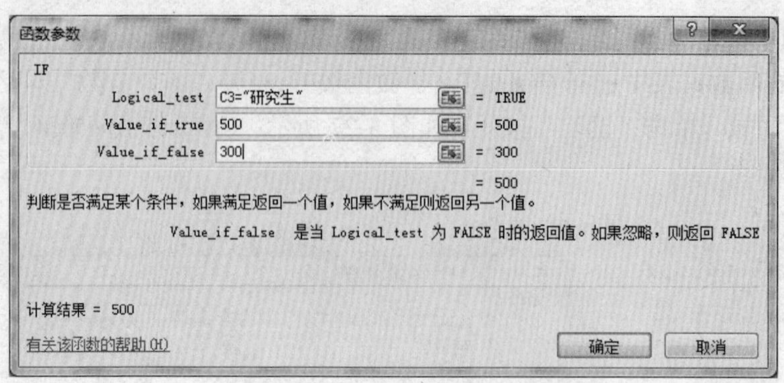

图 3-28　IF 函数的使用

1）打开文件“运算分析表.xlsx”，单击 sheet1 工作表标签，选中 F3 单元格，在“公式”选项卡下“函数”组中单击“插入函数”按钮，打开“插入函数”对话框。

2）在“插入函数”对话框中，在“或选择类别”下拉列表中选择“财务”选项，在“选择函数”列表框中选择“FV”选项，单击“确定”按钮。

3）弹出“函数参数”对话框，在“Rate”文本框中单击 D5 单元格，输入“/12”(除以 12 是将年利率转化为月利率），在“Nper”文本框中单击 D6 单元格，在“Pmt”文本框中单击 D4 单元格，“Rate”“Nper”“Pmt”的含义可在文本框中单击时查看“计算结果”行上方的文字解释，如图 3-29 所示，单击“确定”按钮，可求出 F3 中的“最终存款额”。

4）选中单元格区域 E3:F8，在“数据”选项卡下单击“数据工具”组的“模拟分析”下拉按钮，在打开的下拉列表中执行“模拟运算表”命令，如图 3-30 所示。

5）在弹出的“模拟运算表”对话框中，在“输入引用列的单元格”文本框中单击 D4 单元格（因为“每月存款额变化”的数据是按列排列的，而第一个被引用的月存款额位于 D4 单元格），如图 3-31 所示，单击“确定”按钮。

6）选中单元格区域 F4:F8，设置中文货币符号、保留两位小数参见第（1）题第 3）步，结果如图 3-32 所示。

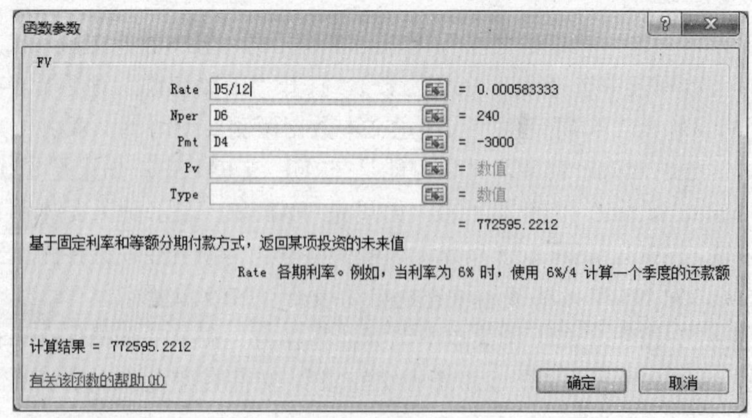

图 3-29　“FV”函数的参数设置

（6）在“sheet1”工作表中的方案管理器中添加一个新方案，命名为“EXLX”；设置“每月存款额变化”为可变单元格，输入一组可变单元格的值为“–8500、–9000、–9500、–10000、

–10500”；设置“最终存款额”为结果单元格，报告类型为“方案摘要”。

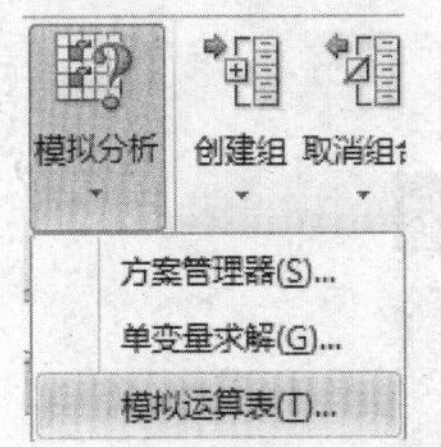

图 3-30 “模拟运算表”命令

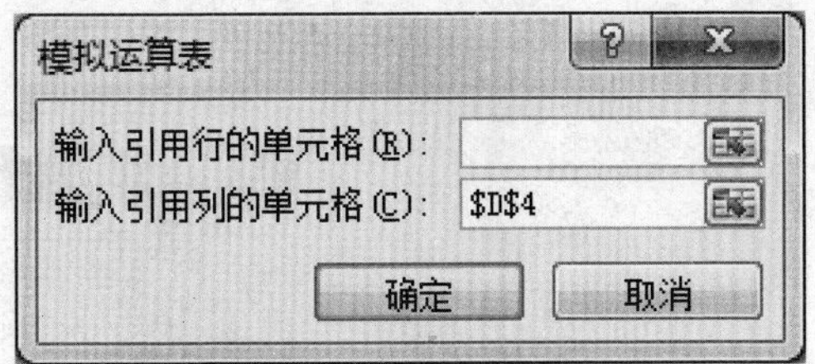

图 3-31 “模拟运算表”对话框

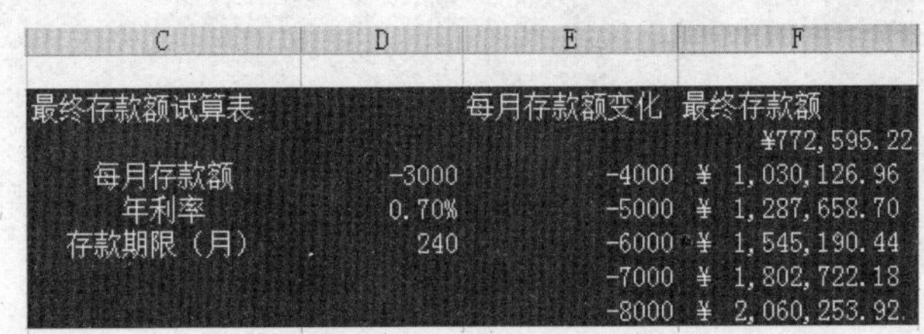

C	D	E	F
最终存款额试算表		每月存款额变化	最终存款额
			¥772,595.22
每月存款额	-3000	-4000	¥ 1,030,126.96
年利率	0.70%	-5000	¥ 1,287,658.70
存款期限（月）	240	-6000	¥ 1,545,190.44
		-7000	¥ 1,802,722.18
		-8000	¥ 2,060,253.92

图 3-32　FV 模拟运算结果

1）在“sheet1”工作表中，在“数据”选项卡下单击“数据工具”组的“模拟分析”下拉按钮，在打开的下拉列表中执行“方案管理器”命令。

2）在弹出的“方案管理器”对话框中，单击“添加”按钮，打开“编辑方案”对话框，在“方案名”文本框中输入“EXLX”，在“可变单元格”文本框中选中单元格区域 E4:E8（即“每月存款额变化”列所在的数据单元格），如图 3-33 所示，单击“确定”按钮。

3）在弹出的“方案变量值”对话框中，在“请输入每个可变单元格的值”下列文本框中分别输入“–8500、–9000、–9500、–10000、–10500”，如图 3-34 所示，单击“确定”按钮，返回至“方案管理器”对话框。

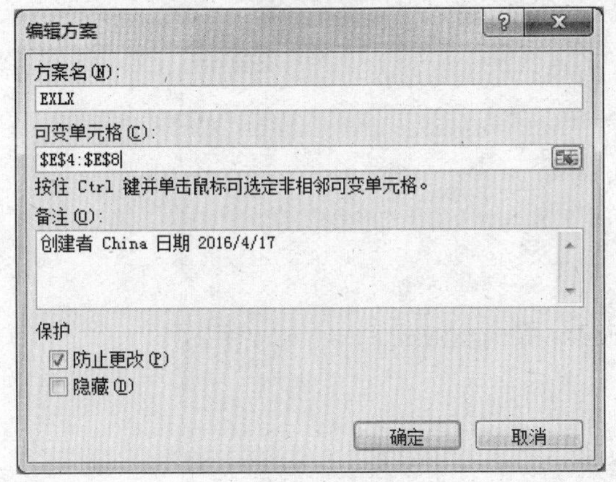

图 3-33 “编辑方案”对话框

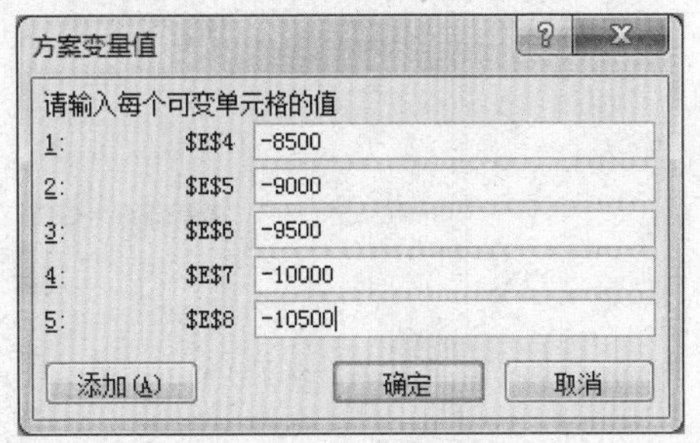

图 3-34 “方案变量值”对话框

4）在“方案管理器”对话框中，单击“确定”按钮，在弹出的“方案摘要”对话框中，在“结果单元格”文本框中选中单元格区域 F4:F8（即“最终存款额”列所在的数据单元格），如图 3-35 所示，单击“确定”按钮。

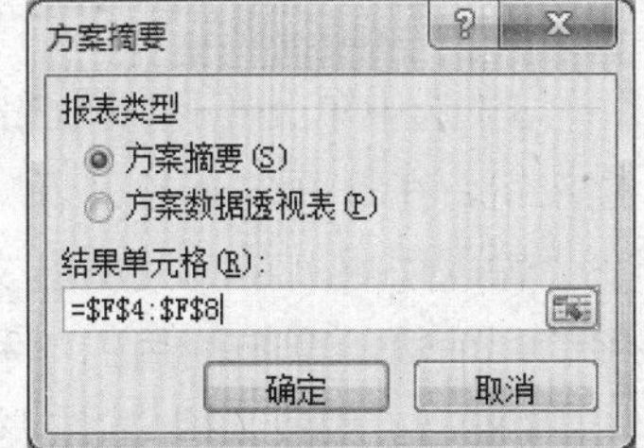

图 3-35 “方案摘要”对话框

5）在 sheet1 工作表前出现“方案摘要”工作表，如图 3-36 所示。

（7）在“sheet2”工作表中，利用模拟运算表来进行单变量问题分析，运用 PMT 函数，实现通过“年利率”的变化计算“月偿还额”的功能。

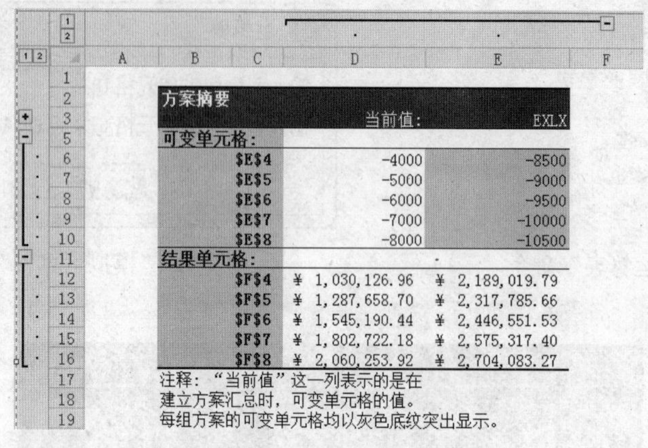

方案摘要		
	当前值:	EXLX
可变单元格:		
$E$4	-4000	-8500
$E$5	-5000	-9000
$E$6	-6000	-9500
$E$7	-7000	-10000
$E$8	-8000	-10500
结果单元格:		
$F$4	¥ 1,030,126.96	¥ 2,189,019.79
$F$5	¥ 1,287,658.70	¥ 2,317,785.66
$F$6	¥ 1,545,190.44	¥ 2,446,551.53
$F$7	¥ 1,802,722.18	¥ 2,575,317.40
$F$8	¥ 2,060,253.92	¥ 2,704,083.27

注释：“当前值”这一列表示的是在
建立方案汇总时，可变单元格的值。
每组方案的可变单元格均以灰色底纹突出显示。

图 3-36 方案摘要的内容

1）单击 sheet2 工作表标签，选中 E3 单元格，在“公式”选项卡下“函数”组中单击“插入函数”按钮，打开“插入函数”对话框。在“插入函数”对话框中，在“或选择类别”下拉列表中选择“财务”选项，在“选择函数”列表框中选择“PMT”选项，单击“确定”按钮。

2）弹出“函数参数”对话框，在“Rate”文本框中单击 C5 单元格，输入“/12”（除以 12 是将年利率转化为月利率），在“Nper”文本框中单击 C6 单元格，在“Pv”文本框中单击 C4 单元格，“Rate”“Nper”“Pv”的含义可在文本框中单击时查看“计算结果”行上方的文字解释，如图 3-37 所示，单击“确定”按钮，可求出 E3 中的“月偿还额”。

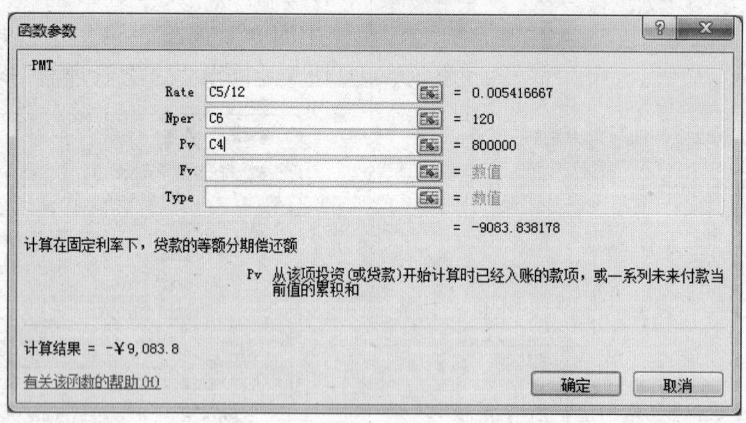

图 3-37 “PMT”函数的参数设置

3）选中单元格区域 D3:E8，在“数据”选项卡下单击“数据工具”组的“模拟分析”下拉按钮，在打开的下拉列表中执行“模拟运算表”命令，在弹出的“模拟运算表”对话框中，在“输入引用列的单元格”文本框中单击 C5 单元格（因为“年利率变化”的数据是按列排列的，而第一个被引用的年利率位于 C5 单元格），单击“确定”按钮，结果如图 3-38 所示。

（8）在“sheet3”工作表中利用函数 FV 计算出“存款计算表 1”中的“最终存款额”。

1）单击 sheet3 工作表标签，选中 C6 单元格，在“公式”选项卡下“函数”组中单击“插入函数”按钮，打开“插入函数”对话框。在“插入函数”对话框中，在“或选择类别”下拉列表中选择“财务”选项，在“选择函数”列表框中选择“FV”选项，单击“确定”按钮。

2）弹出“函数参数”对话框，在“Rate”文本框中单击 C4 单元格，输入“/12”，在“Nper”文本框中单击 C5 单元格，在“Pv”文本框中单击 C3 单元格，单击“确定”按钮，可求出 C6 中的“最终存款额”，结果如图 3-39 所示。

B	C	D	E
偿还贷款试算表		年利率变化	月偿还额
			-￥9,083.8
贷款额	800000	7%	-￥9,288.7
年利率	6.50%	7.50%	-￥9,496.1
贷款期限（月）	120	8%	-￥9,706.2
		8.50%	-￥9,918.9
		9%	-￥10,134.1

图 3-38　PMT 模拟运算结果

B	C
存款计算表1	
每月存款额	-5000
年利率	5.50%
存款期限（月）	120
最终存款额	￥797,537.91

图 3-39　存款计算表 1 结果

（9）运用模拟运算表分析并计算出 Sheet4 工作表“还款计算表 2”表格中贷款期限为 120 个月时，“每月应付款”随“贷款额”和“年利率”变化而相应变化的结果，要求数据带中文货币符号、保留两位小数、如为负数显示为红色。

1）单击 sheet4 工作表标签，选中 B4 单元格，在“公式”选项卡下“函数”组中单击“插入函数”按钮，打开“插入函数”对话框。在“插入函数”对话框中，在“或选择类别”下拉列表中选择“财务”选项，在“选择函数”列表框中选择“PMT”选项，单击“确定”按钮。

2）弹出“函数参数”对话框，在“Rate”文本框中单击 G4 单元格，输入“/12”，在“Nper”文本框中输入“120”（贷款期限为 120 个月），在“Pv”文本框中单击 B12 单元格，单击“确定”按钮，可求出 B4 中的贷款总额（即年利率为 0，贷款期限为 120 个月时要还的贷款总额），如图 3-40 所示。

B	C	D	E	F
还款计算表2				
根据贷款期限（120个月）以及贷款额、贷款年利率计算每月付款额				
¥0.00	3.00%	3.50%	4.00%	4.50%
￥500,000.00				
￥490,000.00				
￥480,000.00				
￥470,000.00				
￥460,000.00				
￥450,000.00				
￥440,000.00				

图 3-40　B4 单元格计算结果

3）选中单元格区域 B4:F11，在“数据”选项卡下单击“数据工具”组的“模拟分析”下拉按钮，在打开的下拉列表中执行“模拟运算表”命令。

4）在弹出的“模拟运算表”对话框中，在“输入引用行的单元格”文本框中单击 G4 单元格（代表利率），在“输入引用列的单元格”文本框中单击 B12 单元格（代表还的贷款总额），单击“确定”按钮。

5）选中单元格区域 C5:F11，在“开始”选项卡下，单击“数字”组右下角的“对话框启动器”按钮，弹出“设置单元格格式”对话框，选择“数字”选项卡；在“分类”列表框中选择“货币”选项，在“小数位数”文本框中选择“2”，在“货币符号”下拉列表框中选择“¥”，在“负数”区域选择最后一种字样，单击“确定”按钮，结果如图 3-41 所示。

B	C	D	E	F
还款计算表2				
根据贷款期限（120个月）以及贷款额、贷款年利率计算每月付款额				
¥0.00	3.00%	3.50%	4.00%	4.50%
¥500,000.00	¥-4,828.04	¥-4,944.29	¥-5,062.26	¥-5,181.92
¥490,000.00	¥-4,731.48	¥-4,845.41	¥-4,961.01	¥-5,078.28
¥480,000.00	¥-4,634.92	¥-4,746.52	¥-4,859.77	¥-4,974.64
¥470,000.00	¥-4,538.36	¥-4,647.64	¥-4,758.52	¥-4,871.01
¥460,000.00	¥-4,441.79	¥-4,548.75	¥-4,657.28	¥-4,767.37
¥450,000.00	¥-4,345.23	¥-4,449.86	¥-4,556.03	¥-4,663.73
¥440,000.00	¥-4,248.67	¥-4,350.98	¥-4,454.79	¥-4,560.09

图 3-41 还款计算表 2 结果

（10）单击“文件”按钮，在下拉菜单中选择“另存为”命令，选择保存路径为“项目3/案例 1”文件夹，修改文件名为“运算分析表完成”，文件类型为“Excel 工作簿”，单击“保存”按钮，关闭该工作簿文件。

相关知识

1. Excel 工作簿的基本操作

（1）工作簿窗口结构。Excel 2010 的工作簿窗口结构如图 3-42 所示。

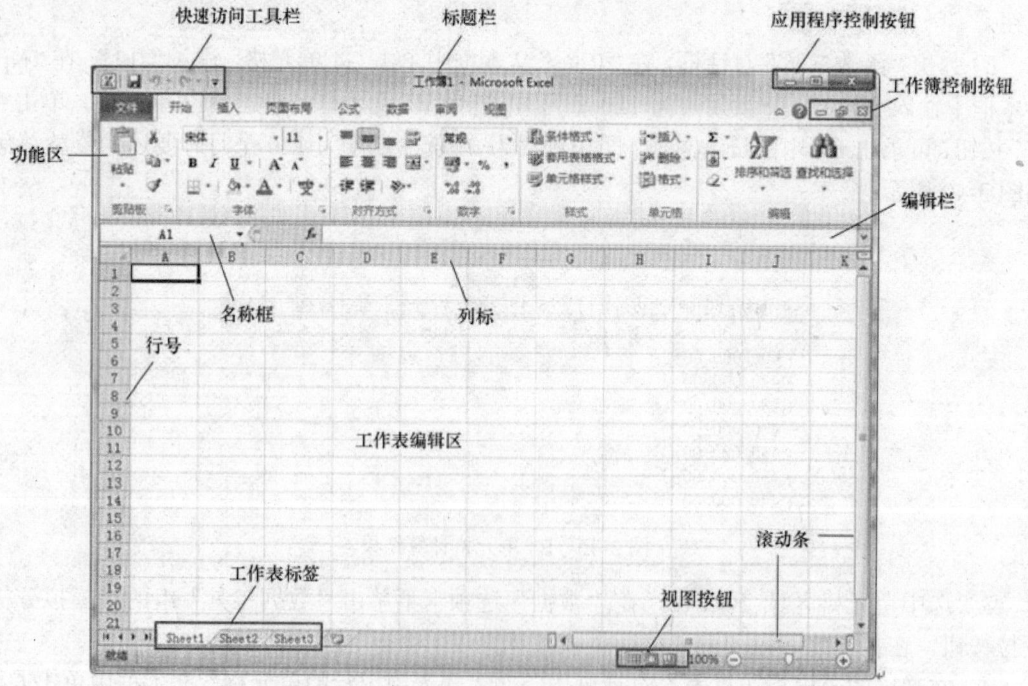

图 3-42 工作簿窗口结构

1）快速访问工具栏。该工具栏位于工作界面的左上角，包含一组用户使用频率较高的工具，如“保存”“撤销”和“恢复”。用户可单击“快速访问工具栏”右侧的倒三角按钮，在展开的列表中选择要在其中显示或隐藏的工具按钮。

2）功能区。位于标题栏的下方，是一个由 9 个选项卡组成的区域。Excel 2010 将用于处理数据的所有命令组织在不同的选项卡中。单击不同的选项卡标签，可切换功能区中显示的工具命令。在每一个选项卡中，命令又被分类放置在不同的组中。组的右下角通常都会有一个对话框启动器按钮，用于打开与该组命令相关的对话框，以便用户对要进行的操作做更进一步的设置。

3）编辑栏。主要用于输入和修改活动单元格中的数据。当在工作表的某个单元格中输入数据时，编辑栏会同步显示输入的内容。

4）工作表编辑区。用于显示或编辑工作表中的数据。单元格外围会出现加粗黑色方框，此单元格被称为“活动单元格”，新数据被添加至活动单元格中。

5）工作表标签。位于工作簿窗口的左下角，默认名称为 Sheet1、Sheet2、Sheet3……，单击不同的工作表标签可在工作表间进行切换。

6）应用程序和工作簿窗口的控制按钮。用于调整最大（化）及关闭（应用）程序或窗口。

7）名称框。显示单元格地址或对单元格区域命名的名称，可以在名称栏中通过单元格地址或名称来选择单元格或区域。

8）编辑栏。显示单元格中的值或包含的公式，可以在此栏中对公式进行编辑。

9）视图按钮。用于切换文档视图。

（2）创建工作簿。新建空白工作簿的方法有以下几种。

1）启动 Excel 时，程序会自动创建一个名为“工作簿 1”的空白工作簿。再次启动程序，系统会以“工作簿 2”“工作簿 3”的顺序对新工作簿进行命名。

2）在 Excel 窗口中，执行“文件”按钮下“新建”命令，在右侧窗格的“可用模板”下选择“空白工作簿”，单击“创建”即可。

Excel 2010 为用户提供了多种模板类型，利用这些模板，用户可以快速创建各种专业的工作簿，如项目预算、年度财务报告等。执行“文件”按钮下“新建”命令，在右侧窗格的“可用模板”下选择“样本模板”，继而选择某一模板即可。

（3）保存工作簿。在工作簿中输入数据或对工作簿中的数据进行编辑后，需就修改部分进行保存。保存工作簿的方法有以下几种。

1）执行“文件”按钮下“新建”命令，如果是已保存过的工作簿，则无任何提示；如果是从未保存过的新建工作簿，则会打开“另存为”对话框，如图 3-43 所示。

2）对于需要更改保存路径、更改文件名、更改保存类型的工作簿，应选择执行“文件”按钮下“另存为”命令。

2. Excel 工作表的基本操作

（1）切换和选择工作表。工作表是由多个单元格组合而成的平面二维表格。每张工作表的下方都有一个标签，也就是工作表的名称。

要编辑某一张工作表，先要切换到该工作表页面，切换到的工作表被称为活动工作表，切换时单击工作表标签即可。

（2）添加和删除工作表。右击某工作表标签，在弹出的快捷菜单中单击“插入”项，打开“插入”对话框，在“常用”选项卡下选择“工作表”，单击“确定”按钮，即可在当前工作表的前面插入一张新工作表。

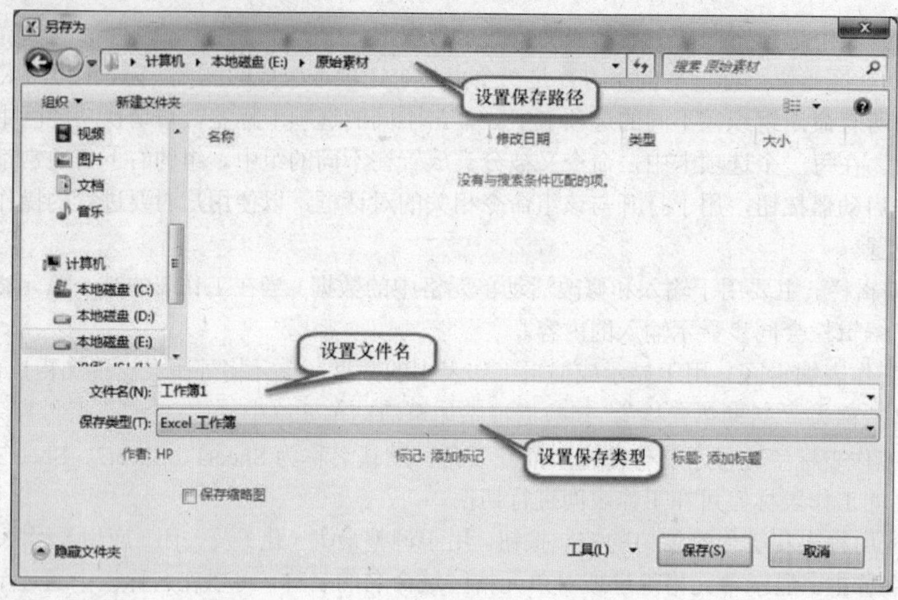

图 3-43　文件“另存为”对话框

或可单击现有工作表最后的“插入工作表”按钮，适用于在尾部插入新工作表时使用。

右击某工作表标签，在弹出的快捷菜单中单击“删除”项，若当前工作表中含有内容，执行删除操作时会弹出对话框询问是否要删除，反之将直接删除。

（3）移动和复制工作表。右击某工作表标签，在弹出的快捷菜单中单击“移动或复制”项，打开“移动或复制工作表”对话框，工作表可以移动或复制在本工作簿文件，也可至其他工作簿，需要选择移动或复制的位置，勾选“建立副本”表示执行复制，否则默认执行移动。

（4）重命名工作表。右击某工作表标签，在弹出的快捷菜单中单击“重命名”项，此时工作表标签转为可编辑状态，显示为黑底白字，直接输入工作表新名称，按下“Enter（回车）”键或在单元格区域任意处单击确认即可。

（5）对行、列、单元格的基本操作。首先要选择对象，然后再进行基本操作。

1）选中行、列、单元格。默认情况下，工作表中被黑色加粗方框包围的单元格就是当前选中的单元格，单击鼠标或按下方向键可以改变当前单元格的位置。如果希望选择由连续多个单元格组成的矩形区域，可先单击区域左角的单元格，再按住鼠标左键并向区域右下角的单元格移动，连续选中的单元格区域中间用“:”连接（英文冒号），例如 C5:F9。一个区域中只有起点单元格为活动单元格，无背景色。选择不连续的单元格区域要借助 Ctrl 键，按下 Ctrl 键时依次单击或选择需要选中的区域，如图 3-44 所示。

	A	B	C	D	E	F	G	H
1	外债余额统计表							
2								
3	债务类型	2004年	2005年	2006年	2007年	2008年	2009年	
4	长期债务余额	1242.9	1249.02	1393.6	1535.34	1638.76	1693.88	
5	短期债务余额	1387	1716.5	1992.3	2356.9	2262.8	2592.59	
6	外债余额							
7								

图 3-44　不连续单元格区域选中示例

需要选中行或者列时，将鼠标移动到行号或列标上，当光标变为向左箭头或向下箭头形状，即可选中当前所指向的行或列，接着移动鼠标，可连续选中多行或多列。借助 Ctrl 键，可选择任意不连续的多行或多列。

2）插入和删除行、列、单元格。单击“开始”选项卡下“单元格”选项组中的“插入”按钮，在弹出的菜单中有插入行、列、单元格和工作表的选项。“插入工作表行”将在当前单元格的上方插入一行，“插入工作表列”将在当前单元格的左侧插入一列；单击“插入单元格”项，打开“插入”对话框，如图 3-45 所示，选择插入方式。

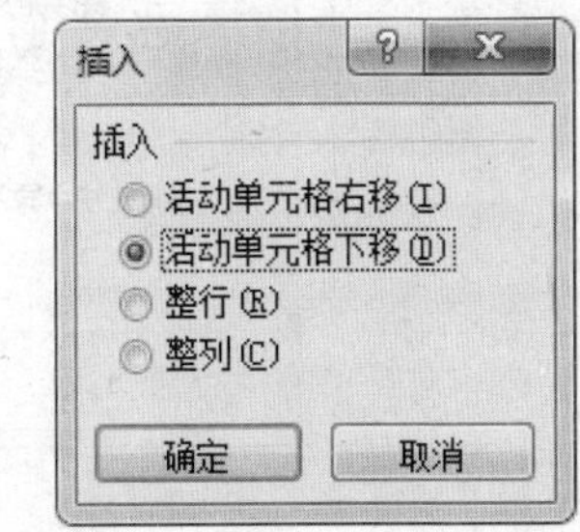

图 3-45 “插入”单元格对话框

单击“开始”选项卡下“单元格”选项组中的“删除”按钮，在弹出的菜单中有删除行、列、单元格和工作表的选项。

3. Excel 数据和工作表的格式化

（1）输入数据。Excel 中的一个单元格最多可容纳 32 000 个字符。在单元格可以输入的数据类型有字母、汉字、数字、日期、各种符号、公式等。在一个单元格中输入数据包括 3 个步骤：选中单元格，输入数据，确认输入。

除手动输入，还可利用 Excel 的填充功能来填充数据，具体操作方法为：选中含数据的单元格或单元格区域，将鼠标指针指向该单元格或单元格区域的右下角，待指针变为粗黑十字形时按下鼠标左键不放并拖动即可。在单元格中填充数据可分两种情况：一是填充相同数据，如图 3-46 所示；二是填充序列数据，如图 3-47 所示。

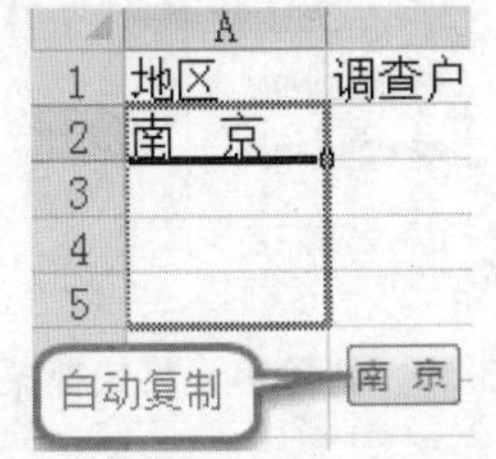

图 3-46 相同数据填充示例

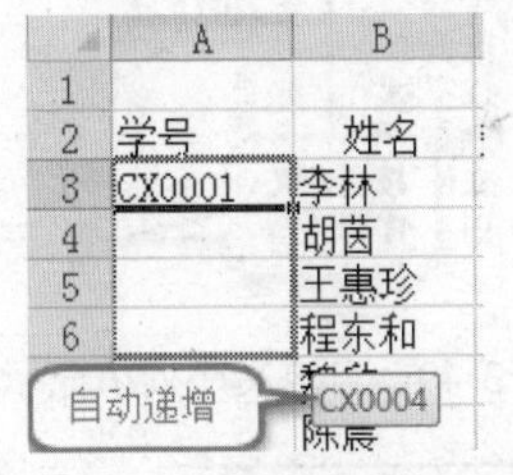

图 3-47 递增序列填充示例

Excel 中对于数据的默认顺序并不一定总能满足要求，因此可以自己定义序列规律。执行“文件”按钮下的“选项”命令，打开“Excel 选项”对话框，在左侧选择“高级”项，在右窗格滚动到“常规”分类下，单击“编辑自定义列表”按钮，打开“自定义序列”对话框。在“输入序列”下输入自定义序列内容，单击“添加”按钮，新序列进入序列列表最底部，如图 3-48 所示，单击“确定”按钮。再在工作表中输入序列其中某项内容，其余可通过填充自动生成，如图 3-49 所示。

（2）修改和删除数据。在工作表中输入数据发生错误时，修改方法有以下几种：

1）选中需要修改数据的单元格，直接输入正确的数据，按 Enter 键确认修改。

2）双击需要修改数据的单元格，使单元格处于编辑状态，定位好光标插入点进行修改，按 Enter 键确认。

3）选中需要修改数据的单元格，将光标定位在编辑栏中，修改数据，单击“√”或按下 Enter 键确认。

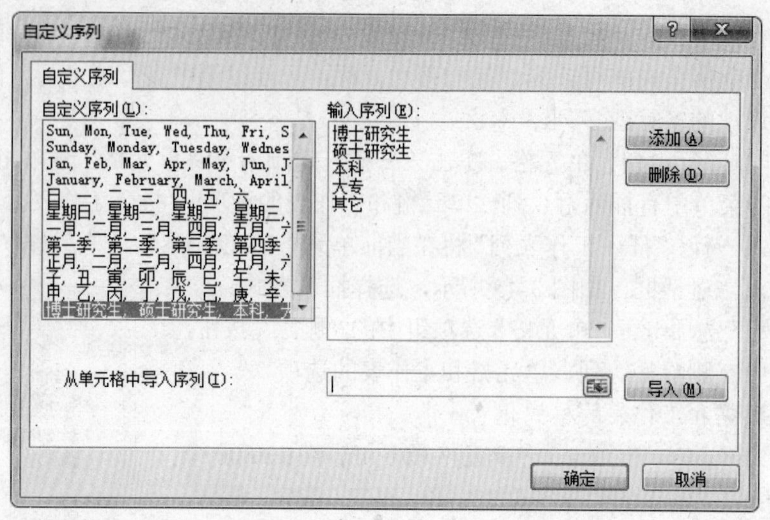

图 3-48 “自定义序列”对话框

当工作表中有不再需要的数据时，可将其删除。先选中要删除的单元格区域，执行“开始”选项卡下“编辑”组中的“清除”按钮右下角的下拉箭头，弹出的清除选项有 5 项，如图 3-50 所示。

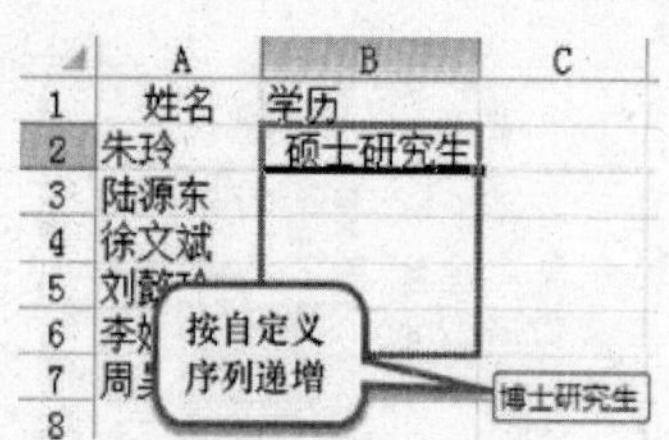

图 3-49 自定义序列填充示例

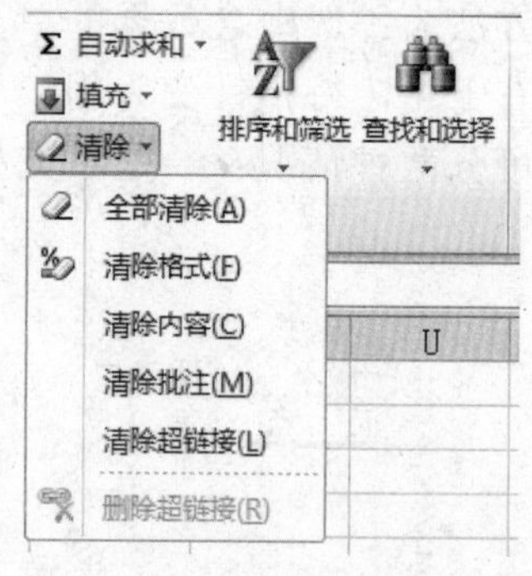

图 3-50 清除单元格快捷菜单

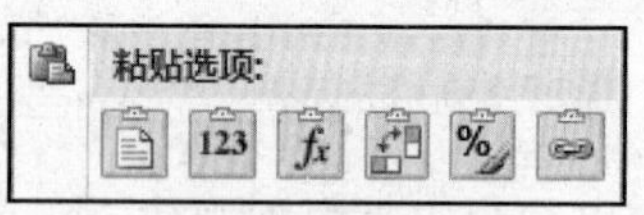

图 3-51 粘贴选项

（3）复制和移动数据。选中要复制的单元格区域，右击选择“复制”，在要粘贴的单元格处右击选择“粘贴”，在弹出的快捷菜单中可以看到 6 个粘贴选项，如图 3-51 所示，分别是粘贴、值、公式、转置、格式、粘贴链接。默认情况下，如果被复制单元格中是值，则粘贴值和单元格所带的格式；如果被复制单元格中是公式，则粘贴公式和单元格所带的格式。

（4）设置单元格格式。无论是单个单元格还是多个单元格组成的区域，只要是对单元格或单元格中的内容进行格式化，就可以使用设置单元格格式。右击要设置的单元格区域，弹出快捷菜单，单击菜单项“设置单元格格式”，打开“设置单元格格式”对话框，共有数字、对齐、字体、边框、填充、保护六个选项卡。其中的“保护”选项卡可对指定单元格区域进行锁定或隐藏，如图 3-52 所示。

（5）设置单元格样式。使用单元格样式的好处是可以快速重复为多个区域设置完全相同的格式，并且其中包含多种不同的格式。单元格样式由字体格式、数字格式、对齐方式、边框和底纹及保护功能等组成，相当于将单元格格式中的所有设置结合到了一起。

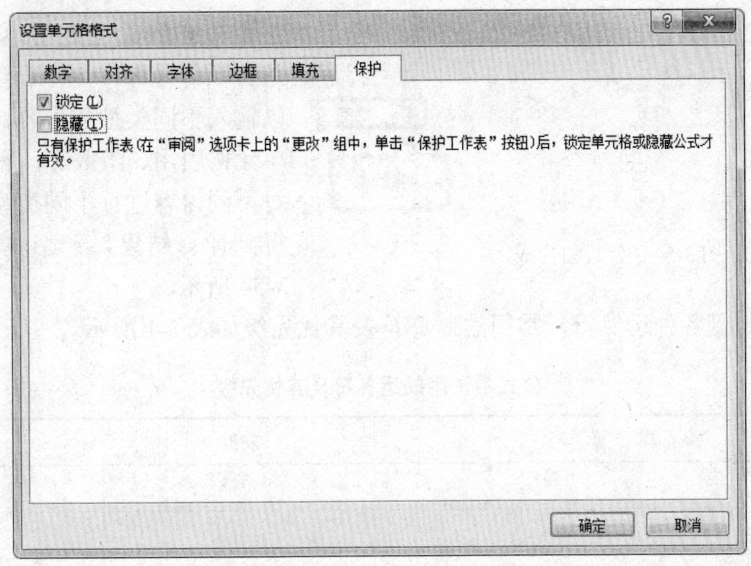

图 3-52 "设置单元格格式/保护"选项卡

选中要设置的单元格区域，单击"开始"选项卡下"样式"中的第三项右下角的下拉箭头。指向某样式，在单元格区域上会出现预览效果，如果确定应用此样式，则单击表示确认。如果对现有样式都不满意，可单击"新建单元格样式"，打开"样式"对话框，如图 3-53 所示，自行设置组成样式的格式。

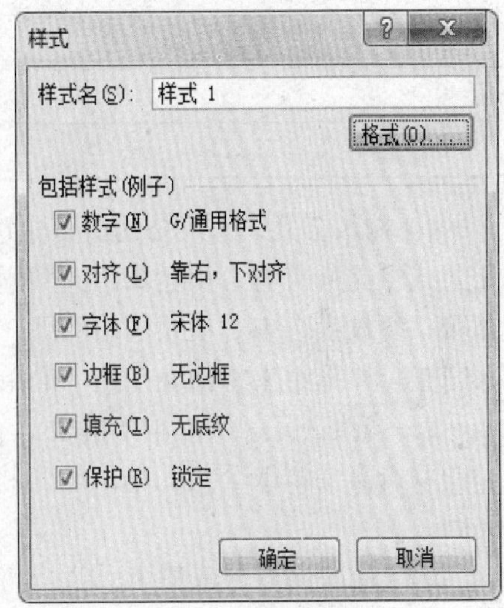

图 3-53 "样式"对话框

（6）设置条件格式。条件格式是指当单元格中的数据满足某一个设定的条件时，系统会自动地将其设定的格式显示出来。使用条件格式，除了可以突出显示单元格，还可以利用数据条、色阶和图标集等规则对单元格数据进行标示，以便快速识别一系列数据中存在的差异。

选中要设置的单元格区域，单击"开始"选项卡下"样式"下拉按钮中的"条件格式"按钮。

应用了条件格式后，如果要将其清除，可先选中要清除格式的单元格区域，单击"开始"选项卡下"样式"下拉按钮中的"条件格式"按钮，在弹出的菜单中选择"清除规则"项，在级联菜单中选择"清除所选单元格的规则"。

（7）设置行高和列宽。手动调整行高可拖动行的下分隔线，调整列宽则拖动列的右分隔线。如要进行精确的设置，可选选中要设置的行号或列标，单击"开始"选项卡下"单元格"下拉按钮中的"格式"按钮，在弹出的菜单中"单元格大小"分类下即为设置行高和列宽的选项。如果选择"自动调整行高/列宽"，则系统自动调整至最适合的高度或宽度。

4. Excel 公式和函数的应用

（1）公式的应用。公式是用于完成某种计算任务的表达式，每个公式至少返回一个结果。

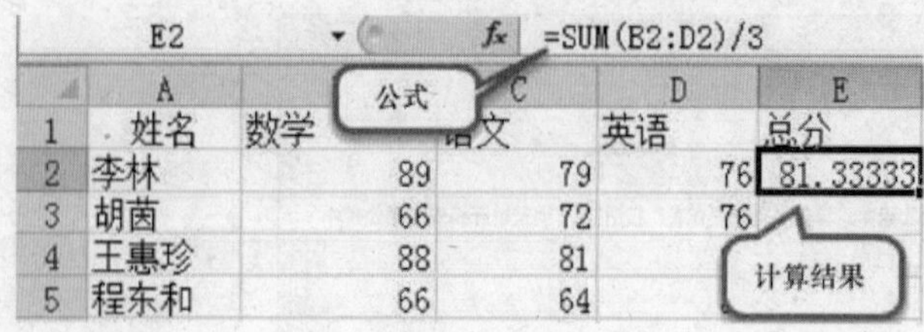

图 3-54 公式的构成

鉴别公式的关键是看单元格中的数据是否以等号即“=”开始，等号后面可以输入不同类型的内容，如数字、文本、单元格引用、函数等，然后通过运算符对不同内容进行不同类型的运算，最后得到计算结果，一个典型的公式如图 3-54 所示。

公式中会用到各种运算符，常用的运算符及其优先级如表 3-1 所示。

表 3-1　　公式中常用的运算符及其优先级

运　算　符	功能	优先级
–	负值	1
%	百分比	2
^	幂	3
*和/	乘和除	4
+和-	加和减	5
&	连接	6
=、<、<=、>=、<>	比较	7

1）输入公式。输入公式前要先选中结果所在的单元格，并将输入法切换至英文状态，保证公式中的所有符号和运算符为数学意义下的形式。先输入“=”，再依次输入参与计算的运算符、参数或选中对单元格的引用，最后按下 Enter 键或在编辑栏单击“√”表示确认公式输入完毕，计算结果将出现在选中的单元格内。

2）修改公式。发现输入的公式有误时，有两种方法可以进行修改：

双击需要修改公式的单元格，将光标插入点定位到单元格中，修改完毕后，按下 Enter 键确认。

选中需要修改公式的单元格，将光标插入点定位在编辑栏中，删除原有错误的公式（也可仅修改错误部分），重新输入，按下 Enter 键确认。

3）复制和填充公式。公式的复制和填充与数据的复制和填充无异，公式复制或填充到哪个单元格，此单元格便能自动计算出应有的结果。复制或填充公式时，公式中引用的单元格地址会自动进行相应的改变，比如单元格 D1 中的公式为“=A1*B1–C1”，将 D1 粘贴到 F5 时，公式将自动变为“=C5*D5–E5”。

4）公式中的单元格引用。在使用公式计算数据时，通常会用到对单元格的引用，如“=C5*D5–E5”中就引用了 3 个单元格：C5、D5 和 E5。引用的作用在于标示工作表上的单元格或单元格区域，并指明公式中所用的数据在工作表中的位置。引用有三种情况：相对引用、绝对引用和混合引用。

默认情况下，Excel 使用的是相对引用。在相对引用中，当复制公式时，公式中的引用会根据显示计算结果的单元格位置的不同而相应改变，但引用的单元格与包含公式的单元格之间的相对位置不变，如图 3-55 所示，结果在 E2 单元格中，公式为“=SUM(B2:D2)/3”，当结果在 E6 单元格时，公式自动变为“=SUM(B6:D6)/3”，引用位置和结果出现的位置相对保持在同一行前 3 列未变。

绝对引用是指将公式复制到目标单元格时，公式中的单元格地址始终保持固定不变。使用绝对引用时，需要在引用的单元格地址的列标和行号前分别添加符号“$”，如图 3-56 所示，使用了绝对引用，无论结果出现在何处，均引用最初公式中指定的单元格位置。

E2　　fx　=SUM(B2:D2)/3

	A	B	C	D	E
1	姓名	数学	语文	英语	总分
2	魏欣	76	80	80	78.7
3	陈晨	90	92	89	
4	王爱萍	76	80	64	
5	叶海	95	79	80	
6	张继承	81	86	85	

图 3-55　相对引用示例

E4　　fx　=SUM($B$2:$D$2)/3

	A	B	C	D	E
1	姓名	数学	语文	英语	总分
2	魏欣	76	80	80	78.7
3	陈晨	90	92	89	78.7
4	王爱萍	76	80	64	78.7
5	叶海	95	79	80	78.7
6	张继承	81	86	85	78.7

图 3-56　绝对引用示例

混合引用是指引用的单元格地址既有相对引用也有绝对引用，“$”符号只加在行号或列标的前面，如果公式所在的单元格位置发生变化，则相对引用会随之而变，而绝对引用不变，如图 3-57 所示。

在同一工作簿中，如果要引用位于其他工作表中的单元格区域，应在输入公式过程中直接单击其他工作表标签，继而选中那张工作表中的单元格区域，其他操作规则不变，如图 3-58 所示，结果单元格中引用了来自工作表“金额”中的 B3 和 B7 单元格。

E5　　fx　=SUM($B5:$D5)/3

	A	B	C	D	E
1	姓名	数学	语文	英语	总分
2	魏欣	76	80	80	78.7
3	陈晨	90	92	89	90.3
4	王爱萍	76	80	64	73.3
5	叶海	95	79	80	84.7
6	张继承	81	86	85	84.0

图 3-57　混合引用示例

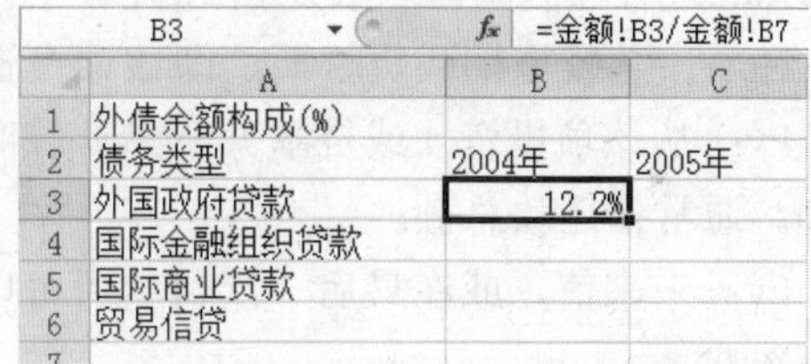

B3　　fx　=金额!B3/金额!B7

	A	B	C
1	外债余额构成(%)		
2	债务类型	2004年	2005年
3	外国政府贷款	12.2%	
4	国际金融组织贷款		
5	国际商业贷款		
6	贸易信贷		

图 3-58　引用其他工作表中的单元格

（2）函数的应用。函数是 Excel 中预先定义好的公式，使用函数计算数据会大大地简化计算过程，用户只需对函数中相应的参数进行必要的设置即可。插入函数常用以下两种方法：

1）单击“公式”选项卡下“函数库”组，如图 3-59 所示，单击“插入函数”按钮，打开“插入函数”对话框，选择要使用的函数。也可单击其他按钮按分类选择函数。

图 3-59　“公式/函数库”选项组

2）在编辑栏左侧的函数列表中选择最常用或最近曾使用过的函数，如图 3-60 所示，如不在列表中，可选择最后一项“其他函数”，将会打开“插入函数”对话框。

（3）模拟分析。Excel 在模拟分析前主要用到 FV 和 PMT 函数，然后再进行模拟分析。

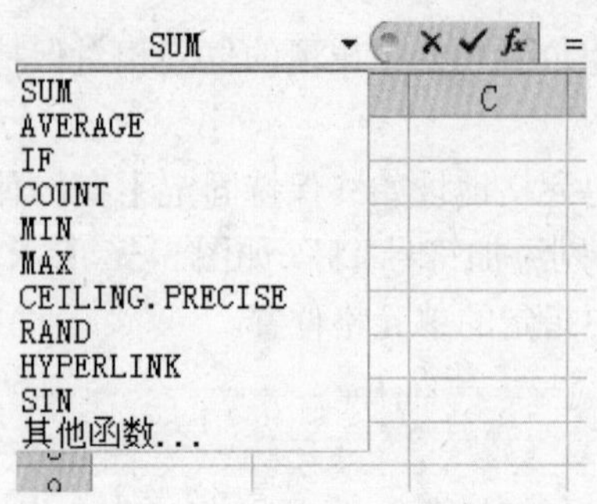

图 3-60 编辑栏中的常用函数列表

1）FV 函数。FV 函数不仅可以用于固定利率下的年金的终值计算，也可用于固定利率或变动利率下的多期的混合现金流的终值计算。比如每月按一定金额存款，按一定利率存款一定期限后能获得的总存款额。FV 函数隶属于财务类别，可在“公式”选项卡下“函数”组中单击“插入函数”按钮，调用 FV 函数。FV 函数五项参数的含义分别如下：

Rate：各项利率，一般是指月利率，因此原利率如为年利率，应除以 12。

Nper：即该项投资总的付款期数，一般是指多少个月。

Pmt：各期支出金额，在整个投资期内不变，通常指每个月还款额。

Pv：从该项投资开始计算时已经入账的款项；或一系列未来付款当前值的累计和。一般忽略不填，则按 0 计。

Type：数值 0 或者 1，指定付款时间是期初还是期末。1=期初；0 或忽略=期末。一般忽略。

2）PMT 函数。PMT 函数可以计算基于固定利率及等额分期付款方式，返回贷款的每期付款额。比如一定期限内按一定利率存款还完总存款额，需要每个月还款多少。PMT 函数也隶属于财务类别，调用方式类似于 FV 函数。PMT 函数五项参数的含义分别如下：

Rate：各项利率，一般是指月利率，因此原利率如为年利率，应除以 12。

Nper：总投资期或贷款期，即该项投资或贷款的付款期总数，一般是指多少个月。

Pv：从该项投资（或贷款）开始计算时已经入账的款项，或一系列未来付款当前值的累积和。通常指还款总额。

Fv：未来值，或在最后一次付款后可以获得的现金金额。如果忽略，则认为此值为 0。一般忽略。

Type：逻辑值 0 或 1，用以指定付款时间在期初还是在期末。如果为 1，付款在期初；如果为 0 或忽略，付款在期末。一般忽略。

3）模拟分析。在“数据”选项卡下单击“数据工具”组的“模拟分析”下拉按钮，可看到模拟分析下有三项：方案管理器、单变量求解、模拟运算表。

使用方案，用户能够方便地进行假设，为多个变量存储输入值的不同组合，同时为这些组合命名。每一个方案需要指方案名、可变单元格和方案变量值。

单变量求解是一组命令的组成部分，这些命令有时也称作假设分析（假设分析：该过程通过更改单元格中的值来查看这些更改对工作表中公式结果的影响）工具。如果已知单个公式的预期结果，而用于确定此公式结果的输入值未知，则可使用“单变量求解”功能。在单变量求解过程中，Excel 更改指定单元格中的值，直到依赖于该单元格的公式返回满足要求的值为止。

模拟运算表分为单变量模拟运算表和双变量模拟运算表。使用模拟运算表可以同时求解一个运算过程中所有可能的变化值，并将不同的计算结果显示在相应的单元格中。

单变量模拟运算表是指公式中有一个变量值，可以查看一个变量对一个或多个公式的影响。双变量模拟运算表可以查看两个变量对公式的影响。

案例 2　管理与分析公司数据

Excel 提供强大的数据管理、分析和统计功能。主要包括以下一些内容：

（1）数据的排序：对 Excel 数据进行排序是数据分析不可缺少的组成部分。对数据进行排序有助于快速直观地显示数据并更好地理解数据，有助于组织并查找所需数据，有助于最终做出更有效的决策。

（2）数据的筛选：Excel 数据筛选是指仅显示出那些满足指定条件的数据行，并隐藏那些不希望显示的行。筛选数据之后，不需重新排列或移动就可以复制、查找、编辑、设置格式、制作图表和打印。

（3）数据的分类汇总：Excel 分类汇总满足多种数据整理需求，用于在数据透视表或合并计算表中合并源数据，或在列表或数据库中插入自动分类汇总。

（4）数据透视表：在 Excel 里面使用数据透视表可以对数据进行汇总、分析、浏览和提供摘要数据。

案例描述

小张是某 IT 公司行政部的人事主管。在日常工作中，需要对公司的人力资源情况、销售部员工的销售业绩、各部门员工的日常考评等管理数据进行排序、筛选、分类汇总，必要时通过数据透视表对数据清单进行重新布局和分类汇总。通过这些数据的管理、分析和统计，给公司人才招聘、员工绩效考核评定，提供决策作用。

小张最终完成的案例部分效果图如图 3-61 和图 3-62 所示。

	A	B	C	D	E	F
1			软件销售情况表			
2	编号	软件名称	季度	数量	单价（万元）	销售额(万元)
3	C009	财务管理系统	1	221	¥5.80	¥1,281.80
4	C014	财务管理系统	1	569	¥5.80	¥3,300.20
5		**财务管理系统 平均值**		395		¥2,291.00
6	C014	采购管理系统	1	301	¥4.80	¥1,444.80
7		**采购管理系统 平均值**		301		¥1,444.80
9		**仓库管理系统 平均值**		765		¥3,442.50
12		**销售管理系统 平均值**		263.5		¥1,317.50
13			**1 平均值**	397.167		¥2,017.38
15		**财务管理系统 平均值**		645		¥3,741.00
17		**采购管理系统 平均值**		211		¥1,012.80
19		**仓库管理系统 平均值**		242		¥1,089.00
22		**人事管理系统 平均值**		360.5		¥1,874.60
24		**销售管理系统 平均值**		312		¥1,560.00
25			**2 平均值**	355.167		¥1,858.67
27		**财务管理系统 平均值**		345		¥2,001.00
30		**采购管理系统 平均值**		225		¥1,080.00
33		**仓库管理系统 平均值**		225		¥1,012.50
37		**人事管理系统 平均值**		306.333		¥1,592.93
39		**销售管理系统 平均值**		281		¥1,405.00
40			**3 平均值**	271.667		¥1,374.42
44		**财务管理系统 平均值**		292.667		¥1,697.47
46		**人事管理系统 平均值**		278		¥1,445.60
48		**销售管理系统 平均值**		230		¥1,150.00
49			**4 平均值**	277.2		¥1,537.60
50			**总计平均**	320.962		¥1,665.93

图 3-61　嵌套分类汇总效果

部门	工程部			
	列标签			
值	吕红	荣雅致	张四通	总计
求和项:1月份	785	876	587	2248
求和项:2月份	852	781	487	2120
求和项:3月份	213	562	785	1560
求和项:4月份	963	741	659	363

图 3-62 数据透视表效果

案例实现

启动 Excel 2010，利用“项目 3\案例 2”文件夹中的“公司数据管理原始素材.xlsx”文件。根据要求完成“管理与分析公司数据”的数据处理、数据管理与分析工作，具体包括数据排序、数据筛选、数据分类汇总和创建数据透视表等操作。

1. 数据排序

（1）打开“项目 3\案例 2”文件夹中的“公司数据管理原始素材.xlsx”工作簿文件，将“人力资源情况表”工作表中的数据按第一关键字“部门”升序排列，按第二关键字“性别”降序排列。

单击“人力资源情况表”工作表标签，选中 A2:H42 单元格区域，选择“数据”选项卡，单击“排序和筛选”选项组中的“排序”按钮，打开“排序”对话框；在“列”选项组中，在“主要关键字”下拉列表中选择“部门”选项，在“排序依据”下拉列表中选择“数值”选项，在“次序”下拉列表中选择“升序”选项，单击“添加条件”按钮，下方显示区域会增加一个“次要关键字”列，在“次要关键字”下拉列表中选择“性别”选项，在“排序依据”下拉列表中选择“数值”选项，在“次序”下拉列表中选择“降序”选项，如图 3-63 所示，单击“确定”按钮。

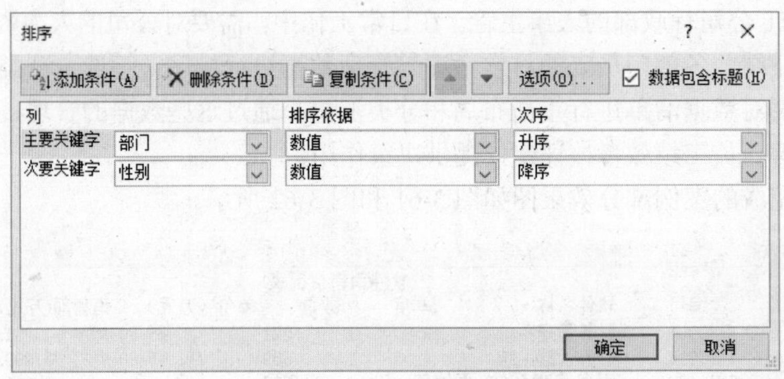

图 3-63 多字段“排序”对话框

（2）将“人力资源情况 1”工作表中的“学历”字段按“博士、硕士、本科”的次序排列。

1）单击“人力资源情况表 1”工作表标签，选中 A2:H42 单元格区域，选择“开始”选项卡，单击“编辑”选项组中的“排序和筛选”按钮，在下拉列表中选择“自定义排序”命令，打开“排序”对话框；在“列”选项组中，在“主要关键字”下拉列表中选择“学历”选项，在“排序依据”下拉列表中选择“数值”选项，在“次序”下拉列表中选择“自定义序列”命令，弹出“自定义序列”对话框。

2）在“自定义序列”对话框中，在“输入序列”文本框中输入“博士”“硕士”“本科”三行文字，单击“添加”按钮，则将输入的文字添加到自定义序列中，单击“确定”按钮。返回到“排序”对话框，如图 3-64 所示，单击“确定”按钮。则“人力资源情况 1”工作表中的“学历”字段按“博士、硕士、本科”的次序排列显示。

2. 数据筛选

（1）在“销售业绩表”工作表中，自动筛选出“软件名称”为“人事管理系统”且“数量”大于 300 的数据。

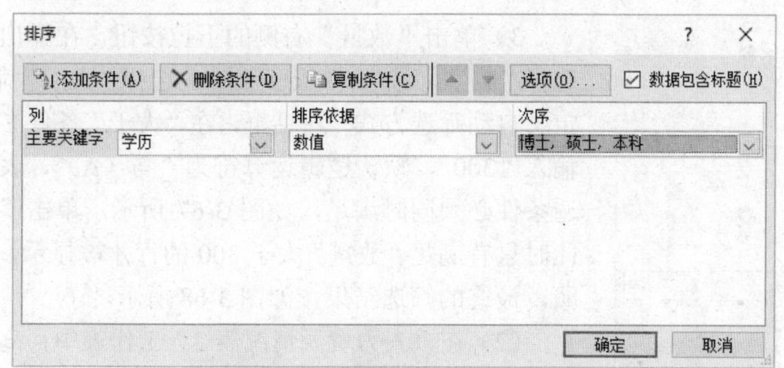

图 3-64　自定义序列“排序”对话框

1）单击“销售业绩表”工作表标签，选中 A2:F28 单元格区域，单击“数据”选项卡下“排序和筛选”选项组中的“筛选”按钮，如图 3-65 所示，即可在每个字段右侧出现一个筛选下拉按钮▼。

软件销售情况表

编号	软件名称	季度	数量	单价（万元）	销售额(万元)
C004	人事管理系统	4	278	¥5.20	¥1,445.60
C009	销售管理系统	3	281	¥5.00	¥1,405.00
C014	采购管理系统	1	301	¥4.80	¥1,444.80
C020	销售管理系统	1	306	¥5.00	¥1,530.00
C025	人事管理系统	2	309	¥5.20	¥1,606.80
C027	销售管理系统	2	312	¥5.00	¥1,560.00
C031	采购管理系统	2	211	¥4.80	¥1,012.80
C004	采购管理系统	3	218	¥4.80	¥1,046.40
C009	销售管理系统	1	221	¥5.00	¥1,105.00
C014	销售管理系统	4	230	¥5.00	¥1,150.00
C020	采购管理系统	3	232	¥4.80	¥1,113.60
C025	人事管理系统	3	234	¥5.20	¥1,216.80
C027	财务管理系统	4	236	¥5.80	¥1,368.80
C031	仓库管理系统	2	242	¥4.50	¥1,089.00
C004	仓库管理系统	3	218	¥4.50	¥981.00
C009	财务管理系统	1	221	¥5.80	¥1,281.80
C014	财务管理系统	4	230	¥5.80	¥1,334.00
C020	仓库管理系统	3	232	¥4.50	¥1,044.00
C025	人事管理系统	3	234	¥5.20	¥1,216.80
C027	财务管理系统	3	345	¥5.80	¥2,001.00
C031	人事管理系统	2	412	¥5.20	¥2,142.40
C004	财务管理系统	4	412	¥5.80	¥2,389.60
C009	人事管理系统	3	451	¥5.20	¥2,345.20
C014	财务管理系统	1	569	¥5.80	¥3,300.20
C020	财务管理系统	2	645	¥5.80	¥3,741.00
C025	仓库管理系统	1	765	¥4.50	¥3,442.50

图 3-65　“筛选”按钮

2）单击“软件名称”右侧的下拉按钮，在弹出的下拉列表中，单击取消“全选”复选框，勾选“人事管理系统”复选框，如图 3-66 所示。单击“确定”按钮，筛选完成“软件名称”为“人事管理系统”的数据。

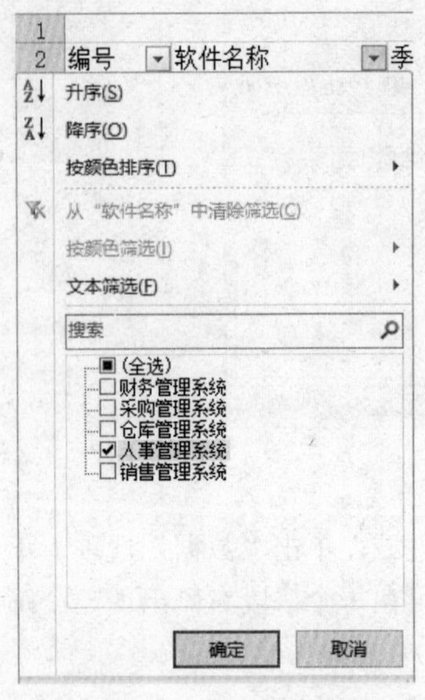

图 3-66 “文本筛选”下拉列表

3）单击“数量”右侧的下拉按钮，在弹出的下拉列表中选择“数字筛选”，在级联菜单上选择“大于”命令，打开“自定义自动筛选方式”对话框，在“大于”条件右侧的文本框中输入“300”，默认逻辑运算符为“与（A）”，表示与下一项筛选条件必须同时满足，如图 3-67 所示，单击“确定”按钮，此时只有满足“数量”大于 300 的行才被显示，其他的行被隐藏，最终的筛选结果，如图 3-68 所示。

（2）在“人力资源情况表 2”工作表中，高级筛选出开发部或销售部工资小于 4000 的员工。

1）单击“人力资源情况表 2”工作表标签，选中 A2:H2 单元格区域，在右击快捷菜单中选择“复制”命令，选中 A44 单元格，在右击快捷菜单中选择“粘贴”命令，在 B45 单元格中输入“开发部”，在 B46 单元格中输入“销售部”，在 H45 和 H46 单元格中分别输入“<4000”，如图 3-69 所示，完成筛选条件区域的创建。

图 3-67 “自定义自动筛选方式”对话框

软件销售情况表					
编号	软件名称	季度	数量	单价（万元）	销售额(万元)
C025	人事管理系统	2	309	¥5.20	¥1,606.80
C031	人事管理系统	2	412	¥5.20	¥2,142.40
C009	人事管理系统	3	451	¥5.20	¥2,345.20

图 3-68 筛选结果图

	编号	部门	组别	年龄	性别	学历	职称	工资
44	编号	部门	组别	年龄	性别	学历	职称	工资
45		开发部						<4000
46		销售部						<4000

图 3-69 高级筛选条件区域

2）选中 A2:H42 单元格区域，选择“数据”选项卡，单击“排序和筛选”选项组中的“高级”按钮，弹出“高级筛选”对话框，“列表区域”文本框显示需要进行数据筛选的单元格区域，在“条件区域”文本框中，选择 A44:H46 单元格区域，作为数据筛选的条件，如图 3-70 所示，单击“确定”按钮，高级筛选结果如图 3-71 所示。

3. 分类汇总

（1）使用“销售业绩表 1”工作表中的数据，分类汇总出各软件销售数量和销售额（万元）的总和。在进行分类汇总前，必须对数据清单按分类字段进行排序。

1）单击“销售业绩表 1”工作表标签，单击表格数据区域的任意一个单元格，选择“数据”选项卡，单击“排序和筛选”选项组中的“排序”按钮，打开“排序”对话框；在“列”选项组中，在“主要关键字”下拉列表中选择“软件名称”选项，在“排序依据”下拉列表中选择“数值”选项，在“次序”下拉列表中选择“升序”选项，单击“确定”按钮。

2）单击“数据”选项卡下的“分级显示”选项组中的“分类汇总”按钮，打开“分类汇总”对话框。

图 3-70　“高级筛选”对话框

3）在“分类汇总”对话框中。在“分类字段”下拉列表中选择“软件名称”选项，在“汇总方式”下拉列表中选择“求和”选项，在“选定汇总项”列表中勾选“数量”和“销售额（万元）”，如图 3-72 所示，单击“确定”按钮；分类汇总结果如图 3-73 所示。

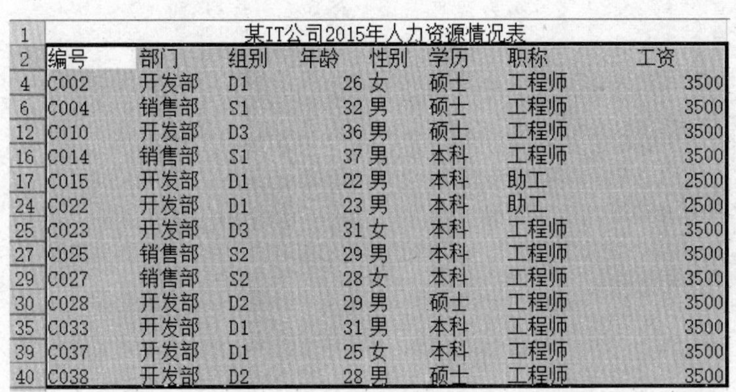

1	某IT公司2015年人力资源情况表							
2	编号	部门	组别	年龄	性别	学历	职称	工资
4	C002	开发部	D1	26	女	硕士	工程师	3500
6	C004	销售部	S1	32	男	硕士	工程师	3500
12	C010	开发部	D3	36	男	硕士	工程师	3500
16	C014	销售部	S1	37	男	本科	工程师	3500
17	C015	开发部	D1	22	男	本科	助工	2500
24	C022	开发部	D1	23	男	本科	助工	2500
25	C023	开发部	D3	31	女	本科	工程师	3500
27	C025	销售部	S2	29	男	本科	工程师	3500
29	C027	销售部	S2	28	女	本科	工程师	3500
30	C028	开发部	D2	29	男	硕士	工程师	3500
35	C033	开发部	D1	31	男	本科	工程师	3500
39	C037	开发部	D1	25	女	本科	工程师	3500
40	C038	开发部	D2	28	男	硕士	工程师	3500

图 3-71　“高级筛选”效果图

图 3-72　“分类汇总”对话框

（2）如图 3-61 效果所示，使用“销售业绩表 2”工作表表格中的内容，分别以“季度”和“软件名称”为分类汇总字段，以“数量”和“销售额（万元）”为汇总项，进行求平均值的嵌套分类汇总。

1）单击“销售业绩表 2”工作表标签，单击表格数据区域的任意一个单元格，选择“数据”选项卡，单击“排序和筛选”选项组中的“排序”按钮，打开“排序”对话框；在“列”选项组中，在“主要关键字”下拉列表中选择“季度”选项，单击“添加条件”按钮，下方显示区域会增加一个“次要关键字”列，在“次要关键字”下拉列表中选择“软件名称”选项，在“次序”下拉列表中均选择“升序”选项，单击“确定”按钮。

2）单击“数据”选项卡下的“分级显示”选项组中的“分类汇总”按钮，打开“分类汇总”对话框。

3）在“分类汇总”对话框中。在“分类字段”下拉列表中选择“季度”选项，在“汇总方式”下拉列表中选择“平均值”选项，在“选定汇总项”列表中勾选“数量”和“销售额（万元）”，单击“确定”按钮。

4）再次打开“分类汇总”对话框。在“分类字段”下拉列表中选择“软件名称”选项，在“汇总方式”下拉列表中选择“平均值”选项，在“选定汇总项”列表中勾选“数量”和“销售额（万元）”，取消“替换当前分类汇总”复选框的选中状态，如图 3-74 所示，单击“确定”按钮。

	A	B	C	D	E	F
1		软件销售情况表				
2	编号	软件名称	季度	数量	单价（万元）	销售额(万元)
3	C027	财务管理系统	4	236	¥5.80	¥1,368.80
4	C009	财务管理系统	1	221	¥5.80	¥1,281.80
5	C014	财务管理系统	4	230	¥5.80	¥1,334.00
6	C027	财务管理系统	3	345	¥5.80	¥2,001.00
7	C004	财务管理系统	4	412	¥5.80	¥2,389.60
8	C014	财务管理系统	1	569	¥5.80	¥3,300.20
9	C020	财务管理系统	2	645	¥5.80	¥3,741.00
10		**财务管理系统 汇总**		2658		¥15,416.40
11	C014	采购管理系统	1	301	¥4.80	¥1,444.80
12	C031	采购管理系统	2	211	¥4.80	¥1,012.80
13	C004	采购管理系统	3	218	¥4.80	¥1,046.40
14	C020	采购管理系统	3	232	¥4.80	¥1,113.60
15		**采购管理系统 汇总**		962		¥4,617.60
16	C031	仓库管理系统	2	242	¥4.50	¥1,089.00
17	C004	仓库管理系统	3	218	¥4.50	¥981.00
18	C020	仓库管理系统	3	232	¥4.50	¥1,044.00
19	C025	仓库管理系统	1	765	¥4.50	¥3,442.50
20		**仓库管理系统 汇总**		1457		¥6,556.50
21	C004	人事管理系统	4	278	¥5.20	¥1,445.60
22	C025	人事管理系统	2	309	¥5.20	¥1,606.80
23	C025	人事管理系统	3	234	¥5.20	¥1,216.80
24	C025	人事管理系统	3	234	¥5.20	¥1,216.80
25	C031	人事管理系统	2	412	¥5.20	¥2,142.40
26	C009	人事管理系统	3	451	¥5.20	¥2,345.20
27		**人事管理系统 汇总**		1918		¥9,973.60
28	C009	销售管理系统	3	281	¥5.00	¥1,405.00
29	C020	销售管理系统	1	306	¥5.00	¥1,530.00
30	C027	销售管理系统	2	312	¥5.00	¥1,560.00
31	C009	销售管理系统	1	221	¥5.00	¥1,105.00
32	C014	销售管理系统	4	230	¥5.00	¥1,150.00
33		**销售管理系统 汇总**		1350		¥6,750.00
34		**总计**		8345		¥43,314.10

图 3-73　分类汇总明细结果

（3）在“销售业绩表 1”分类汇总表中，利用条件格式将数量介于 200～300 的数据以“浅红色填充”突出显示出来。

1）单击“销售业绩表 1”工作表标签，选中 D3:D32 单元格区域，在“开始”选项卡下“样式”选项组中单击“条件格式”下拉按钮，在弹出的下拉列表中选择“突出显示单元格规则”选项下的“介于”命令。

2）在打开的“介于”对话框中；在第一个文本框中输入“200”，在第二个文本框中输入“300”，在“设置为”的下拉列表中选择“浅红色填充”选项，如图 3-75 所示，单击“确定”按钮。

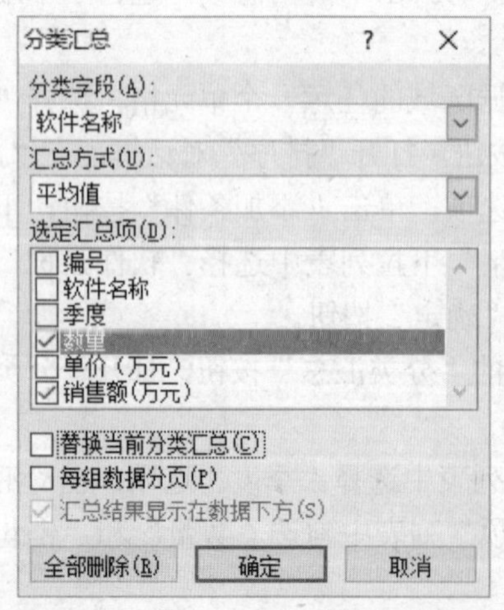

图 3-74　嵌套“分类汇总”对话框

图 3-75　“介于”对话框

4. 数据透视表创建

（1）使用“日常考评表”工作表中的内容，在此工作表的 J1 单元格起建立数据透视表，显示各“部门”的“日常考核”、“抽查考核”和“年终考核”的平均值。

1）单击“日常考评表”工作表标签，选中 A1:G41 单元格区域，单击“插入”选项卡下“表格”选项组中的“数据透视表”按钮，在弹出的下拉菜单中选择“数据透视表”命令，打开“创建数据透视表”对话框，选中区域自动显示在对话框中，选择“现有工作表”作为插入位置，单击 J1 单元格指定起点，如图 3-76 所示，单击“确定”按钮；以 J1 单元格为起点，出现空白数据透视表，并提示从“数据透视表字段列表”中选择字段，在窗口右侧会显示“数据透视表字段列表”任务窗格。

2）在“数据透视表字段列表”任务窗格的“选择要添加到报表的字段”列表中拖动“部门”字段至“行标签”列表中，将“日常考核”“抽查考核”和“年终考核”字段拖至“∑数值”列表框中，如图 3-77 所示。

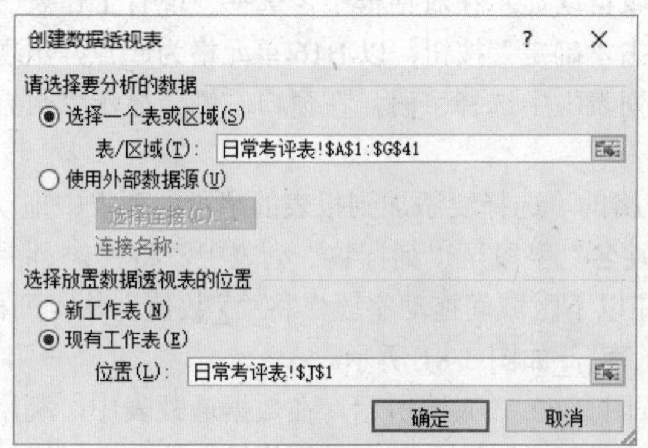

图 3-76 “创建数据透视表”对话框

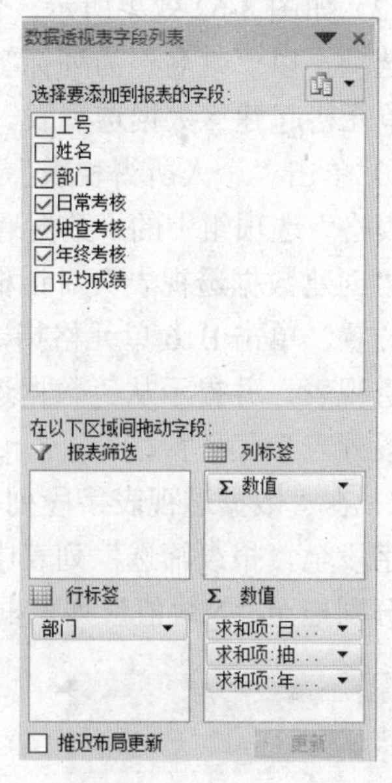

图 3-77 “数据透视表字段列表”任务窗格

3）单击“数值”列表框中文本“求和项：日常考核”右侧的下拉按钮，在弹出的菜单中选择“值字段设置”选项，如图 3-78 所示，打开“值字段设置”对话框。

4）在“值字段设置”对话框中，选择“计算类型”为“平均值”，如图 3-79 所示，单击“数字格式”按钮，打开“数字格式”对话框，设置“数字格式”为数值型 2 位小数，单击“确定”按钮。

图 3-78 “值字段设置”命令

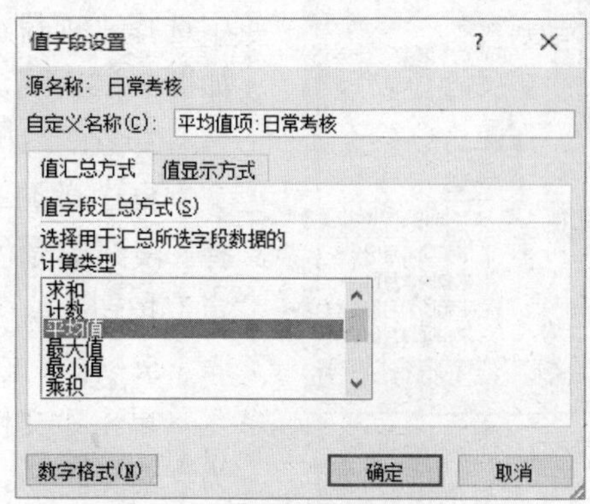

图 3-79 “值字段设置”对话框

5）其余 2 项“抽查考核”和“年终考核”作同样设置。数据透视表完成效果如图 3-80 所示。

行标签	平均值项:日常考核	平均值项:抽查考核	平均值项:年终考核
工程部	70.31	77.54	70.46
开发部	73.33	68.27	77.47
培训部	79.00	78.20	69.80
销售部	78.00	74.71	77.57
总计	**73.88**	**73.65**	**74.25**

图 3-80 考核数据透视表完成效果

（2）如图 3-62 效果所示，使用“个人所得税表”工作表表格中的数据，以“部门”为报表筛选项，以“姓名”为列标签，以“1～4 月份”为求和项，从“个人所得税表”工作表的 B16 单元格起建立数据透视表。

1）单击“个人所得税表”工作表标签，选中 A2:G12 单元格区域，单击“插入”选项卡下“表格”选项组中的“数据透视表”按钮，在弹出的下拉菜单中选择“数据透视表”命令，打开“创建数据透视表”对话框，选中区域自动显示在对话框中，选择“现有工作表”作为插入位置，单击 B16 单元格指定起点，单击“确定”按钮；以 B16 单元格为起点，出现空白数据透视表，并提示从“数据透视表字段列表”中选择字段，在窗口右侧会显示“数据透视表字段列表”任务窗格。

2）在“数据透视表字段列表”任务窗格的“选择要添加到报表的字段”列表中拖动“部门”字段至“报表筛选”列表中，拖动“姓名”字段至“列标签”列表中，将“1～4 月份”、字段分别拖至“∑数值”列表框中，在“在以下区域间拖动字段”将“∑数值”从“列标签”拖至“行标签”，如图 3-81 所示。

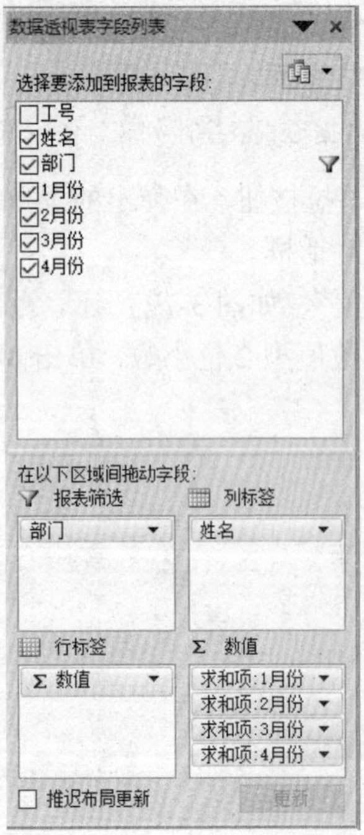

图 3-81 “数据透视表字段列表”任务窗格设置

（3）按图 3-62 效果图所示，在数据透视表中，利用条件格式将“工程部”的员工 1～4 月份值最大的 5 项以“浅红填充色深红色文本”突出显示出来。

1）在创建的数据透视表中，单击“部门”右侧的下拉按钮，在弹出的下拉列表中选择“工程部”选项，如图 3-82 所示，数据透视表“报表筛选”为“工程部”的员工。

2）选中 C18:E21 单元格区域，在“开始”选项卡下 “样式”选项组中单击“条件格式”下拉按钮，在弹出的下拉列表中选择“项目选取规则”选项下的“值最大的 10 项”命令，如图 3-83 所示，打开“10 个最大的项”对话框。

3）在“10 个最大的项”对话框中；在“设置为”前面的文本框中微调或输入“5”，在“设置为”后面的下拉列表中选择“浅红填充色深红色文本”选项，如图 3-84 所示，单击“确定”按钮。

5. 保存文档

单击“文件”按钮下的“另存为”命令，在打开的“另存为”对话框中，选择指定保存路径为“E:\”，文件名为“公司数据管理”，文件类型为“Excel 工作簿”，单击“保存”按钮。

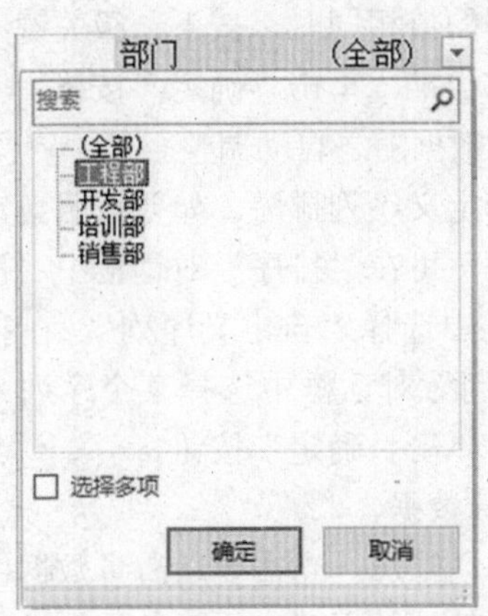

图 3-82 “报表筛选”下拉列表

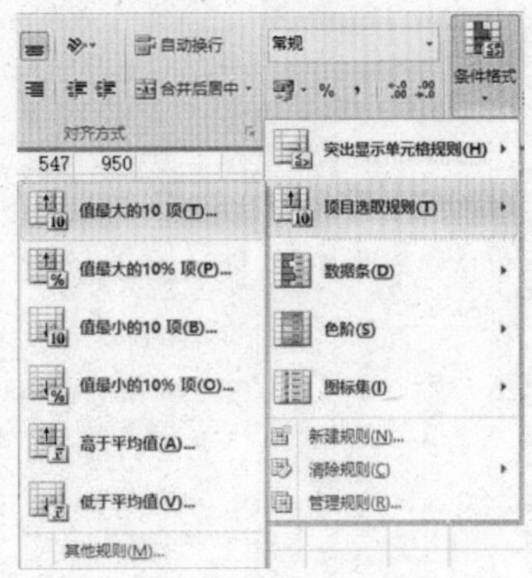

图 3-83 “条件格式”项目选取规则

相关知识

1. 数据清单

Excel 可以对数据清单执行各种数据管理和分析功能，包括查询、排序、筛选、分类汇总及数据透视表等数据库基本操作。数据清单是一种包含一行列标题和多行数据且每行同列数据的类型和格式完全相同的 Excel 工作表。数据清单中的行相当于数据库中的记录，行标题相当于记录名；数据清单中的列相当于数据库中的字段，列标题相当于字段名。如图 3-85 所示的数据清单中，“德银物业、惠民搬运……”等是“记录名”，“公司名称、所在城市、1 月份……”等是“字段名”。

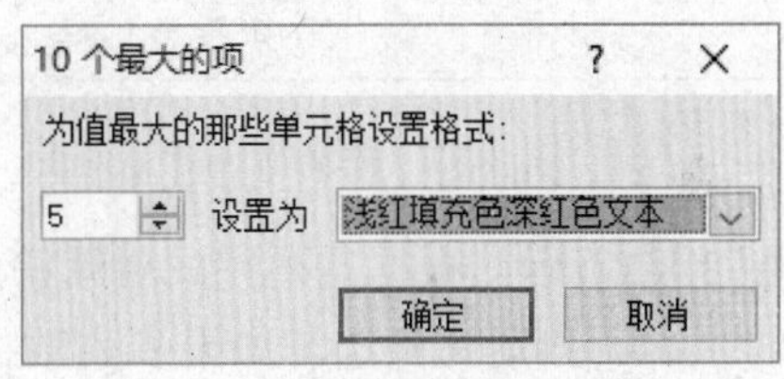

图 3-84 “10 个最大的项”对话框

2	公司名称	所在城市	1月份	2月份	3月份	4月份
3	德银物业	郑州	587	487	785	659
4	惠民搬运	广州	875	578	547	950
5	园苑房产	广州	687	658	658	854
6	新地广告	北京	497	985	698	657
7	达利营销	郑州	587	875	598	357
8	拓展房产	北京	876	781	562	741
9	佳景房产	郑州	785	852	213	963

图 3-85 “数据清单”示例

2. 排序数据

(1) 单条件排序。单条件排序是依据单列（字段）的数据规则对表格数据进行升序或降序操作。单击要排序列中的任意一个单元格，单击“开始”选项卡下的“编辑”选项组中的“排序和筛选”按钮，在弹出的列表中选择“降序”或“升序”项，如图 3-86 所示，其他的数据随之自动调整。

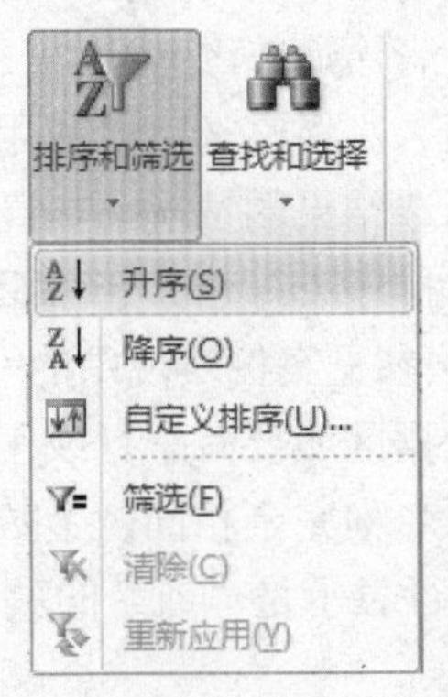

图 3-86 “排序和筛选”下拉列表

(2) 多条件排序。多条件排序是依据多列（字段）的数据规则对表格数据进行排序操作。多条件排序前要选中完整表格区域，单击“数据”选项卡下的“排序和筛选”选项组中的“排序”按钮，打开“排序”对话框，依次添加排序关键字，

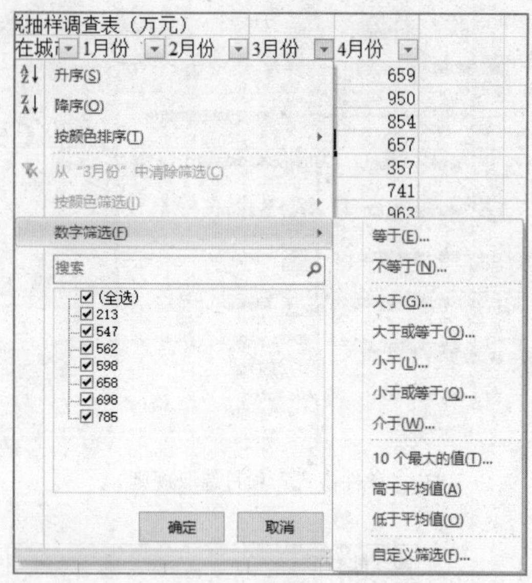

图 3-87 数字筛选下拉列表

主要关键字的值相同时，按下一级关键字顺序排列，依次类推，单击“确定”按钮，完成排序，其他的数据随之自动调整。

（3）自定义序列排序。如要按照自定义序列进行排序，可在“排序”对话框中“次序”的下拉列表中选择“自定义序列”，在打开的“自定义序列”对话框中选择某个序列或添加新的序列，单击“确定”按钮。

3. 筛选数据

（1）自动筛选。当需要从海量数据中查找某些符合条件的数据时，需要使用筛选功能。筛选前选中完整表格数据区域，选择“数据”选项卡下“排序和筛选”选项组中的“筛选”按钮，所有列标题所有的单元格出现筛选标志（下拉按钮）。单击筛选标志弹出的下拉列表如图 3-87 所示，根据需要完成后续筛选工作。

（2）自定义筛选。如果多列数据的筛选条件是并列关系，一列输入筛选条件后接着操作下一列即可。如果单列数据的筛选条件均不能用现有的条件选项表达，则在图 3-87 中选择“自定义筛选”，打开“自定义自动筛选方式”，如图 3-88 所示，单击“确定”按钮。

图 3-88 “自定义自动筛选方式”多条件设置

筛选数据其实只是将不符合条件的数据暂时隐藏起来了。要重新显示所有数据，再次选择“数据”选项卡下“排序和筛选”选项中的“筛选”按钮，可以清除筛选。

（3）高级筛选。如果筛选的条件比较复杂，就要采用高级筛选。高级筛选可以应用于筛选条件为多个字段条件是“或”的关系，或是要在其他位置显示筛选结果的情况。在高级筛选之前必须先创建筛选条件区域，然后再选择“数据”选项卡下“排序和筛选”选项组中的“高级”按钮，在弹出的“高级筛选”对话框中进行筛选，具体操作方法参见案例实现中的“2. 数据筛选”。这里重点说明创建条件区域的注意事项：①条件区域和数据区域要有空行或空列进行间隔；②条件区域中使用的列标题名称必须与数据区域的列标题名称完全相同，个数可以不同；③筛选条件在同一行表示条件之间是“与”的关系，在不同行表示是“或”的关系。

4. 汇总数据

（1）分类汇总。分类汇总是指根据指定的条件对数据进行分类，并计算各分类数据的汇总值，包括求和、求平均值等。分类汇总前，应先将分类字段作为关键字进行排序，否则分类结果必定错误。分类汇总前选中完整表格区域，选择“数据”选项卡下“分级显示”选项组中的“分类汇总”按钮，打开“分类汇总”对话框，选择好分类字段、汇总方式、汇总项，单击“确定”按钮。

（2）嵌套分类汇总。当需要在一项指标汇总的基础上按另一项指标进行汇总时，使用分类汇总的嵌套功能。分类汇总前，对数据区域中要实施分类汇总的多个字段进行排序，将光标置于数据区域的任一单元格，选择“数据”选项卡下“分级显示”选项组中的“分类汇总”按钮，打开“分类汇总”对话框，先按第一关键字进行分类汇总，单击“确定”按钮。再次打开“分类汇总”对话框，再按第二关键字进行分类汇总，取消“替换当前分类汇总”复选框的选中状态，单击“确定”按钮。

（3）删除分类汇总。对于已经设置了分类汇总的数据区域，再次打开“分类汇总”对话框，单击“全部删除”按钮，即可删除当前的所有分类汇总。

5. 数据透视表的建立和编辑

数据透视表是 Excel 中具有强大分析能力的工具，它可以从数据中产生一个动态汇总表格，快速对工作表中大量数据进行分类汇总分析。数据透视表的基本结构如图 3-89 所示。

图 3-89 数据透视表的基本结构

（1）创建数据透视表。先选中要作为数据透视表数据源的单元格区域，选择“插入”选项卡下“表格”选项组中的“数据透视表”按钮，在弹出的下拉菜单中选择“数据透视表”命令，打开“创建数据透视表”对话框，选中区域自动显示在对话框中，选择数据透视表显示的位置，单击“确定”按钮，系统将自动创建一个空白数据透视表；并在窗口右侧打开“数据透视表字段列表”任务窗格，将不同的字段放置到数据透视表字段列表中的不同区域中，生成数据透视表。

（2）添加或删除数据透视表字段。数据透视表创建完成后，如果要添加某个数据透视表字段，在“数据透视表字段列表”任务窗格中，从“选择要添加到报表的字段”列表框中拖动该字段到字段列表中的某个区域中（如列标签）。如果要删除某个数据透视表字段，在“数据透视表字段列表”任务窗格中，取消选中“选择要添加到报表的字段”列表框中相应的复选框。

（3）更新数据透视表数据。当数据区域数据发生变化时，右击数据透视表的任意单元格，从快捷菜单中选择“刷新”命令，即可及时更新数据透视表中的数据。

（4）数据透视表自动套用样式。单击数据透视表的任意单元格，在“数据透视表工具”中，选择“设计”选项卡下“数据透视表”选项组，单击样式列表框右下角的“其他”按钮，在弹出的下拉菜单中选择一种表格样式。

6. 工作表的打印

在工作表打印到纸张之前，通常需要以工作表的页面格式进行一些设置。

（1）页面设置。页面设置主要包括设置纸张方向、纸张大小等，这些参数的设置取决于打印机所用的打印纸张和打印表格的区域大小。

选择“页面布局”选项卡下“页面设置”选项组，如图 3-90 所示，可实现多项页面设置。

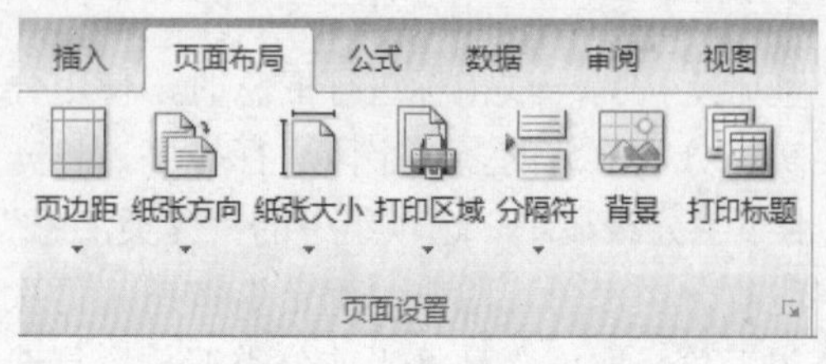

图 3-90 “页面布局”选项组

（2）设置页眉和页脚。选择“插入”选项卡下“文本”选项组中的“页眉和页脚”按钮，如图 3-91 所示。窗格此时分为左右两个，同时在功能区显示“页眉和页脚工具”选项，如图 3-92 所示，在左侧窗格直接输入页眉文字，单击“页眉和页脚工具”选项下“导航”选项组中的“转至页脚”按钮，可在页脚处输入文字。也可在页眉和页脚中插入其他对象。选择“视图”选项卡下“工作簿视图”选项组中的“普通”按钮，返回到普通视图。

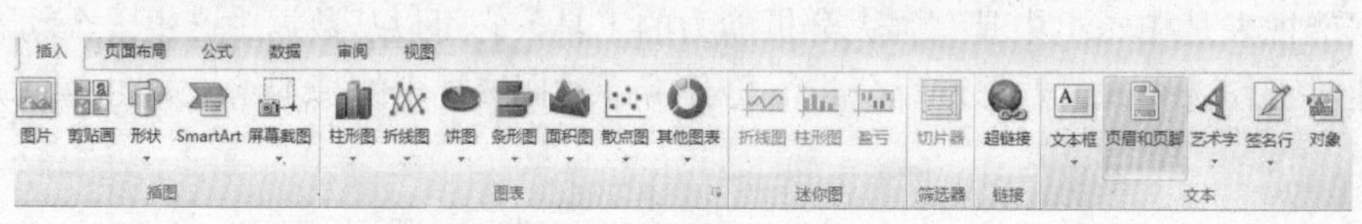

图 3-91 “插入/文本/页眉和页脚”按钮

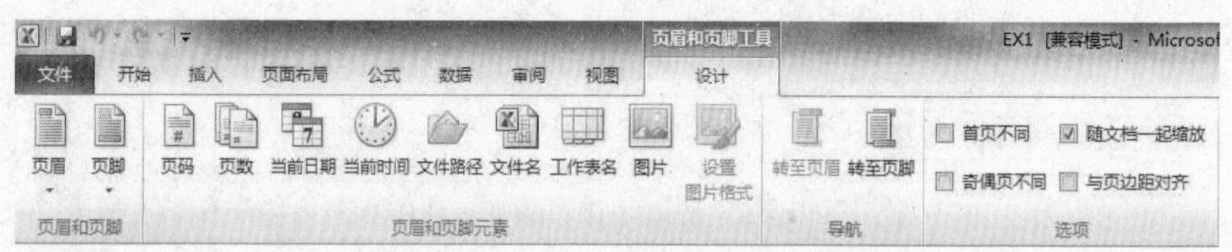

图 3-92 “页眉和页脚工具”选项组

（3）打印工作表。为避免浪费纸张，在打印前应进行打印预览以查看打印结果是否符合要求。在需要打印的工作表中，选择“文件”按钮下“打印”命令，在右侧窗格中即可预览打印效果。完成预览后若确认没有问题，可单击中间窗格的“打印”按钮进行打印；若需要修改，选择“文件”按钮返回编辑状态。

（4）打印工作表示例。如将“日常考评表 1”中的数据打印输出，要求上、下页边距为 3 厘米、左、右页边距为 2 厘米，打印时添加页眉：日常考核，居中显示；添加页脚：当天日期，居右显示。

单击“日常考评表 1”工作表标签，单击“文件”按钮下“打印”命令，在中间一列最下方单击“页面设置”，打开“页面设置”对话框，选择“页边距”选项卡，输入上、下、左、右边距的数值；选择“页眉/页脚”选项卡，单击“自定义页眉”，打开“页眉”对话框，在“中”下面的文本框中输入文字“日常考核”；单击“自定义页脚”，打开“页脚”对话框，在“中”下面的文本框中单击，单击“插入日期”按钮，当天日期自动显示在页脚中，如图 3-93 所示，单击“确定”按钮。

如计算机已安装好打印机，可单击带有打印机图形“打印”按钮打印输出。

页面设置

页面　页边距　页眉/页脚　工作表

日常考核

页眉(A):

日常考核

自定义页眉(C)...　自定义页脚(U)...

页脚(F):

2016/4/16

2016/4/16

☐ 奇偶页不同(D)

☐ 首页不同(I)

☑ 随文档自动缩放(L)

☐ 与页边距对齐(M)

打印(P)...　打印预览(W)　选项(O)...

确定　取消

图 3-93 “页面设置”对话框

案例 3　制作图书销售统计图表

Excel 利用图表来描述电子表格中的数据，使数据表达更直观、形象。常见的图表种类主要有柱形图、折线图、条形图和饼图等共 11 种，灵活的使用图表可以使枯燥的数字更具表现力，本案例主要介绍 Excel 中图表的创建、编辑和修饰方法。

案例描述

小丰是某出版社的图书销售人员，7 月份，销售主管要求其对本年度上半年各月份的图书销售情况进行汇总，并将其制成直观性较强的图表，对图表做适当的格式化处理和外观美化，到年底春节前，再添加本年度其他月份的销售情况，以便领导对本年度的图书销售情况有所了解，并对下一步图书的销售、组稿和印刷工作提供决策作用。

小丰最终完成的案例效果图如图 3-94 和图 3-95 所示。

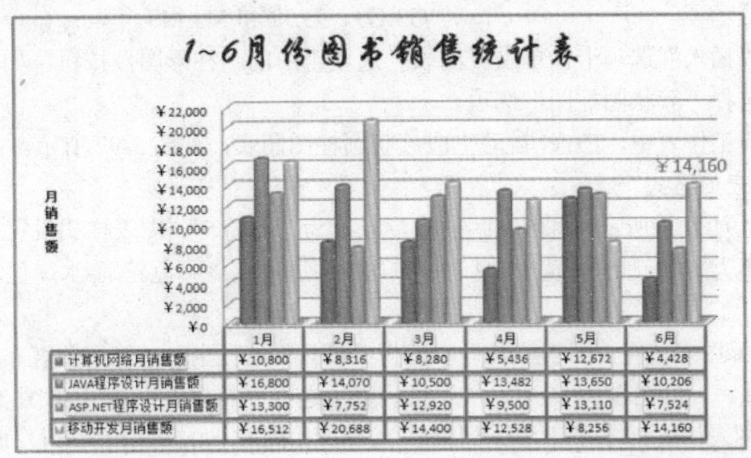

	1月	2月	3月	4月	5月	6月
计算机网络月销售额	¥10,800	¥8,316	¥8,280	¥5,436	¥12,672	¥4,428
JAVA程序设计月销售额	¥16,800	¥14,070	¥10,500	¥13,482	¥13,650	¥10,206
ASP.NET程序设计月销售额	¥13,300	¥7,752	¥12,920	¥9,500	¥13,110	¥7,524
移动开发月销售额	¥16,512	¥20,688	¥14,400	¥12,528	¥8,256	¥14,160

图 3-94　1-6 月份图书销售簇状圆柱图效果

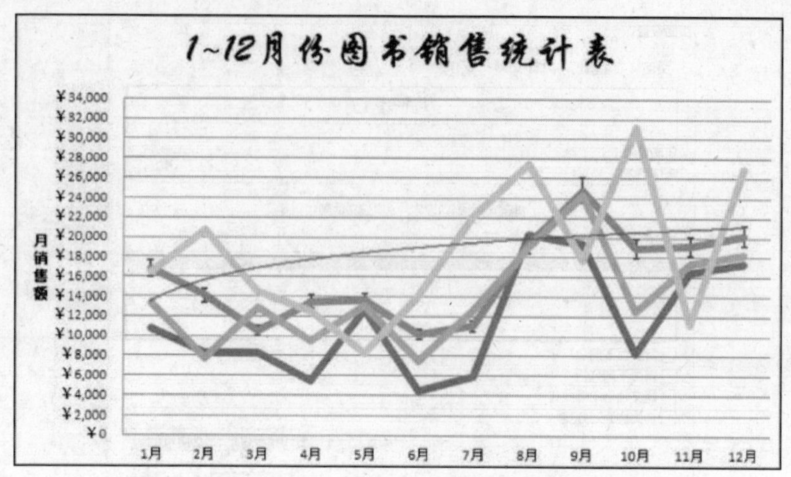

图 3-95　1～12 月份图书销售折线图效果

案例实现

启动 Excel 2010，利用“项目 3\案例 3”文件夹中的“图书销售表原始素材.xlsx”文件。根据要求完成“图书销售统计图表”的创建图表、设置图表格式、修改图表中的数据、添加趋势线、数据图表的扩展应用等工作。

1. 创建图表

按图 3-94 效果图所示，选取“销售表”工作表中适当的数据，在该工作表中创建一个 1～6 月份各图书月销售额的簇状圆柱图。

（1）双击“图书销售表原始素材.xlsx”图标，打开此文件，单击工作表标签“销售表”，选择 1～6 月的“月份”“计算机网络月销售额”“Java 程序设计月销售额”“ASP.NET 程序设计月销售额”和“移动开发月销售额”作为创建图表的数据源。具体操作时，选择单元格区域 B3:B9，按下 Ctrl 键不放，再分别选择单元格区域 D3:D9、G3:G9、J3:J9 和 M3:M9。

图 3-96 “图表”选项组

（2）选择“插入”选项卡，单击“图表”选项组中的“柱形图”按钮，如图 3-96 所示，从下拉列表中选择“簇状圆柱图”选项。

（3）在当前工作表中，Excel 自动生成簇状圆柱图图表，如图 3-97 所示。

2. 设置图表的格式

（1）如图 3-94 效果所示，将图表区的布局设置为“布局 5”，图表样式设置为“样式 31”，调整图表的大小为高 11 厘米，宽 19 厘米，并为图表区套用“彩色轮廓-水绿色，强调颜色 5”的形状样式。

1）单击选择图表，在“图表工具”中选择“设计”选项卡，单击“图表布局”选项组中的“其他”按钮，如图 3-98 所示，从下拉列表中选择“布局 5”，效果如图 3-99 所示。

2）单击“图表样式”选项组中的“其他”按钮，如图 3-100 所示，从下拉列表中选择“样式 31”，完成图表样式的设置。

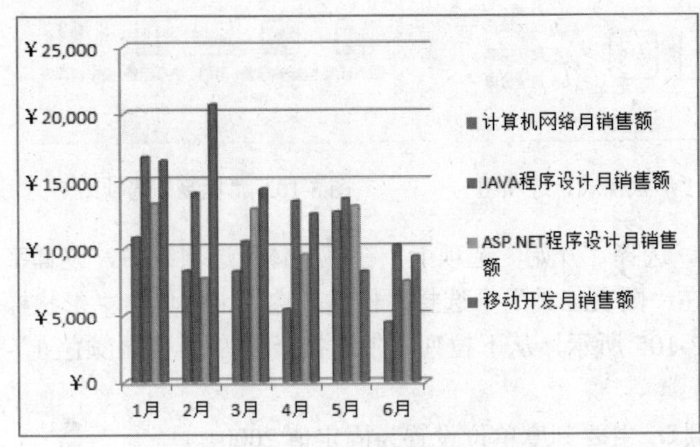

图 3-97　Excel 自动生成簇状圆柱图

3）在“图表工具”中选择“格式”选项卡，在“大小”选项组中，分别修改图表的高度为“11 厘米”，宽度为“19 厘米”，如图 3-101 所示。

4）在“图表工具”中选择“格式”选项卡，单击“形状样式”选项

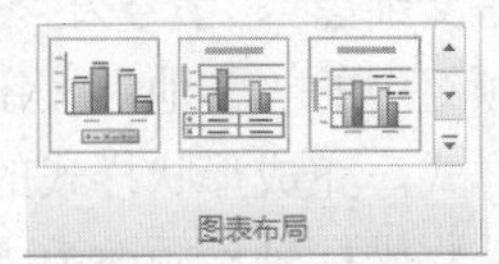

图 3-98　“图表布局”选项组

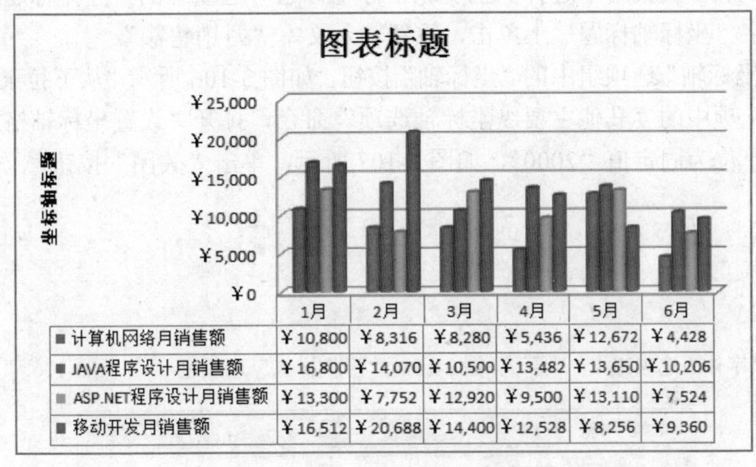

	1月	2月	3月	4月	5月	6月
计算机网络月销售额	¥10,800	¥8,316	¥8,280	¥5,436	¥12,672	¥4,428
JAVA程序设计月销售额	¥16,800	¥14,070	¥10,500	¥13,482	¥13,650	¥10,206
ASP.NET程序设计月销售额	¥13,300	¥7,752	¥12,920	¥9,500	¥13,110	¥7,524
移动开发月销售额	¥16,512	¥20,688	¥14,400	¥12,528	¥8,256	¥9,360

图 3-99　图表布局样式效果图

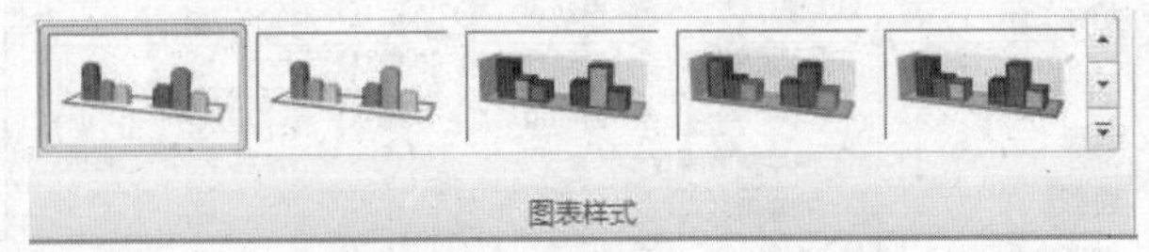

图 3-100　“图表样式”选项组

组中的“其他”按钮，如图 3-102 所示，从下拉列表中选择“彩色轮廓-水绿色，强调颜色 5”的形状样式，完成形状样式的设置。

（2）如图 3-94 效果所示，将图表标题的内容改为“1～6 月份图书销售统计表”，图表标题的字体设置为华文行楷、24 磅、标准色中的“深蓝”色；将模拟运算表区域中文字的字体设置为华文细黑、12 磅，并应用“中等线-强调颜色 1”的形状样式。

1）单击图表，在“图表工具”中选择“布局”选项卡，单击“标签”选项组中的“图表标题”按钮，如图 3-103 所示，从下拉菜单中选择“图表上方”选项，然后在图表中的文字“图表标题”上单击，重新输入标题文本“1～6 月份图书销售统计表”。

2）单击图表中的标题文字，选择“开始”选项卡，在“字体”选项组中，设置字体为“华文行楷”、字号为“24 磅”、字体颜色为标准色中的“深蓝”色，如图 3-104 所示。

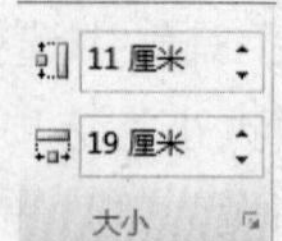

图 3-101 “大小”选项组

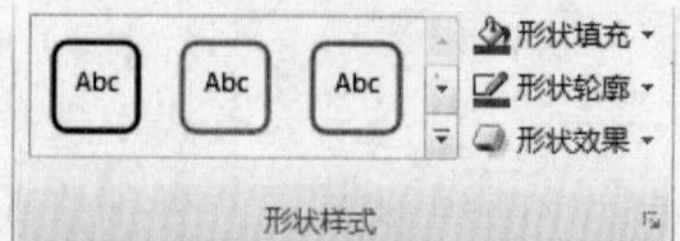

图 3-102 “形状样式”选项组

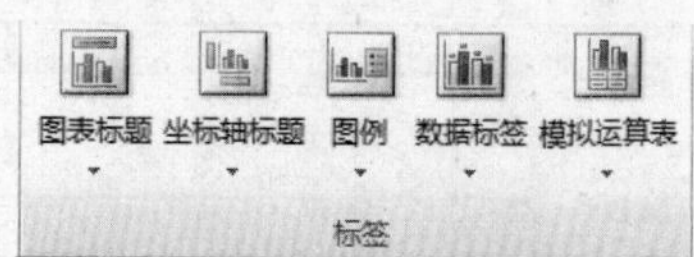

图 3-103 “标签”选项组

3）单击图表中的模拟运算表区域，选择“开始”选项卡，在“字体”选项组中，设置字体为“华文细黑”、字号为“12 磅”。在“图表工具”中选择“格式”选项卡，单击“形状样式”选项组中的“其他”按钮，如图 3-105 所示，从下拉列表中选择“中等线-强调颜色 1”的形状样式，完成形状样式的设置。

（3）将坐标轴标题改为“月销售额”，主要刻度单位设置为固定值 2000。

1）单击图表，在“图表工具”中选择“布局”选项卡，单击“标签”选项组中的“坐标轴标题”按钮，从下拉菜单中选择“主要纵坐标轴标题”选项中的“竖排标题”选项，然后在图表中的文字“坐标轴标题”上单击，重新输入文本“月销售额”。

2）单击“坐标轴”选项组中的“坐标轴”按钮，如图 3-106 所示，从下拉菜单中选择“主要纵坐标轴”选项中的“其他主要纵坐标轴选项”命令，打开“设置坐标轴格式”对话框，设置主要刻度单位为固定值“2000”，如图 3-107 所示，单击“关闭”按钮。

图 3-104 “字体”选项组

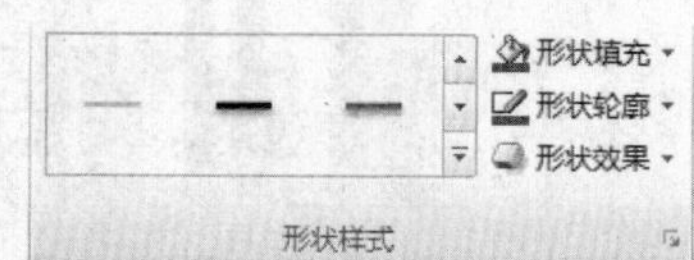

图 3-105 “形状样式”选项组

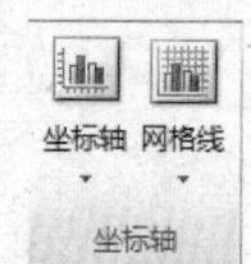

图 3-106 “坐标轴”选项组

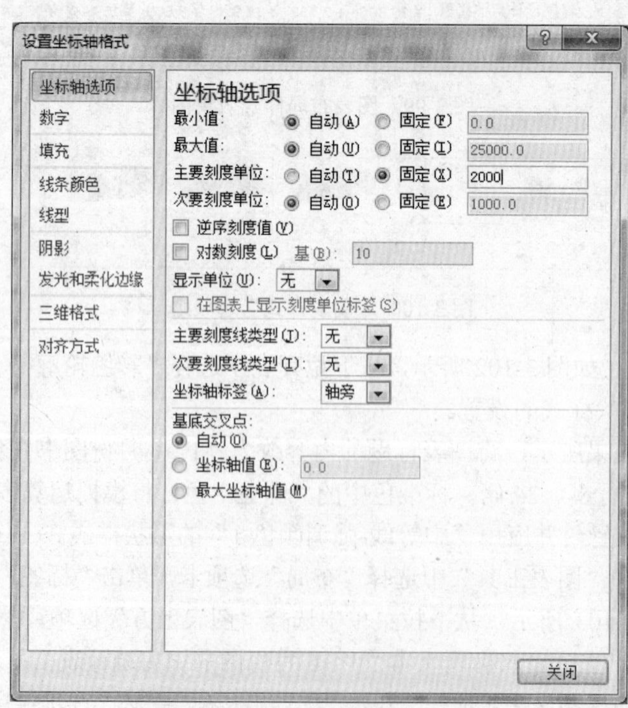

图 3-107 “设置坐标轴格式”对话框

通过以上的图表格式设置，完成如图 3-94 所示的效果图。

3. 修改图表中的数据

（1）如图 3-94 效果所示，将“销售表”工作表中 6 月份“移动开发”销售量的数据更改为“295”，从而改变图表中的数据，并在图表中以标准色“红色”、14 磅字体在相应位置显示对应的月销售额数据。

1）在“销售表”工作表中，将 6 月份“移动开发”销售量的数据更改为“295”，单价不变，则 6 月份的“移动开发月销售额”自动改为“14 160”，“月销售总额”自动改为“36 318”，同时图表数据，也同步做了更新。因此，用户在工作表中可根据需要随时修改数据，Excel 图表会自动更改。

2）在图表中，单击 6 月份“移动开发月销售额”系列，在“图表工具”中选择“布局”选项卡，单击“标签”选项组中的“数据标签”按钮，从下拉菜单中选择“显示”选项，则在该系列的上方显示数据标签“￥14 160”。

3）右击数据标签“￥14 160”，在弹出的快捷菜单中，选择“字体”选项，弹出“字体”对话框，在“字体”选项卡中，设置“大小”为“14 磅”、“字体颜色”为标准色中的“红色”，单击“确定”按钮。

（2）在图 3-94 所示效果的基础上，从“销售表”工作表中添加 7～12 月份的各图书月销售额至图表中，并修改图表标题为“1～12 月份图书销售统计表”。

1）右击图表的图表区，从快捷菜单中选择“选择数据”命令，打开“选择数据源”对话框，如图 3-108 所示。

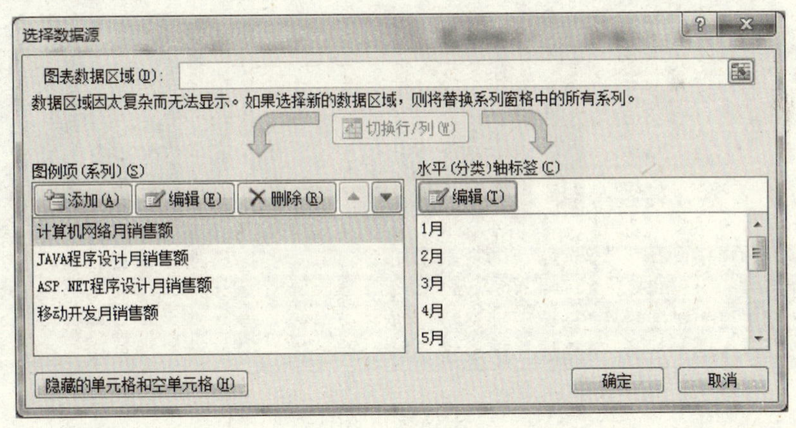

图 3-108 “选择数据源”对话框

2）单击“图例项（系列）”中的“编辑”按钮，打开“编辑数据系列”对话框，如图 3-109 所示，其中“系列名称”为“销售表!$D$3”，保持不变，表示 D 列的列名“计算机网络月销售额”，“系列值”修改为“销售表!$D$4:$D$15”，表示 1～12 月份的计算机网络月销售额。单击“确定”按钮，返回“选择数据源”对话框。

3）在“选择数据源”对话框中，如图 3-108 所示，在“图例项（系列）”中选择“Java 程序设计月销售额”，单击“编辑”按钮，打开“编辑数据系列”对话框，其中“系列名称”为“销售表!$G$3”，保持不变，表示 G 列的列名“Java 程序设计月销售额”，“系列值”修改为“销售表!$G$4:$G$15”，表示 1～12 月份的 Java 程序设计月销售额。单击“确定”按钮，返回“选择数据源”对话框。

4）使用同样的方法，修改“ASP.NET 程序设计月销售额”和“移动开发月销售额”两个系列的“系列值”为1～12月份的月销售额数据。

5）在“选择数据源”对话框中，如图3-108所示，在“水平（分类）轴标签”中，单击“编辑”按钮，打开“轴标签”对话框，如图 3-110 所示，将“轴标签区域”修改为“销售表!$A$4:$A$15”，表示月份为1～12月份数据。单击“确定”按钮，返回“选择数据源”对话框，图表中出现了添加的数据区域，效果如图3-111所示。

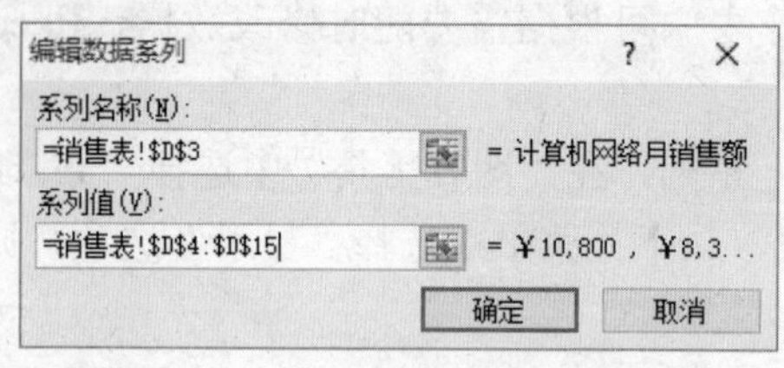

图3-109　“编辑数据系列”对话框

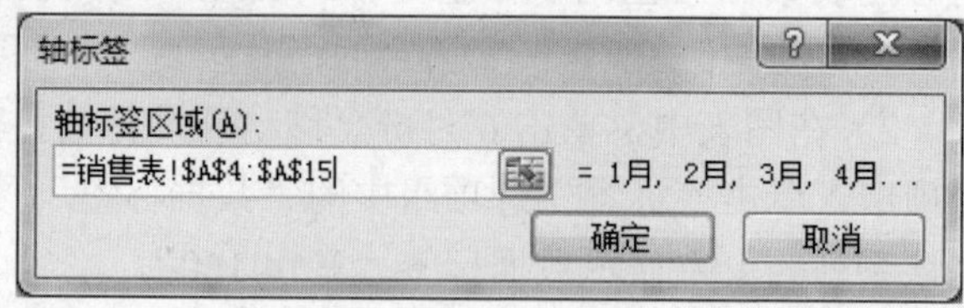

图3-110　“轴标签”对话框

6）单击图表中的标题文字，修改标题文本为“1～12月份图书销售统计表”。

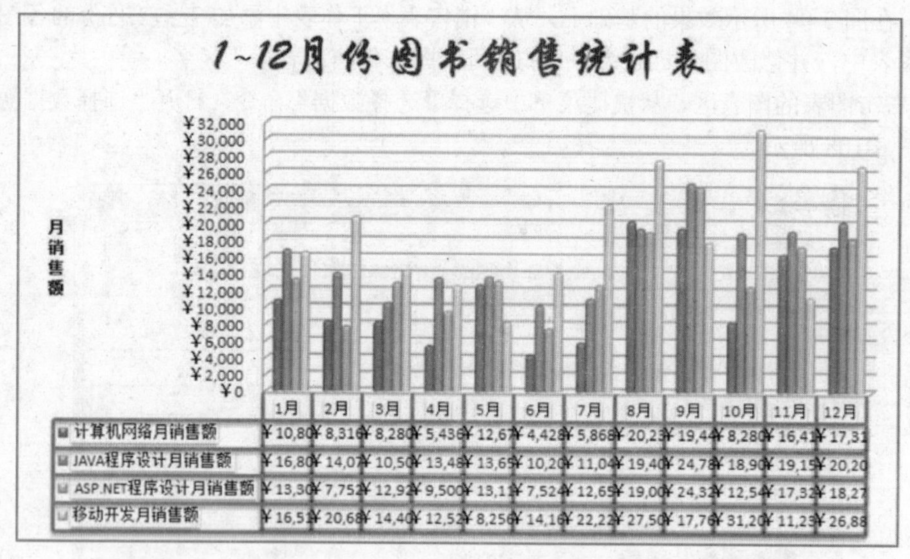

图3-111　1～12月份图书销售簇状圆柱图

4. 添加趋势线

（1）如图3-95所示效果，将图3-111所示的图表类型改为折线图，并删除模拟运算表。

1）单击图表，在“图表工具”中选择“设计”选项卡，单击“类型”选项组中的“更改图表类型”按钮，打开“更改图表类型”对话框，如图 3-112 所示，在左侧“图表类型”列表框中选择“折线图”，然后在右侧列表框“折线图”一栏中，单击选择“折线图”，单击“确定”按钮。

2）单击图表中的“模拟运算表”，按Delete键，则删除模拟运算表。

（2）在图表中为“移动开发月销售额”系列添加相应的对数趋势线，设置线型为“标准色”下的“红色”、1.5磅、单实线。

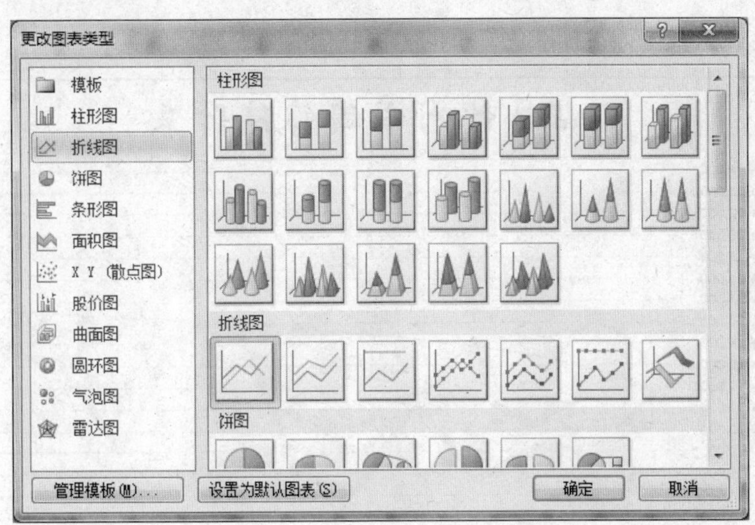

图 3-112 “更改图表类型”对话框

1）单击选择图表中的系列“移动开发月销售额”，再右击弹出快捷菜单，选择“添加趋势线”命令，打开“设置趋势线格式”对话框，如图 3-113 所示。

2）选择“趋势线选项”为“对数”。选择“线条颜色”中的线条为“实线”，“颜色”为“标准色”下的“红色”，“线型”宽度为“1.5 磅”。选择“线型”中的“短画线类型”为“实线”。单击“关闭”按钮，结果如图 3-114 所示。

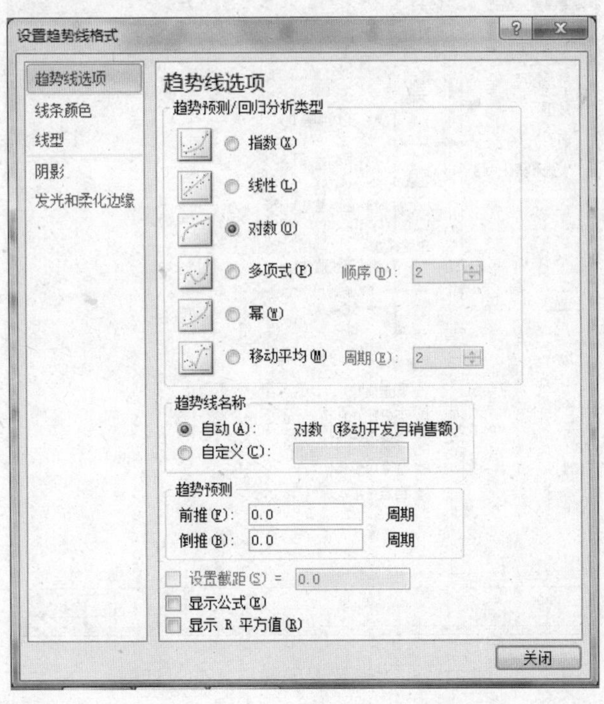

图 3-113 “设置趋势线格式”对话框

5. 数据图表的扩展应用

在图表中为“Java 程序设计月销售额”系列添加垂直误差线，显示方向为“正负偏差”，误差量为 5%，设置线型为“标准色”下的“深红色”、1.5 磅、单实线。

1~12月份图书销售统计表
¥34,000
¥32,000
¥30,000
¥28,000
¥26,000
¥24,000
¥22,000
¥20,000
¥18,000
¥16,000
¥14,000
¥12,000
¥10,000
¥8,000
¥6,000
¥4,000
¥2,000
¥0
月销售额
1月
2月
3月
4月
5月
6月
7月
8月
9月
10月
11月
12月

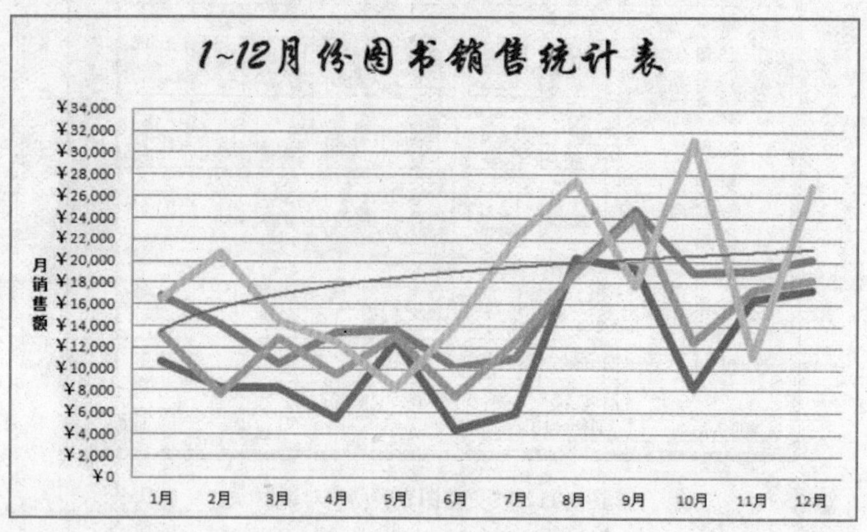

图 3-114 1～12 月份图书销售折线图

（1）单击选择图表中的系列“Java 程序设计月销售额”，在“图表工具”中选择“布局”选项卡，单击“分析”选项组中的“误差线”按钮，在下拉菜单中选择“其他误差线选项”命令，打开“设置误差线格式”对话框，如图 3-115 所示。

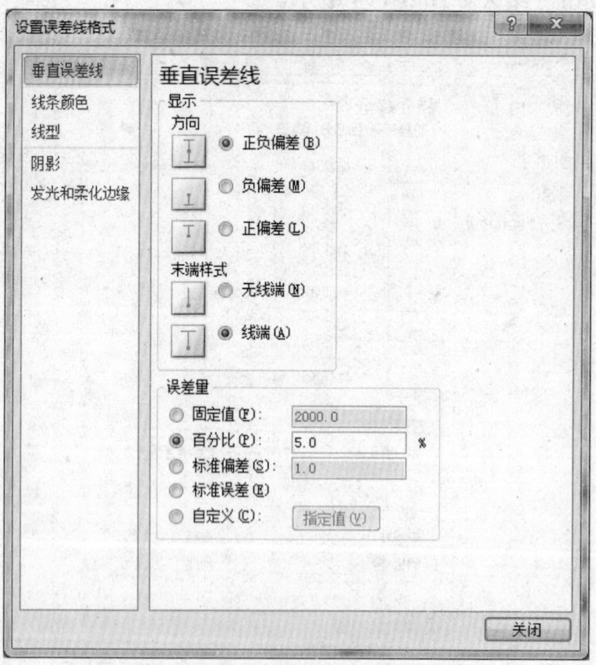

设置误差线格式
垂直误差线
线条颜色
线型
阴影
发光和柔化边缘
垂直误差线
显示
方向
正负偏差(B)
负偏差(M)
正偏差(L)
末端样式
无线端(N)
线端(A)
误差量
固定值(F): 2000.0
百分比(P): 5.0 %
标准偏差(S): 1.0
标准误差(E)
自定义(C): 指定值(V)
关闭

图 3-115 “设置误差线格式”对话框

（2）选择“垂直误差线”，设置显示方向为“正负偏差”，误差量为“百分比：5%”。选择“线条颜色”中的线条为“实线”，“颜色”为“标准色”下的“深红色”，“线型”宽度为“1.5 磅”。选择“线型”中的“短画线类型”为“实线”，单击“关闭”按钮。

相关知识

1. Excel 图表简介

Excel 图表是图形化的数据，它由点、线、面等图形与数据文件按特定的方式组合而成。图表是 Excel 的重要组成部分，图表使数据变得直观形象，当数据源发生变化时，图表中的数据也会自动更新。

Excel 提供了 11 种标准的图表类型，每种类型还有一些子类型，有二维图表和三维图表。在众多的图表类型中，选用那一种图表，主要同数据的形式有关，其次才考虑感觉效果和美观性。下面对几种常见的图表进行介绍。

（1）柱形图。由一系列垂直条组成，通常用来表示一段时间内数据的变化或者描述各项之间的比较关系，主要反映几个序列之间的差异，或者各序列随时间的变化情况。

（2）折线图。主要显示随时间或类别而变化的趋势线。比如：数据在一段时间内是呈增长趋势的，另一段时间内处于下降趋势，我们可以通过折线图，对将来做出预测。

（3）饼图。主要显示数据系列中每一项占该系列数值总和的比例关系。

（4）条形图。由一系列水平条组成。主要描述各项之间的对比情况，纵轴为分类，横轴为数值，突出了数值的比较，淡化了随时间的变化。

还有其他一些类型的图表，比如圆柱图、圆锥图、棱锥图，可以通过条形图和柱形图变化而来，没有突出的特点，而且用得相对较少，这里就不一一赘述。

2. 图表的基本操作

（1）创建图表。Excel 图表可分为嵌入式图表和图表工作表两种类型。嵌入式图表是置于数据工作表中的图表对象，图表工作表是置于新工作表中的图表。两种图表都与工作表中的数据相链接，并与工作表中的数据保持一致。

创建图表时，首先在工作表中选择创建图表所需的数据区域，然后选择“插入”选项卡，在“图表”选项组中选择要创建的图表类型，例如单击“条形图”按钮，再从下拉列表中选择条形图样式，如图 3-116 所示，即可在工作表中创建图表。

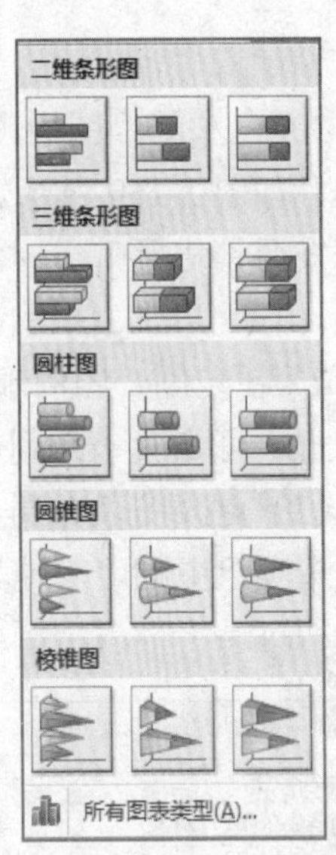

图 3-116 “条形图”下拉列表

选中图表，Excel 功能区将多出“图表工具”选项卡，下有“设计”“布局”和“格式”3 个选项卡，通过其中的命令，可以对图表进行编辑与修改。

（2）编辑图表。首先要选中图表，然后再编辑图表。

1）选中图表。单击图表区中的任何位置即可。

2）图表的移动、复制、缩放和删除。选中图表，将图表拖动到新的位置即可对图表进行移动。若在拖动图表的同时按下 Ctrl 键，可复制图表。拖动图表边界上的黑色小方块可对图表进行缩放，按 Delete 键可删除该图表。

3. 图表设计

（1）更改图表类型。选中图表，在“图表工具”中选择“设计”选项卡，单击“类型”选项组中的“更改图表类型”按钮，打开“更改图表类型”对话框，在左侧“图表类型”列表框中选择图表类型，然后在右侧列表框栏中单击选择子图表类型，单击“确定”按钮。

图 3-117 “数据”选项组

（2）更改图表源数据。图表创建完成后，还可以根据需要来添加、删除或修改数据。

1）选中图表，在“图表工具”中选择“设计”选项卡，单击“数据”选项组中的“选择数据”按钮，如图 3-117 所示，打开“选择数据源”对话框，如图 3-118 所示。

2）在左侧“图例项（系列）”列表框中选择要删除的数据系列，如“移动开发月销售额”系列，单击“删除”按钮，再单击“确定”按钮，则在图表中删除此数据系列。

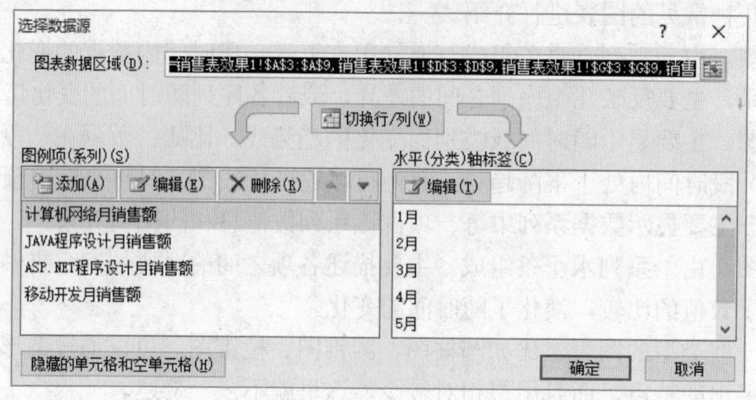

图 3-118 “选择数据源”对话框

3）在左侧“图例项（系列）”列表框中，单击“添加”按钮，打开“编辑数据系列”对话框，如图 3-119 所示。在工作表的数据区域中，选择“系列名称”，一般为列标题，如“移动开发月销售额”，选择“系列值”，一般为相应列的数据区域，如 M4:M9，再单击“确定”按钮。

4）在左侧“图例项（系列）”列表框中，单击“编辑”按钮，同样打开“编辑数据系列”对话框，可修改“系列名称”或“系列值”。

（3）更改图表布局。单击图表，在“图表工具”中选择“设计”选项卡，单击“图表布局”选项组中的“其他”按钮，打开下拉列表，如图 3-120 所示，从中选择一种适合的图表布局即可。

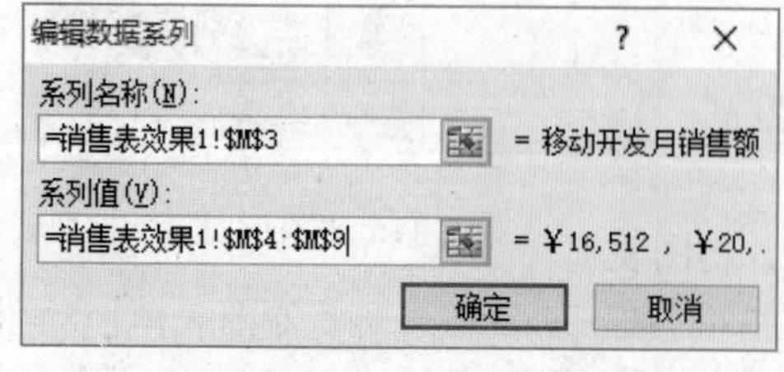

图 3-119 “编辑数据系列”对话框

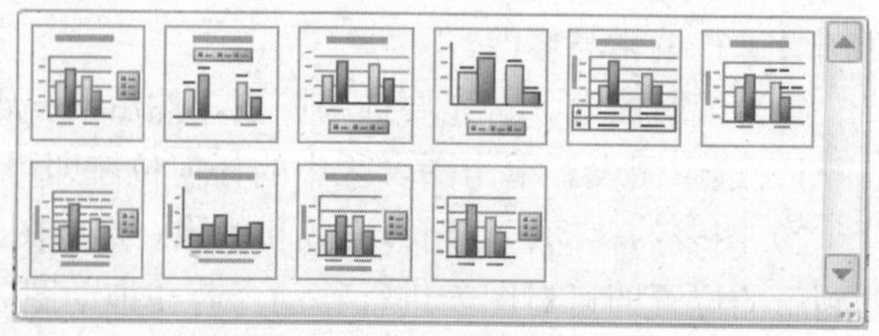

图 3-120 “图表布局”下拉列表

（4）更改图表样式。单击图表，在“图表工具”中选择“设计”选项卡，单击“图表样式”选项组中的“其他”按钮，打开下拉列表，如图 3-121 所示，从中选择一种适合的图表样式即可。

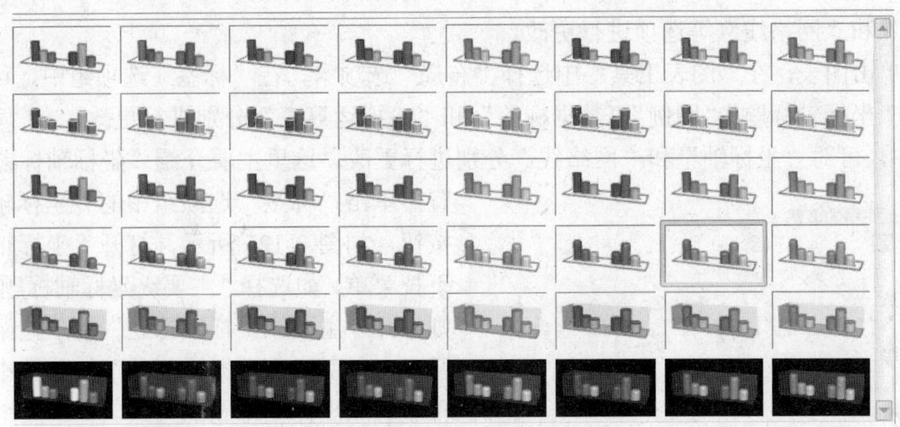

图 3-121 “图表样式”下拉列表

（5）更改图表位置。图表位置有嵌入式（对象位于数据表中）和独立工作表（新工作表）两种。

1）单击图表，在“图表工具”中选择“设计”选项卡，单击“位置”选项组中的“移动图表”按钮，打开“移动图表”对话框，如图 3-122 所示。

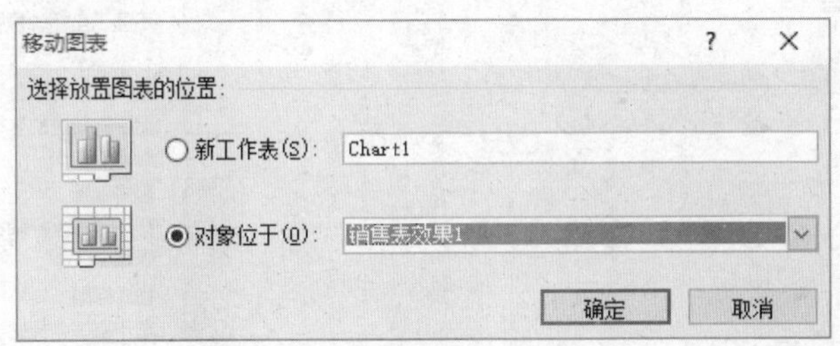

图 3-122 “移动图表”对话框

2）选中“对象位于”单选按钮，在右侧的下拉列表框中选择希望放置图表的工作表，如“销售表效果 1”，单击“确定”按钮，则产生嵌入式图表。

3）选中“新工作表”单选按钮，在右侧的文本框中输入新工作表的名称，单击“确定”按钮，则产生图表工作表。

4. 图表布局

（1）插入图片、形状和文本框。可以在已创建的图表中插入图片、形状和文本框等。

1）单击图表，在“图表工具”中选择“布局”选项卡，单击“插入”选项组中的“图片”按钮，如图 3-123 所示，打开“插入图片”对话框，从中选择需要插入的图片，单击“插入”按钮，则在图表中插入图片。

2）单击图表，在“图表工具”中选择“布局”选项卡，单击“插入”选项组中的“形状”按钮，打开“形状”下拉列表，如图 3-124 所示，从中选择需要插入的形状，在图表中拖动鼠标，则在图表中插入形状。

图片 形状 文本框
插入

图 3-123 “插入”选项组

3）以类似的方法，可在图表中插入文本框。

（2）更改图表选项。可对“图表标题”“坐标轴标题”“图例”“数据标签”“模拟运算表”

“坐标轴”和“网络线”等选项进行更改。

1）单击图表，在“图表工具”中选择“布局”选项卡，在“标签”选项组中，可对“图表标题”“坐标轴标题”“图例”“数据标签”和“模拟运算表”分别进行更改，在“坐标轴”选项组中，可对“坐标轴”和“网络线”分别进行更改。这里主要介绍“坐标轴标题”的设置，单击“标签”选项组中的“坐标轴标题”按钮，如图 3-125 所示，打开“坐标轴标题”下拉菜单，如选择“主要纵坐标轴标题”选项，则打开“主要纵坐标轴标题”的下拉菜单，如图 3-126 所示，根据需要从下拉菜单中选择一种放置纵坐标轴标题的方式。

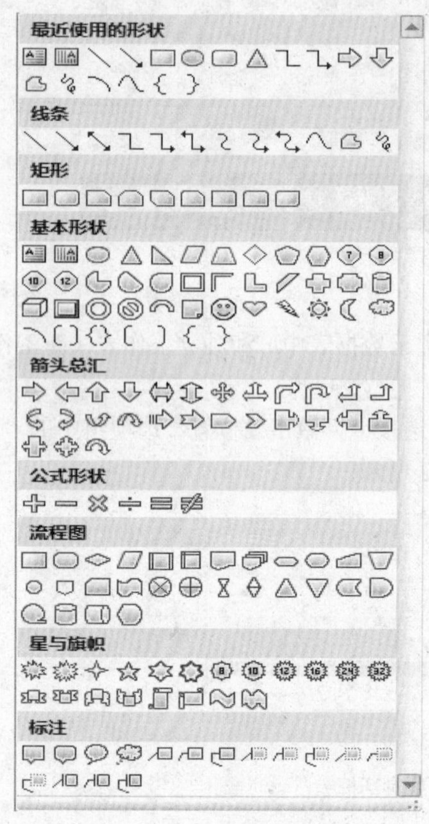

图 3-124 “形状”下拉列表

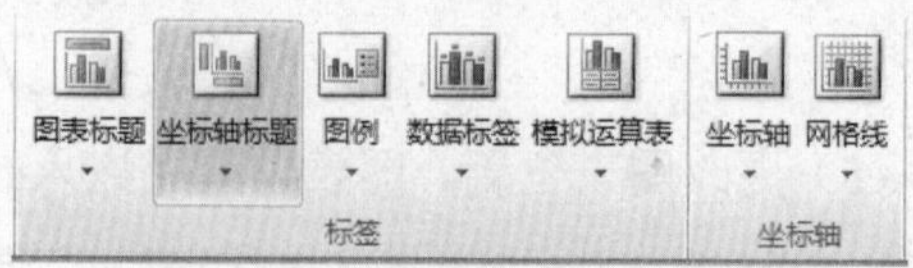

图 3-125 “标签”和“坐标轴”选项组

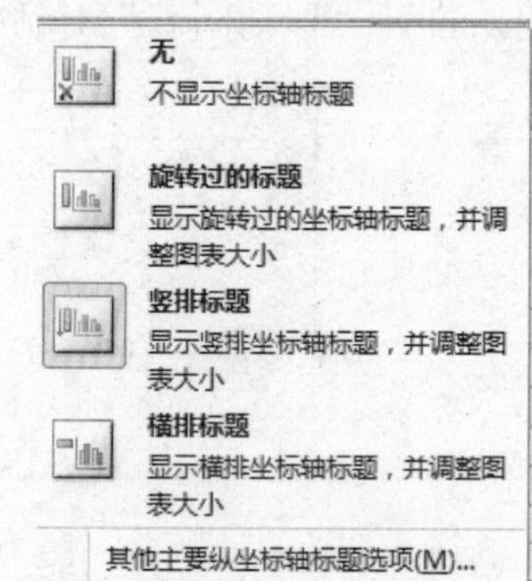

图 3-126 “主要纵坐标轴标题”下拉菜单

2）单击图 3-126 中的“其他主要纵坐标轴标题选项”命令，打开“设置坐标轴标题格式”对话框，如图 3-127 所示，可以为坐标轴标题设置填充效果、边框颜色、边框样式、阴影、三维格式等。

（3）更改图表背景。可对“绘图区”“图表背景墙”“图表基底”和“三维旋转”分别进行更改，其中“绘图区”用于二维图的设置，其余三项用于三维图的设置。

1）单击图表，在“图表工具”中选择“布局”选项卡，在“背景”选项组中，可对“绘图区”“图表背景墙”“图表基底”和“三维旋转”分别进行更改。这里主要介绍“图表背景墙”的设置，单击“背景”选项组中的“图表背景墙”按钮，如图 3-128 所示，打开“图表背景墙”下拉菜单，如图 3-129 所示，根据需要从下拉菜单中选择一种图表背景墙的方式。

2）单击图 3-129 中的“其他背景墙选项”命令，打开“设置背景墙格式”对话框，如图 3-130 所示，可以为背景墙设置填充效果、边框颜色、边框样式、阴影、三维格式等。

（4）进行图表分析。单击图表，在“图表工具”中选择“布局”选项卡，在“分析”选项组中，如图 3-131 所示，只能对二维图表分别添加“趋势线”“折线”“涨/跌柱线”和“误差线”进行分析。具体操作方法参见案例实现中的 4 和 5。

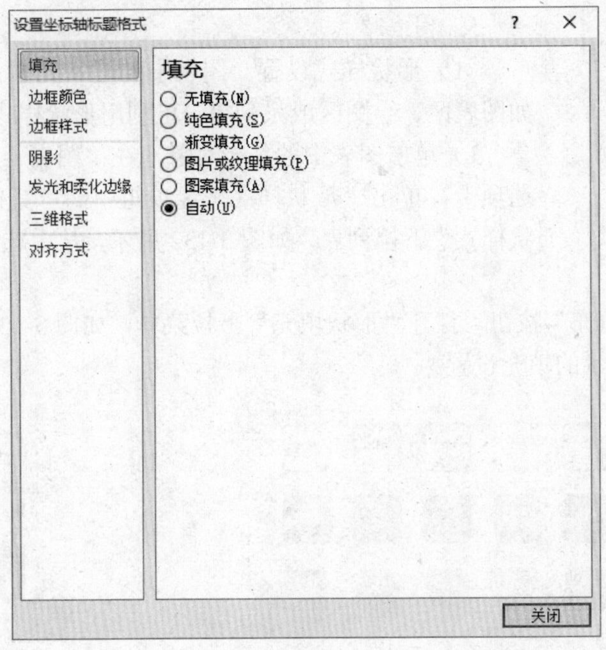

图 3-127　“设置坐标轴标题格式”对话框

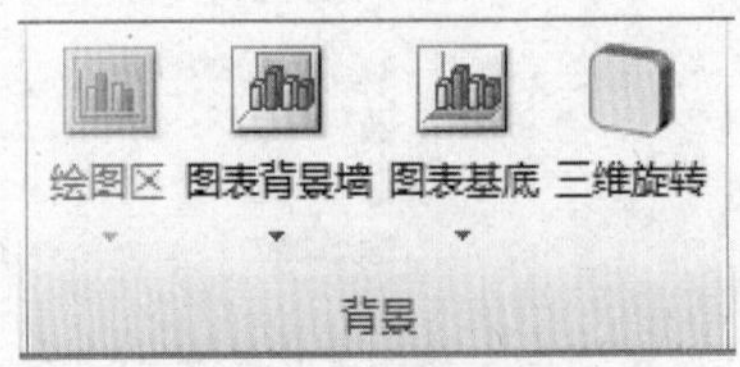

图 3-128　“背景”选项组

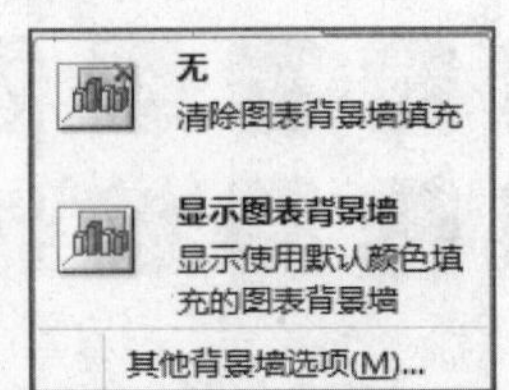

图 3-129　“图表背景墙”下拉菜单

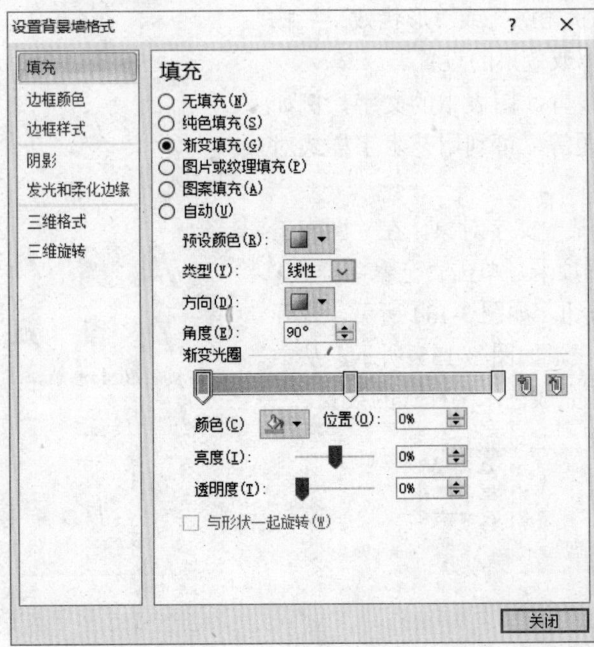

图 3-130　“设置背景墙格式”对话框

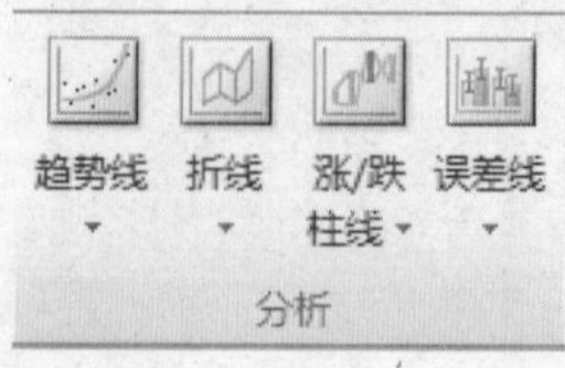

图 3-131 “分析”选项组

5. 图表格式

（1）形状样式设置。图表中的基本元素都可以视为形状，例如图表区、绘图区或系列等，可利用形状样式对其进行快速设置。

1）单击图表中的某一对象，在“图表工具”中选择“格式”选项卡，单击“形状样式”选项组中的“其他”按钮，打开“形状样式”下拉列表，如图 3-132 所示，从中选择一种形状样式，完成形状样式的设置。

2）单击“形状填充”按钮，打开“形状填充”下拉菜单，如图 3-133 所示，从中选择一种填充效果，完成形状的填充设置。

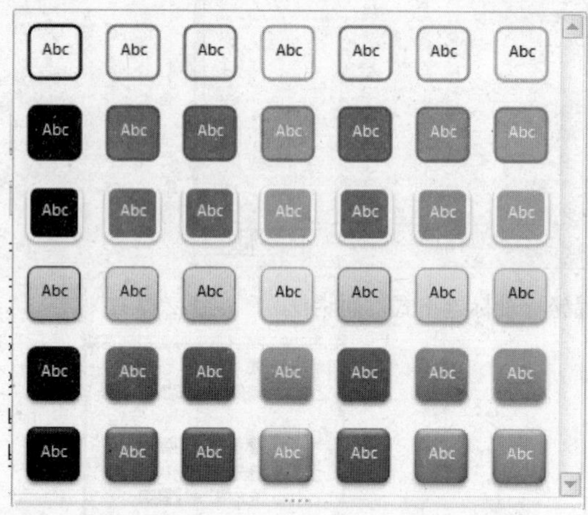

图 3-132 “形状样式”下拉列表

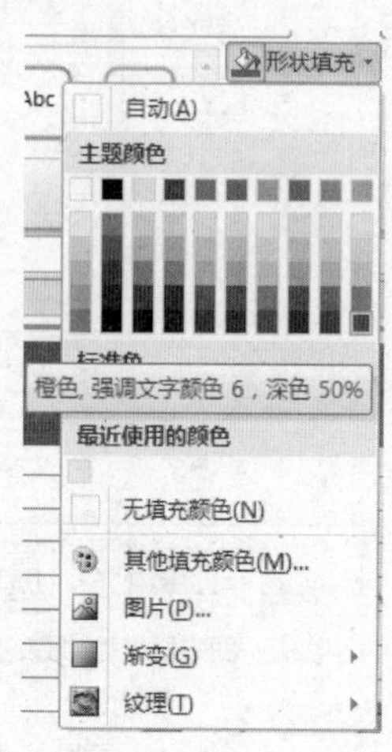

图 3-133 “形状填充”下拉菜单

3）通过单击“形状轮廓”或“形状效果”按钮，可完成形状的轮廓或效果的设置。

（2）艺术字样式设置。图表中的文字，例如图表标题、坐标轴标题等，可利用艺术字样式对其进行快速设置。

1）单击图表中的某一文字对象，在“图表工具”中选择“格式”选项卡，单击“艺术字样式”选项组中的“其他”按钮，如图 3-134 所示，打开“艺术字样式”下拉列表，如图 3-135 所示，从中选择一种艺术字样式，完成艺术字样式的设置。

图 3-134 “艺术字样式”选项组

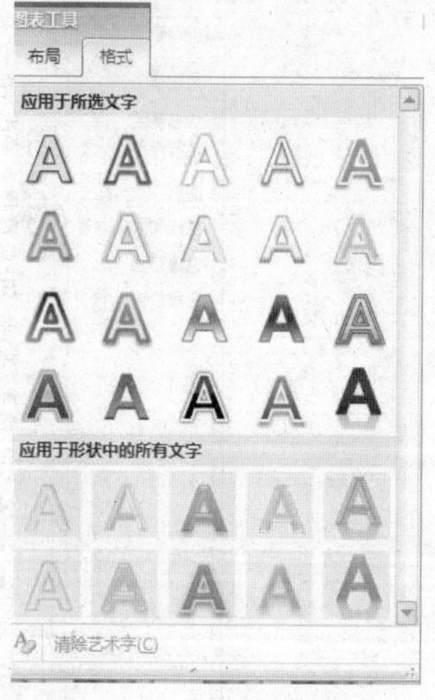

图 3-135 “艺术字样式”下拉列表

2）单击“文本填充”按钮，打开“文本填充”下拉菜单，从中选择一种填充效果，完成文本的填充设置。

3）通过单击“文本轮廓”或“文本效果”按钮，可完成文本的轮廓或效果的设置。

6. 使用迷你图

迷你图是 Microsoft Excel 2010 中的新增功能，它是工作表单元格中的一个微型图表，可以提供数据的直观表示。使用迷你图可以显示数值系列中的趋势，例如税收季节性的增加或减少，也可以突出显示最大值和最小值。在数据旁边添加迷你图能够达到最佳的对比效果。

（1）插入迷你图。利用企业营业税（项目 3\案例 3\迷你图数据素材.xlsx）工作表中每一行的数据，在最后一个单元格中插入折线图迷你图，最终效果如图 3-136 所示。

	A	B	C	D	E	F	G
1	企业营业税抽样调查表（万元）						
2	公司名称	所在城市	1月份	2月份	3月份	4月份	
3	苏房物业	苏州	587	487	785	659	
4	惠民搬运	广州	875	578	547	950	
5	万利房产	苏州	687	658	658	854	
6	新天地广告	北京	497	985	698	657	
7	达利营销	郑州	587	875	598	357	

图 3-136　企业营业税迷你图效果

1）选择要创建迷你图的一行数据，如 C3:F3，在“插入”选项卡中，单击“迷你图”选项组中的“折线图”按钮，如图 3-137 所示，打开“创建迷你图”对话框，如图 3-138 所示，在“选择放置迷你图的位置”的“位置范围”框中输入 G3，单击“确定”按钮，则在 G3 单元格中显示一个折线图。

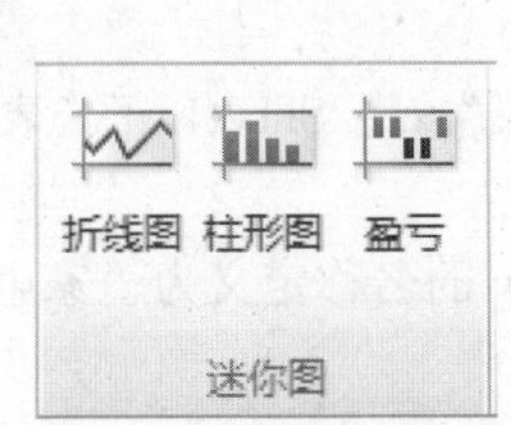

图 3-137　“迷你图”选项组

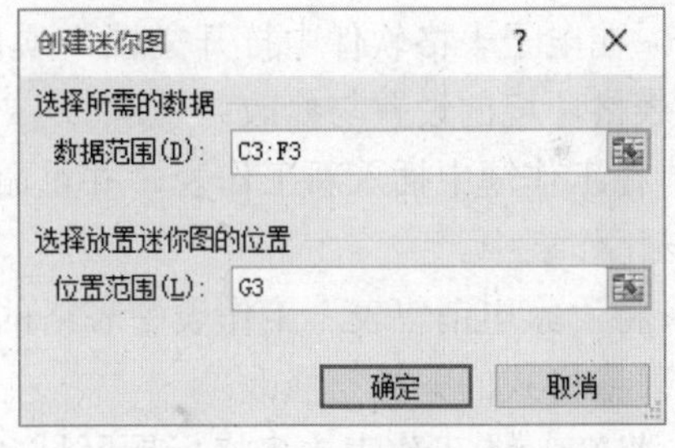

图 3-138　“创建迷你图”对话框

2）用同样的方法，为其他各行数据创建迷你图。也可以拖动填充柄完成迷你图的复制。

（2）迷你图设计。可根据需要修改迷你图的类型、显示方式、样式等。

1）单击迷你图，在“迷你图工具”中的“设计”选项卡中，如图 3-139 所示，单击“类型”选项组中的“柱形图”按钮，则更改图表类型为“柱形图”。

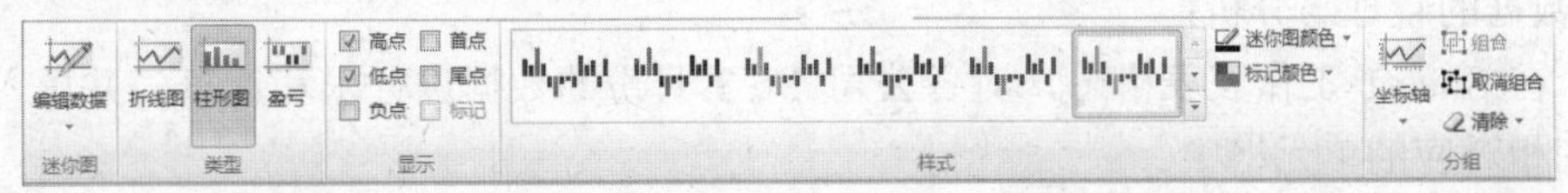

图 3-139　“迷你图工具—设计”选项卡

2）在“显示”选项组中，选中“高点”和“低点”复选框，即可显示迷你图中的最大值点和最小值点。

3）在“样式”选项组中，选择一种样式，即可改变迷你图的样式。

思考与练习

一、思考题

1．如何在一个工作簿中的不同工作表之间切换？

2．单元格、工作表、工作簿的概念及相互关系是什么？

3．如何将工作表和工作簿加密保存？

4．怎样实现自动填充的功能？

5．观察 Excel 中复制“一般数据”和“公式”的不同情况。

6．什么是相对地址、绝对地址、混合地址？如何使用？

7．在设置工作表格式时，有时单元格会显示出“######”，为什么？如何解决？

8．在输入公式时，若单元格显示“#DIV/0!”，表示什么意思？

9．图表中有哪些对象，如何实现添加、删除和修饰这些对象？

10．Excel 中排序有几种方法？如何进行自定义排序？

11．Excel 中数据透视表的作用是什么，如何更改数据透视表中的值字段汇总方式？

12．Excel 中数据的自动筛选和高级筛选如何进行？高级筛选的条件如何设置？

13．Excel 中常用函数有哪些？分别起什么作用，如何实现函数的计算？

14．如何进行数据汇总？

二、练习题

（一）在电子表格软件中打开文档“项目 3\思考与练习\A3.xlsx”进行如下操作。

1．表格环境的设置与修改：

（1）在工作簿中插入新工作表，并重命名为“家电销售表”，将 Sheet1 工作表中的内容复制到该工作表中。

（2）将“家电销售表”工作表中表格的标题单元格（A1）的名称定义为“家电销售”。

2．表格格式的编排与修改：

（1）将 Sheet1 工作表中表格标题区域 A1:E1 设置为“合并后居中”格式，将其字体设置为隶书，字号为 18 磅，将行高设置为 25。将表头行（A2：E2 单元格区域）和第一列（A3：A7 单元格区域）的字体均设置为楷体、14 磅。

（2）将“项目 3\思考与练习\A3.jpg”设定为 Sheet1 工作表的背景。

（3）自动调整 Sheet1 工作表中表格的列宽为最适合列宽，将表格中数据区域设置为水平居中格式。

3．数据的管理与分析：

（1）在 Sheet1 工作表表格中，对各公司 1～3 月份的数据进行求和计算，并填入到“合计”一列相对应的单元格中。

（2）使用 Sheet2 工作表表格中的数据，以“品名”为列标签，以“1～3 月份”为求和项，从 Sheet2 工作表的 B15 单元格起建立数据透视表。

（3）在数据透视表中，利用条件格式将 1～3 月份销售量最大的 5 项以“浅红色填充”突出显示出来。

4．图表的运用：

利用 Sheet3 工作表中的相应数据，在该工作表中创建一个折线图图表。在右侧显示图例，调整图表的大小为高 9 厘米，宽 14 厘米，并录入图表标题“空调行业销售图”。

5．对文件 A3.xlsx 的内容进行加密，设置打开此工作簿的密码为“gjks4-2”。

（二）在电子表格软件中，打开文档项目 3\思考与练习\A4.xlsx，将 Sheet1 工作表重命名为“贷款试算表”，并按下列要求操作。

1．数据格式设置：

在“贷款试算表”工作表中，设置“每月还款额”一列单元格的数据格式为：货币、保留两位小数。

2．单变量：

在“贷款试算表”工作表中，利用模拟运算表来进行单变量问题分析，运用 PMT 函数，实现通过“贷款年利率变化”计算“每月还款额”的功能。

3．创建、编辑、总结方案：

（1）在“贷款试算表”工作表的方案管理器中添加一个新方案，命名为“KS5-2”。

（2）设置“贷款年利率变化”为可变单元格，输入一组可变单元格的值为“7.0%、7.5%、8.0%、8.5%、9.0%”。

（3）设置“每月还款额”为结果单元格，报表类型为“方案摘要”。

4．双变量：

（1）在 Sheet2 工作表中，运用 FV 函数，计算存款日期为 2 年时，“每月存款额”和“存款年利率”固定时的“最终存款总额”。

（2）在 Sheet2 工作表中，利用模拟运算表来进行双变量问题分析，计算存款日期为 2 年时，“最终存款总额”随“每月存款额”和“存款年利率”的变化而相应变化的结果。

项目 4 PowerPoint 2010 演示文稿制作

演示文稿制作软件 PowerPoint 2010 是 Microsoft Office 2010 的主要成员之一。它的主要功能有：①文本录入与编辑；②插入音频和视频；③插入图片；④设置幻灯片版式、主题和背景；⑤设置动画效果等。它广泛应用于演讲、会议、教育、交流等多种场合。

PowerPoint 2010 新增了许多实用的功能如下：

（1）为演示文稿带来更多活力和视觉冲击：应用成熟的照片效果如颜色饱和度和色温、亮度和对比度、虚化、画笔和水印，将图像变成引人注目的、鲜亮的图像。

（2）与他人同步工作。可以同时与不同位置的其他人合作同一个演示文稿。当访问文件时，可以看到谁在合著演示文稿，并在保存演示文稿时看到他们所做的更改。

（3）添加个性化视频体验。在 PowerPoint 2010 中直接嵌入和编辑视频文件。方便的书签和剪裁视频仅显示相关节，可以插入文本和标题以引起访问群体的注意。还可以使用样式效果，如淡化、映像、柔化棱台和三维旋转等迅速引起访问群体的注意。

（4）使用美妙绝伦的图形创建高质量的演示文稿。使用数十个新增的 SmartArt 布局可以创建多种类型的图表，例如组织系统图、列表和图片图表。将文字转换为令人印象深刻的直观内容。

（5）用幻灯片切换和动画吸引访问群体。PowerPoint 2010 提供了全新的动态切换，如动作路径和看起来与在 TV 上看到的图形相似的动画效果。轻松访问、发现、应用、修改和替换演示文稿。

（6）更高效地组织和打印幻灯片。通过使用新功能的幻灯片轻松组织和导航，这些新功能可帮助您将一个演示文稿分为逻辑节或与他人合作时为特定作者分配幻灯片。这些功能允许作者更轻松地管理幻灯片，如只打印用户需要的节而不是整个演示文稿。

本项目通过 2 个案例介绍了演示文稿的完整制作过程，其中包括演示文稿的创建与编辑，文本、图像、视频等对象的插入与编辑，各种对象动画效果的设置，幻灯片切换和放映方式，演示文稿的保存等。

案例 1 制作企业产品展示的演示文稿

PowerPoint 是功能强大的演示文稿制作软件，可协助我们独自或联机创建永恒的视觉效果。它增强了多媒体支持功能，利用 PowerPoint 制作的文稿，可以通过不同的方式播放，也可将演示文稿打印成一页一页的幻灯片，使用幻灯片机或投影仪播放，可以将用户的演示文稿保存到光盘中以进行分发。

案例描述

小李是某公司宣传部的工作人员，对于公司最近要在市场上主推的产品——茶具，公司要求宣传部制作一份演示文稿，在公司展示大厅和租赁的重点广告位循环进行播放，以达到尽快让茶具产品顺利进入市场，在民众中引起注意的目的。

小李最终完成的案例效果如图 4-1 所示。

图 4-1　企业产品展示演示文稿效果

案例实现

启动 PowerPoint 2010，利用“项目 4\案例 1”文件夹中的“企业产品展示素材.pptx”文件。根据要求完成“企业产品展示”演示文稿的页面设置、插入图片图表、插入超链接、动画设置和放映及保存等工作。

1．演示文稿的页面设置

（1）如图 4-1 效果所示，将第一张幻灯片中标题的字体设置为华文新魏、字号为 60、加粗，字体颜色为标准色中的“紫色”。

选中标题文字右击，在弹出的快捷菜单中选择“字体”命令，在弹出的“字体”对话框中，将“中文字体”设置为“华文新魏”，字号“大小”为“60”，“字体样式”为“加粗”，“字体颜色”为标准色中的“紫色”，如图 4-2 所示，单击“确定”按钮。

（2）将主题“波形”应用于所有幻灯片，并填充“样式 9”的背景样式，透明度 60%。

1）在“设计/主题”选项组下拉框中选择“波形”主题，如图 4-3 所示。

2）在“设计/背景”选项组的“背景样式”下拉框中选择“样式 9”，如图 4-4 所示。

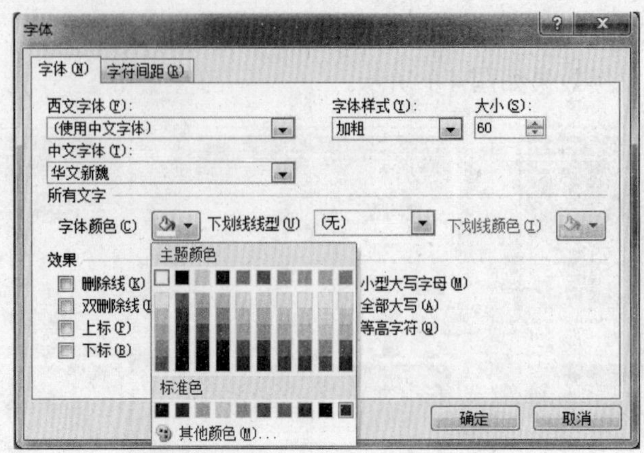

图 4-2 “字体”对话框

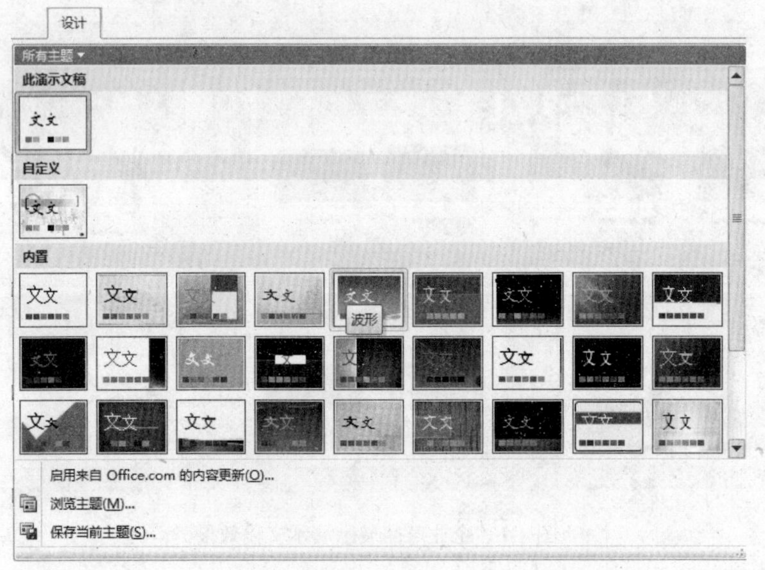

图 4-3 “设计/主题”选项组

3）在“设计/背景”选项组的“背景样式”下拉框中选择“设置背景格式”命令，在打开的对话框中如图 4-5 所示设置“透明度”，单击“全部应用”“关闭”按钮完成。

（3）按图 4-1 效果图所示，在幻灯片母版中为所有幻灯片添加页脚“创意茶具”，设置字体为微软雅黑、加粗、18 磅、天蓝色（RGB：112，255，255），标题幻灯片中不显示，插入幻灯片编号。

1）选择“视图/母版视图”选项组的“幻灯片母版”命令，在母版视图中，单击选择左侧第一张幻灯片，在右侧设计视图的左下角“页脚”中输入“创意茶具”，选中文字右击选择“字体”命令，按要求设置。“字体颜色”如图 4-6 所示，选择“其他颜色”命令。

2）在弹出的“颜色”对话框中，选择“自定义”选项卡，设置天蓝色（RGB：112，255，255），如图 4-7 所示，然后单击“确定”按钮。

3）选择菜单“插入/文本”选项组的“页眉和页脚”命令，在弹出的对话框中进行如图 4-8 所示的勾选，单击“全部应用”按钮。

（4）在幻灯片母版中将文本占位符中段落的项目符号更改成“箭头”，大小为字高的 115%，颜色为标准色中的“橙色”。

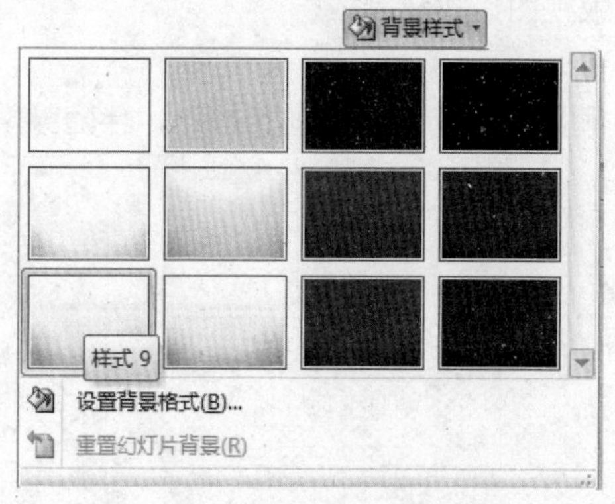

图 4-4　“设计/背景”选项组

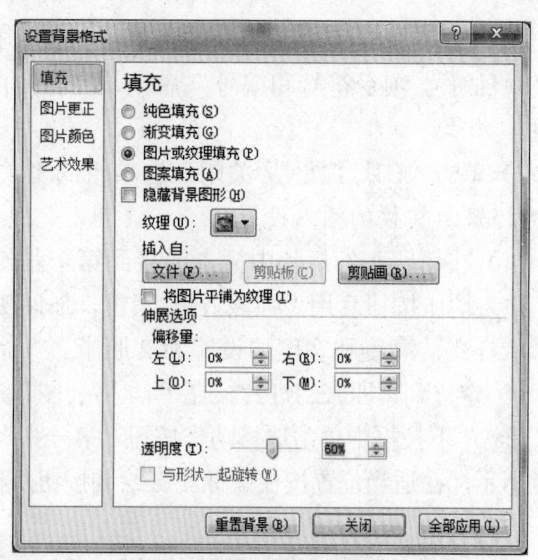

图 4-5　“设置背景格式”对话框

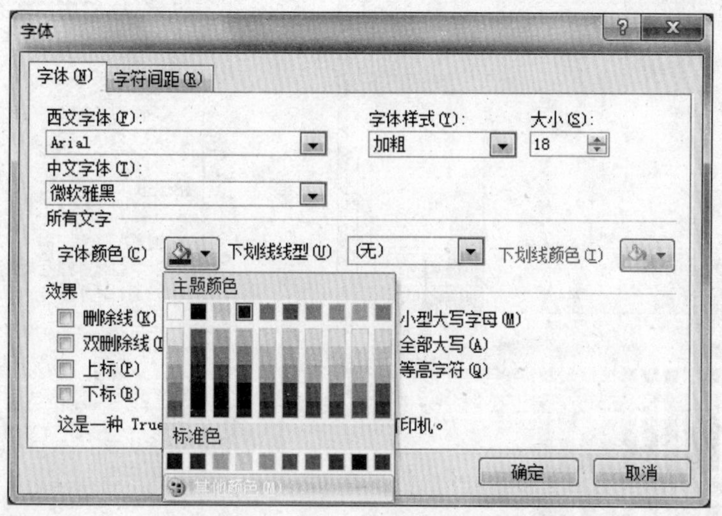

图 4-6　设置“字体”对话框

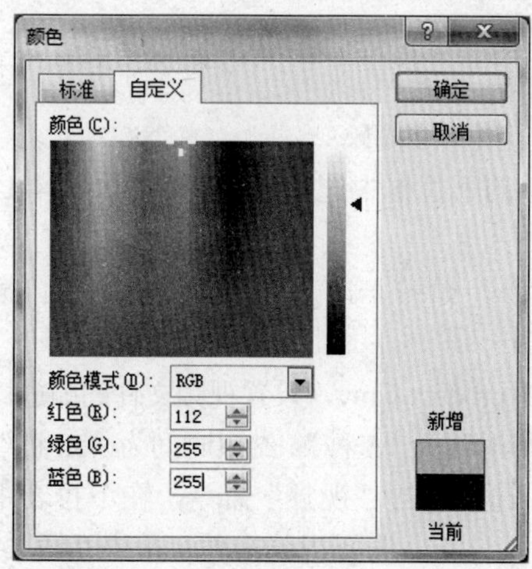

图 4-7　“颜色/自定义”选项卡

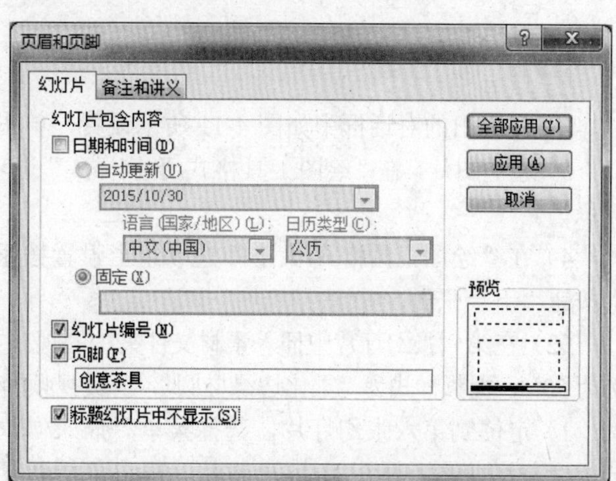

图 4-8　“页眉和页脚/幻灯片”选项卡

1）在幻灯片母版视图第一张幻灯片的设计视图中，选中文本占位符中段落文字右击，选择“项目符号/项目符号和编号”命令，在弹出的对话框中如图 4-9 所示设置，单击“确定”按钮。

2）单击“幻灯片母版/关闭”选项组的“关闭母版视图”按钮完成。

2. 演示文稿的插入设置

（1）在第四张幻灯片中插入链接到第一张幻灯片和下一张幻灯片的动作按钮，伴随鼓掌声，并为动作按钮套用“强烈效果-蓝色，强调颜色 2”的形状样式，高度和宽度均设置为 2 厘米。

1）定位到第四张幻灯片，在“插入/插图”选项组的“形状”下拉框中单击选择动作按钮“第一张”，如图 4-10 所示，在适当位置按住鼠标左键绘制按钮后松开。

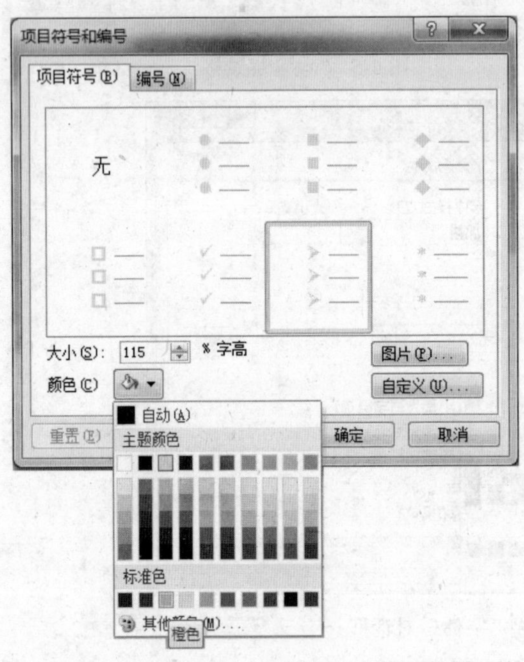

图 4-9 “项目符号和编号/项目符号”选项卡

图 4-10 插入“第一张”动作按钮

2）在弹出的对话框中如图 4-11 所示设置，单击“确定”按钮。

3）选中图片，在“绘图工具格式/形状样式”选项组的下拉框中选择形状样式，如图 4-12 所示。

4）在“绘图工具格式/大小”选项组上设置按钮大小，如图 4-13 所示。同样的方法，插入按钮“下一张”。

（2）在第六张幻灯片中插入素材文件夹中的视频文件 product.wmv，设置视频文件的缩放比例为 50%，视频样式为“柔化边缘椭圆”，剪裁视频的开始时间为“3 秒”，结束时间为“30 秒”。

1）定位到第六张幻灯片，选择菜单“插入/媒体”选项组的“视频”命令，在下拉表中选择“文件中的视频”，在打开的对话框中定位到素材文件夹，选择视频文件，单击“插入”按钮。如图 4-14 所示。

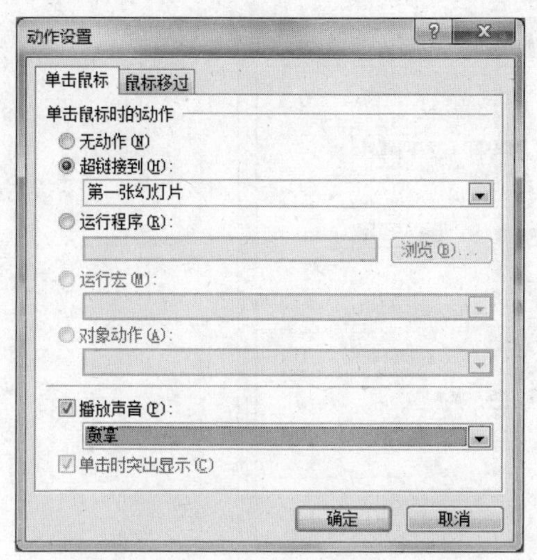

图 4-11 “动作设置/单击鼠标”选项卡

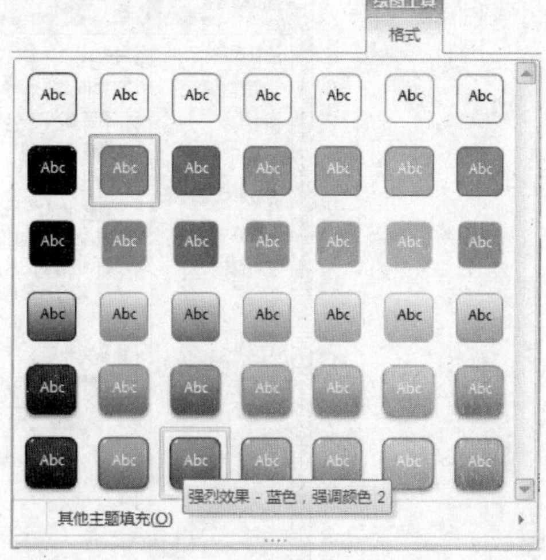

图 4-12 “绘图工具格式/形状样式”选项组

2）在视频文件上右击，选择“大小和位置”命令，在弹出的对话框中如图 4-15 所示设置，单击“关闭”按钮。

3）在“视频工具格式/视频样式”选项组的下拉框中选择相应样式，如图 4-16 所示。

4）在“视频工具播放/编辑”选项组中单击“剪辑视频”按钮，如图 4-17 所示设置开始和结束时间，单击“确定”按钮。

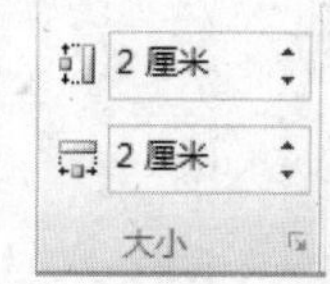

图 4-13 “绘图工具格式/大小”选项组

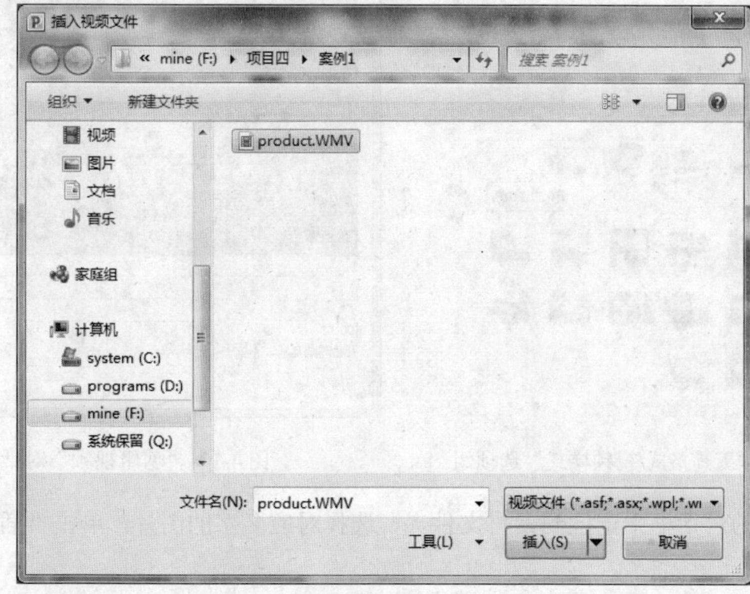

图 4-14 “插入视频文件”对话框

（3）在第九和第十张幻灯片中插入素材文件夹中对应名字的图片文件，设置图片大小的缩放比例为 80%，图片样式为“映像圆角矩形”。

1）定位到第九张幻灯片，单击“插入来自文件的图片”，如图 4-18 所示。

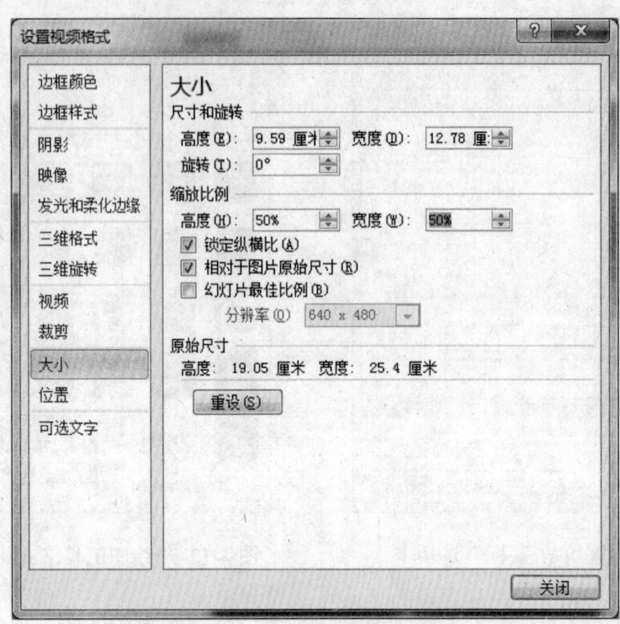

图 4-15 “设置视频格式”对话框

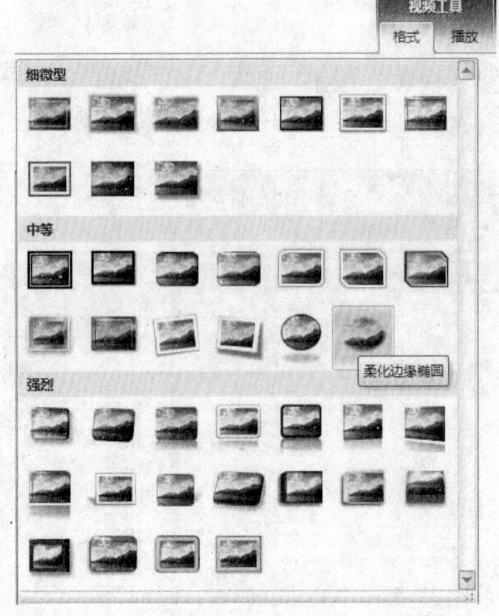

图 4-16 “视频工具格式/视频样式”选项组

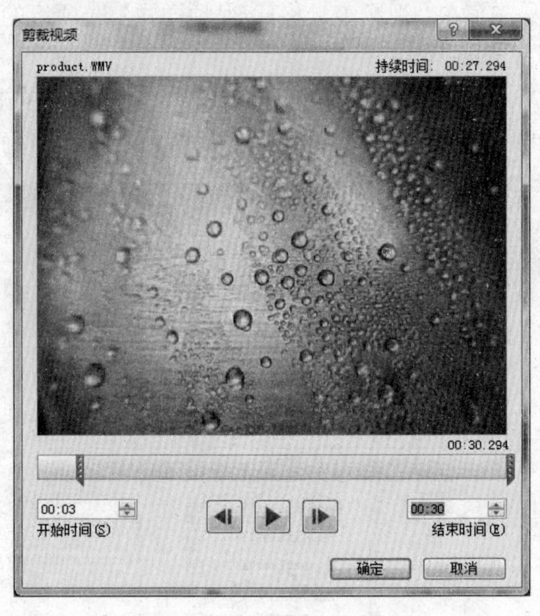

图 4-17 “剪辑视频”对话框

2）在弹出的对话框中定位到素材文件夹，选择对应名字的图片，单击“插入”按钮。如图 4-19 所示。

3）保持图片选中状态，在“图片工具格式/图片样式”选项组下拉框中选择样式，如图 4-20 所示。

4）在图片上右击，选择“大小和位置”命令，在弹出的对话框中如图 4-21 所示设置，单击“关闭”按钮。其他图片按照一样的方法进行设置。

（4）为第五张幻灯片上的小标题文字设置超链接，分别指向相同标题的幻灯片。

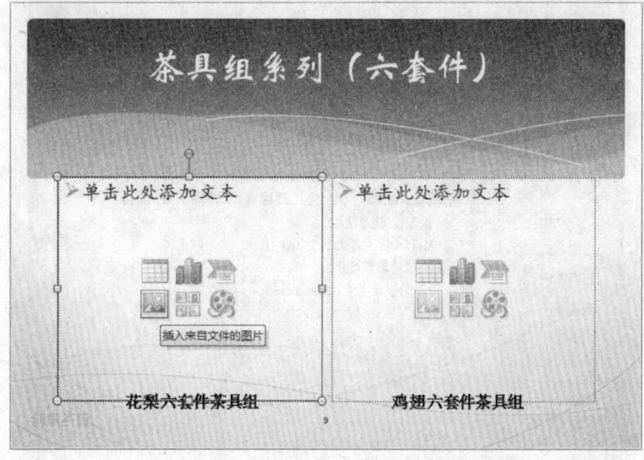

图 4-18 “插入来自文件的图片”命令

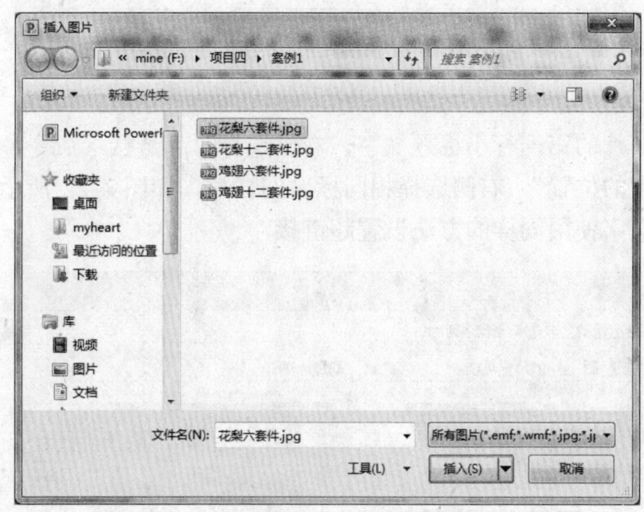

图 4-19 “插入图片”对话框

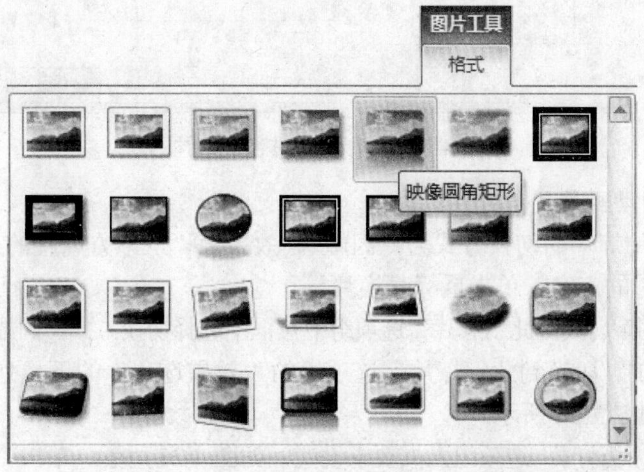

图 4-20 “图片工具格式/图片样式”选项组

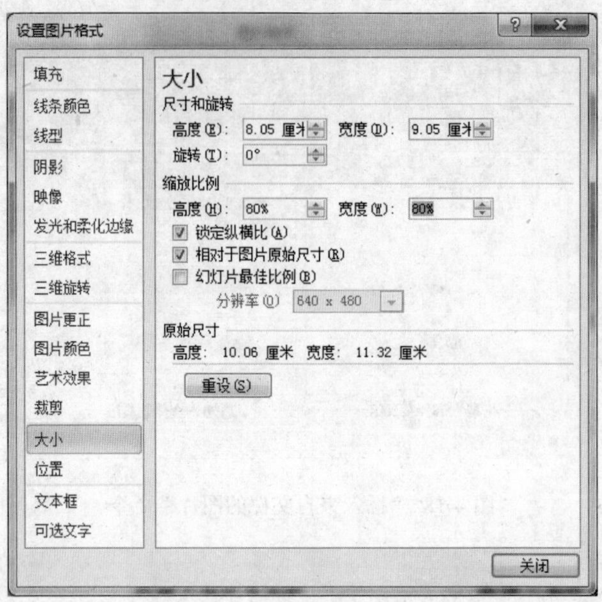

图 4-21 “设置图片格式”对话框

选中第五张幻灯片的第一行小标题文字，右击选择“超链接”命令，在弹出的对话框中左侧选中“本文档中的位置”，右侧选择相同标题幻灯片，如图 4-22 所示，单击“确定”按钮完成。其他标题文字使用同样的方法设置超链接。

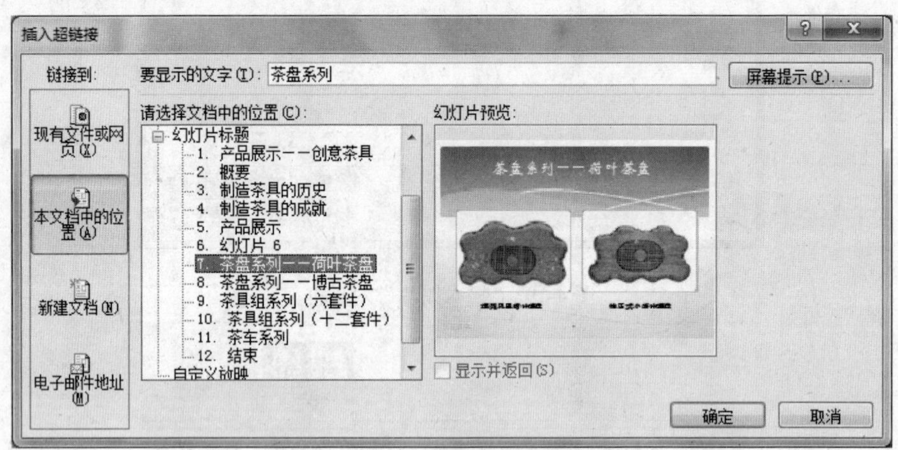

图 4-22 “插入超链接”对话框

3. 演示文稿的动画设置与保存

（1）设置所有幻灯片的切换方式为“闪耀”、效果为“从下方闪耀的六边形”、持续时间为“2 秒”、“风铃”的声音、单击鼠标时换片。

1）在菜单“切换/切换到此幻灯片”选项组下拉框中选择切换方式“闪耀”，如图 4-23 所示。

2）在菜单“切换/切换到此幻灯片”选项组的“效果选项”的下拉列表中选择“从下方闪耀的六边形”，如图 4-24 所示。

3）在菜单“切换/计时”选项组上按要求设置，如图 4-25 所示。单击“全部应用”完成。

（2）将第一张幻灯片中标题文本的动画效果设置为“弹跳”、持续时间为“3 秒”、从“上一动画之后”自动启动动画效果。

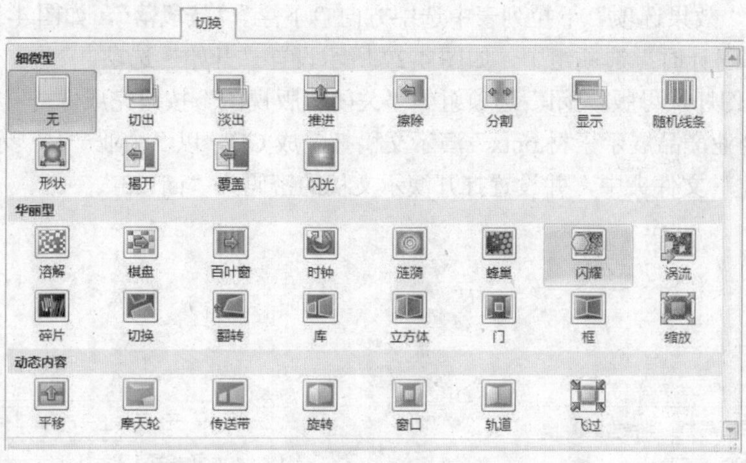

图 4-23 “切换/切换到此幻灯片”选项组

1）定位到第一张幻灯片，选中标题文本，在“动画/动画”选项组下拉框中选择“弹跳”，如图 4-26 所示。

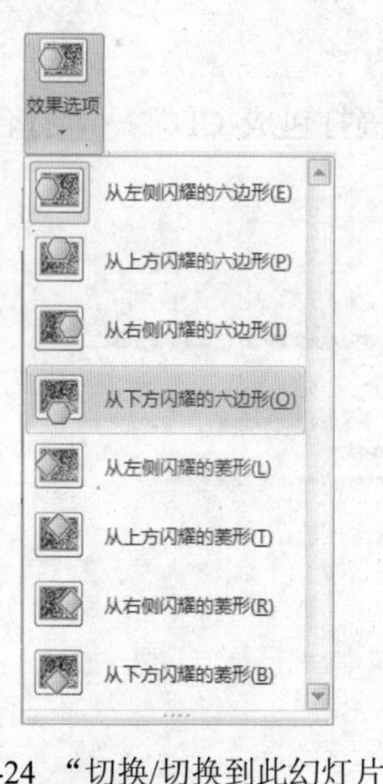

图 4-24 “切换/切换到此幻灯片”选项组的“效果选项”

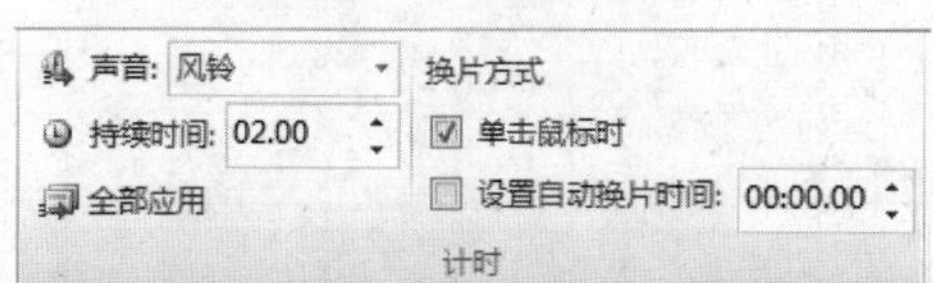

图 4-25 “切换/计时”选项组

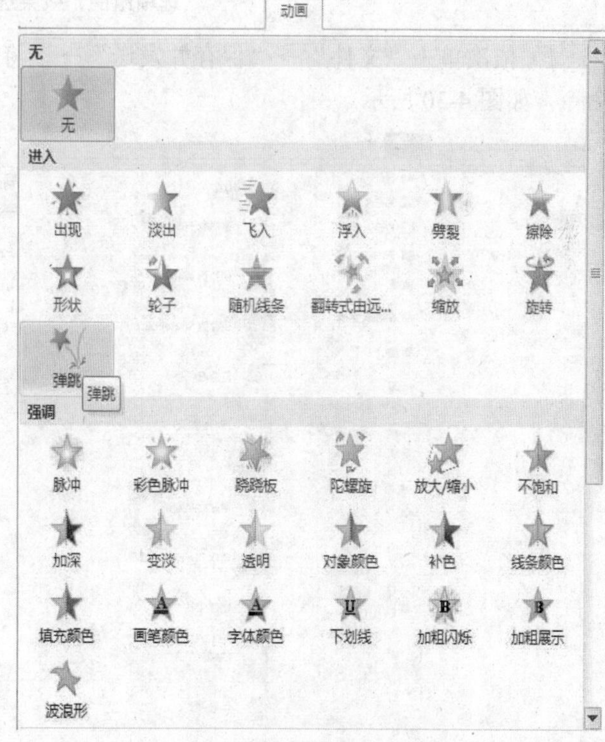

图 4-26 “动画/动画”选项组

2）在“动画/计时”选项组上按要求设置，如图 4-27 所示。

(3) 在幻灯片母版中，将幻灯片文本占位符中文本的动画效果设置为“浮入”，序列为“按段落”、方向为“下浮”、“与上一动画同时”开始。

1）选择“视图/母版视图”选项组的“幻灯片母版”命令，在母版视图中，单击选择左侧第一张幻灯片，在右侧设计视图中选中文本占位符中的文本，在“动画/动画”选项组中选择“浮入”，在“效果选项”下拉列表中选中方向“下浮”“按段落”，如图 4-28 所示。

2）在“动画/计时”选项组中，如图 4-29 所示设置“开始”选项。

3）单击“幻灯片母版/关闭”选项组的“关闭母版视图”按钮完成。

（4）将“企业产品展示素材.pptx”演示文稿打包成 CD，以“企业产品展示”为 CD 名保存至“C：\考生”文件夹中，并设置打开演示文稿的密码为“jsj123”。

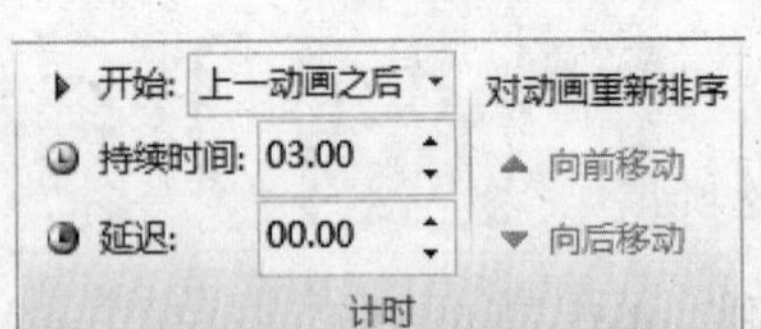

图 4-27 “动画/计时”选项组

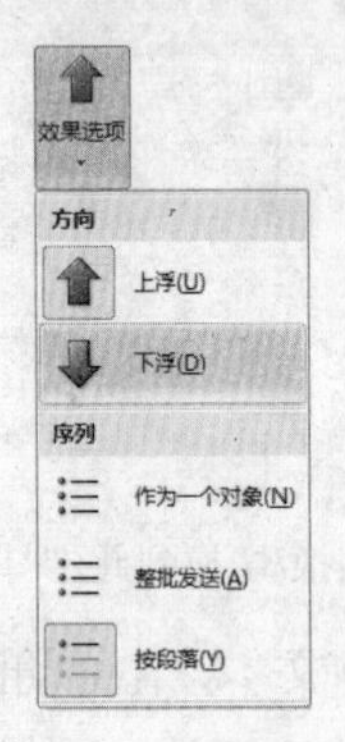

图 4-28 “动画/计时”选项组的“效果选项”

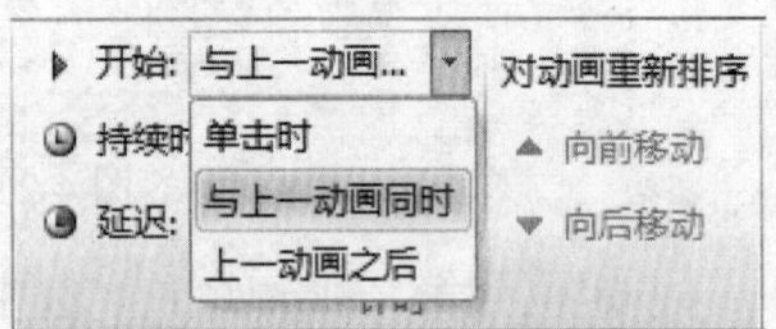

图 4-29 “动画/计时”选项组

1）依次单击“文件”→“保存并发送”→“将演示文稿打包成 CD”→“打包成 CD”命令，如图 4-30 所示。

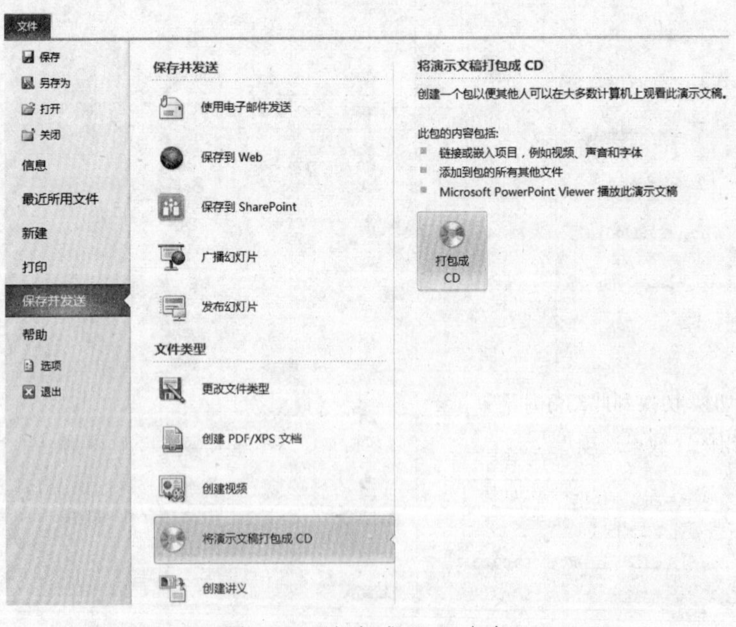

图 4-30 “打包成 CD”命令

2）在弹出的对话框中输入名称，如图 4-31 所示。单击“选项”按钮。

3）在弹出的对话框中输入密码，如图 4-32 所示。单击“确定”按钮，在弹出的“确认密码”对话框中再次输入密码，单击“确定”按钮。

4）在图 4-31 所示对话框中单击“复制到文件夹”按钮。在弹出的对话框中单击“浏览”

按钮定位到“C：\考生”文件夹，如图 4-33 所示，单击“确定”按钮，在新弹出的“Microsoft PowerPoint”对话框中单击“是”按钮完成。

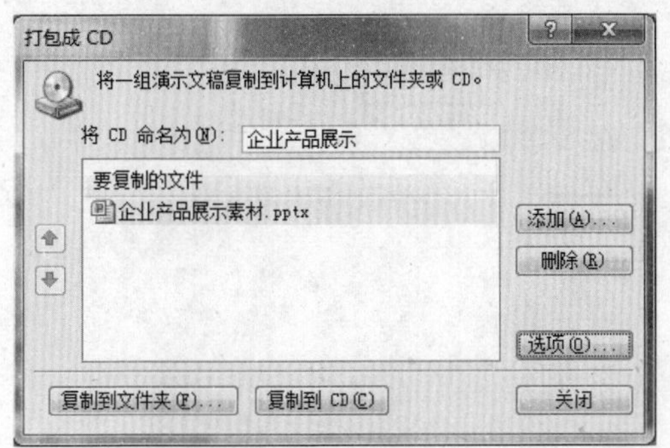

图 4-31 “打包成 CD”对话框

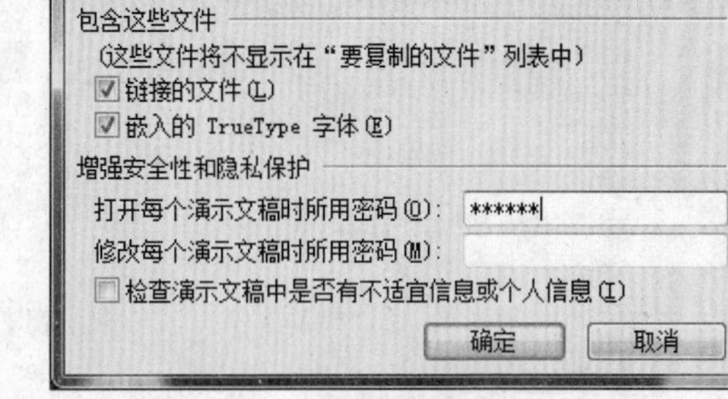

图 4-32 “打包成 CD/选项”对话框

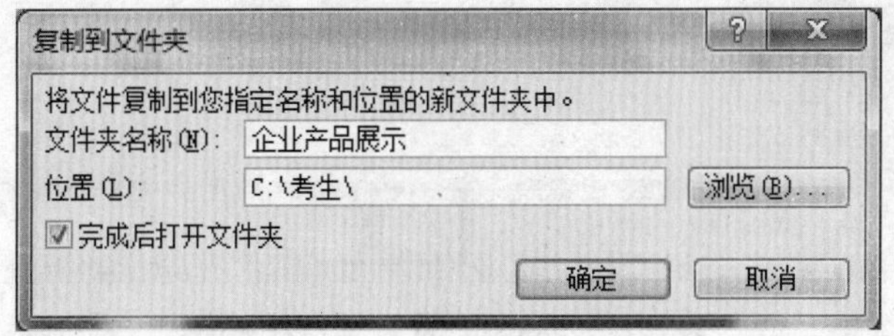

图 4-33 “复制到文件夹”对话框

相关知识

1. 幻灯片的基本操作

PowerPoint 同 Word、Excel 等应用软件一样，都是 Microsoft 公司推出的 Office 系列产品之一。

利用 PowerPoint 做出来的文件称为演示文稿，它是一个文件，其扩展名一般为.ppt 或.pptx，而演示文稿中的每一页则称为幻灯片，每张幻灯片都是演示文稿中既相互独立又相互联系的内容。

如图 4-34 所示是 PowerPoint 软件的设计界面。包括标题栏、菜单栏、快捷工具栏、普通视图窗格、设计窗格、备注窗格等。

最常使用的两种视图是幻灯片视图和大纲视图。单击视图窗格上方的选项卡可以轻松地进行切换，读者可以在实际操作中加以练习和熟悉。

（1）命名并保存演示文稿。创建好演示文稿后，最好立即为其命名并加以保存，并在工作中经常保存所做的更改：选择“文件”→“另存为”命令，然后执行下列操作之一。

1）对于只能在 PowerPoint 2010 或 PowerPoint 2007 中打开的演示文稿，请在“保存类型”列表中选择“PowerPoint 演示文稿（*.pptx）”。

2）对于可在 PowerPoint 2010 或早期版本的 PowerPoint 中打开的演示文稿，请选择“PowerPoint 97-2003 演示文稿（*.ppt）”。

另外读者也可以按 Ctrl+S 组合键或单击软件窗口上的图标随时快速保存演示文稿。

（2）添加、重新排列和删除幻灯片。打开 PowerPoint 时自动出现的单个幻灯片有两个占位符，一个用于标题格式，另一个用于副标题格式。幻灯片上占位符的排列称为布局。

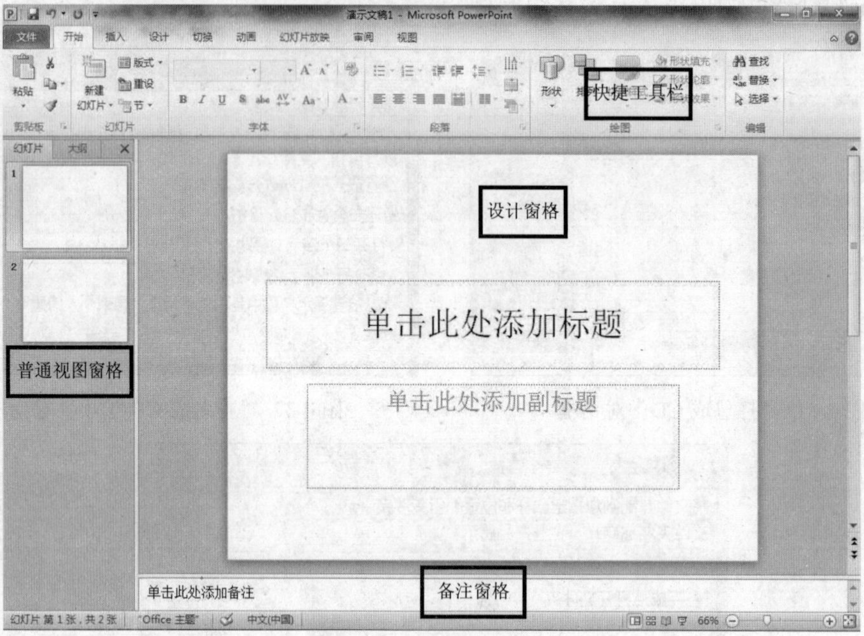

图 4-34 PowerPoint 软件设计界面

1）在“开始/幻灯片”组单击“新建幻灯片”旁边的箭头选择需要的布局，或者直接单击“新建幻灯片”即可让新幻灯片具有对应幻灯片以前具有的相同布局。

2）重新排列幻灯片的顺序：在普通视图中包含“大纲”和“幻灯片”选项卡的窗格上，单击“幻灯片”选项卡，再单击要移动的幻灯片，然后按住鼠标左键将其拖动到所需的位置。

3）删除幻灯片：普通视图中单击“幻灯片”选项卡，在要删除的幻灯片上右击选择“删除幻灯片”命令。若要选择并删除多张连续的幻灯片，请单击要删除的第一张幻灯片，在按住 Shift 的同时单击要删除的最后一张幻灯片，右击选择“删除幻灯片”命令。若要选择并删除多张不连续的幻灯片，则按住 Ctrl 的同时单击要删除的每张幻灯片，再右击选择“删除幻灯片”命令。

2. 插入图片、幻灯片或备注页编号、日期和时间

（1）插入图片及对图片进行编辑。

1）单击要插入图片的幻灯片。

2）在“插入/图像”选项组中，执行下列操作之一：若要插入来自文件中的图片，单击“图片”，找到要插入的图片位置，然后双击该图片；要添加多张图片，在按住 Ctrl 的同时单击要插入的图片，然后单击“插入”；若要添加剪贴画，单击“剪贴画”命令，在“剪贴画”任务窗格中的“搜索”文本框中，键入用于描述所需剪贴画的字词或短语进行“搜索”，在结果列表中，单击剪贴画以将其插入。

3）应用图片样式。可以使图片在演示文稿中显得非常醒目。图片样式是不同格式设置选项的组合，显示在“图片样式”库中的缩略图中。当鼠标放在缩略图上时，可以预先查看“图片样式”的外观，然后再应用这些样式。

4）更改图片的分辨率。降低或更改分辨率对于要缩小显示的图片很有效，更改分辨率会影响图像质量。

5）裁剪图片。选择要裁剪的图片，在“图片工具格式/大小”选项组中，单击“裁剪”命令。执行下列操作之一：若要裁剪某一侧，请将该侧的中心裁剪控点向里拖动；若要同时均匀地裁剪两侧，在按住 Ctrl 的同时将任一侧的中心裁剪控点向里拖动；若要同时均匀地裁剪全部四侧，在按住 Ctrl 的同时将一个角部裁剪控点向里拖动；若要放置裁剪，移动裁剪区域（通过拖动裁剪方框的边缘）或图片。完成后按 Esc 键。

（2）插入幻灯片或备注页编号。

1）在左侧“幻灯片”选项卡的窗格中，单击演示文稿中的第一个幻灯片缩略图。

2）在“插入/文本”选项组中，单击“幻灯片编号”，如图 4-35 所示。

图 4-35 “插入/文本”选项组

3）在“页眉和页脚”对话框中，执行下列操作之一：若要添加幻灯片编号，单击“幻灯片”选项卡，然后选中“幻灯片编号”复选框；若要添加备注页编号，单击“备注和讲义”选项卡，然后选中页码复选框；若要在演示文稿中添加所有幻灯片或备注页的编号，单击“全部应用”项。

4）若要更改起始幻灯片编号，请执行下列操作：在“设计/页面设置”选项组中，单击“页面设置”；在“幻灯片编号起始值”框中，输入要在第一张幻灯片或备注页上打印的编号，之后的幻灯片的编号都在该编号之后。

（3）添加日期和时间。

1）在左侧“幻灯片”选项卡的窗格中，单击演示文稿中的第一个幻灯片缩略图。

2）在“插入/文本”选项组中，单击“日期和时间”。

3）在“页眉和页脚”对话框中，执行下列操作之一：若要向幻灯片中添加日期和时间，单击“幻灯片”选项卡；若要向备注页中添加日期和时间，单击“备注和讲义”选项卡。

4）选中“日期和时间”复选框，然后执行下列操作之一：若要将日期和时间设置为特定的日期，单击“固定”项，然后在“固定”框中，键入期望的日期；若要指定在每次打开或打印演示文稿时反映当前日期和时间的日期和时间更新，单击“自动更新”项，然后选择所需的日期和时间格式；若要向演示文稿中的所有幻灯片或备注页添加日期和时间，单击“全部应用”项。

3. 幻灯片的模板、主题和背景

（1）将模板应用于演示文稿。

1）单击“文件”→“新建”命令，如图 4-36 所示。

2）在“可用的模板和主题”下，执行下列操作之一：若要重复使用最近用过的模板，单击“最近打开的模板”；若要使用先前安装到本地驱动器上的模板，单击“我的模板”，再单击所需的模板，然后单击“确定”按钮；在“Office.com 模板”下单击模板类别，选择一个模板，单击“下载”将该模板从 Office.com 下载到本地驱动器；选择“样本模板”可以打开内置的模板，直接单击选择一个模板，然后单击右侧“创建”按钮。

（2）将主题应用于演示文稿。PowerPoint 提供了多种设计主题，包含协调配色方案、背景、字体样式和占位符位置。使用预先设计的主题，可以轻松快捷地更改演示文稿的整体外观。

1）在“设计/主题”选项组中，单击要应用的文档主题。

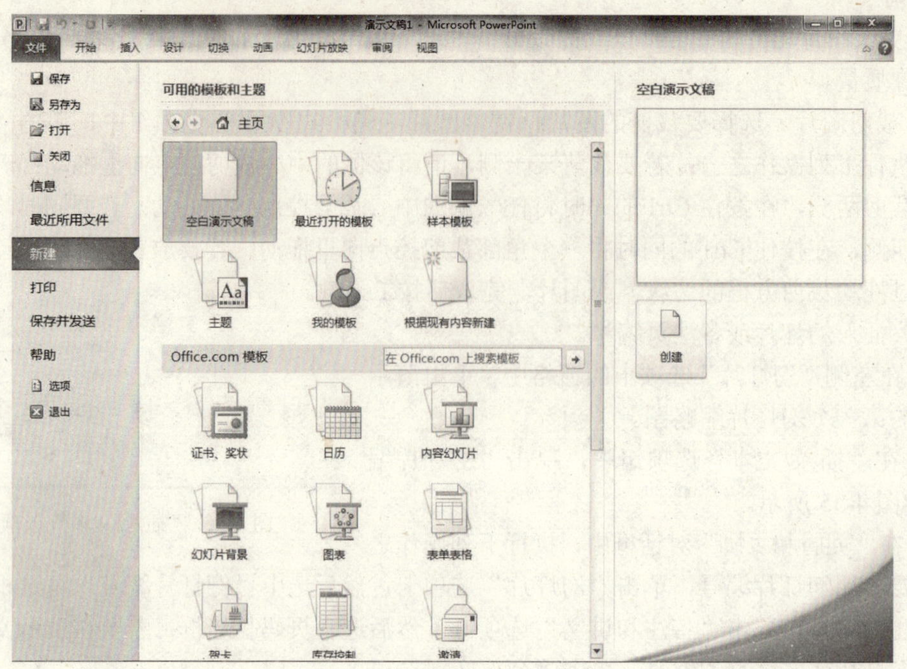

图 4-36　设置新建幻灯片模板

2）若要预览应用了特定主题的当前幻灯片的外观，将指针停留在该主题的缩略图上。若要查看更多主题，单击图标▼。

（3）将图片作为幻灯片背景。

1）单击要为其添加背景图片的幻灯片。

2）若要选择多张幻灯片，单击第一张幻灯片，然后在按住 Ctrl 的同时单击其他幻灯片。

3）在“设计/背景”选项组中，单击图标。

4）单击“填充”，然后单击“图片或纹理填充”。在“插入自”下执行下列操作之一：若要从文件插入图片，单击“文件”，找到要插入的图片，然后双击该图片；若要粘贴已复制的图片，单击“剪贴板”；若要将剪贴画作为背景图片，单击“剪贴画”，然后在“搜索文本”框中键入用于描述所需的字词或短语，单击“搜索”，然后单击剪辑将其插入；若要在搜索中包括 Office.com 上提供的剪贴画，请选中“包含来自 Office.com 的内容”复选框。

（4）使用颜色作为幻灯片背景。

1）单击要为其添加背景色的幻灯片。

2）若要选择多个幻灯片，请单击某个幻灯片，然后按住 Ctrl 并单击其他幻灯片。

3）在“设计/背景”选项组中，单击“背景样式”，选择“设置背景格式”命令，在打开的对话框左侧单击“填充”，然后勾选“纯色填充”。单击“颜色”选择所需颜色。

4）若要更改颜色，单击“其他颜色”，然后在“标准”选项卡上单击所需的颜色，或在“自定义”选项卡上混合自己的颜色。

5）若要更改背景，请移动“透明度”滑块。透明度百分比可以从 0%（完全不透明，默认设置）变化到 100%（完全透明）。

6）执行下列操作之一：要对所选幻灯片应用颜色，单击“关闭”；要对演示文稿中的所有幻灯片应用颜色，单击“全部应用”。

4. 幻灯片母版

幻灯片母版是幻灯片层次结构中的顶层幻灯片，用于存储有关演示文稿的主题和幻灯片版式的信息，包括背景、颜色、字体、效果、占位符大小和位置。

（1）要应用幻灯片母版，先了解一下什么是幻灯片版式。幻灯片版式包含要在幻灯片上显示的全部内容的格式设置、位置和占位符。占位符是版式中的容器，可容纳如文本、表格、图表、SmartArt 图形、影片、声音、图片及剪贴画等内容。而版式也包含幻灯片的主题、字体、效果和背景。

PowerPoint 中包含 11 种内置幻灯片版式，在“开始/幻灯片”组中单击“版式”命令，如图 4-37 所示显示了 PowerPoint 中内置的幻灯片版式。

（2）幻灯片母版的应用：针对每一种版式，幻灯片母版都可以进行统一的格式设置。

1）选择“视图/母版视图”选项组的“幻灯片母版”命令，如图 4-38 所示，在左侧“编辑母版”视图中选中相应版式的幻灯片进行设置，设置完成后，该演示文稿相同版式的幻灯片都会呈现同母版一样的样式。

2）同样可以对其他版式进行设置。最后单击“幻灯片母版/关闭”组的“关闭母版视图”命令。

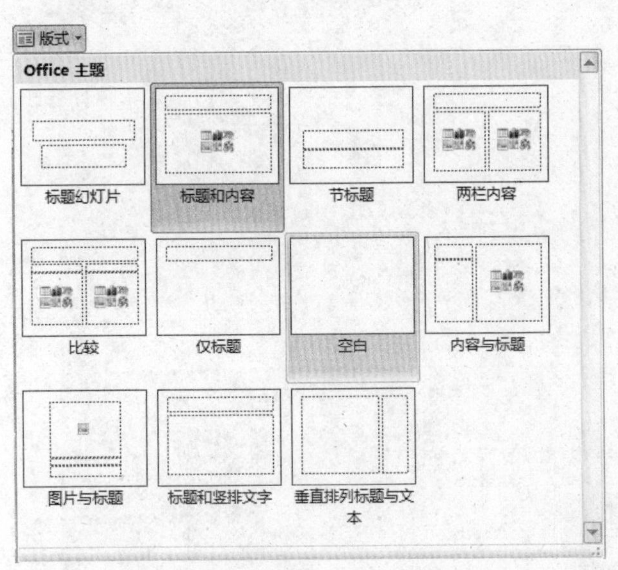

图 4-37 设置幻灯片版式

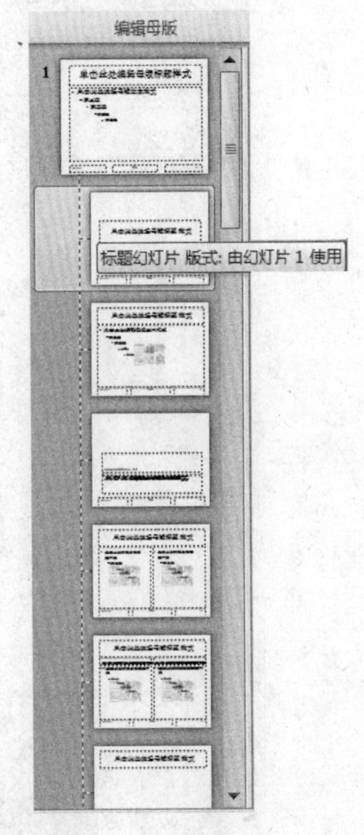

图 4-38 幻灯片母版的幻灯片视图

案例 2 制作毕业设计答辩的演示文稿

案例描述

小张是某大学的应届毕业生，最近几个月一直在准备毕业设计的实验和论文撰写。马上要进行最后的答辩环节了，小张有点紧张。为了理清思绪，小张制作了一份演示文稿，列出毕业设计的主要内容和提纲，将自己的整个毕业设计过程记录下来，便于答辩的时候有理有据，不会慌乱。

小张最终完成的案例效果如图 4-39 所示。

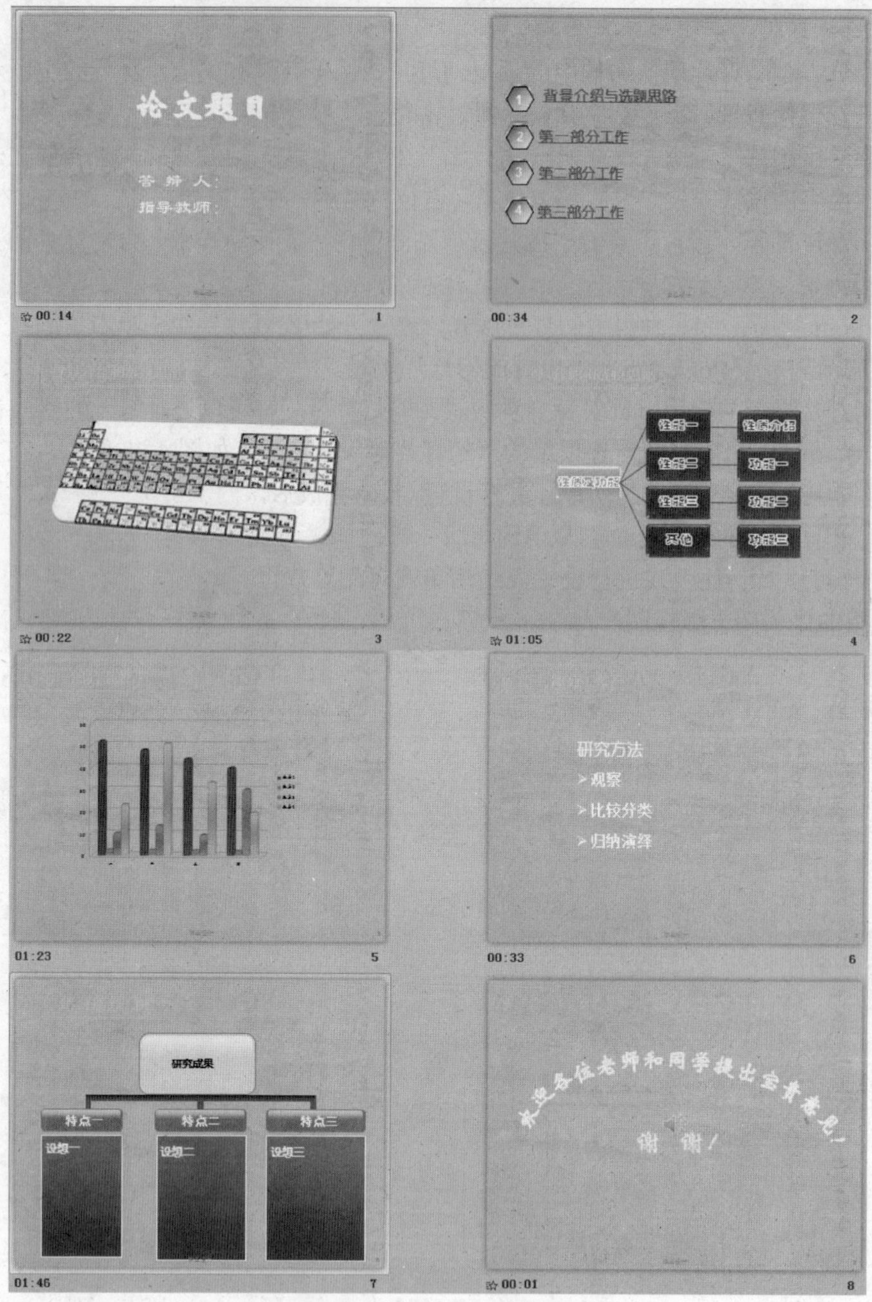

图 4-39 毕业论文答辩演示文稿效果

案例实现

启动 PowerPoint 2010，利用“项目 4\案例 2”文件夹中的“毕业论文答辩素材.pptx”文件。根据要求完成“毕业论文答辩”演示文稿的页面设置、插入图片图表、插入超链接、动画设置和放映及保存等工作。

1. 演示文稿的页面设置

（1）如图 4-39 效果所示，将第一张幻灯片中标题的字体设置为华文新魏、字号为 66，文字有阴影。

选中标题文字，在“开始/字体”选项组上如图 4-40 所示设置字体和字号，然后单击 S 添加文字阴影。

（2）如图 4-39 效果所示，在幻灯片母版中为所有幻灯片添加页脚“毕业设计”，并显示幻灯片编号，设置页脚的字体为楷体、加粗、20 磅。

1）选择“视图/母版视图”选项组的“幻灯片母版”命令，在母版视图中，单击选择左侧第一张幻灯片，如图 4-41 所示。在右侧设计视图的下方“页脚”中替换输入“毕业设计”。选中文字右击，选择“字体”命令，按要求设置。

2）选择菜单“插入/文本”选项组的“页眉和页脚”命令，在弹出的对话框中如图 4-42 所示勾选，单击“全部应用”按钮。

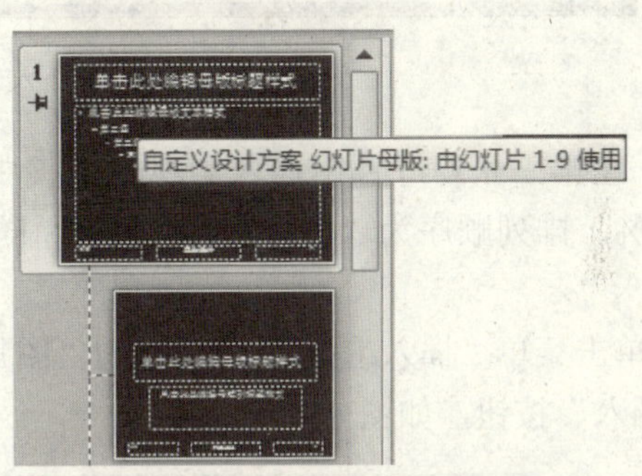

图 4-41 “幻灯片母版”左侧视图

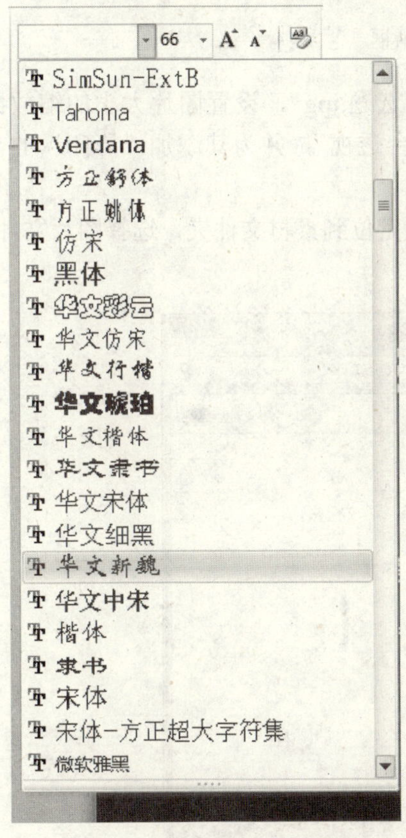

图 4-40 “开始/字体”选项组

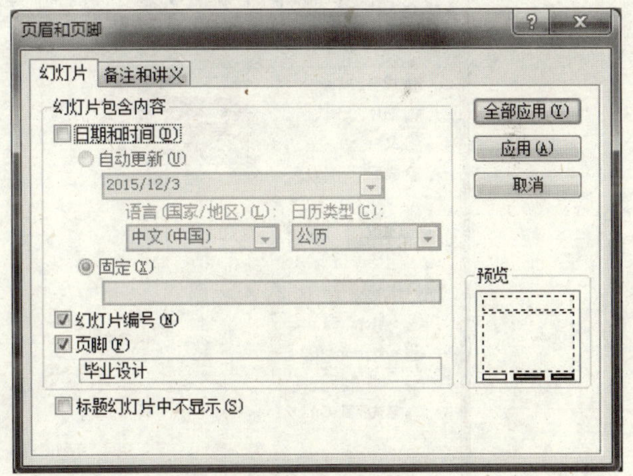

图 4-42 “页眉和页脚/幻灯片”选项卡

3）单击“幻灯片母版/关闭”选项组的“关闭母版视图”按钮完成。

2. 演示文稿的插入设置

（1）如图 4-39 效果所示，将第二张幻灯片中的文本分别与第三、五、六、七张幻灯片建立超链接。

定位到第二张幻灯片，选中第一行标题文字，右击选择“超链接”命令，在弹出的对话框中左侧选中“本文档中的位置”，右侧选择相同标题幻灯片，如图 4-43 所示，单击“确定”按钮完成。其他标题文字使用同样的方法设置超链接。

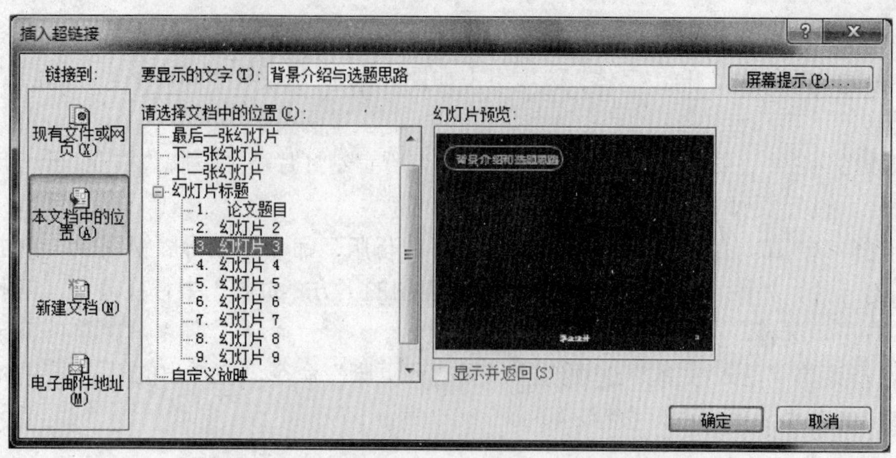

图 4-43 “插入超链接”对话框

（2）在第三张幻灯片中插入素材文件夹中的图片“选题.jpg”，设置图片大小的缩放比例为 90%，排列顺序为“置于底层”，图片样式为“棱台透视”，并为其添加“影印”的艺术效果。

1）单击菜单“插入/图像”选项组的“图片”命令，定位到素材文件夹，选择图片文件，单击“插入”按钮，如图 4-44 所示。

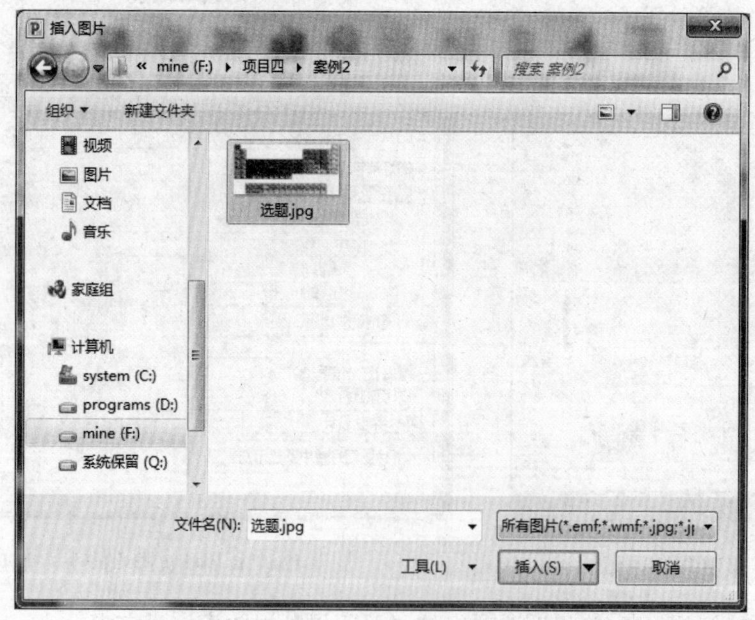

图 4-44 “插入图片”对话框

2）保持图片选中状态，单击“图片工具/格式/大小”选项组的 箭头打开“设置图片格式”对话框，如图 4-45 所示设置大小。

3）保持图片选中状态，单击“图片工具/格式/排列”选项组的“下移一层”箭头选择“置于底层”命令，如图 4-46 所示。

4）保持图片选中状态，在“图片工具/格式/图片样式”选项组的下拉列表中如图 4-47 所示选择图片样式。

5）保持图片选中状态，在“图片工具/格式/调整”选项组的下拉列表中如图 4-48 所示选择图片的艺术效果。单击“保存”按钮及时保存文件。

（3）在第四张幻灯片中插入 SmartArt 图形，图形布局为“水平层次结构”图，设置颜色为“彩色

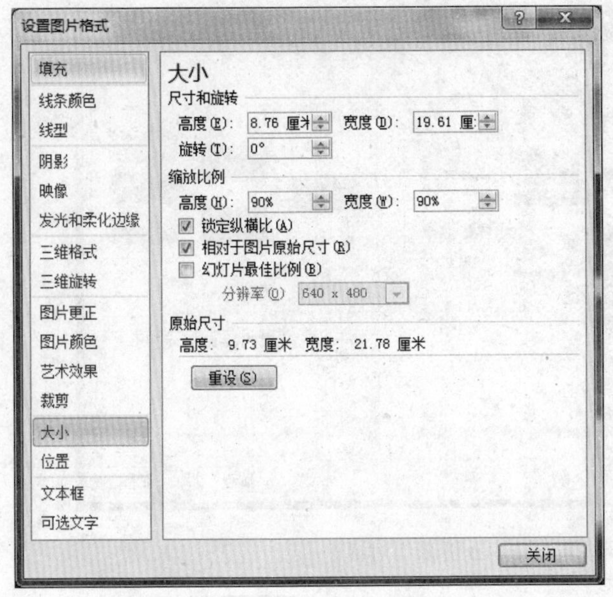

图 4-45　“设置图片格式”对话框

图 4-46　设置图片排列顺序

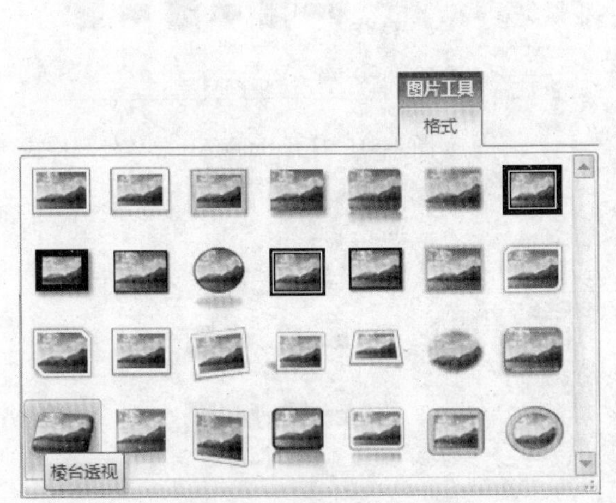

图 4-47　设置图片样式

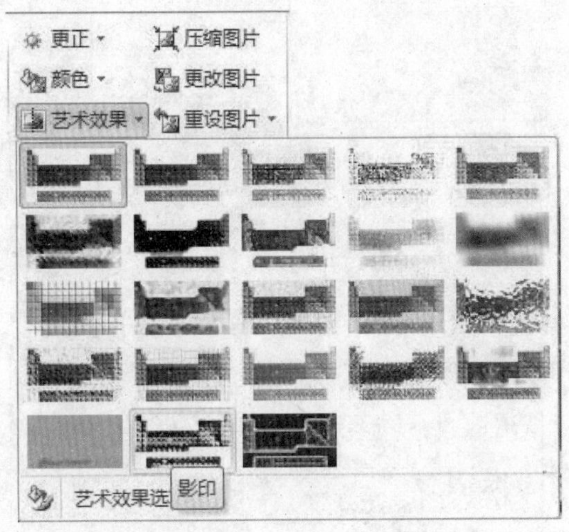

图 4-48　设置图片的艺术效果

范围-强调文字颜色 5 至 6”，外观样式为三维中的“优雅”；录入文字，并设置字体为华文彩云、24 磅、加粗。

1）定位到第四张幻灯片，在“插入”菜单栏中单击 SmartArt 图标，弹出“选择 SmartArt 图形”对话框，在“层次结构”中选择“水平层次结构”，如图 4-49 所示，单击“确定”按钮。

2）在新出现的“SmartArt 工具”菜单中，单击“设计/SmartArt 样式”选项组的“更改颜色”下拉列表，选中“彩色范围-强调文字颜色 5 至 6”，如图 4-50 所示。

3）如图 4-51 所示，在“设计/SmartArt 样式”选项组中单击“其他”箭头，打开 SmartArt 的总体外观样式。

4）在总体外观样式中按要求选择 SmartArt 图形样式，如图 4-52 所示。

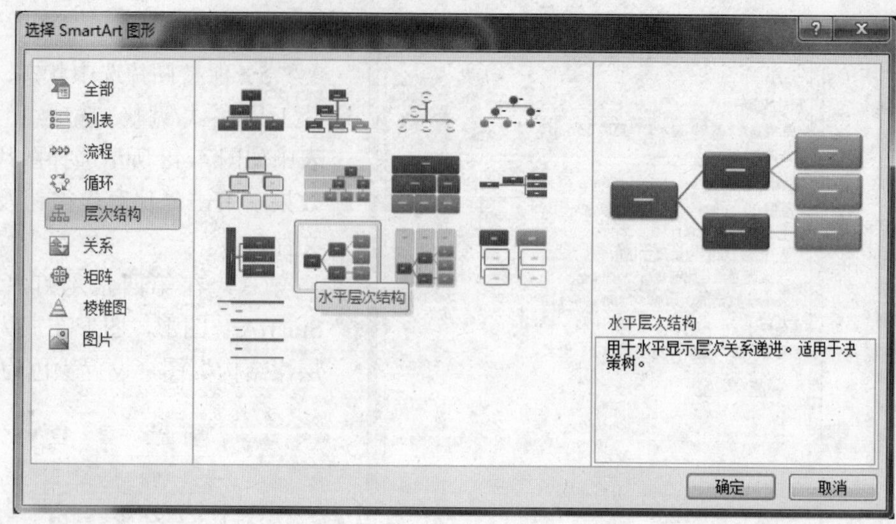

图 4-49 “选择 SmartArt 图形”对话框

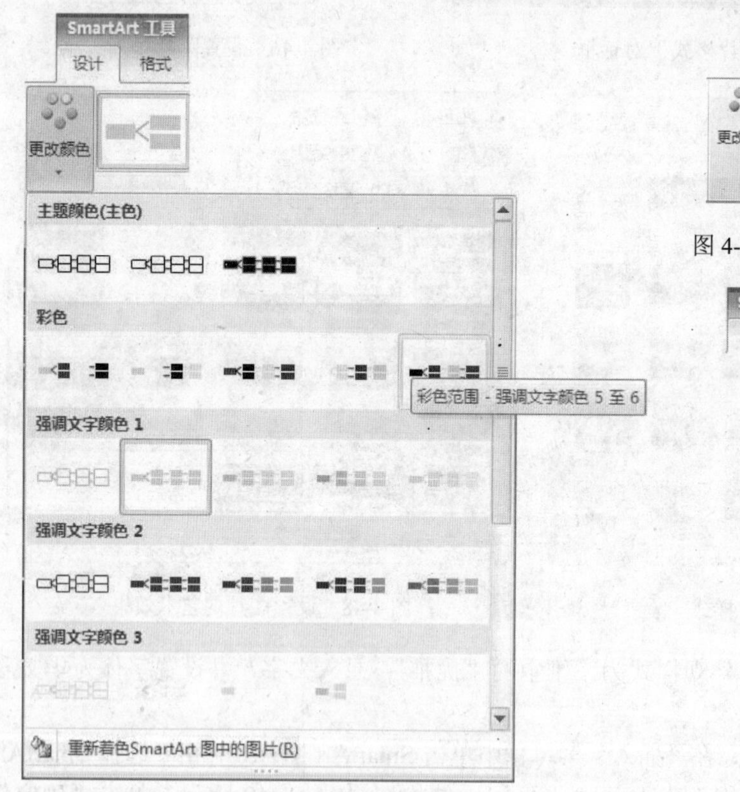

图 4-50 设置 SmartArt 图形

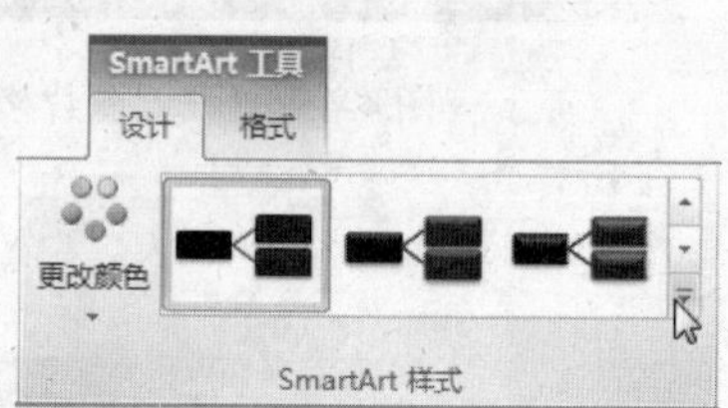

图 4-51 打开 SmartArt 总体外观样式

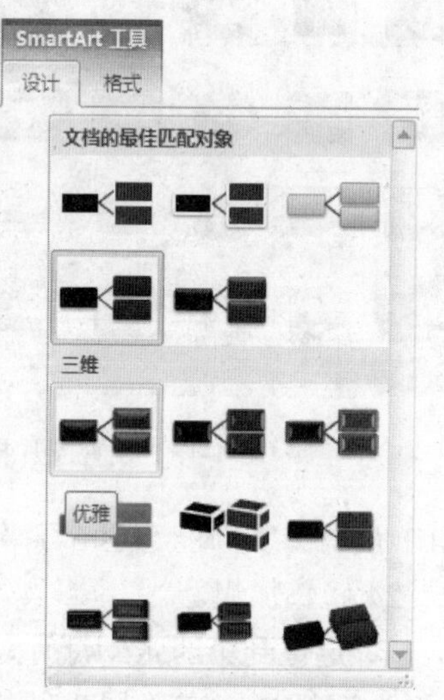

图 4-52 选择合适的样式

5）按效果图所示，把光标定位到第二列“文本”占位符中，在“SmartArt 工具/设计/创建图形”选项组中，单击“添加形状”下拉列表中的“在后面添加形状”两次，如图 4-53 所示。单击第三列最上面的“文本”占位符边沿选中文本框，按 Delete 键删除多余的占位符。再分别为第二列的第三、第四个占位符添加下一级占位符，即分别单击“添加形状”下拉列表中的“在下方添加形状”项。

6）如图 4-39 所示录入文字，完成后按住 Ctrl 键选中所有占位符，在“开始/字体”选项组中设置字体格式为华文彩云、24 磅、加粗，如图 4-54 所示。

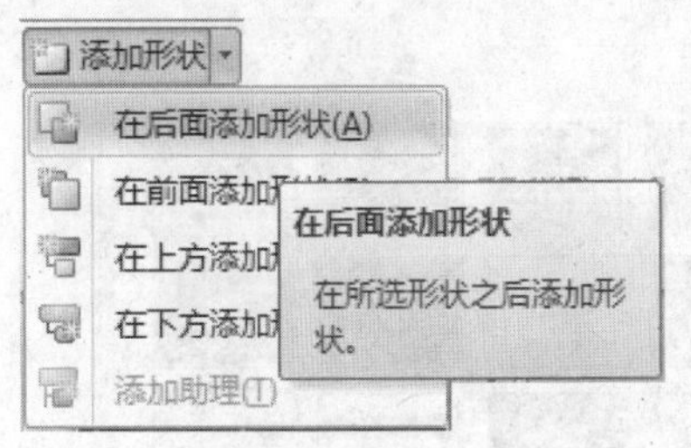

图 4-53　“SmartArt 工具/设计/创建图形”选项组“添加形状”

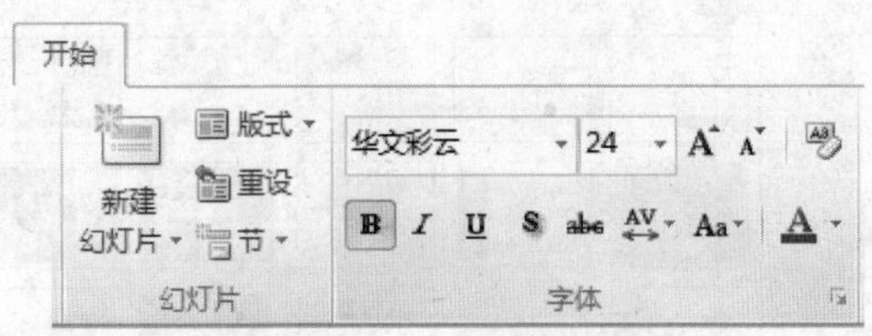

图 4-54　设置图形的字体格式

（4）在演示文稿中插入数据表或图表：如图 4-39 效果所示，在第五张幻灯片中插入“项目 4\案例 2\数据.xlsx”中的图表，并适当调整其大小与位置。

双击打开“项目 4\案例 2\数据.xlsx”，选中图表右击，选择“复制”命令。定位到第五张幻灯片，按 Ctrl+V 组合键粘贴图表。将光标挪到图表对角边沿上，变成双箭头形状时按住鼠标左键拖动来调整大小。在图表上挪动鼠标变成十字箭头形状时按住鼠标左键可以移动图表至适当位置。单击“保存”图标保存。

（5）如图 4-39 效果所示，在第六张幻灯片中运用“项目 4\案例 2\研究方法.docx”中的文字，设置段前段后间距 12 磅，小标题文字“研究方法”为幼圆，大小 32，其他文字设置箭头项目符号，大小 28。并为整个演示文稿应用内置的“行云流水”主题。

1）双击打开“项目 4\案例 2\研究方法.docx”，选中文字右击，选择“复制”命令。定位到第六张幻灯片，按 Ctrl+V 组合键粘贴文字，选中所有文字，单击“开始/段落”选项组右下方的扩展图标，在打开的“段落”对话框中如图 4-55 所示设置。然后分别选中字体按要求设置格式。

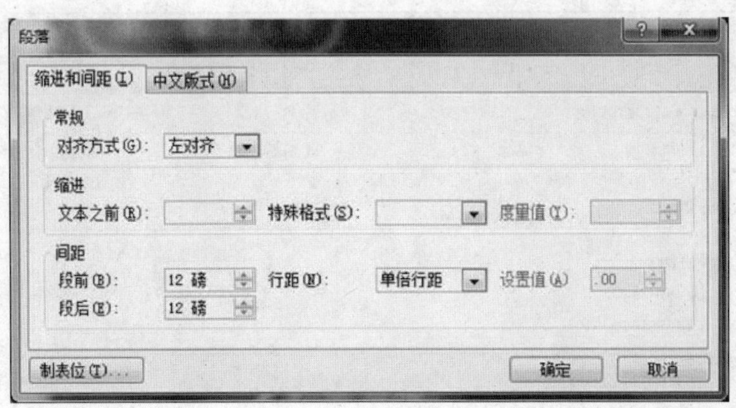

图 4-55　设置“段落”对话框

2）在“设计/主题”选项组下拉框中选择“行云流水”主题，如图 4-56 所示。

（6）在第八张幻灯片中插入音频文件“项目 4\案例 2\sound.MID”，剪裁音频的开始时间为“01：00”，结束时间为“03：00”；设置音频文件跨幻灯片播放，且循环播放直到停止，

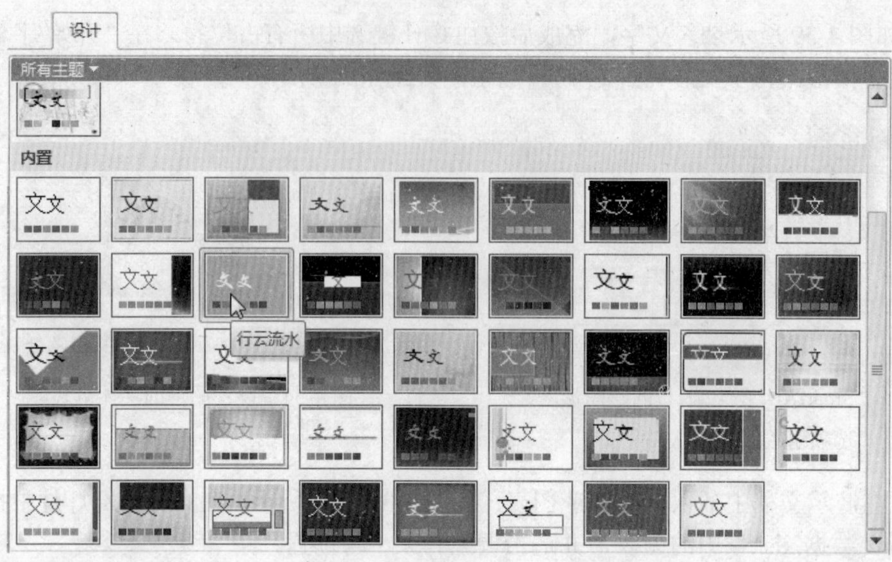

图 4-56　设置幻灯片主题

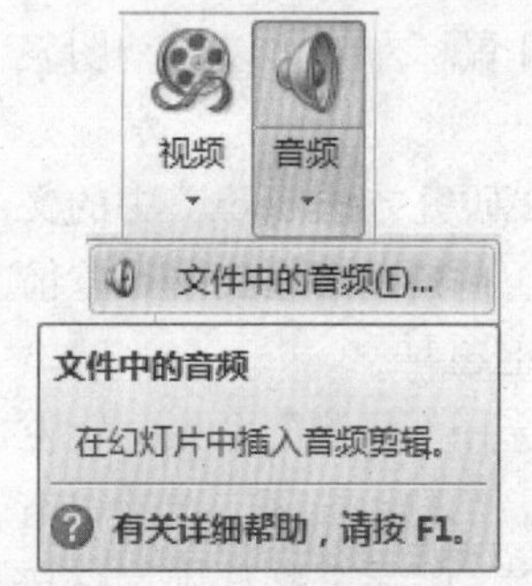

图 4-57　插入文件中的音频

在播放的时候隐藏图标。

1）定位到第八张幻灯片，在“插入/媒体/音频”下拉列表中选择“文件中的音频”，如图 4-57 所示。

2）在打开的“插入音频”对话框中，定位到“项目 4\案例 2”目录，选择 Sound.MID 音频文件，单击“插入”按钮，如图 4-58 所示。

3）在“音频工具/播放/编辑”选项组中单击“剪裁音频”图标，在“剪裁音频”对话框中设置开始时间和结束时间，如图 4-59 所示，单击“确定”按钮。

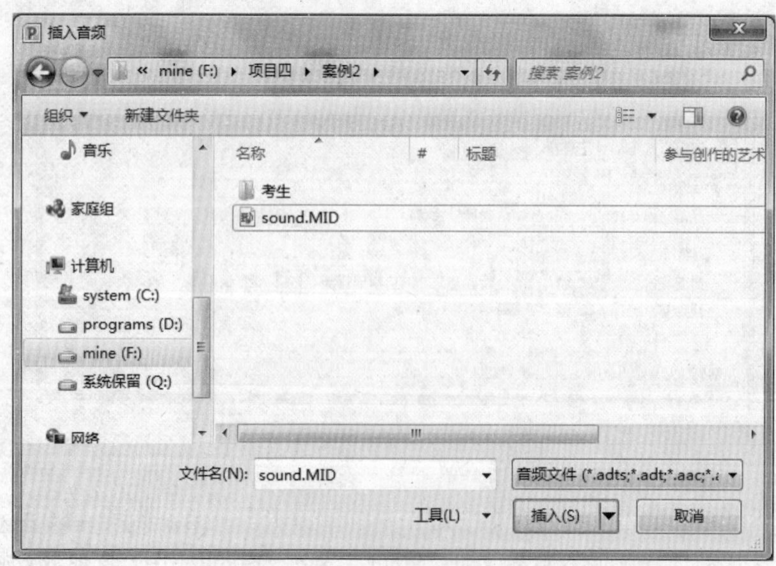

图 4-58　“插入音频”对话框

图 4-59 “剪裁音频”对话框

4）在“音频工具/播放/音频选项”选项组中如图 4-60 所示设置。

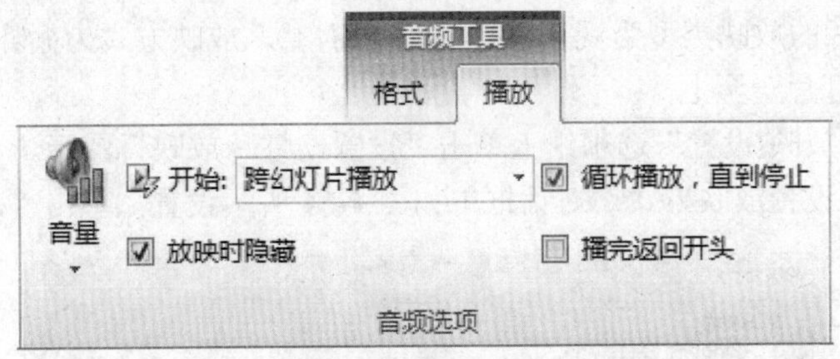

图 4-60 “音频工具/播放/音频选项”选项组

3. 演示文稿的动画设置与保存

（1）将第一张幻灯片中标题文本的动画效果设置为“轮子”、效果为“四轮辐图案”，持续时间为“2.5 秒”、从上一动画之后自动启动动画效果。

1）定位到第一张幻灯片，选中标题文本，在“动画/动画”选项组下拉框中选择“轮子”，在“效果选项”下拉框中选择“4 轮辐图案”，如图 4-61 所示。

2）在“动画/计时”选项组上如图 4-62 所示设置。

图 4-61 “动画/动画/效果选项”选项组

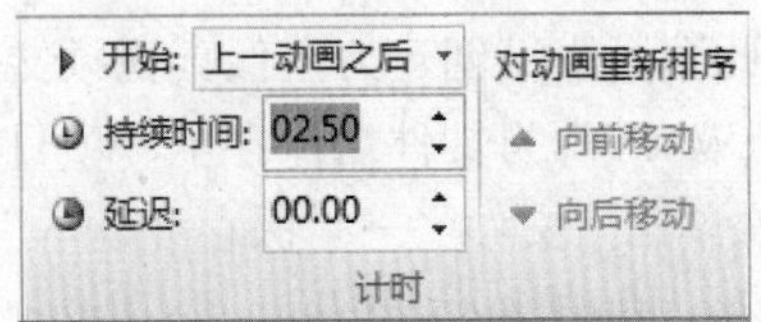

图 4-62 “动画/计时”选项组

（2）用“动画刷”复制第一张幻灯片中标题文本的动画效果，并将此动画效果应用到第三张幻灯片中的图片和第四张幻灯片中的 SmartArt 图形上。

1）选中第一张幻灯片的标题文本，在“动画/高级动画”选项组的“动画刷”图标上双击，在左侧幻灯片视图中定位到第三张幻灯片，鼠标移到图片上方，此时，鼠标右上方跟随有一把刷子，单击鼠标左键将效果应用到图片上，如图 4-63 所示。再定位到第四张幻灯片上，在 SmartArt 图形上单击完成。

2）按 Esc 键退出动画刷。

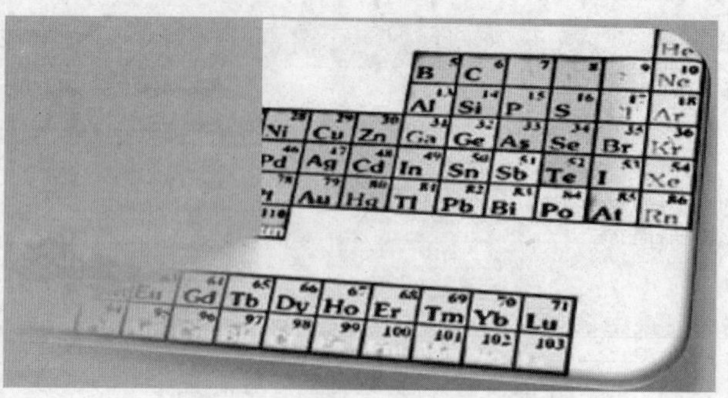

图 4-63 动画刷应用动画效果

（3）设置幻灯片的放映类型为观众自行浏览（窗口），放映方式为循环放映，按 Esc 键终止，放映内容为幻灯片一至七。

1）在“幻灯片放映/设置”选项组上单击“设置幻灯片放映”图标。

2）在弹出的“设置放映方式”对话框中如图 4-64 所示设置，单击“确定”按钮。

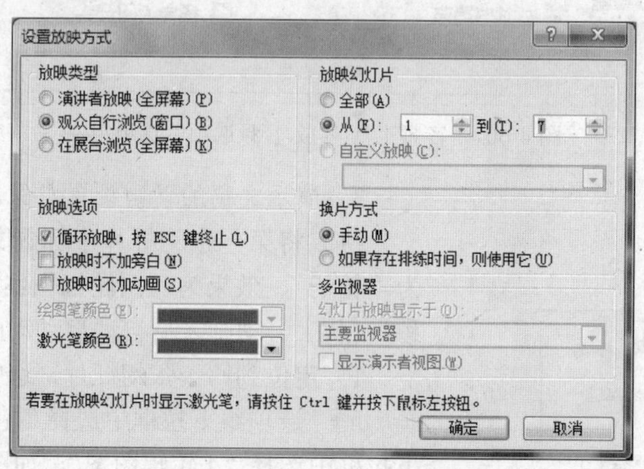

图 4-64 设置幻灯片放映方式

（4）将此演示文稿创建为全保真视频文件，设置放映每张幻灯片的秒数为“6 秒”，以“毕业设计答辩.WMV”为文件名保存至“项目 4\案例 2\考生”文件夹中。

1）依次单击“文件”→“保存并发送”→“创建视频”命令，设置“放映每张幻灯片的秒数”为 6 秒，如图 4-65 所示。

2）再单击右侧“创建视频”图标，在弹出的对话框中定位到“项目 4\案例 2\考生”文件夹目录，输入名称，如图 4-66 所示，单击“保存”按钮。

相关知识

1. 设置幻灯片切换效果

（1）在普通视图窗格中选择“幻灯片”选项卡。

（2）选择要向其应用切换效果的幻灯片缩略图。

（3）在“切换/切换到此幻灯片”组中，单击要应用于该幻灯片的幻灯片切换效果。若要查看更多切换效果，请单击▾图标。

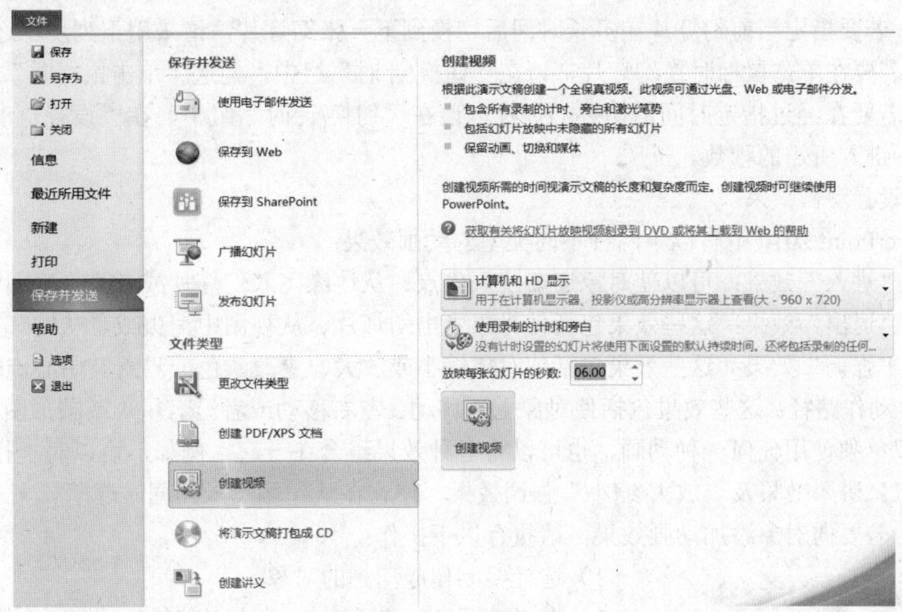

图 4-65　“创建视频”命令

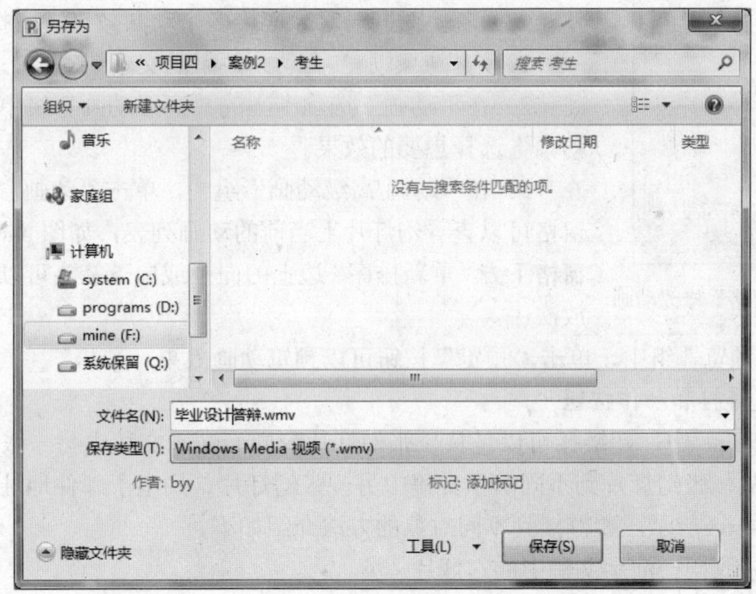

图 4-66　保存视频

（4）若要向演示文稿中的所有幻灯片应用相同的幻灯片切换效果，在“切换/计时”组中，单击“全部应用”即可。

（5）在“切换/计时”组中的“持续时间”框中，键入或选择所需的速度。

（6）在“切换/计时”组中，单击“声音”旁的箭头，然后执行下列操作之一：

1）若要添加列表中的声音，请选择所需的声音。

2）若要添加列表中没有的声音，请选择“其他声音”，找到要添加的声音文件，然后单击“确定”按钮。

（7）若要指定当前幻灯片在多长时间后切换到下一张幻灯片，请采用下列步骤之一：

1）若要在单击鼠标时换幻灯片，请在“切换/计时”组中，勾选“单击鼠标时”复选框。

2）若要在经过指定时间后切换幻灯片，请在“切换/计时”组中，在“设置自动换片时间”框中键入所需的秒数。

2. 设置动画效果

PowerPoint 2010 中有以下四种不同类型的动画效果：

（1）“进入”效果：可以使对象逐渐淡入焦点、从边缘飞入幻灯片或者跳入视图中。

（2）“退出”效果：这些效果包括使对象飞出幻灯片、从视图中消失或者从幻灯片旋出。

（3）“强调”效果：这些效果包括使对象缩小或放大、更改颜色或沿着其中心旋转。

（4）动作路径：这些效果包括使对象上下移动、左右移动或者沿着星形或圆形图案移动。

可以单独使用任何一种动画，也可以将多种效果组合在一起。例如，可以对一行文本应用“飞入”进入效果及“放大/缩小”强调效果，使它在从左侧飞入的同时逐渐放大。

（1）若要向对象添加动画效果，请执行以下操作：

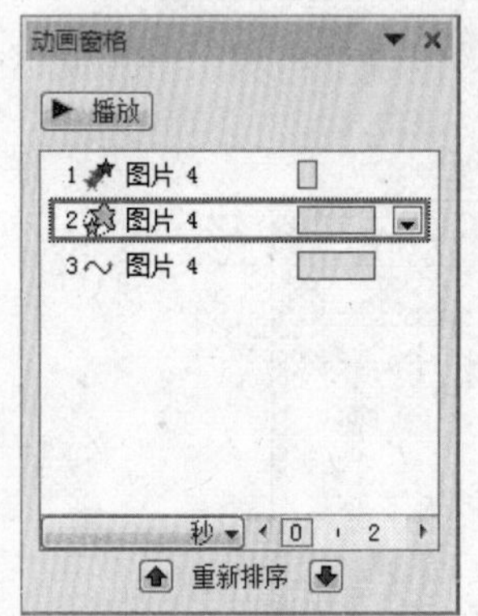

图 4-67 “动画窗格”修改动画

1）选择要制作成动画的对象。

2）在“动画/动画”组中，单击“其他”按钮，然后选择所需的动画效果。

（2）若要对同一对象应用多个动画效果，请执行以下操作：

1）选择要添加多个动画效果的文本或对象。

2）在“动画”选项卡上的“高级动画”组中，单击“添加动画”选择想要的效果。

3）在“动画/高级动画”组中，单击“动画窗格”打开动画窗格可以查看幻灯片上当前的动画列表，如图 4-67 所示。单击窗格下方“重新排序”边上的向上或向下箭头可以调整动画的播放次序。

在“动画/预览”组中，单击“预览”按钮可以预览动画效果。

3. 使用超链接和动作按钮

在 PowerPoint 中，超链接可以是从一张幻灯片到同一演示文稿中另一张幻灯片的超链接，也可以是从一张幻灯片到不同演示文稿中另一张幻灯片、到电子邮件地址、网页或文件的链接。如图 4-68 所示，要链接到不同对象的方法介绍如下。

（1）超链接到同一演示文稿中的幻灯片。

1）选择要用作超链接的文本或对象。

2）在“插入/链接”组中，单击“超链接”，打开如图 4-68 所示对话框。

3）在“链接到”下，单击“本文档中的位置”项。

4）执行下列操作之一：链接到当前演示文稿中的自定义放映：在“请选择文档中的位置”下，单击要用作超链接目标的自定义放映；选中“放映后返回”复选框；链接到当前演示文稿中的幻灯片，在“请选择文档中的位置”下，单击要用作超链接目标的幻灯片。

（2）选择链接到不同演示文稿中的幻灯片。

1）选择要用作超链接的文本或对象。

2）在“插入/链接”组中，单击“超链接”项。

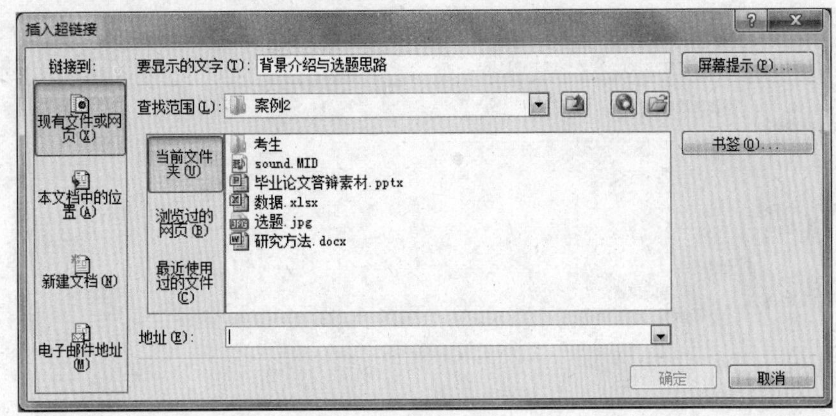

图 4-68 “插入超链接/现有文件或网页”对话框

3）在“链接到”下，单击“现有文件或网页”项。

4）找到包含要链接到的幻灯片的演示文稿。

5）单击“书签”项，然后单击要链接到的幻灯片的标题。

（3）选择链接到电子邮箱地址。

1）选择要用作超链接的文本或对象。

2）在“插入/链接”组中，单击“超链接”项。

3）在“链接到”下单击“电子邮件地址”项。

4）在“电子邮件地址”框中，键入要链接到的电子邮件地址，或在“最近用过的电子邮件地址”框中，单击电子邮件地址。

5）在“主题”框中，键入电子邮件的主题。

（4）选择链接到 Web 上的页面或文件。

1）选择要用作超链接的文本或对象。

2）在“插入/链接”组中，单击“超链接”项。

3）在“链接到”下单击“现有文件或网页”项，然后单击“浏览 Web”。

4）找到并选择要链接到的页面或文件，然后单击“确定”按钮。

（5）选择链接到新文件。

1）选择要用作超链接的文本或对象。

2）在“插入/链接”组中，单击“超链接”项。

3）在“链接到”下，单击“新建文档”项。

4）在“新建文档名称”框中，键入要创建并链接到的文件的名称。

5）如果要在另一位置创建文档，请在“完整路径”下单击“更改”项，浏览到要创建文件的位置，然后单击“确定”按钮，如图 4-69 所示。

6）在“何时编辑”下，单击相应选项以确定是现在更改文件还是稍后更改文件。

（6）从文本或对象中编辑或删除超链接。

1）选择要编辑或删除其超链接的文本或对象。

2）在“插入/链接”组中，单击“超链接”命令打开“编辑超链接”对话框可以修改超链接对象，或者单击“删除链接”按钮删除超链接。

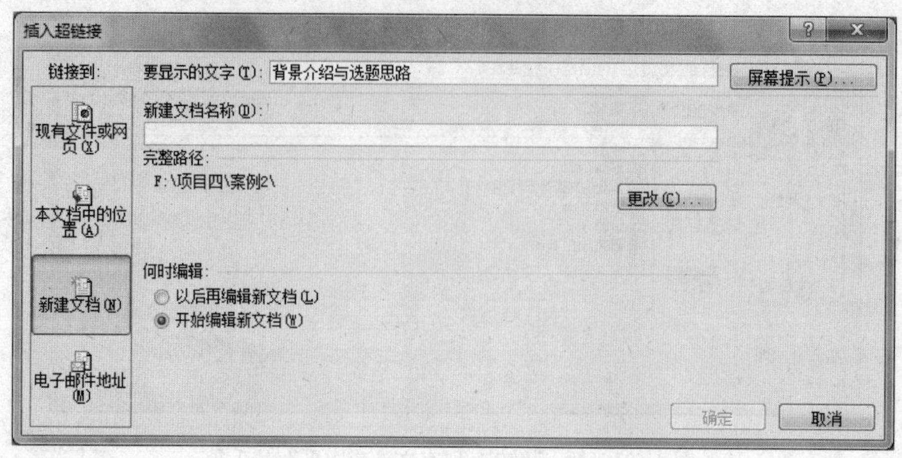

图 4-69 “插入超链接/新建文档”对话框

（7）插入动作按钮。

1）要在幻灯片中插入各种动作按钮，选择“插入/插图”组中的“形状”命令，展开找到“动作按钮”项，如图 4-70 所示，单击选择需要的按钮，然后在幻灯片上按住鼠标左键绘制合适大小即可。

2）绘制完成后，会弹出“动作设置”对话框，如图 4-71 所示。在“单击鼠标”选项卡下可以选择超链接到对应的文件：某一页幻灯片、其他文件、结束放映、URL（需要完整的地址，如：http：//www.baidu.com）等。也可以设置声音播放，勾选“播放声音”选项，在下拉框中选择“风铃”“激光”等声音效果。“鼠标移过”选项卡下也是一样的设置方法。

图 4-70 “动作按钮”选项

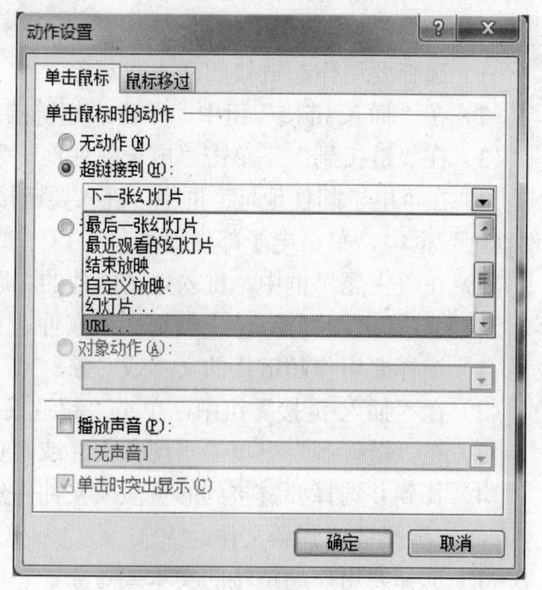

图 4-71 “动作设置/单击鼠标”对话框

4. 设置幻灯片放映方式

在“幻灯片放映/开始放映幻灯片”组中，可以设置幻灯片的具体放映方式。

（1）若要在“幻灯片放映”视图中从第一张幻灯片开始查看演示文稿，单击“从头开始”项。

（2）若要在“幻灯片放映”视图中从当前幻灯片开始查看演示文稿，单击“从当前幻灯片开始”项。

（3）选择“设置幻灯片放映”命令在打开的对话框上可以设置具体的放映类型、放映选项、换片方式等。

（4）选择“排练计时”，可以帮助演示者模拟讲解幻灯片的时间长度，如图 4-72 所示，左上角的计时对话框可以更好地控制时间。

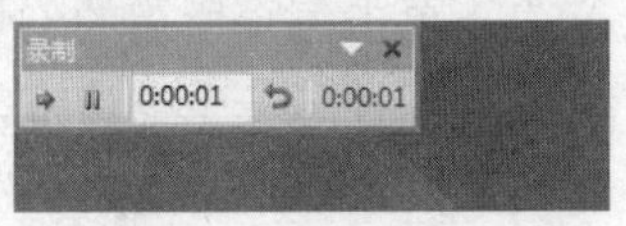

图 4-72　排练计时效果

5. 幻灯片的保存和打印

（1）创建好演示文稿后，最好立即为其命名并加以保存，并在工作中经常保存所做的更改：

选择“文件”→“另存为”命令，然后执行下列操作之一：在“保存类型”列表中选择“PowerPoint 演示文稿（*.pptx）”；对于可在 PowerPoint 2010 或早期版本的 PowerPoint 中打开的演示文稿，选择“PowerPoint 97-2003 演示文稿（*.ppt）”；在“另存为”对话框的左侧窗格中，单击要保存演示文稿的文件夹或其他位置；在“文件名”框中，键入演示文稿的名称，或者不键入文件名而是接受默认文件名，然后单击“保存”按钮。

另外，读者也可以按 Ctrl+S 或单击屏幕顶部附近的“保存”随时快速保存演示文稿。

（2）设置打印选项，然后打印幻灯片或讲义。若要设置打印选项（包括副本数、打印机、要打印的幻灯片、每页幻灯片数、颜色选项等），然后打印幻灯片，如图 4-73 所示，请执行以下操作：

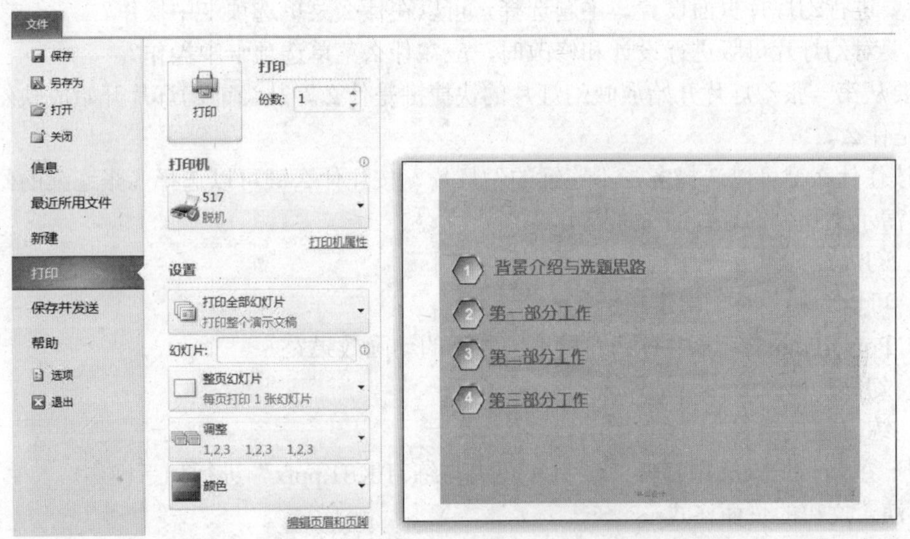

图 4-73　打印选项设置

1）单击“文件”→“打印”命令，然后在“打印”右边的“打印”框中，输入要打印的份数。

2）在“打印机”下，选择要使用的打印机。

3）在“设置”下，执行以下操作之一：

若要打印所有幻灯片，请单击“打印全部幻灯片”。

若要打印所选的一张或多张幻灯片，请单击“打印所选幻灯片”。

若要仅打印当前显示的幻灯片，请单击“当前幻灯片”。

若要按编号打印特定幻灯片，请单击“幻灯片的自定义范围”，然后输入各幻灯片的范围。请使用无空格的逗号将各个编号隔开。例如，1，3，5-12。

4）单击“整页幻灯片”列表，然后执行下列操作：若要在一整页上打印一张幻灯片，在“打印版式”下单击“整页幻灯片”；若要以讲义格式在一页上打印一张或多张幻灯片，在“讲义”下单击每页所需的幻灯片数，以及希望按垂直还是水平顺序显示这些幻灯片；若要在幻灯片周围打印一个细边框，选择“幻灯片加框”；若要在为打印机选择的纸张上打印幻灯片，单击“根据纸张调整大小”；若要增大分辨率、混合透明图形，以及在打印作业上打印柔和阴影，单击“高质量”；若要包括或更改页眉和页脚，单击“编辑页眉和页脚”链接，然后在显示的“页眉和页脚”对话框中进行选择。最后单击“打印”按钮。

思考与练习

一、思考题

1．PowerPoint2010 演示文稿的扩展名是什么？

2．如何在当前幻灯片后面添加一张新幻灯片？

3．如何更改幻灯片的顺序？

4．在 PowerPoint2010 中，不能对幻灯片内容进行编辑修改的视图方式是什么？

5．要进行幻灯片页面设置、主题选择，可以在什么菜单选项卡中操作？

6．要对幻灯片母版进行设计和修改时，应在什么菜单选项卡中操作？

7. 要从第一张幻灯片开始放映幻灯片的快捷键是什么？从当前幻灯片开始放映幻灯片的快捷键是什么？

8. 按住什么键可以选择多张不连续的幻灯片？按住什么键可以选择多张连续的幻灯片？

9．演示文稿和幻灯片的关系是什么？

10．幻灯片打印版式有哪些？

11．可以为哪些对象创建超链接？

12．PowerPoint 2010 中有哪四种不同类型的动画效果？

13．幻灯片母版的作用是什么？

二、练习题

（一）在 PowerPoint 中打开“项目 4\思考与练习\KS1.pptx”进行如下操作。

1．演示文稿的页面格式：

（1）将第 1 张幻灯片中标题的字体设置为华文行楷、72 磅、浅绿色。

（2）在幻灯片母版中为所有幻灯片添加页脚“植树节”，设置字体为微软雅黑、加粗、18 磅、天蓝色（RGB：112，255，255）。

（3）在幻灯片母版中将文本占位符中段落的项目符号更改为“♣”，大小为字高的 115%，颜色为橙色。

2．演示文稿的插入设置：

（1）在第 3 张幻灯片中插入链接到第一张幻灯片和下一张幻灯片的动作按钮，并为动作按钮套用“强烈效果－冰蓝，强调颜色 3”的形状样式，高度和宽度均设置为 2 厘米。

（2）在第 4 张幻灯片中插入视频文件“项目 4\思考与练习\KS1.wmv”，设置视频文件的缩放比例为 50%，视频样式为“柔化边缘椭圆”，剪裁视频的开始时间为 3 秒，结束时间为 30 秒。

3．演示文稿的动画设置：

（1）设置所有幻灯片的切换方式为“闪耀”、效果为“从下方闪耀的六边形”、持续时间为 2 秒、"风铃" 的声音、单击鼠标时换片。

（2）将第 1 张幻灯片中标题文本的动画效果设置为"弹跳"、持续时间为 3 秒、从上一动画之后自动启动动画效果。

（3）在幻灯片母版中，将幻灯片文本占位符中文本的动画效果设置为"浮入"，序列为"按段落"、方向为"下浮"、与上一动画同时开始。

4．保存演示文稿

保存文件后，将此演示文稿创建为全保真视频文件，设置放映每张幻灯片的秒数为 6 秒，以 A1A.wmv 为文件名保存至"考生"文件夹中。

（二）在 PowerPoint 中打开"项目 4\思考与练习\KS2.pptx"进行如下操作。

1．演示文稿的页面格式：

（1）将第 1 张幻灯片中的标题设置为艺术字"渐变填充－绿色，强调文字颜色 4，映像"的样式，设置字体为方正姚体，并为其添加"转换"中"正三角"文本效果。

（2）在幻灯片母版中将其他幻灯片标题的字体设置为华文隶书、48 磅、紫色。

2.演示文稿的插入设置：

（1）将第 1 张幻灯片中的副标题文本与相应幻灯片建立超链接。

（2）在第 2 张幻灯片中插入视频文件"项目 4\思考与练习\KS2.wmv"，设置视频文件的缩放比例为 70%，视频样式为"柔化边缘椭圆"，剪裁视频的开始时间为 2 秒，结束时间为 30 秒，单击时全屏播放。

（3）在第 4 张幻灯片中插入链接到上一张幻灯片和影片幻灯片的动作按钮，并为动作按钮套用"浅色 1 轮廓，彩色填充－橙色，强调颜色 5"的形状样式，高度和宽度均设置为 2.5 厘米。

3．演示文稿的动画设置：

（1）设置所有幻灯片的切换方式为"溶解"、持续时间为 2.5 秒、声音为"鼓声"、换片方式为单击鼠标时换片。

（2）将第 1 张幻灯片中标题文本进入的动画效果设置为"形状"、切换效果为"加号"，持续时间为 2 秒、从上一动画之后自动启动动画效果。

（3）设置幻灯片的放映类型为"演讲者放映（全屏幕）"，放映方式为"放映时不加旁白"，放映内容为全部幻灯片。

4．保存演示文稿

保存文档后，再将此演示文稿打包成 CD，以 A2A 为 CD 名保存至"考生"文件夹中，并设置打开演示文稿的密码为"jsj123"。

项目 5　Internet 及其应用

Internet 中文译为因特网，又叫国际互联网，简称互联网。它是由那些使用公用语言互相通信的计算机连接而成的全球网络。Internet 目前的用户已经遍及全球，并且它的用户数还在以等比级数上升。无论在工作还是生活中，互联网都发挥着重要的作用，互联网的基本使用技能已经是工作和生活的必备技能之一。

Internet 的主要应用如下：

（1）收发电子邮件，这是最早也是最广泛的网络应用。由于其快捷方便，不受空间限制的特点，正慢慢取代纸质邮件，成为人们文字联系的主要途径。

（2）上网浏览或冲浪，这是网络提供的最基本的服务项目。用户可以访问网上的任何网站，根据自己的兴趣在网上畅游，能够足不出户尽知天下事。

（3）查询信息。利用网络这个全世界最大的资料库，可以利用搜索引擎从浩如烟海的信息库中找到需要的信息。Google、百度、搜狗等搜索引擎都提供了越来越丰富的搜索资料。

（4）电子商务就是消费者借助网络，进入网络购物站点进行消费的行为。网络上的购物站点是建立在虚拟的数字化空间里，它借助 Web 来展示商品，并利用多媒体特性来加强商品的可视性、选择性。

（5）丰富人们的闲暇生活方式。无论是听音乐、看电影还是学习文化知识、从事艺术创造等，都可以通过 Internet 来实现。

（6）其他应用。如网上点播、网上炒股、网上求职、艺术展览等。

本项目通过 3 个案例介绍 Internet 的基本应用和 Outlook 的基本使用。其中包括 Internet 信息资源的搜索与下载、Outlook 的数据导入和导出、电子邮件的答复和转发、Outlook 中日常事项的添加等方面的知识和技能。

案例 1　信息资源搜索与下载

互联网为我们提供了丰富的各类资源，利用互联网获取资源是日常工作中的必备技能之一。本案例介绍如何利用百度搜索引擎搜索想要的资源，并进行下载。

案例描述

小明收到一个压缩文件包，需要解压缩后才能查看。但小明的计算机中没有安装解压软件，她需要搜索解压软件 Winrar 的安装程序，并下载到自己的计算机中。

案例实现

启动 Internet Explorer 浏览器，根据要求搜索资源并下载。

1. 搜索资源

（1）打开百度网站首页 http：//www.baidu.com。

打开 IE 浏览器，在地址栏输入网址 http：//www.baidu.com，按下 Enter 键即可打开百度首页。

（2）输入关键字 Winrar 查找相关资源。

在文本框中输入“Winrar”，页面自动转入搜索结果页面，并显示搜索到的和“Winrar”有关的所有信息，如图 5-1 所示。

图 5-1　搜索结果页面

2. 下载资源

（1）选择有用的信息资源下载。搜索结果的第一项是百度软件中心提供的下载链接，已通过百度安全认证，可以放心下载。单击蓝色的“立即下载”按钮，跳转至下载页面，同时窗口底部弹出提示框。

（2）将资源保存在本地磁盘。单击“保存”按钮右边的小三角按钮，在下拉菜单中选择“另存为”菜单项，弹出“另存为”对话框，如图 5-2 所示。选择保存位置，单击“保存”按

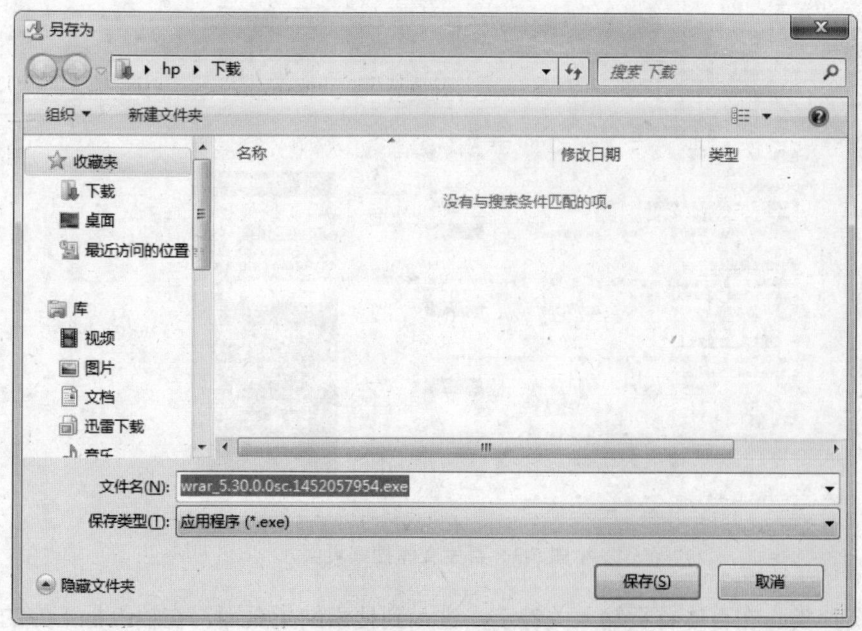

图 5-2　“另存为”对话框

钮将安装程序保存到指定位置。

相关知识

1. 什么是搜索引擎

搜索引擎是指根据一定的策略、运用特定的计算机程序从互联网上搜集信息，在对信息进行组织和处理后，为用户提供检索服务，将用户检索相关的信息展示给用户的系统。

国内日常使用最多的搜索引擎网站非百度莫属。在站长之家每周更新的搜索引擎网站排名中，百度遥遥领先。除百度外，搜狗（www.sogou.com），爱问（iask.sina.com.cn），搜库（www.soku.com），必应（cn.bing.com），搜搜（www.soso.com）等也是常用的几个搜索引擎网站。

2. 信息资源的搜索

利用搜索引擎网站可以快速找到需要的信息资源。搜索引擎网站主界面一般都比较简单，由文本框和搜索按钮两部分组成，和百度首页类似。在文本框中输入需要信息的关键字即可搜索。现在的搜索引擎越来越人性化，关键字带有越来越强的联想功能。输入有误时，它会帮助用户进行纠错并显示纠错后的结果，如想要查找截图软件“Snagit”，关键字输入为“Snagit”，会自动显示“Snagit”的搜索结果。也可以输入关键词中各个字的首字母，搜索引擎会自动联想，比如输入“jsyh”，会自动显示“建设银行”的搜索内容。

3. 信息资源的下载

网上的资源存在一定的安全隐患，在选择下载资源的时候要格外小心，选择相对比较正规的网站下载。常见下载的信息资源主要有以下几类：

（1）文字文档类。在百度首页输入关键字，进入到搜索结果页面，在输入框下方的导航条里选择“文库”，即可查看与关键字相关的各类文档，如图 5-3 所示。可以在筛选条件下选择不同的文档类型，缩小选择范围。

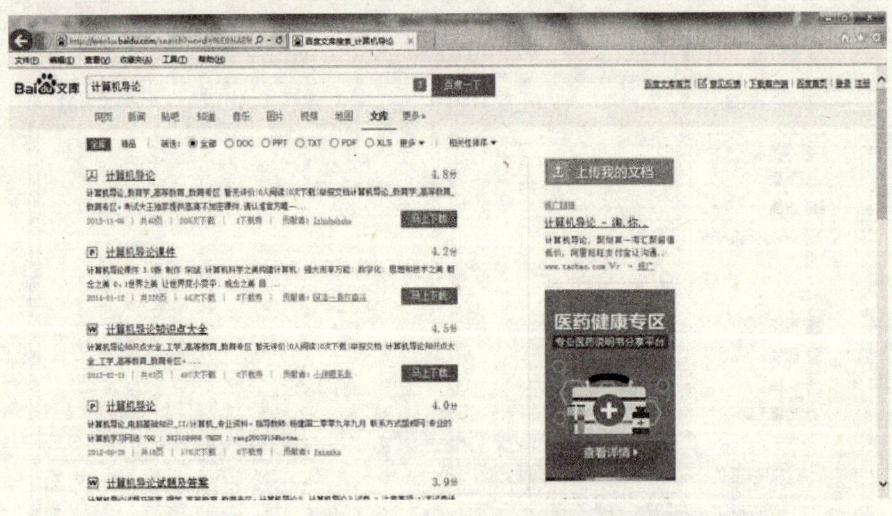

图 5-3 百度文库搜索页面

（2）图片类。在百度首页输入关键字，进入到搜索结果页面，在输入框下方的导航条里选择“图片”，即可查看与关键字相关的图片，如图 5-4 所示。选择喜欢的图片单击进入图片展示网页，此时单击图片，可以进入到图片来源网页，右击图片，弹出快捷菜单，选择“图片另存为…”，弹出“保存图片”对话框，选择保存位置，保存图片即可。

图 5-4　百度图片搜索页面

（3）软件类。在百度首页输入需要下载的软件名，百度会自动搜索下载资源，如果百度软件中心有该软件，会列在第一条搜索记录中，直接单击“立即下载”按钮就可下载。如果没有，可以点击其他搜索结果链接，进入网页下载。

案例 2　处理电子邮件

Outlook 是 Microsoft 的主打邮件传输和协作客户端产品。在 Outlook 中添加自己的邮箱账户并设置完成后，即可实现电子邮件的所有管理操作。本案例介绍 Outlook 中电子邮件的导入，收发和管理，对邮件内容的设置及保存或导出电子邮件。

案例描述

小明是 A 公司的总经理秘书，负责安排管理总经理的日常行程。2 月 25 日，小明收到 B 公司秘书李红的邮件，邀请总经理参加 B 公司的新产品发布会。小明查阅总经理行程后，时间不冲突可以参加，于是答复李红的邮件，告知总经理会准时参加发布会，将填好盖章的回执扫描件“回执.jpg”作为附件一起发送，并在送达邮件后给出“送达”回执。同时将邮件转发给办公室主任，并抄送给总经理，将邮件为收件人标记为“需后续工作”，重要性设置为“高”。

由于邮件过多，小明需要定期清理邮箱，为了保留原来的邮件以备日后查阅，在清理前将原来邮件导出保存，并设置保存密码为 lyh-88。

案例实现

1. 发送邮件

启动 Outlook 以李红的身份给张经理发送邮件，收件人邮箱地址 XWY@jssvc.edu.cn。

（1）单击“开始”按钮，在“开始”菜单中选择“所有程序”，在菜单列表中找到“Microsoft Office”菜单项，单击展开下级菜单，再单击“Microsoft Outlook 2010”菜单项，即可启动 Outlook。

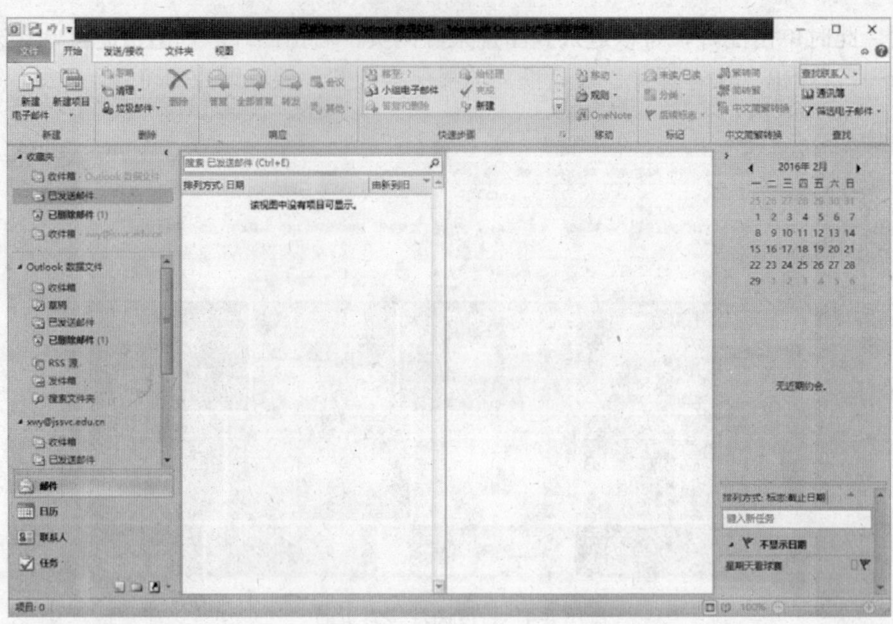

图 5-5 “Microsoft Outlook 2010 应用程序”窗口

（2）在如图 5-5 所示的“Microsoft Outlook 应用程序”窗口的“开始”选项卡下“新建”组中，单击“新建电子邮件”按钮，系统弹出“新建电子邮件”窗口，在“收件人”文本框中输入收件人的邮箱地址 XWY@jssvc.edu.cn，在“主题”文本框中输入邮件的主题“李红 新产品发布会邀请”，在正文文本框中编辑邮件的内容，如图 5-6 所示。输入完成后单击“发送”按钮。

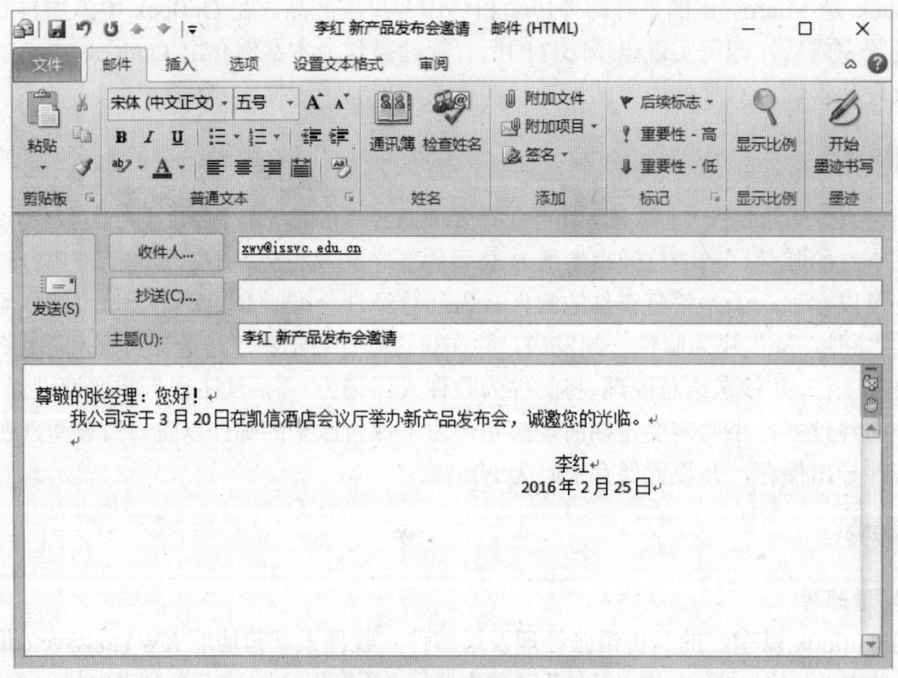

图 5-6 “新建电子邮件”窗口

2. 接收邮件

（1）查看收件箱未读邮件。在左侧任务面板中单击自己邮箱选项下的“收件箱”，在窗口区域显示收件箱中的所有邮件，如图 5-7 所示。

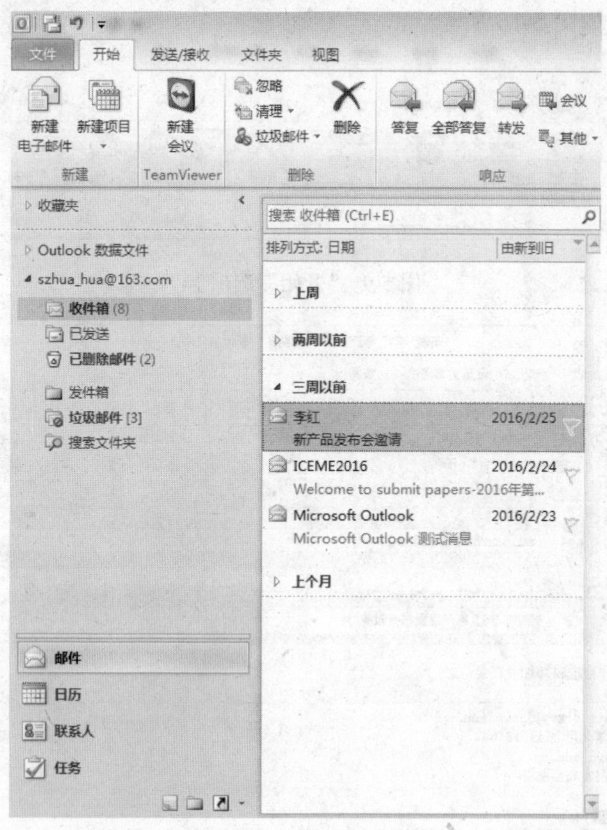

图 5-7 “收件箱”列表

（2）选择李红发来的邮件，查阅邮件。在“收件箱”中，选择“李红 新产品发布会邀请”邮件，右侧窗格会出现邮件的具体内容，如图 5-8 所示。

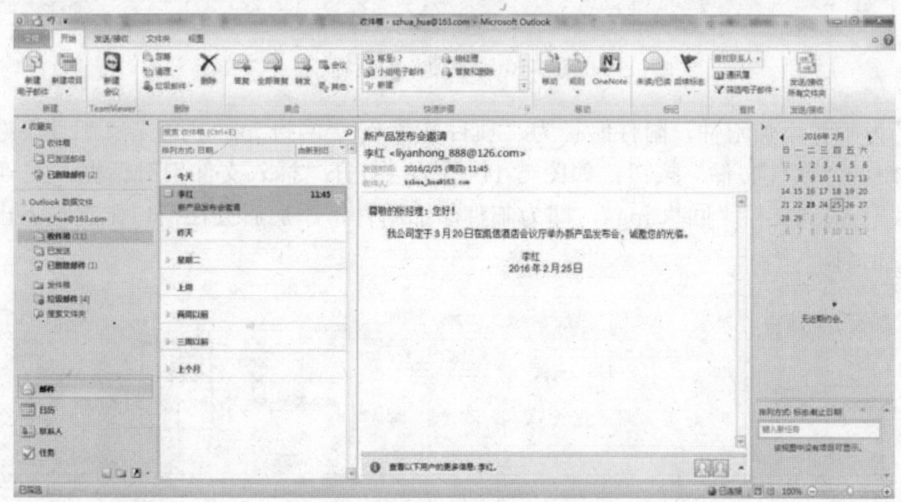

图 5-8 “收件箱”窗口

3. 答复邮件

（1）答复邮件，添加邮件内容为“谢谢邀请，张经理会准时参加发布会”。单击“开始”选项卡下“响应”组中的“答复”按钮，如图 5-9 所示。弹出答复邮件对话框，在邮件内容区域输入邮件内容，如图 5-10 所示。

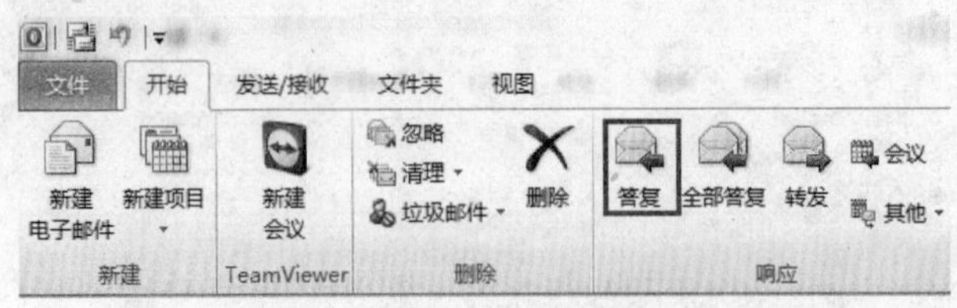

图 5-9 “开始”选项卡

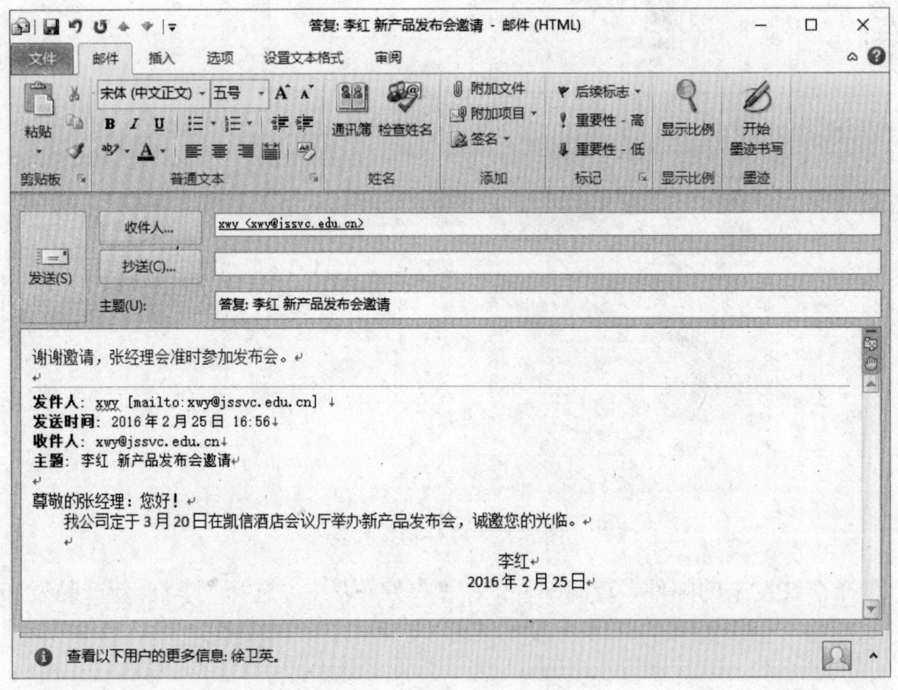

图 5-10 “答复”对话框

（2）为邮件添加附件，附件路径为“项目 5\案例 2\回执.jpg”。单击“邮件”选项卡中“添加”组的“附件文件”按钮，如图 5-11 所示，打开“插入文件”对话框，在“项目 5\案例 2 ”下找到文件“回执.jpg”，即为邮件添加附件，添加后会在窗口主题栏下出现“附件”一栏信息。

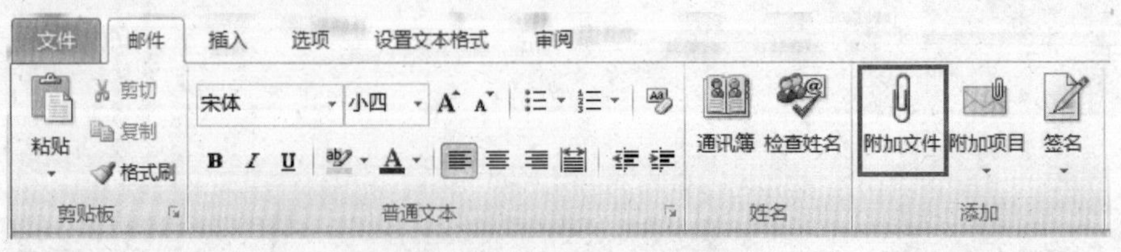

图 5-11 “邮件”选项卡

（3）为邮件设置在送达邮件后给出“送达”回执。单击“邮件”选项卡，“标记”组的“对话框启动器”按钮，打开“属性”对话框，如图 5-12 所示。勾选“请在送达此邮件后给出‘送达’回执”选项。单击“关闭”按钮完成。

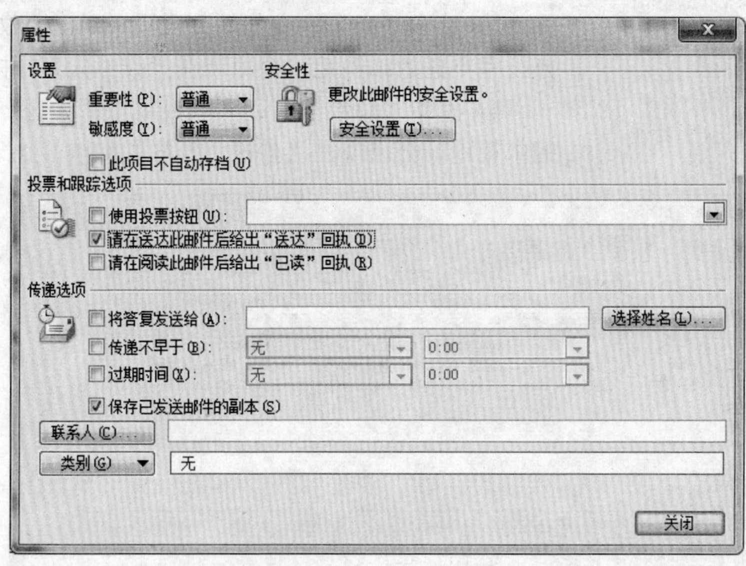

图 5-12　“属性”对话框

（4）单击“发送”按钮，发送邮件。

4. 转发邮件

（1）转发邮件给办公室主任，同时抄送给总经理，办公室主任和总经理的邮箱已经保存在联系人名单中，名称为“办公室主任”和“总经理”。

1）回到收件箱界面，打开李红的邮件，单击“开始”选项卡下“响应”组中的“转发”按钮，如图 5-13 所示，弹出转发邮件对话框。

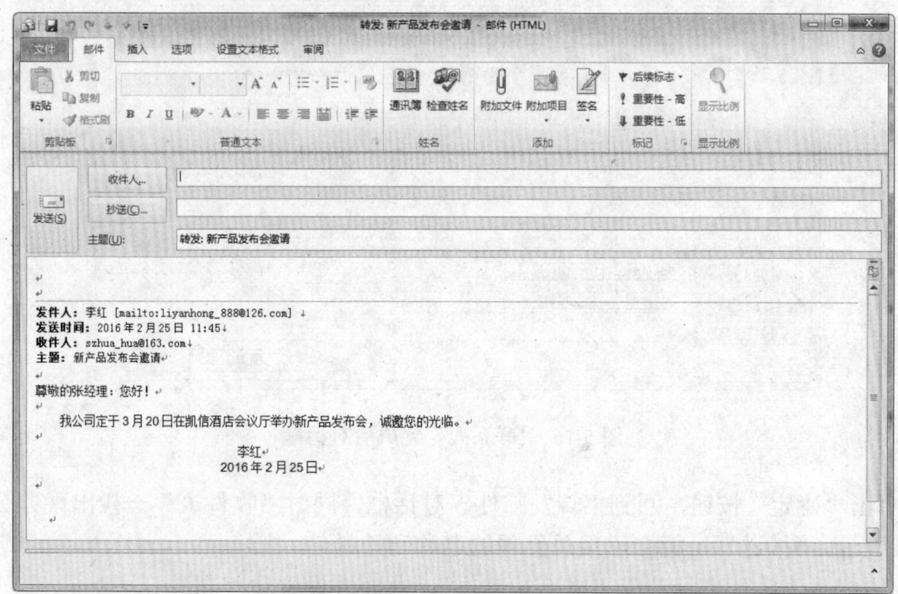

图 5-13　“转发”对话框

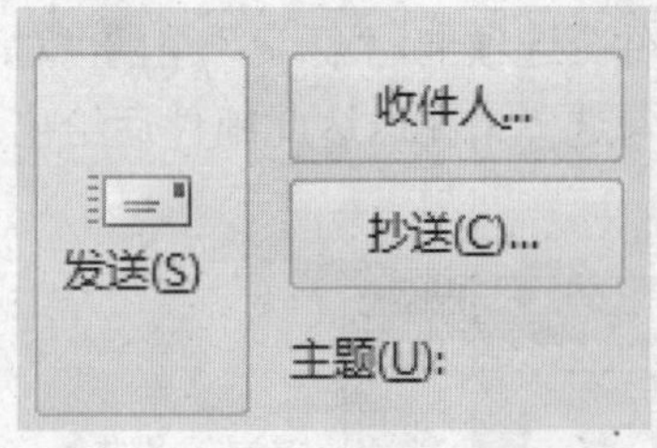

图 5-14 “收件人”按钮

2）单击“收件人”按钮，如图 5-14 所示，打开“联系人”对话框，如图 5-15 所示（参照案例 3 中添加新联系人信息的方法，在你的邮箱中添加联系人信息）。

3）选中“办公室主任”列表项，单击“收件人”按钮，办公室主任的邮箱地址会出现在“收件人”一栏。

4）选中“总经理”列表项，单击“抄送”按钮，总经理的邮箱地址会出现在“抄送”一栏，如图 5-16 所示。

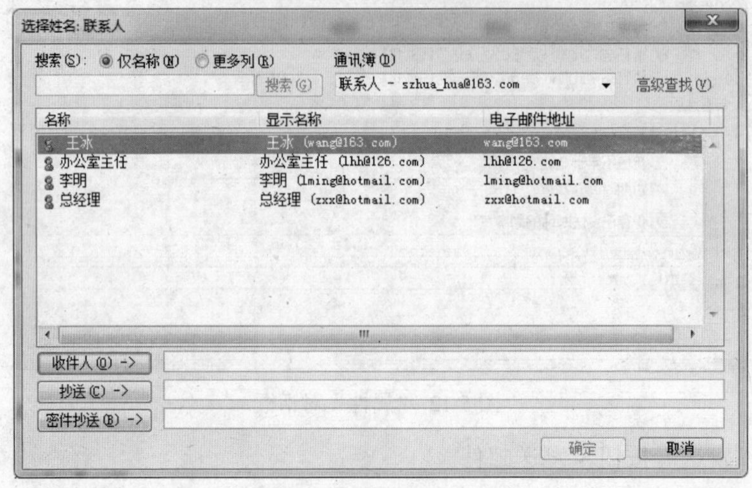

图 5-15 “联系人”对话框

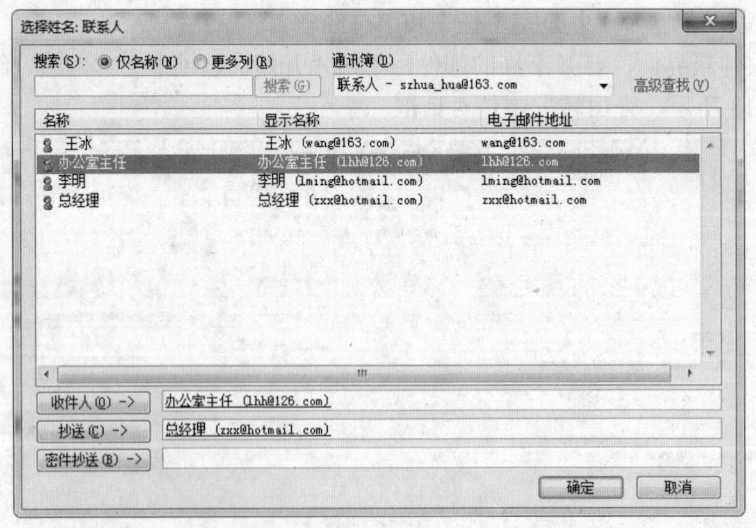

图 5-16 “联系人”完成后对话框

5）单击“确定”按钮，回到“转发邮件”对话框，同时“收件人”一栏出现办公室主任的名称和地址，“抄送”一栏会出现总经理的名称和地址。

（2）将邮件为收件人标记为“需后续工作”，重要性设置为“高”。

1）在“转发邮件”对话框中，单击“邮件”选项卡下“标记”组中的“后续标志”按钮，在弹出的下拉列表中选择“自定义…”选项，打开“自定义”对话框，如图 5-17 所示。

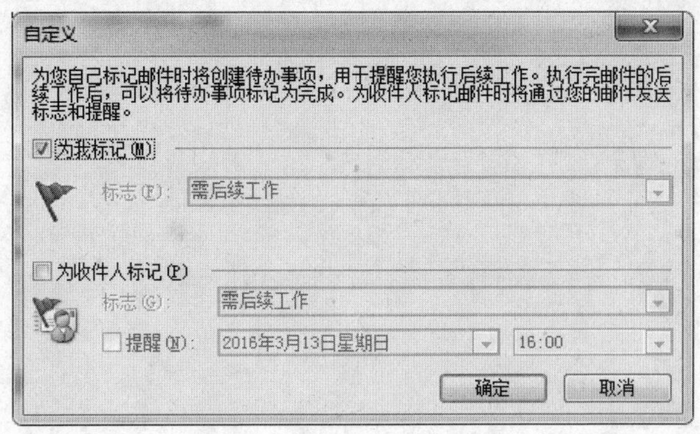

图 5-17 “自定义”对话框

2）仅勾选“为收件人标记”复选框，在“标志”下拉列表中选择“需后续工作”，单击“确定”按钮，“自定义”对话框关闭，回到“转发邮件”对话框，如图 5-18 所示。

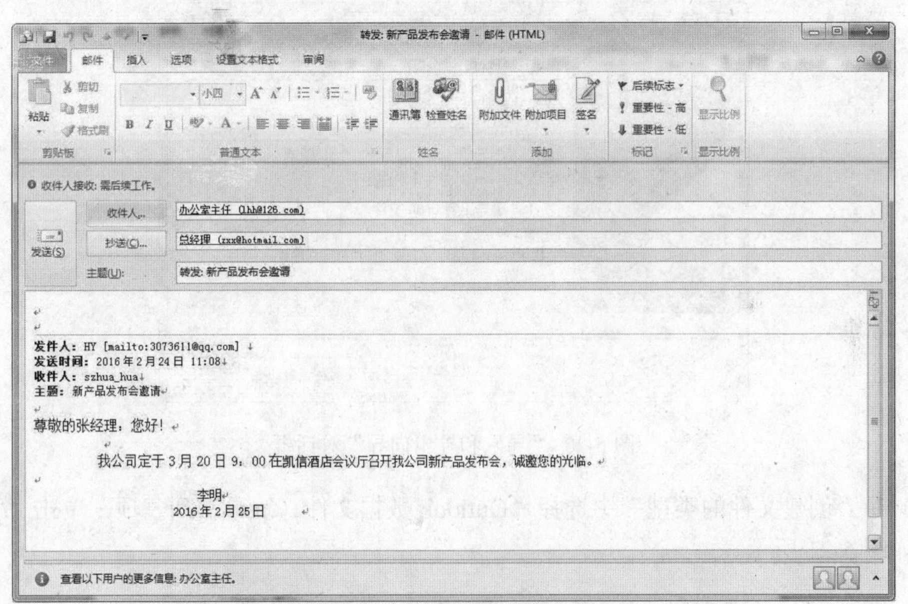

图 5-18 填写完成“转发”对话框

3）单击“发送”按钮，发送邮件。

5. 保存数据文件

将个人文件夹（包括子文件夹）导出至“D:\”盘根目录下，文件名为“Mary.pst”。为导出文件设置保存密码为 mary888。

（1）选中“文件”按钮，在下拉菜单中选择“打开”菜单项，右侧出现子菜单项，如图 5-19 所示。

（2）单击“导入”按钮，打开“导入和导出向导”对话框。

（3）在“请选择要执行的操作”中选择“导出到文件”列表项，单击“下一步”按钮，如图 5-20 所示。

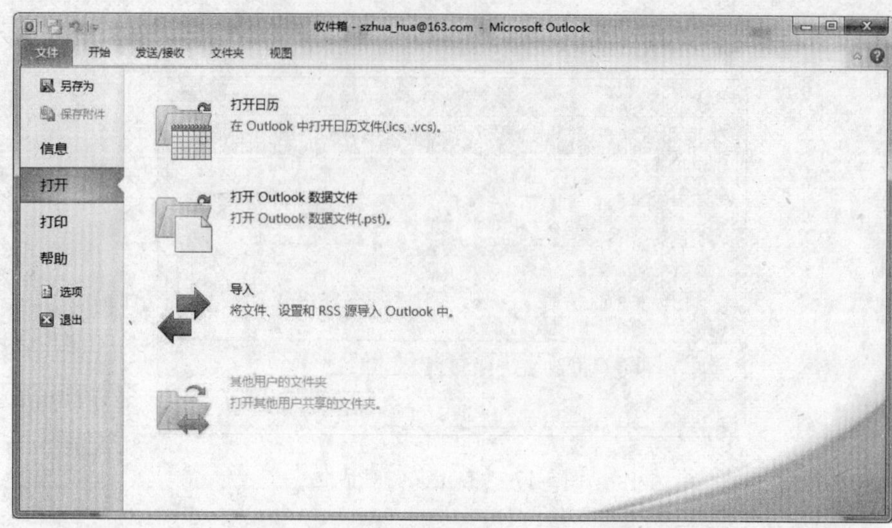

图 5-19 “打开”菜单项

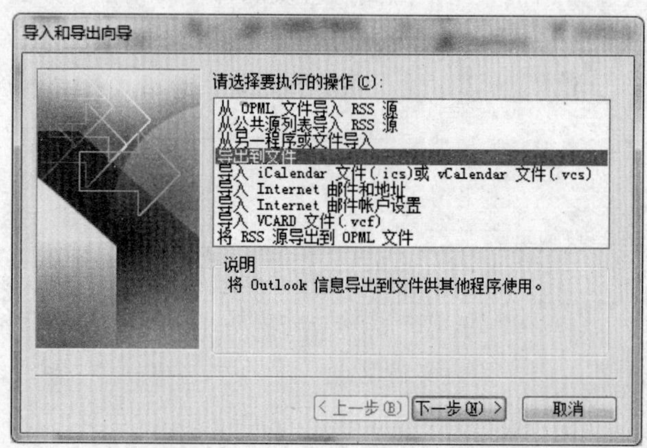

图 5-20 “导入和导出向导”对话框

（4）在“创建文件的类型”中选择“Outlook 数据文件（.pst）”列表项，单击“下一步”按钮，如图 5-21 所示。

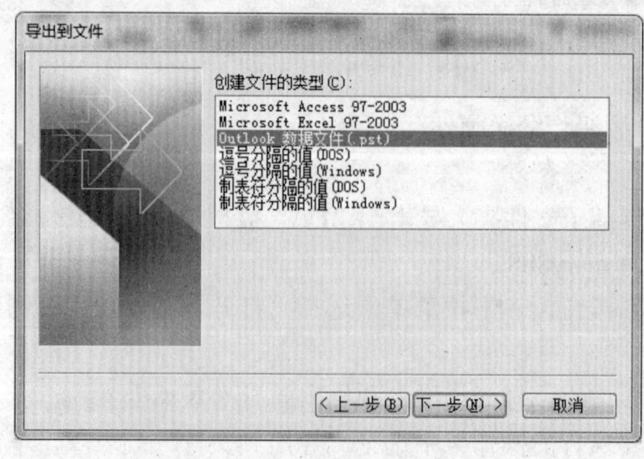

图 5-21 “导出到文件”对话框

（5）在“选定导出的文件夹”中选择个人邮箱，勾选“包括子文件夹”复选框，再单击“下一步”按钮，如图 5-22 所示。

图 5-22 “导出 Outlook 数据文件”对话框

（6）单击“浏览”按钮，选择 D 盘根目录，并在后面输入 Mary.pst，如图 5-23 所示。单击“完成”按钮，弹出“创建 Outlook 数据文件”对话框，如图 5-24 所示。

图 5-23 “导出 Outlook 数据文件”对话框

（7）在“密码”和“验证密码”文本框中均输入“mary888”，单击“确定”按钮，弹出“Outlook 数据文件密码”对话框，如图 5-25 所示。

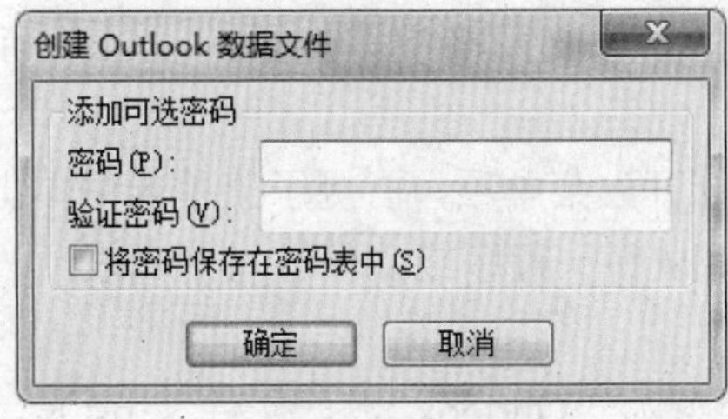

图 5-24 “创建 Outlook 数据文件”对话框

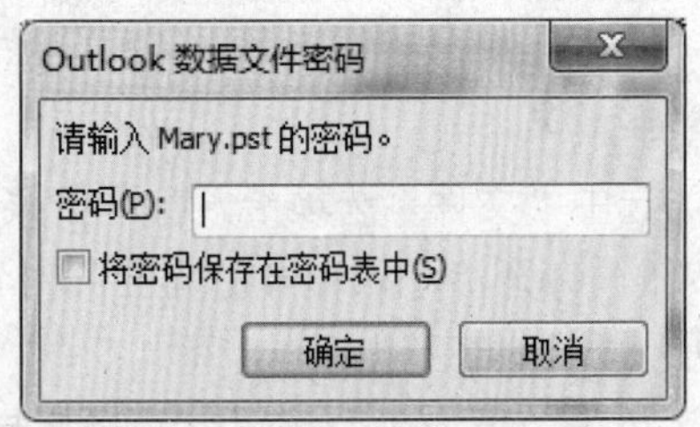

图 5-25 “Outlook 数据文件密码”对话框

（8）再次输入密码“mary888”，单击“确定”按钮，数据文件保存完成。

相关知识

1. Outlook 2010 简介

Outlook 2010 是 Microsoft office 2010 套装软件的组件之一，它对 Outlook 2007 的功能进行了扩充。Outlook 的功能很多，可以用它来收发电子邮件、管理联系人信息、记日记、安排日程、分配任务。Microsoft Outlook 2010 提供了一些新特性和功能，可以帮助用户与他人保持联系，并更好地管理时间和信息。

在 Outlook 2010 中，功能区已替换了以前在 Outlook 主窗口中使用的菜单。另外，还可以对功能区进行自定义。在 Outlook 2010 中，可以使用条件（如发件人、主题关键字及是否包含附件等其他信息）更容易地缩小搜索结果的范围。“搜索工具”上下文选项卡包括一组筛选器，可高效地集中搜索以找出所需的项目。在 Outlook 2010 中，新增“答复会议”功能，安排会议和回复邮件一样简单。在阅读邮件时，可以使用新增的“答复会议”命令向所有邮件收件人安排会议。单击一次即可将所有邮件收件人添加到新的会议要求中。Outlook 2010 提供了开发人员请求的功能，以允许对 Outlook 用户界面进行应用程序特定的自定义。除了 Outlook UI 改进的可编程性外，Outlook 对象模型还提供了对产品中“对话”和“移动项目”等新增和扩展功能的支持。

2. Outlook 的配置

第一次启动 Outlook 时，会弹出配置电子邮件账户向导，只有准确配置了可用的电子邮件账户，才可进行电子邮件的收发及管理。

（1）单击“开始”按钮，单击“所有程序”→“Microsoft Office”→“Microsoft Outlook 2010”，启动 Outlook 2010。第一次启动时会出现启动界面，进行配置。

（2）启动界面单击“下一步”按钮，在是否配置电子邮件账户中选择“是”项。单击“下一步”按钮，进入“添加新账户”对话框，输入姓名、电子邮件地址、密码，单击“下一步”按钮，等待程序进行联网配置，完成后会提示配置成功，单击“完成”按钮，完成配置进入“Microsoft Outlook 2010 应用程序”窗口，如图 5-26 所示。

3. 数据文件的导入和导出

Outlook 数据文件（.pst）是计算机上的数据文件，用来存储邮件和其他项目。可以分配一个.pst 文件作为电子邮件的默认送达位置。可以使用.pst 来组织和备份项目以保护项目。它可以包含个人的电子邮件、日历、联系人、任务和便笺。必须使用 Outlook 处理.pst 文件中的项目。Outlook 可以导入.pst 文件中的数据，也可以将数据保存在.pst 文件中。

（1）数据文件导入（导入“项目 5\案例 2\5-1.pst”文件）。在 Outlook 中导入.pst 文件后，文件中保存的所有资源信息都可会出现在左侧导航窗格中，选择相应项目可以查看并管理。

1）选中“文件”选项卡，在下拉菜单中选择“打开”菜单项，右侧子菜单项中单击“导入”按钮，打开“导入和导出向导”对话框，选择“从另一程序或文件导入”列表项，如图 5-27 所示。

2）单击“下一步”按钮，选择要导入的文件类型为“Outlook 数据文件（.pst）”，如图 5-28 所示。再单击“下一步”按钮，如图 5-29 所示。

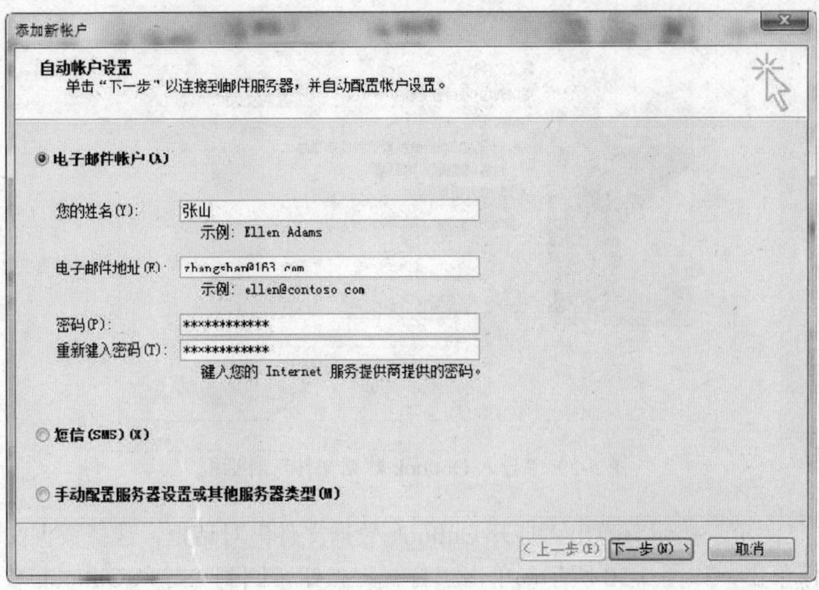

图 5-26　添加新账户

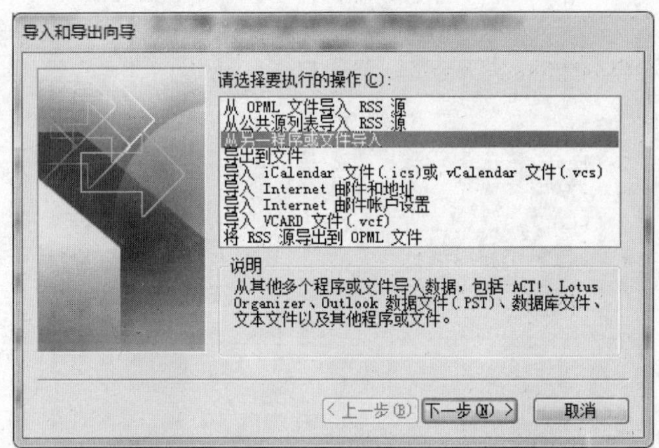

图 5-27　"导入和导出向导"对话框

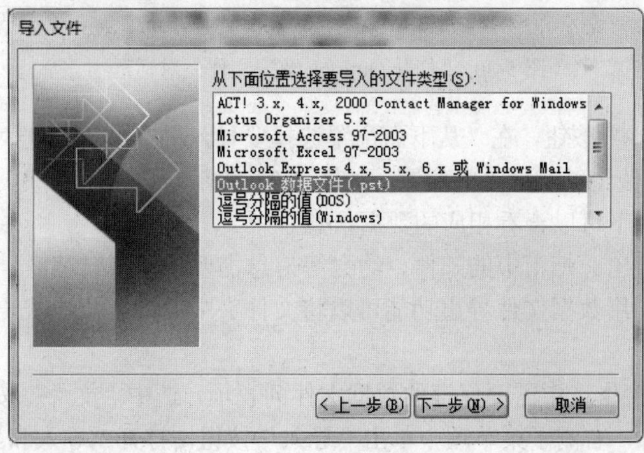

图 5-28　"导入文件"对话框

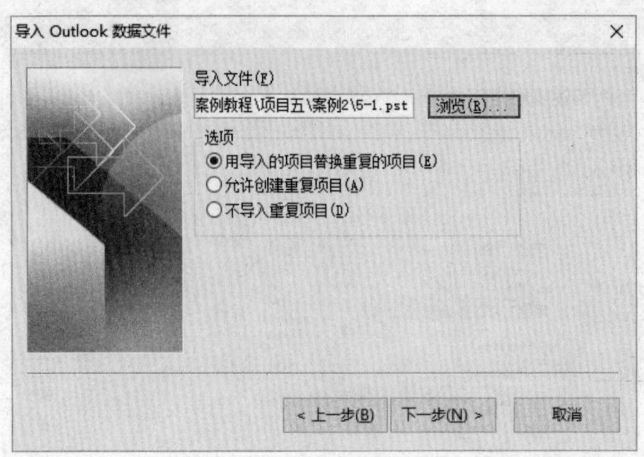

图 5-29 “导入 Outlook 数据文件”对话框

3）单击“浏览”按钮，弹出“打开 Outlook 数据文件”对话框，选择数据文件存储位置找到数据文件单击，如图 5-30 所示，单击“打开”按钮，回到“导入 Outlook 数据文件”对话框。

图 5-30 “打开 Outlook 数据文件”对话框

4）单击“下一步”按钮，在“从下面位置选择要导入的文件夹”列表选择要导入的文件夹“Outlook 数据文件”以及导入的位置，如图 5-31 所示。单击“完成”按钮，将数据文件导入，在指定文件夹下可以查看相应的数据信息。

（2）数据文件导出。邮箱中的邮件、约会等信息需要备份或转移时，如果一封一封邮件处理，会很烦琐，利用数据文件导出功能可以将文件夹中的内容导出成一个.pst 文件，便于备份和转移。

1）在左侧导航窗格选中需要保存的数据文件列表项，选中“文件”按钮，在下拉菜单中选择“打开”菜单项，右侧子菜单项中单击“导入”按钮，打开“导入和导出向导”对话框，选择“导出到文件”列表项。

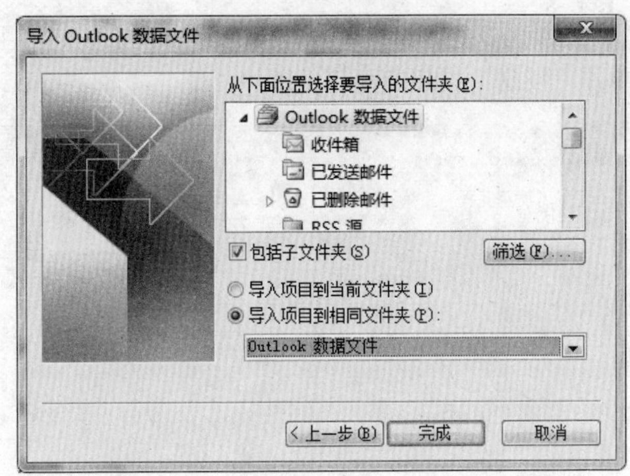

图 5-31　“导入 Outlook 数据文件”对话框

2）单击“下一步”按钮，弹出“导出到文件”对话框，选中“Outlook 数据文件（.pst）”列表项。

3）单击“下一步”按钮，弹出“导出 Outlook 数据文件”对话框，在“选定导出的文件夹”列表中选中需要导出的文件夹，勾选“包括子文件夹”复选框。

4）单击“下一步”按钮，在弹出对话框中单击“浏览”按钮，弹出“打开 Outlook 数据文件”对话框，选择数据文件要保存的位置，在“文件名”文本框中输入文件名。单击“确定”按钮回到“导出 Outlook 数据文件对话框”。

5）单击“完成”按钮，弹出“创建 Outlook 数据文件”对话框输入可选密码。如保存的数据文件需要创建密码，在“密码”和“验证密码”文本框输入密码，单击“确定”按钮保存文件；如不需要创建密码可直接单击“确定”按钮。

4. 电子邮件的基本操作

对电子邮件的管理是 Outlook 最主要的功能。只要成功配置电子邮件账户信息，即可和邮箱关联起来。可以接收查看收件箱的所有邮件，并回复和转发邮件，可以发送、抄送和密送电子邮件。

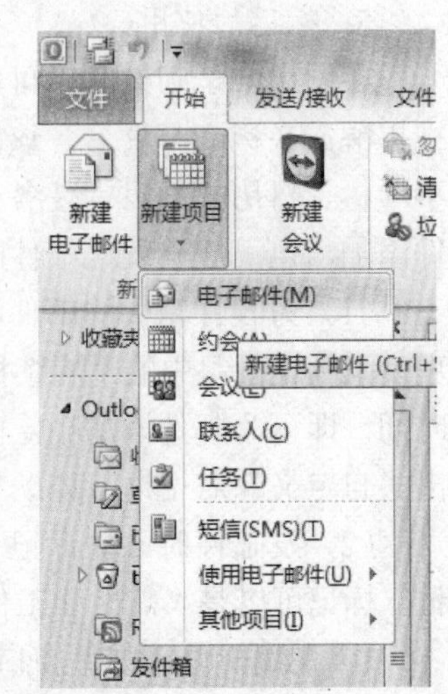

图 5-32　“新建项目”下拉菜单

（1）收邮件。Outlook 和电子邮箱关联后，电子邮箱中的邮件会自动加载到本地，每次启动 Outlook 时，邮箱中的新信息即会自动下载，单击左侧导航栏中的“收件箱”，可以看到收件箱中的所有邮件，未读邮件的主题会加粗显示，单击该邮件即可在查看窗口看到邮件的具体内容。

（2）发邮件。单击“开始”选项卡“新建”组中的“新建项目”，如图 5-32 所示，在下拉菜单中选择“电子邮件”菜单项，弹出“邮件”对话框，如图 5-33 所示。在“收件人”文本框输入电子邮件地址，“主题”文本框输入电子邮件主题，在文本框输入邮件内容，单击“发送”按钮可以发送电子邮件。

（3）答复邮件。答复邮件是对已有的邮件修改后发送给原发件人。在邮件列表中选择需要答复的邮件，单击邮件主题打开邮件，单击“开始”选项卡“响应”组中的“答复”按钮，打开“答复”对话框。原发件人、主题和邮件内容会出现在“收件人”“主题”和“邮件内容”文本框中，编辑内容单击“发送”按钮即可答复邮件。

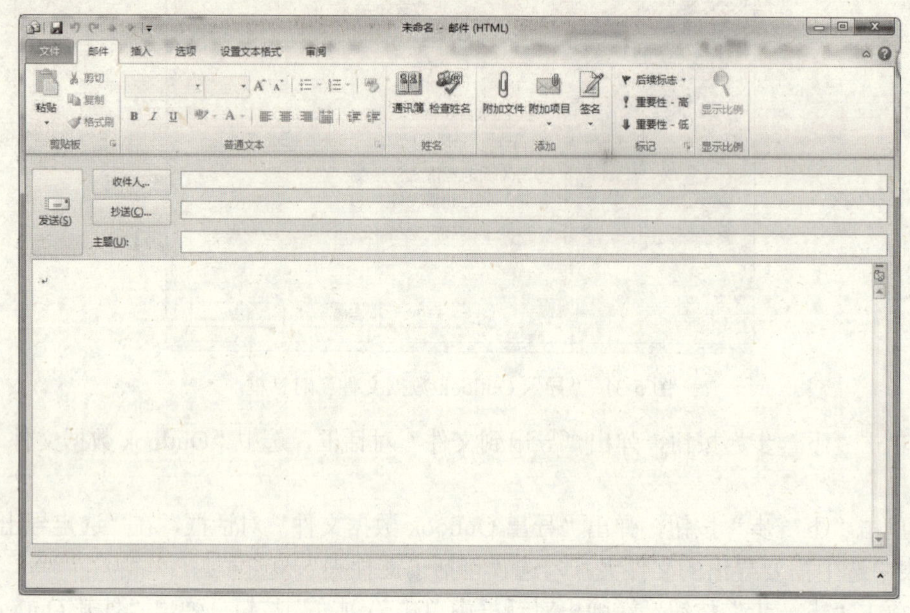

图 5-33 “未命名-邮件”对话框

（4）转发邮件。转发邮件是把已有的邮件发送给其他收件人。在邮件列表中选择需要转发的邮件，单击邮件主题打开邮件，单击“开始”选项卡“响应”组中的“转发”按钮，打开“转发”对话框。在“收件人”文本框中输入要发送的电子邮件地址，修改“主题”和“邮件内容”，单击“发送”按钮转发电子邮件。

5. 标记的使用

在发送电子邮件时，可以为自己或收件人添加注释标记，用于提示应执行某项操作的可视提醒。在标记邮件后，该邮件的标志会显示在邮件列表中。带标志的项目还会显示在待办事项栏、日历中的日常任务列表及任务视图中的待办事项列表中。标记可以给收件箱中的邮件添加，也可以在发送邮件时为发件人或自己添加。

（1）为收件箱中的邮件添加标记。在邮件列表选中要标记的电子邮件，单击“开始”选项卡“标记”组中的“后续标志”按钮，如图 5-34 所示，在下拉菜单中选择需要设置的标记时间，即可为邮件添加指定时间的标志，如需其他时间，还可选择“自定义…”菜单项，弹出“自定义”对话框，如图 5-35 所示，设置具体的时间和标志内容。

（2）发邮件时添加标记。在新建电子邮件、转发电子邮件、答复电子邮件时都可添加标记。标记可以是“需后续工作”“仅供参考”“请转发”等提示，也可以标记邮件的重要程度。

1）在编辑电子邮件窗口单击“邮件”选项卡“标记”组的“后续标记”按钮，在下拉菜单中选择“自定义…”菜单项，弹出“自定义”对话框，如图 5-36 所示。

2）如果为自己添加标记，提醒后续工作，就勾选“为我标记”复选框；如果为收件人添加标记随邮件一起发送，就勾选“为收件人标记”复选框。

3）勾选“为收件人标记”复选框后，“标志”下拉列表变为可用，点开可以选择需要添加的标志类型，如图 5-37 所示。添加了标记的邮件会出现在收件人的待办事项中。

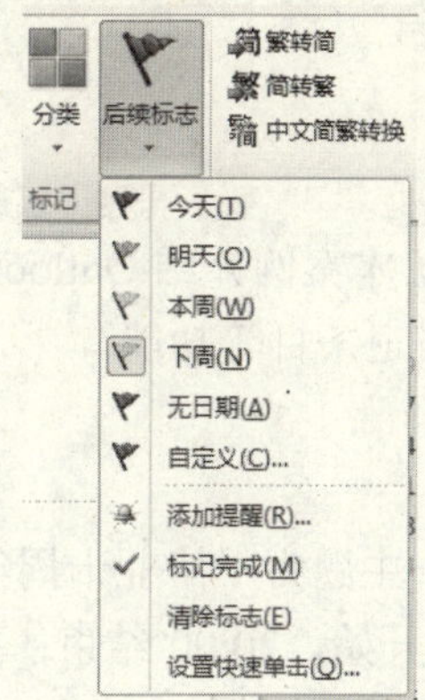

图 5-34 “后续标志”下拉菜单

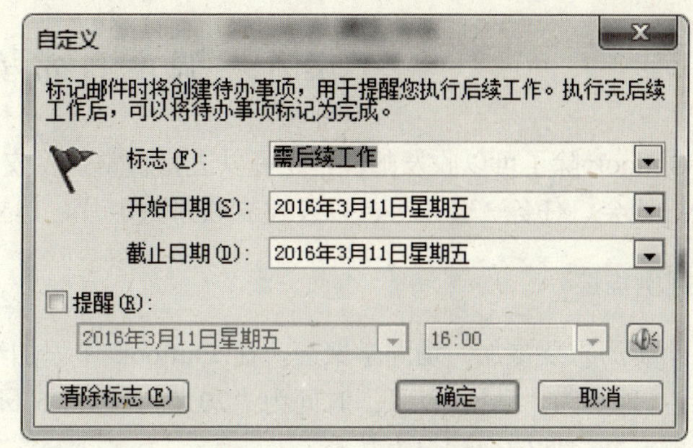

图 5-35 “自定义”对话框

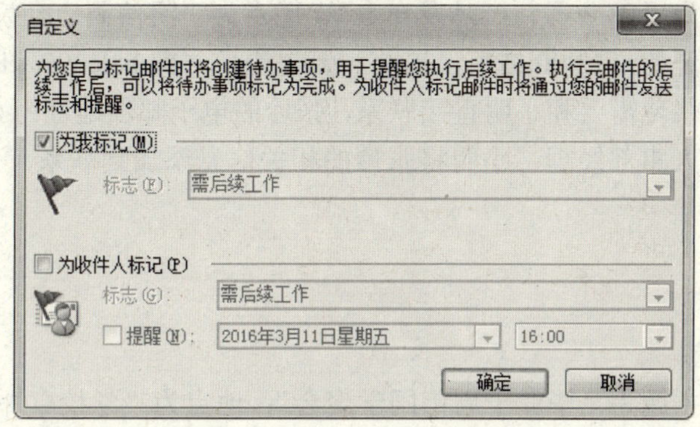

图 5-36 “自定义”对话框

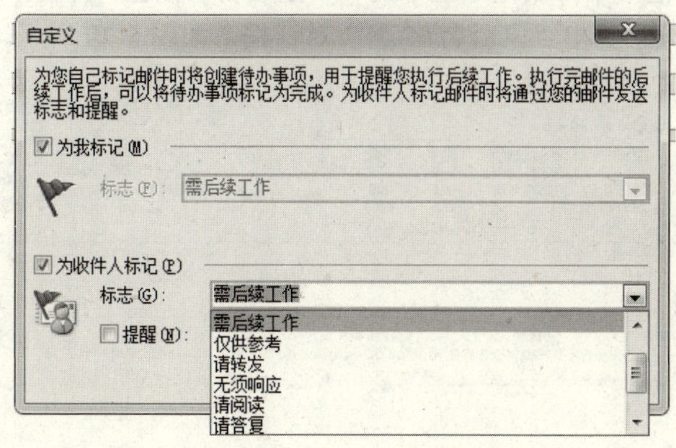

图 5-37 “标志”下拉列表

4）如果需要提醒，可以勾选“提醒”对话框，选择提醒的时间，收件人收到邮件后在指定时间会有对话框弹出提醒。单击“确定”按钮即可添加后续标志。

5）单击“邮件”选项卡“标记”组中的“重要性-高”按钮或“重要性-低”按钮，如图 5-38 所示，可以设定电子邮件的重要性等级。收件人在收到邮件中会显示该标志。

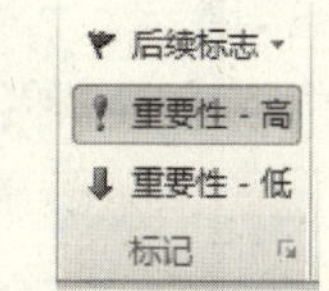

图 5-38 “邮件”选项卡“标记”组

案例3 调度日常安排

Outlook 除了可以收发邮件，还可以进行日常调度安排的管理。本案例介绍 Outlook 中如何安排约会、任务、会议等，以及建立联系人卡片，建立便签、日记条目等功能。

案例描述

小明周末要参加一场同学聚会，在 Outlook 中添加约会提醒。主题为“毕业十周年同学聚会”；地点为“学校草坪”；时间为“2016 年 3 月 6 日”，10:00 开始，20:00 结束；提前 1 天提醒，并将此约会标记为私密。

小明为了提醒 helen 参加 B 公司的新产品发布会，利用李红邀请参加新品发布会的邮件安排一次会议，主题为“B 公司新产品发布会”；地点为“凯信酒店会议厅”；时间为“2016 年 3 月 20 日”，9:00 开始，12:00 结束，提前一天提醒，并向 helen90@163.com 发送邀请。

公司有一新客户张玲需要和小明直接联系，张玲的电子邮件地址为 zhangl80@sohu.com，是“×电气公司”的人事部经理。小明将张玲的相关信息添加到联系人列表中，以便日后联系方便。

案例实现

1．添加约会提醒

（1）添加约会，主题为“毕业十周年同学聚会”；地点为“学校草坪”；时间为“2016 年 3 月 6 日”，10:00 开始，20:00 结束。

1）单击“开始”选项卡“新建”组中的“新建项目”按钮，弹出下拉菜单，在下拉菜单中选择“约会”菜单项，弹出“未命名-约会”对话框，如图 5-39 所示。

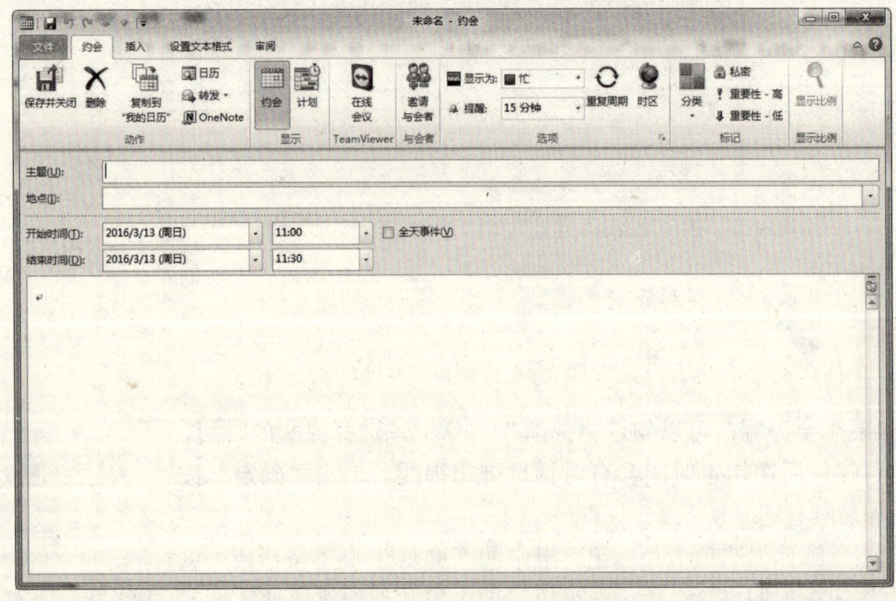

图 5-39 “未命名-约会”对话框

2）在“主题”文本框输入“毕业十周年同学聚会”；在“地点”文本框输入“学校草坪”；单击“开始时间”后的日期下拉列表框，在日历中选择“2016 年 3 月 6 日”，“时间”下拉列表中选择 10:00；单击“结束时间”后的日期下拉列表框，在日历中选择“2016 年 3 月 6 日”，“时间”下拉列表中选择 20:00。完成后如图 5-40 所示。

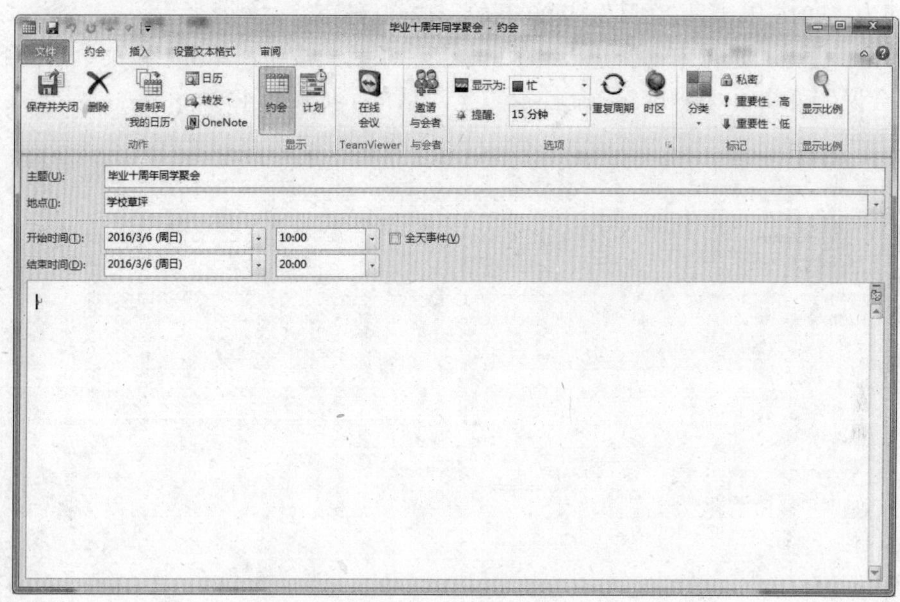

图 5-40　“约会”完成对话框

（2）设置提前一天提醒该约会，并标记为私密。

1）单击“约会”选项卡“选项”组中的“提醒”下拉列表，选择“1 天”选项，如图 5-41 所示。

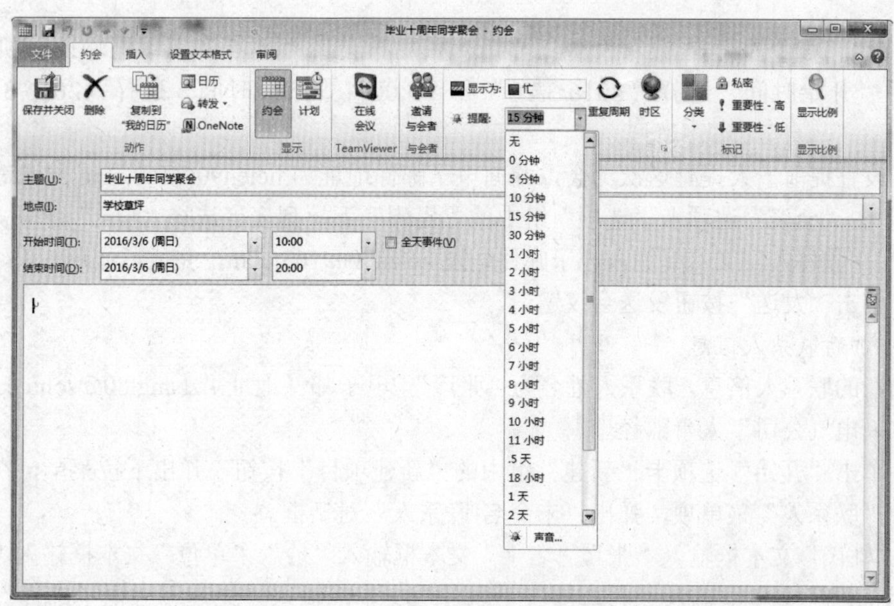

图 5-41　“提醒”下拉列表

2）单击“约会”选项卡“标记”组中的“私密”按钮，设置约会为私密。

（3）单击“约会”选项卡“动作”组中的“保存并关闭”按钮，添加约会提醒。

2. 利用电子邮件定制约会

（1）利用李红“新产品发布会邀请”的电子邮件安排一次会议，地点为“凯信酒店会议厅”；时间为“2016 年 3 月 20 日”，9:00 开始，12:00 结束。

1）单击“开始”选项卡“新建”组中的“新建项目”按钮，弹出下拉菜单，在下拉菜单中选择“会议”菜单项，弹出“未命名-会议”对话框，如图 5-42 所示。

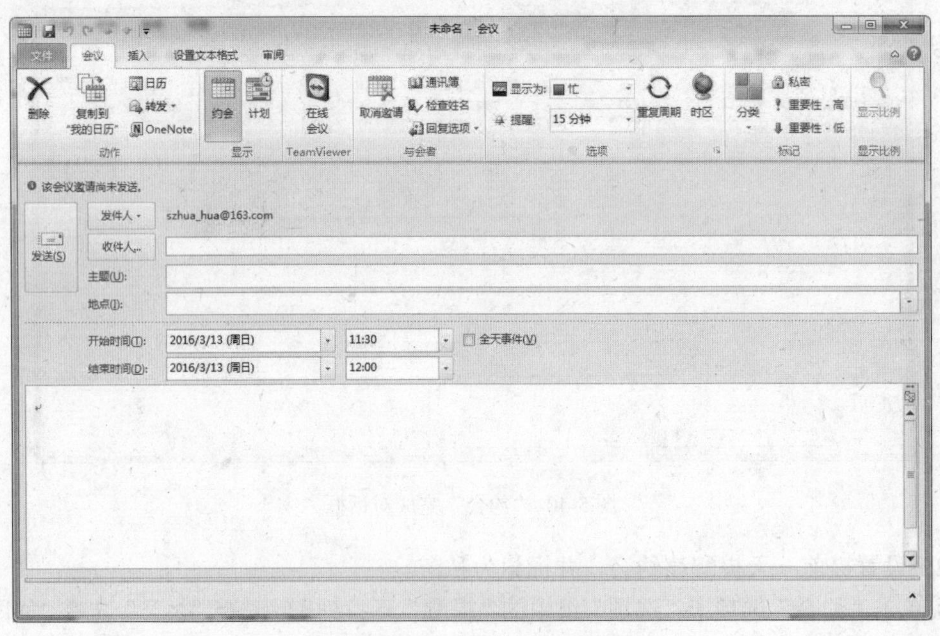

图 5-42 “未命名-会议”对话框

2）在“主题”文本框输入“B 公司新产品发布会”；“地点”文本框输入“凯信酒店会议厅”；“开始时间”选择“2016/3/20”和“9:00”；“结束时间”选择“2016/3/20”和“12:00”。

（2）设置提前一天提醒这次约会，并向电子邮件地址为 helen90@163.com 发送邀请。

1）单击“会议”选项卡“选项”组中的“提醒”下拉列表，选择“1 天”选项。

2）在“收件人”文本框输入电子邮件地址 helen90@163.com，完成后如图 5-43 所示。

（3）单击“发送”按钮发送会议邀请。

3. 添加新联系人信息

添加新的联系人信息，联系人姓名为“张玲”，电子邮件地址“zhangl80@sohu.com”，部门职务“×电气公司”人事部经理。

（1）单击“开始”选项卡“新建”组中的“新建项目”按钮，弹出下拉菜单，在下拉菜单中选择“联系人”菜单项，弹出“未命名-联系人”对话框。

（2）“姓氏”文本框输入“张”，“名字”文本框输入“玲”，“单位”文本框输入“×电气公司”，“部门”文本框输入“人事部”，“职务”文本框输入“经理”。“电子邮件”文本框“zhangl80@sohu.com”。完成后如图 5-44 所示。

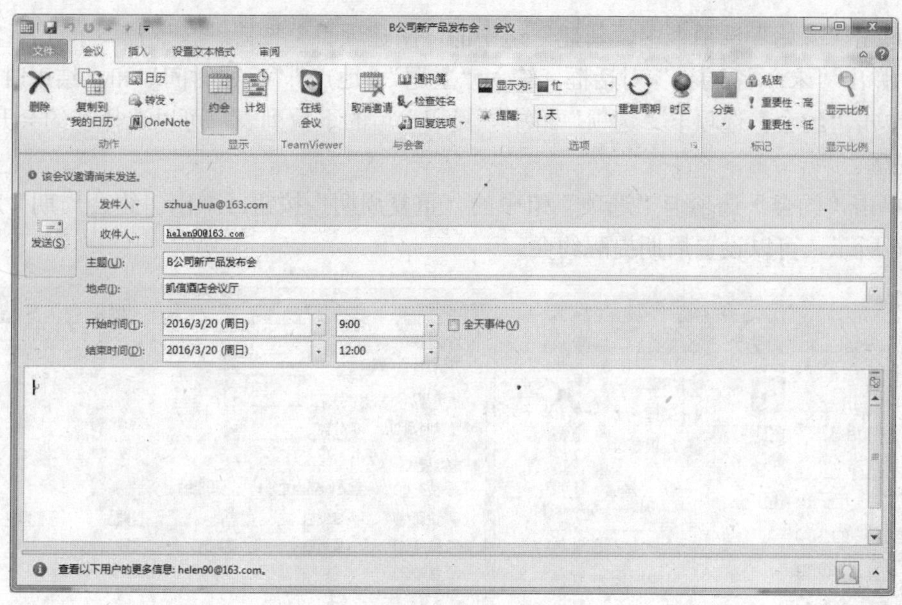

图 5-43 “会议”完成对话框

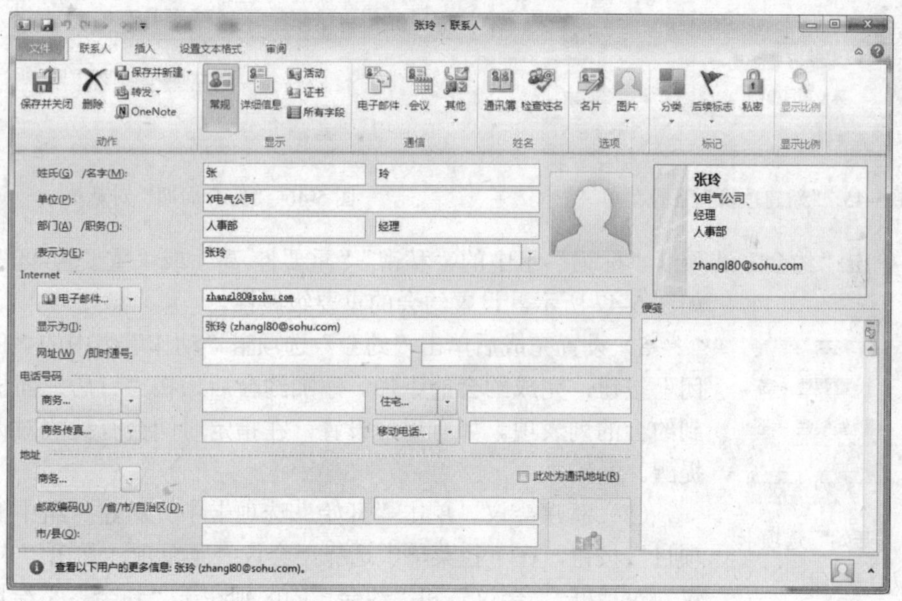

图 5-44 “联系人”完成对话框

（3）单击“联系人”选项卡“动作”组中的“保存并关闭”按钮，添加联系人信息。

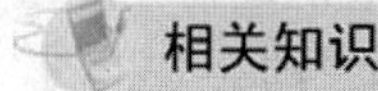

相关知识

1. 新建项目

单击“开始”选项卡中“新建”组中的“新建项目”按钮，如图 5-45 所示，可以新建约会、会议、联系人、任务等项目。

（1）新建约会。利用 Outlook 中的“约会”功能，可以创建有明确发生时刻的事项，并在指定的时间弹窗提醒。

1）单击“开始”选项卡中“新建”组中的“新建项目”按钮，在下拉菜单选择“约会”菜单项，弹出“未命名-约会”对话框。输入“主题”“地点”“开始时间”和“结束时间”。

2）单击“约会”选项卡“选项”组中“提醒”后的下拉列表，可以选择在约会开始前多长时间提醒。

3）单击“约会”选项卡“选项”组中的“重复周期”按钮，弹出“约会周期”对话框，如图 5-46 所示，可以设置周期提醒约会。

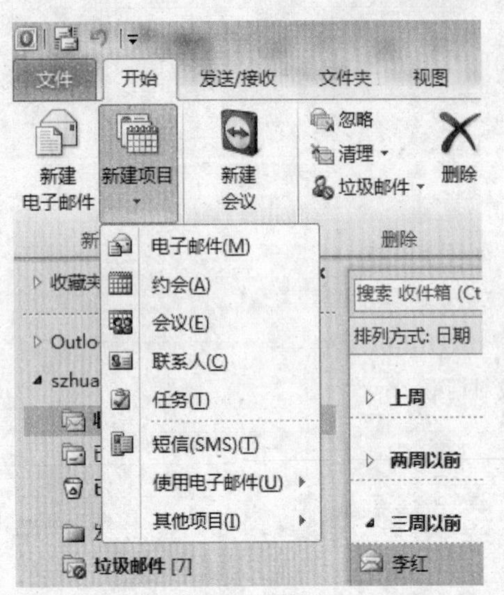

图 5-45 “新建项目”下拉菜单

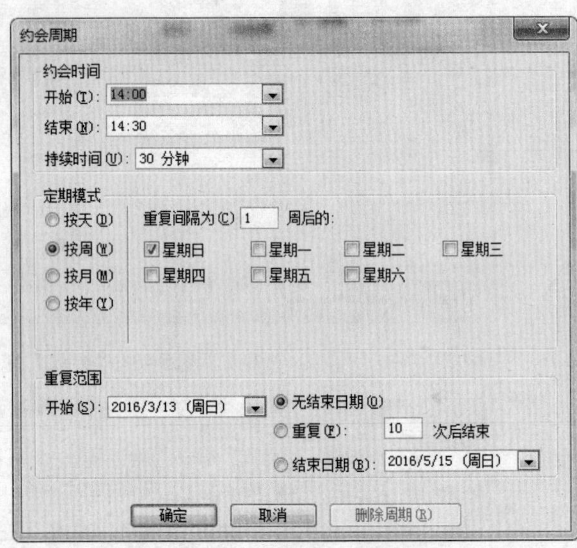

图 5-46 “约会周期”对话框

4）单击“约会”选项卡“标记”组中的“私密”“重要性-高”或“重要性-低”按钮，如图 5-47 所示，设置约会的重要级属性。

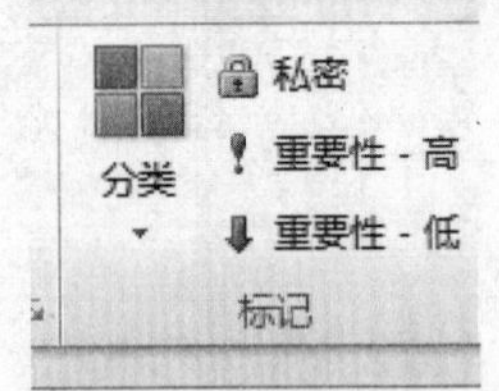

图 5-47 “开始”选项卡“标记”组

5）设置完成后单击“约会”选项卡“动作”组中的“保存并关闭”按钮，完成约会的添加。添加约会后，在“日历”面板可以看到约会的列表项。如有提醒设置，在指定时间会有提醒对话框弹出提醒。

（2）新建会议。单击“开始”选项卡中“新建”组中的“新建项目”按钮，在下拉菜单中选择“会议”菜单项，弹出“未命名-会议”对话框。“会议”和“约会”的区别在于“约会”是给自己定制的提醒，“会议”通过发送邮件的方式为收件人定制的提醒。在“未命名-约会”对话框单击“约会”选项卡“与会者”组中的“邀请与会者”按钮可以将对话框转变为“未命名-会议”对话框；在“未命名-会议”对话框单击“约会”选项卡“与会者”组中的“取消邀请”按钮可以将“未命名-会议”对话框转变为“未命名-约会”对话框。其余的设置和“约会”相同，这里不就再重复介绍。完成有单击“发送”按钮，可以将“会议”发送，在指定时间收件人会收到提醒。

（3）新建任务。通过新建任务，可以在指定时间和日期对任务发出提醒，也可以在“项目”面板选择“任务”切换到任务面板后查看所有任务项。

1）单击“开始”选项卡中“新建”组中的“新建项目”按钮，在下拉菜单中选择“任务”

菜单项，打开“未命名-任务”。

2）与“约会”相似，输入“主题”“开始日期”“截止日期”，并可以通过“重复周期”“私密”“重要性-高”“重要性-低”按钮进行相应的设置。

3）如任务定制给自己，直接单击“任务”选项卡“动作”组中的“保存并关闭”按钮即可。也可将任务同时分配给其他人一起完成，如需分配任务，单击“任务”选项卡“管理任务”组中的“分配任务”按钮，对话框发生变化。

4）输入收件人电子邮件地址，单击“发送”按钮即可将任务分配给收件人。

（4）新建日记条目。可以利用 Outlook 的日记功能来帮助记录自己的工作，有的活动发生时 Outlook 能够知道，比如我们用 Outlook 来拨号打电话、用 Outlook 来发送电子邮件，用 Office 的其他组件来创建和编辑文件等，这些活动 Outlook 都会自动记录，而对于会议等其他 Outlook 不能侦测到的活动，我们也可以手动来做记录。

1）单击“开始”选项卡中“新建”组中的“新建项目”按钮，在下拉菜单中选择“其他项目”，在下级菜单中选择“日记条目”菜单项，打开“未命名-日记条目”对话框，如图 5-48 所示。

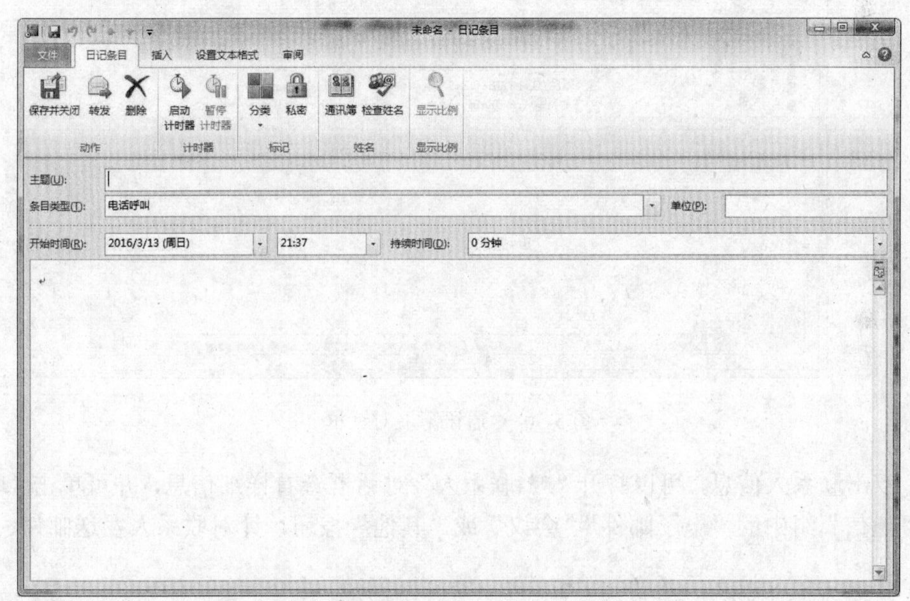

图 5-48 “未命名-日记条目”对话框

2）在“主题”文本框中输入日记条目主题，在“条目类型”下拉列表中选择日记条目的类型，如“电话呼叫”“电子邮件”“会议”等。

3）可以在“开始时间”和“持续时间”文本框中输入时间。若要记录确切的开始时间和结束时间，单击“日记条目”选项卡“计时器”组中的“启动计时器”按钮，日记项目将记录联系人合作的日期和时间长度。单击“暂停计时器”可停止时钟。

4）单击“保存并关闭”按钮完成日记条目的创建。

2. 添加联系人信息

可以将常用联系人的信息保存在通讯簿中，在发送邮件的时候可以直接选取电子邮件地址。

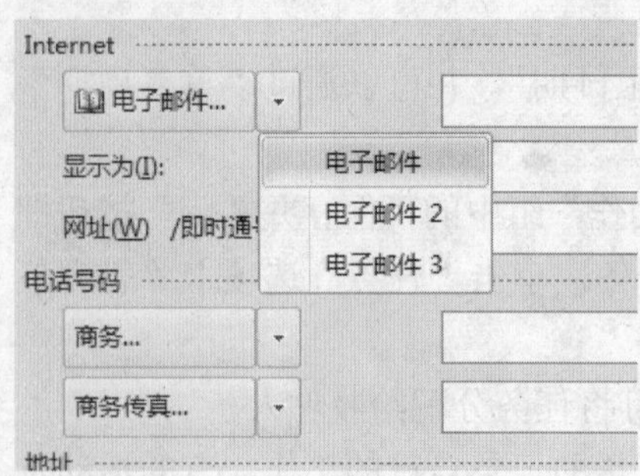

图 5-49 “电子邮件”下拉菜单

（1）单击“开始”选项卡中“新建”组中的“新建项目”按钮，在下拉菜单中选择“联系人”，打开“未命名-联系人”对话框。

（2）输入“姓氏”“名字”“单位”“部门”等信息，每个联系人可以有三个电子邮件地址，单击“电子邮件”按钮的小三角，展开下拉菜单，如图 5-49 所示，可以切换三个电子邮件输入。

（3）输入完成后单击“联系人”选项卡“动作”组中的“保存并关闭”按钮，保存联系人信息。保存后的联系人信息可以单击“开始”选项卡“查找”组中的“通讯簿”按钮查看，如图 5-50 所示。

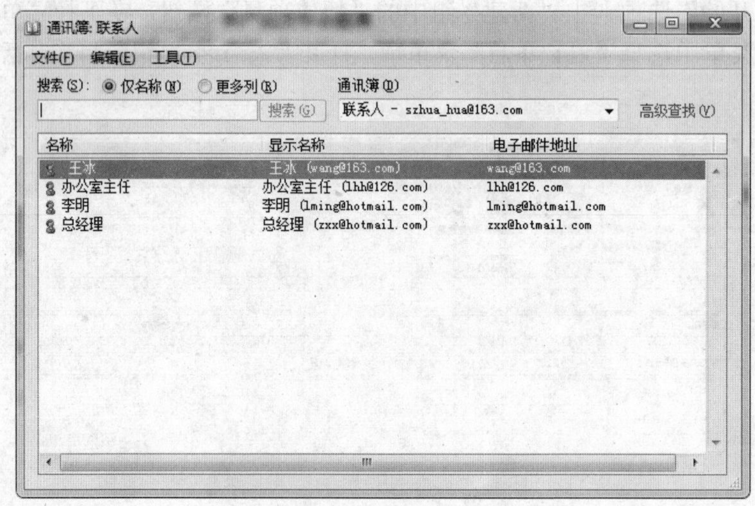

图 5-50 “通讯簿”对话框

（4）双击联系人信息，可以打开“**-联系人”对话框查看详细信息，并可单击“联系人”选项卡“通信”组中的“电子邮件”“会议”或“其他”按钮，针对联系人发送邮件、定制会议等。

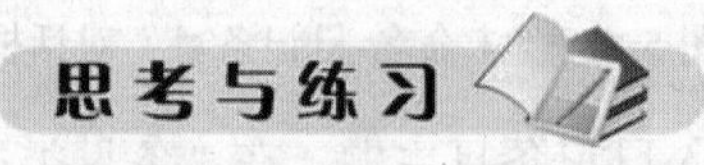

一、进入 Outlook，导入文件“项目 5\思考与练习\5-1.pst”至当前文件夹中，用导入的项目替换重复的项目，按下列要求进行操作。

1．处理电子邮件：

（1）答复王天南的邮件，并在答复的邮件中插入附件“项目 5\思考与练习\5-1.docx”。

（2）转发李明的邮件给王霞，并抄送至王冰，将邮件为收件人标记为“仅供参考”，重要性为“高”。

2．调度日常安排：

（1）添加一次约会，主题为“张华老师的生日”；地点为“张老师的家”；时间为“2016

年 3 月 25 日”，18:00 开始，22:00 结束；按年为周期，提前 3 天提醒，并将此约会标记为私密。

（2）为邮件“母亲节快乐”添加提醒的后续标记，设定提醒的开始时间为“2016 年 5 月 7 日 10:00”。

（3）将“王天南”的相关信息添加到联系人列表中。

3．保存电子邮件：

以 5-1.pst 为文件名将个人文件夹（包括子文件夹）导出至考生文件夹中，并设置保存密码为 jsj5-1。

二、进入 Outlook，导入文件“项目 5\思考与练习\5-2.pst”至当前文件夹中，用导入的项目替换重复的项目，按下列要求进行操作。

1．处理电子邮件：

（1）答复秦军的邮件，并在答复的邮件中插入附件“项目 5\思考与练习\5-2.docx”。

（2）转发王冰的邮件给丁丽，并抄送至王占永，将邮件为收件人标记为“请全部答复”，重要性为“低”。

2．调度日常安排：

（1）添加一次约会，主题为“常规训练”；地点为“学校操场”；时间为“2016 年 4 月 29 日”，8:00 开始，10:00 结束；按周为周期，提前 1 天提醒，并将此约会标记为私密，重要性为“高”。

（2）添加一次日记条目，主题为“打扫卫生”；条目类型为“电子邮件”；开始时间为“2016 年 4 月 28 日 8:30”；持续时间为“30 分钟”；并将此日记条目标记为私密，分类标记为“紫色类别”。

（3）将“刘建”的相关信息添加到联系人列表中。

3．保存电子邮件：

以 5-2.pst 为文件名将个人文件夹（包括子文件夹）导出至考生文件夹中，并设置保存密码为 jsj5-2。

项目 6　Office 软件的联合应用

Office 软件的联合应用主要包括：

（1）以链接和嵌入对象等方式，实现不同办公软件之间的信息共享。如利用 Word 文档大纲创建 PowerPoint 演示文稿；在 PowerPoint 演示文稿中插入 Word 文档或文档表格；在 PowerPoint 演示文稿中插入 Excel 数据表格或图表；在 Word 文档中插入 PowerPoint 演示文稿或幻灯片等。

（2）使用外部文件和数据，即在一种文件中使用另一种文件或数据。如在 Word 文档中插入声音和视频文件；从数据库或其他数据源向 Word 文档插入数据；在 PowerPoint 演示文稿中插入另一文档（Word 或 Excel 等文档）；在各种办公软件中转换文件格式等。

（3）通过宏的综合应用，实现办公事务处理的程序化运行。在 Word 文档、Excel 数据表格、PowerPoint 演示文稿中均可以录制、编辑、修改、复制、删除和运行宏，以实现办公事务处理的程序化运行。

案例　制订企业文化建设的发展方案

案例描述

最近，企业高层领导要求总经理办公室制订一份企业文化建设的发展方案。总经理办公室主任安排徐秘书来完成这一任务，他首先运用 Word 2010 软件撰写企业文化建设发展方案的文档初稿，并做一些格式化处理，在 Word 中创建大纲，然后利用文档大纲创建 PowerPoint 演示文稿，向相关领导演示汇报，最后根据领导的指示修改完善本文档的内容。

图 6-1　Word 大纲效果图

徐秘书最终完成的案例效果图如图 6-1～图 6-4 所示。

案例实现

本案例综合应用 Word 2010、Excel 2010、PowerPoint 2010 等软件，利用“项目 6\案例 1”文件夹中的“企业文化建设的发展方案素材.docx”、“A6-1C.xlsx”等文件。根据要求完成不同办公软件之间的信息共享，使用外部文件和数据，宏的应用等工作。

1. 在 Word 文档中创建大纲

如图 6-1 效果所示，将“企业文化建设的发展方案素材.docx”文档设置为文档大纲，具体要求如下：设置一级标题为小三号、黑体、大纲 1 级，设置二级标题为四号、黑体、大纲 2 级。

（1）双击“企业文化建设的发展方案素材.docx”文件，打开此文档。

图 6-2　演示文稿音频效果图

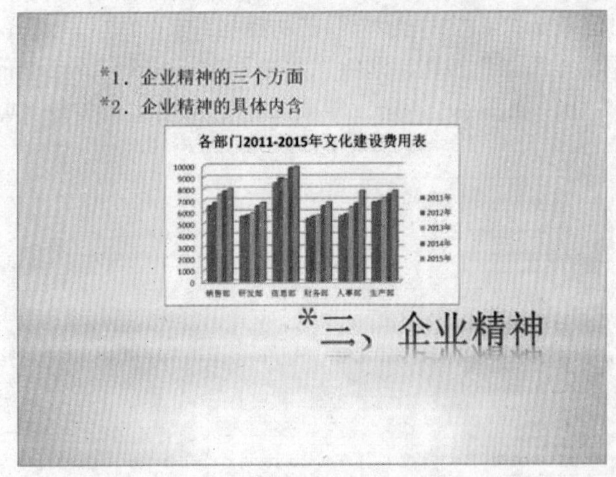

图 6-3　演示文稿图表效果图

创新、乐观和精进：“创新”即是企业要永远保持创新的活力。创新是企业发展永恒的主题，只有企业保持着创新的活力，企业就会保持健康可持续发展。“乐观”，即企业及全体员工都应该具有的乐观态度。这种态度，能够激发广大员工的主观性，促使企业驶入又好又快发展的快车道。“精进”，指向善、向上，即积极进取。使企业的发展让利于客户，良好的服务，使企业和客户实现互利双赢。

图 6-4　Word 图标效果图

（2）选择“视图”选项卡，单击“文档视图”选项组中的“大纲视图”按钮，系统弹出“大纲”选项卡。

（3）在文档中，选择一级标题文字，如“一、完善企业制度”“二、提高员工士气”“三、企业精神”，在“大纲”选项卡的“大纲工具”选项组中，单击“大纲级别”下拉列表框选择“1 级”，如图 6-5 所示。

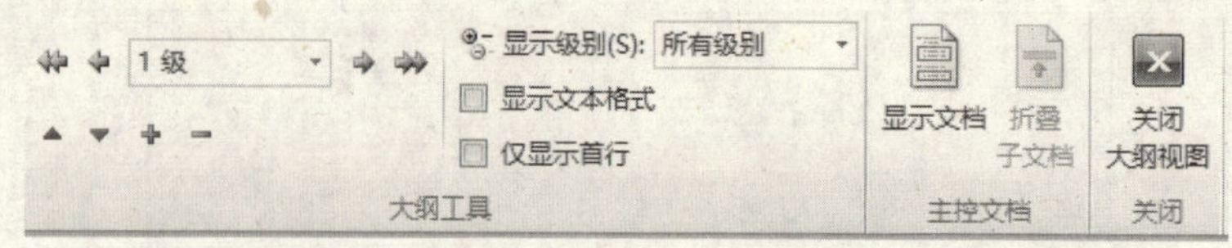

图 6-5 “大纲”选项卡

（4）在文档中，选择二级标题文字，如“1．分配适合员工的工作”“2．论功行赏”等，在“大纲”选项卡的“大纲工具”选项组中，单击“大纲级别”下拉列表框选择“2 级”。完成后，单击“大纲”选项卡中的“关闭大纲视图”按钮。文档的最终效果如图 6-1 所示。

2．利用 Word 文档大纲创建演示文稿

（1）如图 6-2 效果所示，运用 Word 文档的大纲结构，在 PowerPoint 中创建一组幻灯片，并为整个演示文稿应用内置的“气流”主题。

1）选择“文件”按钮下“帮助”中的“选项”命令，系统弹出“Word 选项”对话框。

2）在“Word 选项”对话框的左侧列表框中，选择“快速访问工具栏”命令，在右侧列表框中设置“从下列位置选择命令”为“不在功能区中的命令”，选择“发送到 Microsoft PowerPoint”命令，单击“添加”按钮，则将“发送到 Microsoft PowerPoint”命令添加到“自定义快速访问工具栏”中，如图 6-6 所示。单击“确定”按钮，关闭“Word 选项”对话框。

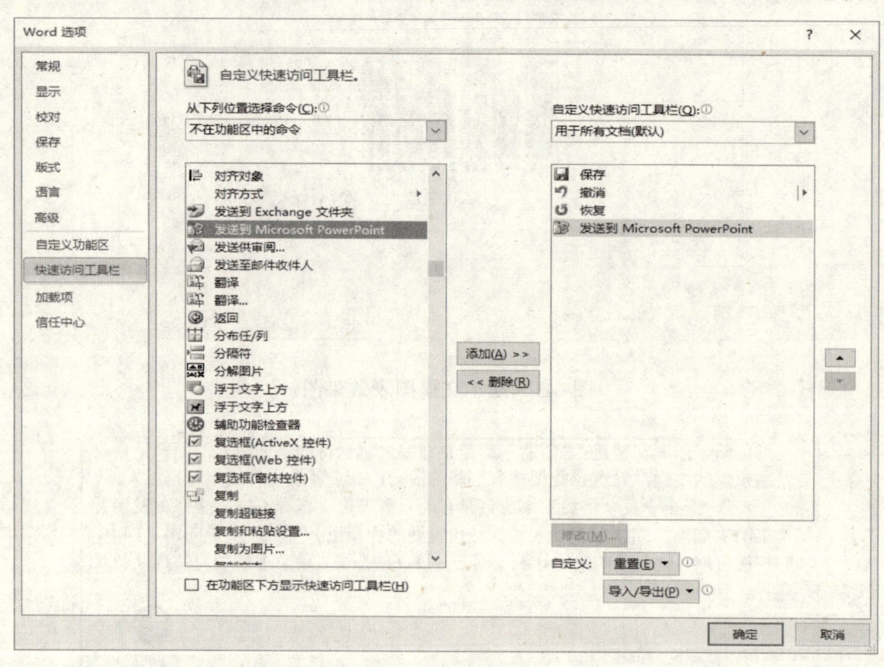

图 6-6 “Word 选项/快速访问工具栏/发送到 Microsoft PowerPoint”按钮

3）在窗口左上角的“快速访问工具栏”中，单击“发送到 Microsoft PowerPoint”图标，将处理好的 Word 文档大纲转换为 PowerPoint 演示文稿。

4）在 PowerPoint 演示文稿中，选择“设计”选项卡中的“主题”选项组，单击“其他”按钮，从下拉列表中选择“气流”主题，完成主题的设置。

（2）为所有幻灯片应用自顶部“涡流”的切换效果，指定切换的持续时间为“5.25 秒”，最后将演示文稿以“企业文化建设发展方案.pptx”为文件名保存。

1）在 PowerPoint 演示文稿中，选择“切换”选项卡中的“切换到此幻灯片”选项组，单击“其他”按钮，从下拉列表中选择“涡流”的切换效果，单击“效果选项”按钮，从弹出的下拉列表中选择“自顶部”命令，在“持续时间”微调框中输入“5.25”秒，单击“全部应用”按钮，则将切换效果应用于整个演示文稿。

2）选择“文件”按钮下的“另存为”命令，系统弹出“另存为”对话框，如图 6-7 所示，在此对话框中设置文件保存的路径和文件名，单击“保存”按钮，则将演示文稿以“.pptx”为默认扩展名保存。

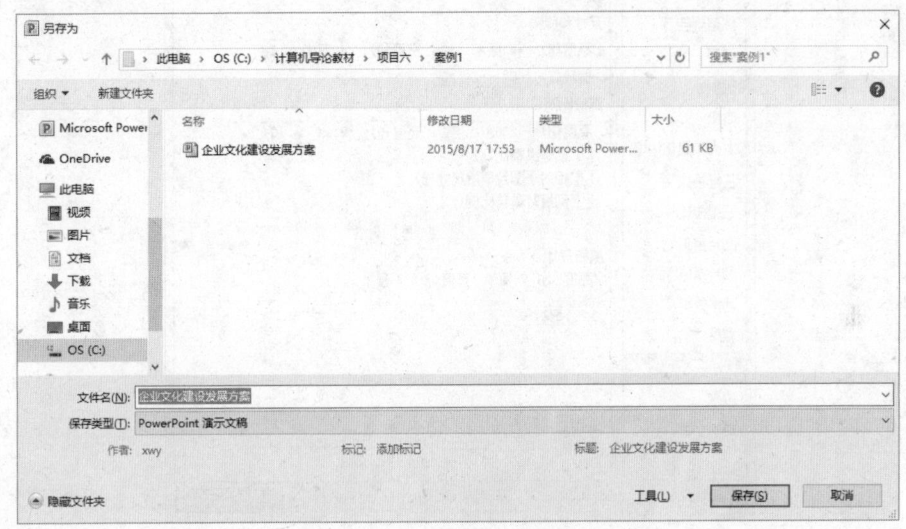

图 6-7 PowerPoint“另存为”对话框

3. 在演示文稿中插入声音文件

如图 6-2 效果所示，在第三张幻灯片中插入声音文件 A6-1A.wma，并将其图标替换为 A6-1B.png，设置对象的高度与宽度均为 4 厘米。

（1）在 PowerPoint 演示文稿中，定位到第三张幻灯片，选择“插入”选项卡中的“媒体”选项组，单击“音频”下拉按钮，从下拉菜单中选择“文件中的音频”命令，弹出“插入音频”对话框，在“项目 6\案例 1”文件夹下找到 A6-1A.wma 文件，单击“插入”按钮，该音频文件将插入到幻灯片中，同时，幻灯片中出现音频图标和播放控制条。

（2）单击选择音频图标，然后单击鼠标右键，在弹出的快捷菜单中选择“更改图片”命令，弹出“插入图片”对话框，在“项目 6\案例 1”文件夹下找到 A6-1B.png 文件，单击“插入”按钮，该图片将插入到幻灯片中替换之前的音频图标。

（3）鼠标右击图片，在弹出的快捷菜单中选择“大小和位置”命令，弹出“设置音频格式”对话框，如图 6-8 所示，在“大小”选项卡中，选中“锁定纵横比”和“相对于图片原始尺寸”复选框，在“高度”微调框中调整图片的大小为“4 厘米”，单击“关闭”按钮。

4. 在演示文稿中插入图表

如图 6-3 效果所示，在第四张幻灯片中插入 A6-1C.xlsx 中的图表，并适当调整其大小与位置。

（1）在 PowerPoint 演示文稿中，定位到第四张幻灯片，选择“插入”选项卡中的“文本”

选项组，单击“对象”按钮，弹出“插入对象”对话框，选择“由文件创建”单选按钮，单击“浏览”按钮，弹出“浏览”对话框，在“项目 6\案例 1”文件夹下找到 A6-1C.xlsx 文件，单击“确定”按钮，如图 6-9 所示。

（2）在如图 6-9 所示的“插入对象”对话框中，单击“确定”按钮，该图表文件将插入到幻灯片中，单击图表，用鼠标拖动图表到适当位置。

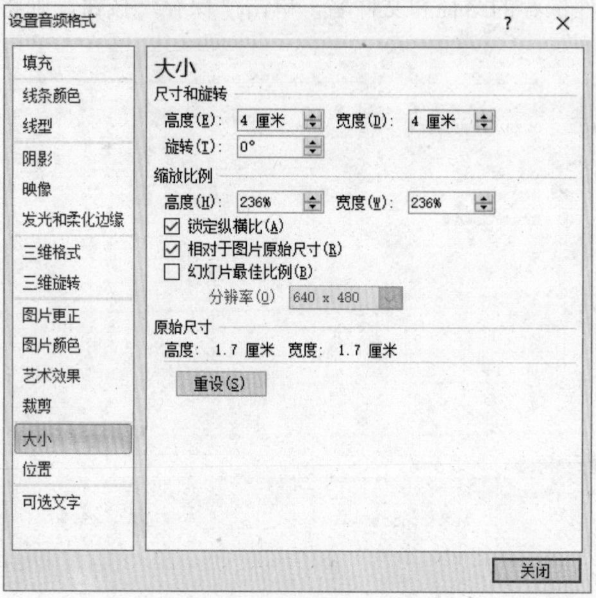

图 6-8 “设置音频格式”对话框

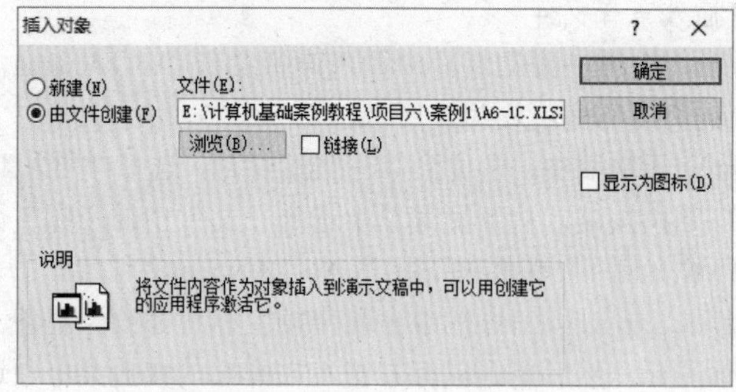

图 6-9 “插入对象”对话框

5. 在 Word 文档中插入演示文稿

如图 6-4 效果所示，在“企业文化建设的发展方案效果.docx”文档的结尾处，以对象的形式插入演示文稿 A6-1D.pptx，并将其图标替换为 A6-1E.ico，设置对象的缩放比例为 120%。

（1）在“项目 6\案例 1”文件夹下，双击打开“企业文化建设的发展方案效果.docx”文件，将光标定位到文档结尾，选择“插入”选项卡中的“文本”选项组，单击“对象”按钮，从下拉菜单中选择“对象”命令，弹出“对象”对话框。

（2）在“对象”对话框中，选择“由文件创建”选项卡，选中“显示为图标”和“链接到文件”复选框，单击“浏览”按钮，弹出“浏览”对话框，在“项目 6\案例 1”文件夹下选择“A6-1D.pptx”文件，单击“插入”按钮，如图 6-10 所示。

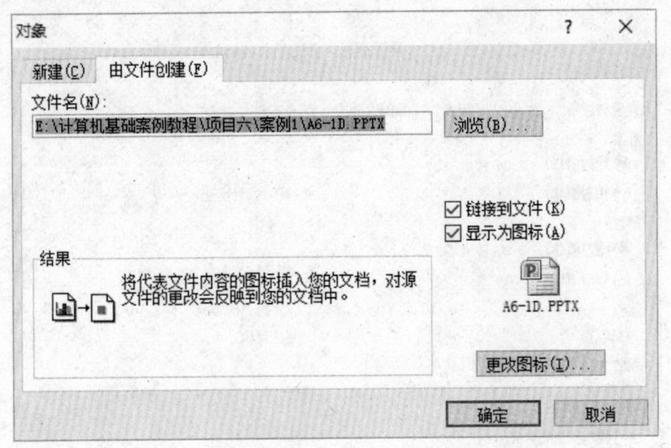

图 6-10 “对象”对话框

（3）单击“更改图标”按钮，弹出“更改图标”对话框，单击“浏览”按钮，弹出“浏览”对话框，在“项目 6\案例 1”文件夹下选择“A6-1E.ico”文件，单击“打开”按钮，关闭“浏览”对话框，回到“更改图标”对话框，如图 6-11 所示，单击“确定”按钮，关闭“更改图标”对话框，返回到“对象”对话框，单击“确定”按钮。

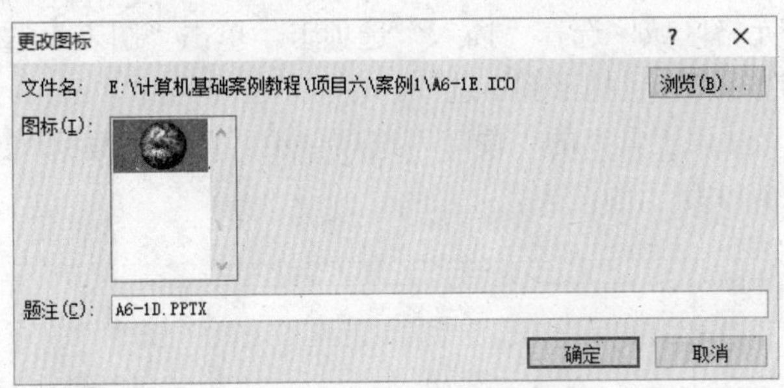

图 6-11 “更改图标”对话框

（4）右击 Word 文档中的“图片”，在弹出的快捷菜单中选择“设置对象格式”命令，弹出“设置对象格式”对话框，在“大小”选项卡的“缩放”选项组中，选中“锁定纵横比”和“相对图片原始尺寸”复选框，调整“高度”微调框的值为“120%”，如图 6-12 所示，单击“确定”按钮。

6．在 Word 文档中使用外部数据

（1）在当前文档的结尾处插入工作簿 A6-2C.xlsx，并运用 Sheet2 工作表中的相关数据生成簇状柱形图图表，再将该图表以“Microsoft Office Excel 图表对象”的形式粘贴至文档结尾处。

1）在“企业文化建设的发展方案效果.docx”文件中，将光标定位到文档结尾，选择“插入”选项卡中的“文本”选项组，单击“对象”按钮，从下拉菜单中选择“对象”命令，弹出“对象”对话框。

2）在“对象”对话框中，选择“由文件创建”选项卡，单击“浏览”按钮，弹出“浏览”对话框，在“项目 6\案例 1”文件夹下选择“A6-2C.xlsx”文件，单击“插入”按钮。返回到“对象”对话框，单击“确定”按钮，即将 Sheet2 工作表中的数据插入到 Word 文档中。

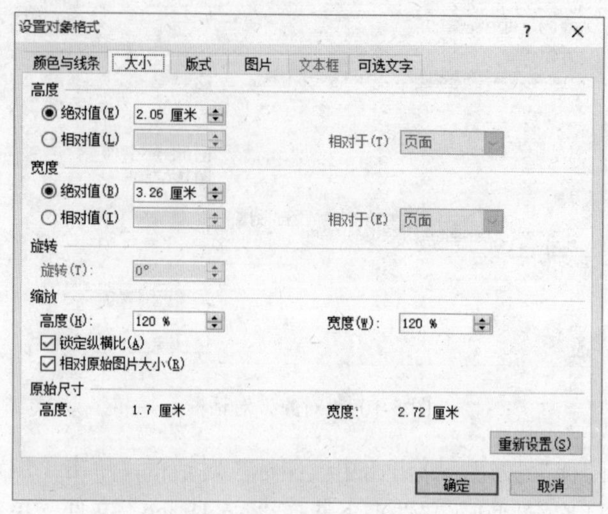

图 6-12 “设置对象格式/大小”选项卡

3）双击 Word 文档中的工作表数据，则在 Word 中激活了 Excel 应用程序，在 Sheet2 工作表中选择 B3:G9 单元格区域，选择“插入”选项卡，单击“图表”选项组中的“柱形图”按钮，从下拉列表中选择“簇状柱形图”选项，在当前工作表中，Excel 自动生成簇状柱形图图表。选中图表，在“图表工具”的“设计”选项卡中，单击“数据”选项组中的“切换行/列”按钮，生成如图 6-13 所示的图表。

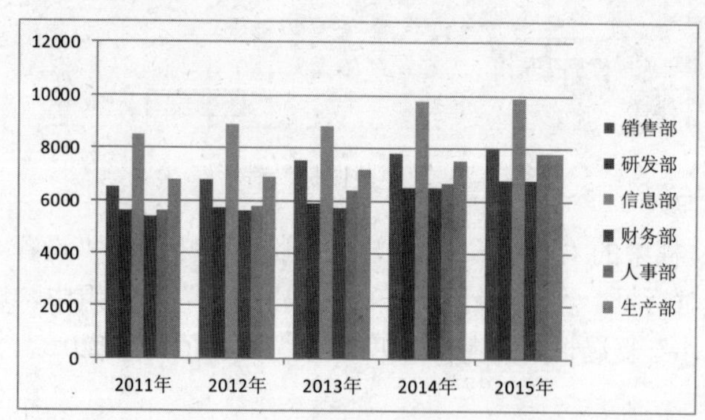

图 6-13 “簇状柱形图”图表

4）右击图表，在弹出的快捷菜单中选择“复制”命令。在 Word 文档中单击切换到 Word 文档，将光标定位在文档结尾空白处，在“开始”选项卡“剪贴板”选项组中，单击“粘贴”下拉按钮，在下拉菜单中选择“选择性粘贴”命令，弹出“选择性粘贴”对话框，如图 6-14 所示，选择粘贴形式为“Microsoft Office Excel 图表 对象”，单击“确定”按钮，用鼠标拖动图表到适当位置。

（2）将复制对象的图表类型更改为簇状条形图，图表布局为“布局 1”，并添加图表标题

"各部门 2011～2015 年文化建设费用表"。

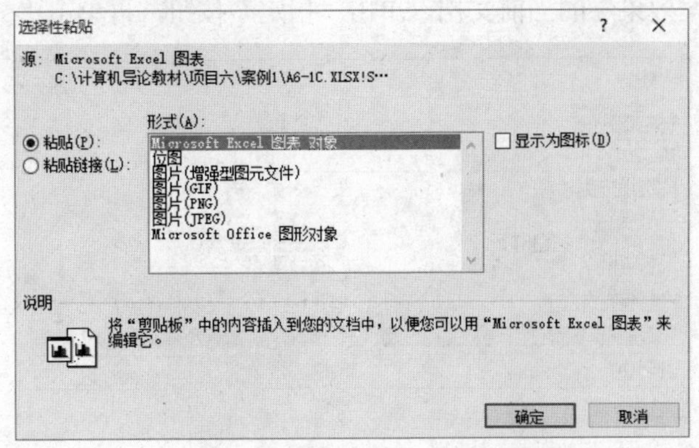

图 6-14 "选择性粘贴"对话框

1）双击复制的图表，激活了 Excel 应用程序，在"图表工具"中选择"设计"选项卡，单击"类型"选项组中的"更改图表类型"按钮，打开"更改图表类型"对话框，在左侧"图表类型"列表框中选择"条形图"图表类型，然后在右侧列表框栏中单击选择"簇状条形图"，单击"确定"按钮。

2）在"图表布局"选项组中，单击"布局 1"，单击图表标题，修改标题内容为"各部门 2011～2015 年文化建设费用表"，效果如图 6-15 所示。

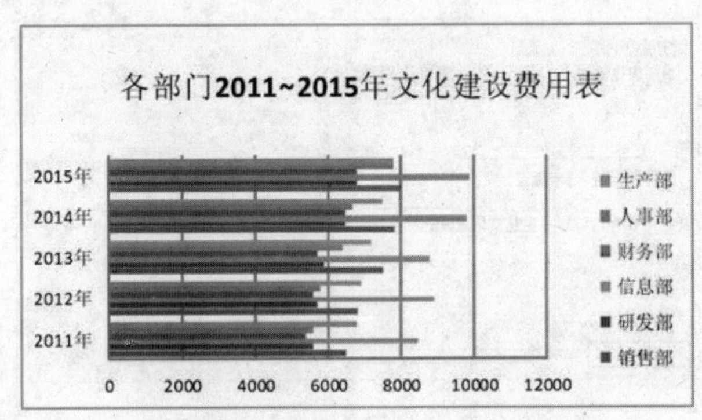

图 6-15 "簇状条形图"图表

7. 在 Word 文档中应用宏

（1）在文档中录制新宏，宏名为 MACRO1，指定快捷键为 Ctrl+Shift+C，并将该宏保存在当前文档中。设定宏的功能为将选定文本的字体设置为华文行楷、二号、标准色蓝色，文字对齐方式为居中对齐，字符间距为加宽 4 磅，段前段后间距均为 0.5 行。利用快捷键将新录制的宏应用于标题段落中。

1）在"企业文化建设的发展方案效果.docx"文件中，将光标定位到文档开始处，选择"视图"选项卡中的"宏"选项组，单击"宏"下拉按钮，从下拉菜单中选择"录制宏"命令，弹出"录制宏"对话框，如图 6-16 所示，在"宏名"文本框中输入"MACRO1"的宏名，设置"将宏保存在"下拉列表框的值为"企业文化建设的发展方案效果"的当前文档。

2）单击"键盘"按钮，弹出"自定义键盘"对话框，如图 6-17 所示，将光标定位在"请按新快捷键”文本框中，同时按下 Ctrl、Shift 和 C 键，设置“将更改保存在”下拉列表框的值为“企业文化建设的发展方案效果”的当前文档。单击“指定”按钮，再单击“关闭”按钮。

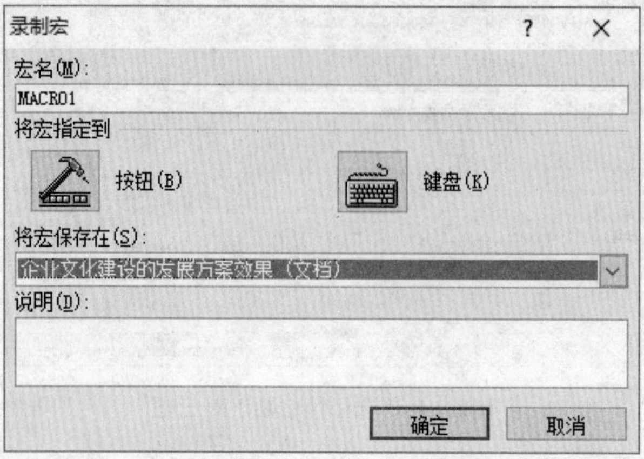

图 6-16 “录制宏”对话框

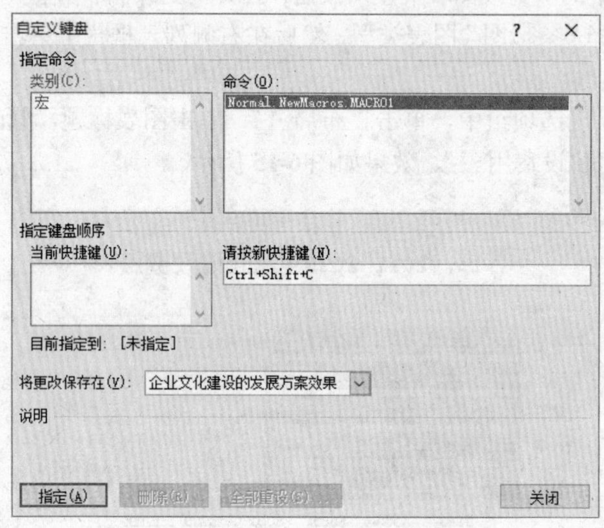

图 6-17 “自定义键盘”对话框

3）设置宏的功能。选择“开始”选项卡中的“字体”选项组，单击右下角的箭头按钮，弹出“字体”对话框，选择“字体”选项卡，设置“中文字体”为“华文行楷”、“字号”为“二号”、“字体颜色”为“标准色”中的“蓝色”，选择“高级”选项卡，在“字符间距”选项组中，设置“间距”为“加宽”，“磅值”为“4 磅”，单击“确定”按钮。选择“段落”选项组，单击右下角的箭头按钮，弹出“段落”对话框，选择“缩进和间距”选项卡，在“常规”选项组中，设置“对齐方式”为“居中”，在“间距”选项组中，分别设置“段前”、“段后”间距为“0.5 行”，单击“确定”按钮。

4）选择“视图”选项卡中的“宏”选项组，单击“宏”下拉按钮，从下拉菜单中选择“停止录制”宏命令。

5）应用宏。选择标题行，同时按下 Ctrl、Shift 键和 C 键，则将新录制的宏应用于标题段落中。

（2）将模板文件 A6.dotm 中的宏 KSMACR07 复制到当前文档中，并应用于文档第一段正文部分（制度是做事的准则和规范…）。

1）在“企业文化建设的发展方案效果.docx”文件中，选择“视图”选项卡中的“宏”选项组，单击“宏”下拉按钮，从下拉菜单中选择“查看宏”命令，弹出“宏”对话框，如图 6-18 所示。

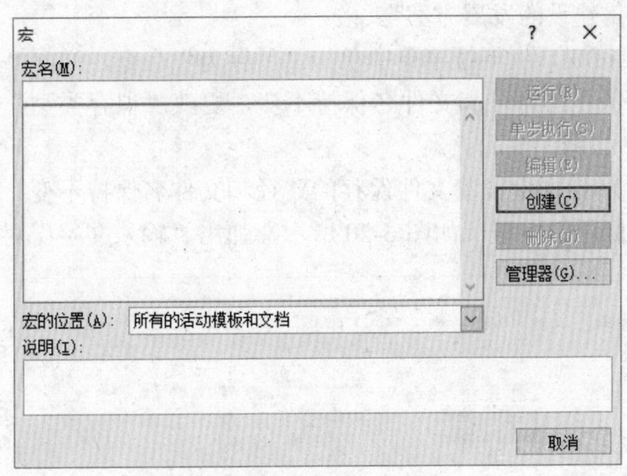

图 6-18 “宏”对话框

2）在“宏”对话框中，单击“管理器”按钮，弹出“管理器”对话框，单击右侧“关闭文件”按钮，切换为“打开文件”按钮，单击右侧“打开文件”按钮，弹出“浏览”对话框，在“项目 6\案例 1”文件夹下选择“A6.dotm”文件，单击“打开”按钮，返回到“管理器”对话框，单击“复制”按钮，将宏复制到当前文档中，如图 6-19 所示。

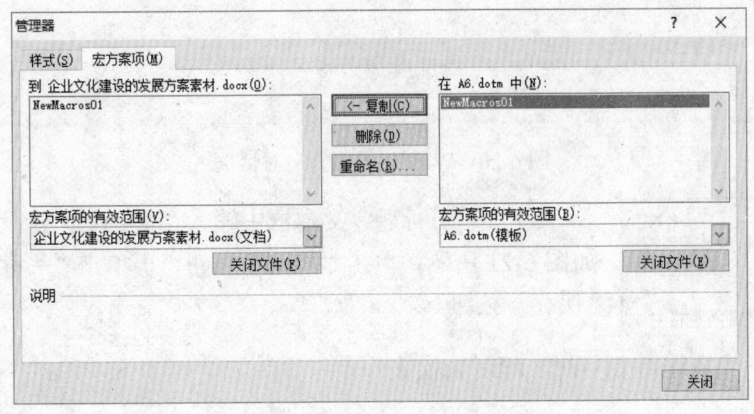

图 6-19 “管理器”对话框

3）选择文档正文中的第一段内容，选择“视图”选项卡中的“宏”选项组，单击“宏”下拉按钮，从下拉菜单中选择“查看宏”命令，弹出“宏”对话框，从“宏名”列表框中选择“KSMACR07”，单击“运行”按钮，则将该宏应用于文档第一段正文部分。

8. 办公软件间格式的转换

（1）保存当前文档后，再以 RTF 文件类型保存。

1）单击“快速访问工具栏”中的“保存”按钮，以“Word 文档”类型保存当前文档。

2）单击“文件”按钮，从下拉菜单中单击“另存为”命令，弹出“另存为”对话框，在此对话框中设置文件保存的路径和文件名保持不变，更改“保存类型”为“RTF 格式”，单击“保存”按钮。

（2）将当前文档以“启用宏的 Word 文档”类型保存后，再重新以 Web 文件类型保存，页面标题为“企业文化建设的发展方案”。

1）单击“文件”按钮，从下拉菜单中单击“另存为”命令，弹出“另存为”对话框，在此对话框中设置文件保存的路径和文件名保持不变，更改“保存类型”为“启用宏的 Word 文档”，单击“保存”按钮。

2）在“另存为”对话框中设置文件保存的路径和文件名保持不变，更改“保存类型”为“网页”，单击“更改标题”按钮，如图 6-20 所示，弹出“输入文字”对话框。

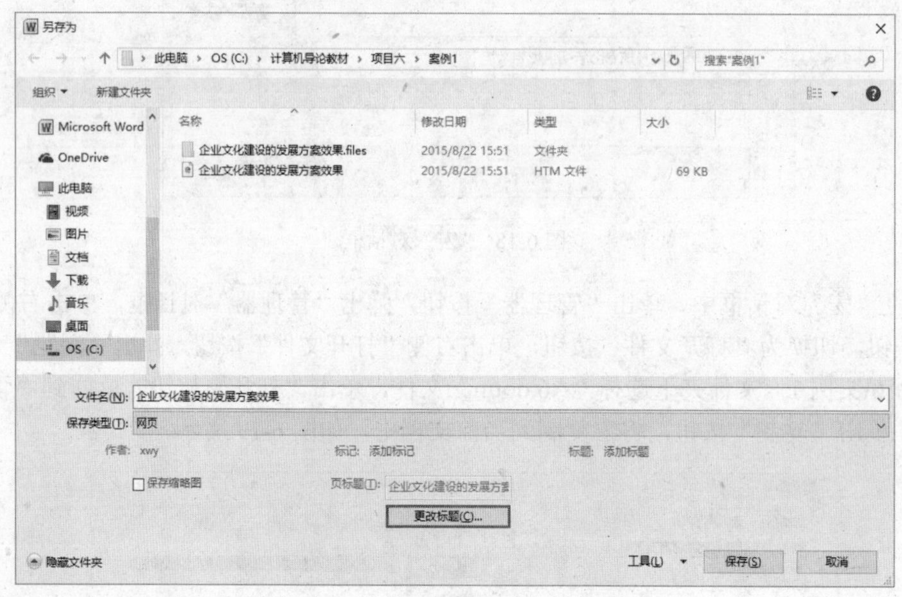

图 6-20 Word“另存为”对话框

3）在“页标题”文本框中输入“企业文化建设的发展方案”，如图 6-21 所示，单击“确定”按钮，再单击“另存为”对话框的“保存”按钮。

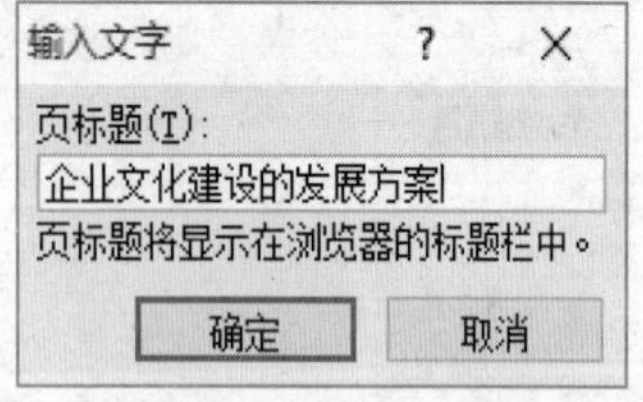

图 6-21“输入文字”对话框

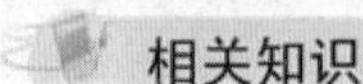

相关知识

1. 办公软件间文件转换

在工作中常常需要综合应用 Office 软件，利用不同软件之间进行数据共享与转换，来解决实际问题。Office 软件提供了“另存为”和“获取外部数据”等功能，实现不同应用程序间的数据转换。如 Word 文档、PowerPoint 演示文稿、Excel 电子表格均可通过“另存为”命令发布成 Web 页面。再如将 Excel 工作表导入到 Access 中，或将 Access 数据表导入到 Excel 工作表中。

（1）将 Word 文档以纯文本文件类型保存。将“项目 6\案例 1”文件夹下的“Bword1. docx”

文件以纯文本文件类型保存。

双击打开“Bword1.docx”文件，单击“文件”按钮，从下拉菜单中单击“另存为”命令，弹出“另存为”对话框，在此对话框中设置文件保存的路径和文件名保持不变，更改“保存类型”为“纯文本”，单击“保存”按钮。用户可以根据需要将 Word 文档以多种不同的文件类型保存，如图 6-22 所示。

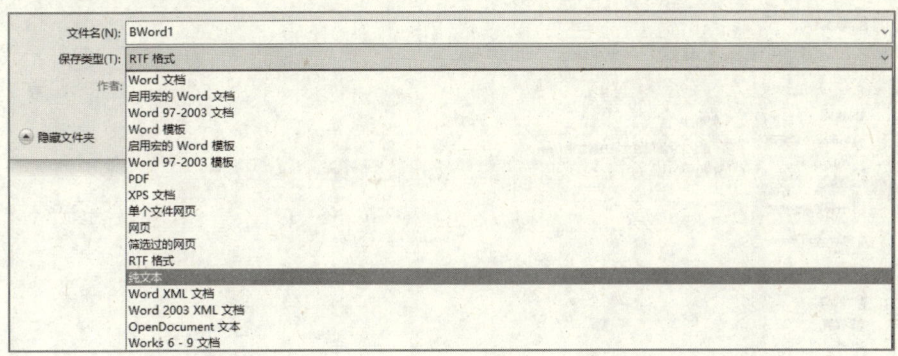

图 6-22　Word“另存为”对话框之“文件类型”

（2）将 Excel 电子表格以 pdf 文件类型保存。将“项目 6\案例 1”文件夹下的“Bexcel1.xlsx”文件以 pdf 文件类型保存。

双击打开“BExcel1.xlsx”文件，单击“文件”按钮，从下拉菜单中单击“另存为”命令，弹出“另存为”对话框，在此对话框中设置文件保存的路径和文件名保持不变，更改“保存类型”为“pdf”，单击“保存”按钮。用户可以根据需要将 Excel 电子表格以多种不同的文件类型保存，如图 6-23 所示。

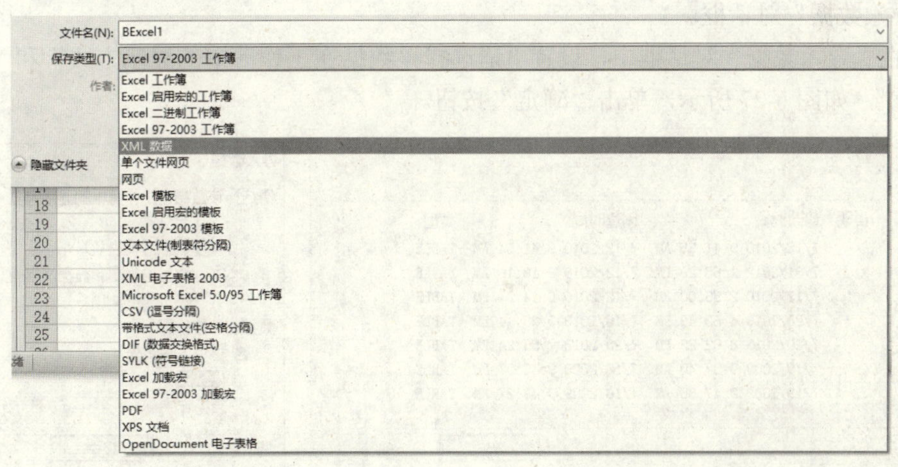

图 6-23　Excel“另存为”对话框之“文件类型”

（3）Excel 获取外部数据。通过获取外部数据的方法，将“项目 6\案例 1\BAccess1. Mdb”文件中的“报名”表中的数据复制到“BExcel1.xlsx”文件的 Sheet1 工作表中。

1）双击打开“BExcel1.xlsx”文件，选择 Sheet1 工作表，单击 A1 单元格，选择“数据”选项卡中的“获取外部数据”选项组，单击“自 Access”按钮，如图 6-24 所示，弹

图 6-24 “获取外部数据”选项组

出“选取数据源”对话框。Excel 软件可以从 Access、网站、文本及其他来源（如 SQL Server）处获取外部数据。

2）在“选取数据源”对话框中，选择“项目 6\案例1\BAccess1.Mdb”文件，如图 6-25 所示，单击“打开”按钮，弹出“选择表格”对话框。

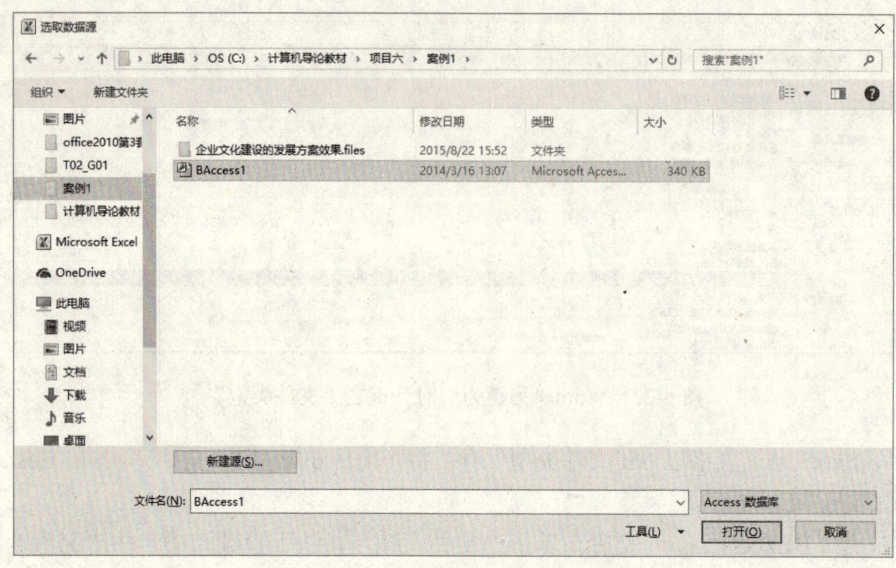

图 6-25 “选取数据源”对话框

3）在“选择表格”对话框中，选择“报名”表，如图 6-26 所示，单击“确定”按钮，弹出“导入数据”对话框。

4）在“导入数据”对话框中，设置“请选择该数据在工作薄中的显示方式”和“数据的旋转位置”，如图 6-27 所示，单击“确定”按钮。

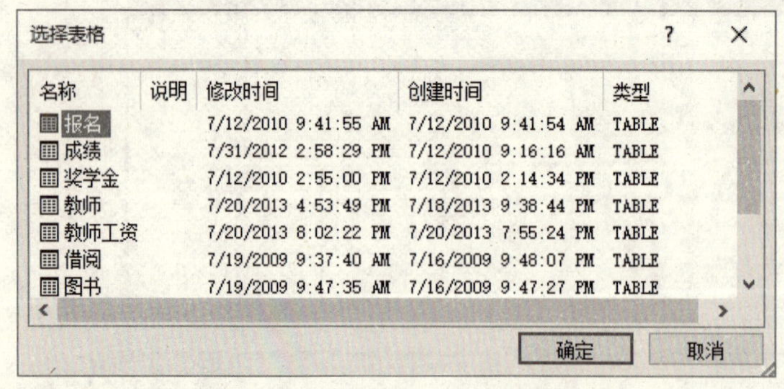

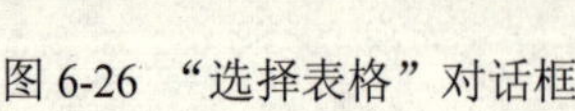
图 6-26 “选择表格”对话框

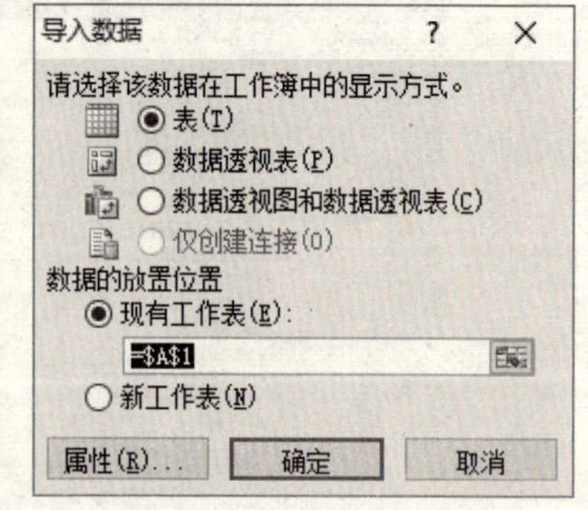

图 6-27 “导入数据”对话框

2. 对象链接与嵌入

Windows 应用程序支持 OLE（对象链接与嵌入）技术。所谓“嵌入”，即在一个应用程序文档中嵌入其他应用程序对象，如 Word 文档可嵌入视频或音频文件，也可嵌入 Excel 应用程序建立的图表或 PowerPoint 演示文稿等。双击这类对象时，会自动启动相应应用程序进行编辑。所谓“链接”，即在一个应用程序文档中并不包含其他应用程序对象本身，而只包含指向这一对象（文件）的描述，这一对象的任何修改，将自动反映到应用程序文档中。如在 Excel 图表中可链接或嵌入 PowerPoint 幻灯片等。有了 OLE 功能，为各应用程序之间实现数据共享提供了极大的方便。

（1）在演示文稿中插入数据表格。在“项目 6\案例 1\BPPT1.pptx”文件的第 8 张幻灯片中，插入“BExcel1.xlsx”文件的“人均支出”数据表格。

1）双击打开“BPPT1.pptx”文件，定位到第 8 张幻灯片，选择“插入”选项卡中的“表格”选项组，单击“表格”下拉按钮，从下拉菜单中选择“Excel 电子表格”命令，则在幻灯片中生成 Sheet1 工作表，同时启动 Excel 应用程序编辑状态。

2）选择“数据”选项卡中的“获取外部数据”选项组，单击“现有链接”按钮，弹出“现有链接”对话框，单击“浏览更多”按钮，弹出“选取数据源”对话框中，选择“项目 6\案例 1\BExcel1.xlsx”文件，单击“打开”按钮，弹出“选择表格”对话框。

3）在“选择表格”对话框中，选择“人均支出”表，单击“确定”按钮，弹出“导入数据”对话框，单击“确定”按钮。用鼠标适当调整工作表的大小。

4）单击幻灯片空白处，则退出 Excel 应用程序编辑状态。

（2）在演示文稿中插入文档。在“项目 6\案例 1\BPPT1.pptx”文件的第 9 张幻灯片中，插入“BWord1.docx”文件。

1）在“BPPT1.pptx”文件中定位到第 9 张幻灯片，选择“插入”选项卡中的“文本”选项组，单击“对象”按钮，弹出“插入对象”对话框，选中“由文件创建”单选按钮，单击“浏览”按钮，弹出“浏览”对话框中，选择“项目 6\案例 1\BWord1.docx”文件，单击“确定”按钮。

2）在“插入对象”对话框中，单击“确定”按钮，则将 Word 文档内容以“对象”形式插入到幻灯片中。若要以“链接”形式插入，则需要选中“链接”复选框。若选中“显示为图标”复选框，则以图标形式显示 Word 文档。

3）双击“对象”形式的 Word 文档，则在 PowerPoint 演示文稿中启动 Word 应用程序的编辑状态。单击幻灯片空白处，则退出 Word 应用程序编辑状态。

4）双击“链接”形式的 Word 文档或 Word 文档图标，则启动 Word 应用程序窗口。

提示：也可以此方法在在演示文稿中插入 Excel 电子表格文件。

（3）在 Word 文档中插入视频文件。在“项目 6\案例 1\BWord1.docx”文档的结尾处插入视频文件 B6-2A.wmv，显示为图标，并设置对象格式的缩放比例为 130%，环绕方式为浮于文字上方，对齐方式为右对齐。

1）在“项目 6\案例 1”文件夹下，双击打开“BWord1.docx”文件，将光标定位到文档结尾，选择“插入”选项卡中的“文本”选项组，单击“对象”按钮，从下拉菜单中选择“对象”命令，弹出“对象”对话框。

2）在“对象”对话框中，选择“由文件创建”选项卡，选中“显示为图标”和“链接到文件”复选框，单击“浏览”按钮，弹出“浏览”对话框，在“项目 6\案例 1”文件夹下选择“B6-2A.wmv”文件，单击“插入”按钮。单击“确定”按钮。

3）右击 Word 文档中的图标，在弹出的快捷菜单中选择“设置对象格式”命令，弹出“设置对象格式”对话框，在“大小”选项卡的“缩放”选项组中，选中“锁定纵横比”和“相对图片原始尺寸”复选框，调整“高度”微调框的值为“130%”，在“版式”选项卡的“环绕方式”选项组中，选择“浮于文字上方”，在“水平对齐方式”选项组中选中“右对齐”单选按钮，如图 6-28 所示，单击“确定”按钮。

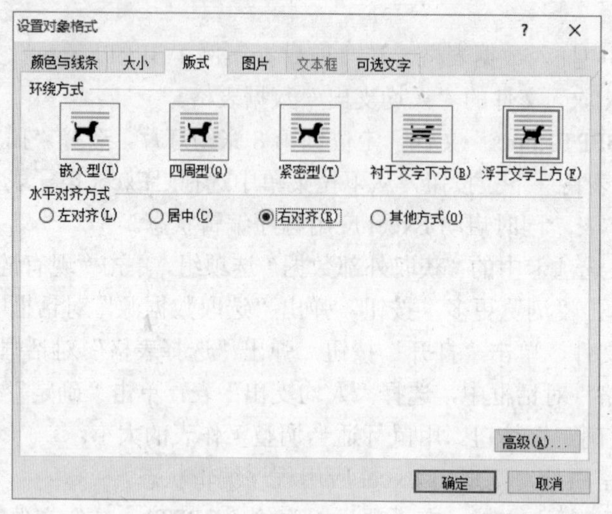

图 6-28 “设置对象格式/版式”选项卡

（4）在 Word 文档中插入声音文件。在“项目 6\案例 1\BWord2.docx”文档的结尾处插入声音文件 B6-3A.mp3，显示为图标，并将图标替换为 B6-3B.ico，设置对象格式的缩放比例为 135%，环绕方式为紧密型，对齐方式为居中对齐。激活插入到文档中的声音对象。

1）在“项目 6\案例 1”文件夹下，双击打开“BWord2.docx”文件，将光标定位到文档结尾，选择“插入”选项卡中的“文本”选项组，单击“对象”按钮，从下拉菜单中选择“对象”命令，弹出“对象”对话框。

2）在“对象”对话框中，选择“由文件创建”选项卡，选中“显示为图标”和“链接到文件”复选框，单击“浏览”按钮，弹出“浏览”对话框，在“项目 6\案例 1”文件夹下选择“B6-3A.mp3”文件，单击“插入”按钮。

3）单击“更改图标”按钮，弹出“更改图标”对话框，单击“浏览”按钮，弹出“浏览”对话框，在“项目 6\案例 1”文件夹下选择“B6-3B.ico”文件，单击“打开”按钮，关闭“浏览”对话框，回到“更改图标”对话框，单击“确定”按钮，关闭“更改图标”对话框，回到“对象”对话框，单击“确定”按钮。

4）右击 Word 文档中的图标，在弹出的快捷菜单中选择“设置对象格式”命令，弹出“设置对象格式”对话框，在“大小”选项卡的“缩放”选项组中，选中“锁定纵横比”和“相对图片原始尺寸”复选框，调整“高度”微调框的值为“135%”，在“版式”选项卡的“环绕方式”选项组中，选择“紧密型”，在“水平对齐方式”选项组中选中“居中”对齐单选按钮，单击“确定”按钮。

5）双击声音文件图标，弹出“打开软件包内容”对话框，如图 6-29 所示，单击“打开”按钮，打开音乐播放器软件，播放音乐。实现激活插入到文档中的声音对象。

（5）在 Excel 电子表格中插入视频文件。在“项目 6\案例 1\B6-12.xlsx”电子表格的 Sheet2 工作表的 E11 单元格，以插入对象的形式插入视频文件 B6-12A.wmv，并将其图标替换为

B6-12B.ico，设置对象高度为 2.5 厘米、宽度为 3.5 厘米，对象轮廓为 3 磅、蓝色长划线，填充浅橙色（RGB：255，204，153）底纹。激活插入到工作表中的视频对象。

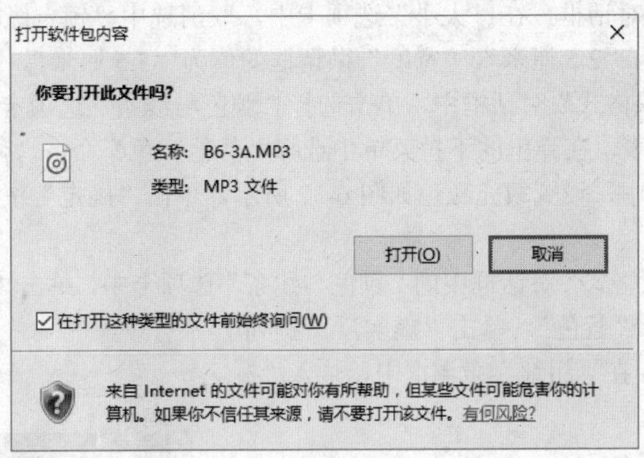

图 6-29　“打开软件包内容”对话框

1）在“项目 6\案例 1”文件夹下，双击打开“B6-12.xlsx”文件，单击“Sheet2”标签，将光标定位到 E11 单元格，选择“插入”选项卡中的“文本”选项组，单击“对象”按钮，弹出“对象”对话框。

2）在“对象”对话框中，选择“由文件创建”选项卡，选中“显示为图标”和“链接到文件”复选框，单击“浏览”按钮，弹出“浏览”对话框，在“项目 6\案例 1”文件夹下选择“B6-12A.wmv”文件，单击“插入”按钮，关闭“浏览”对话框。返回到“对象”对话框，如图 6-30 所示。

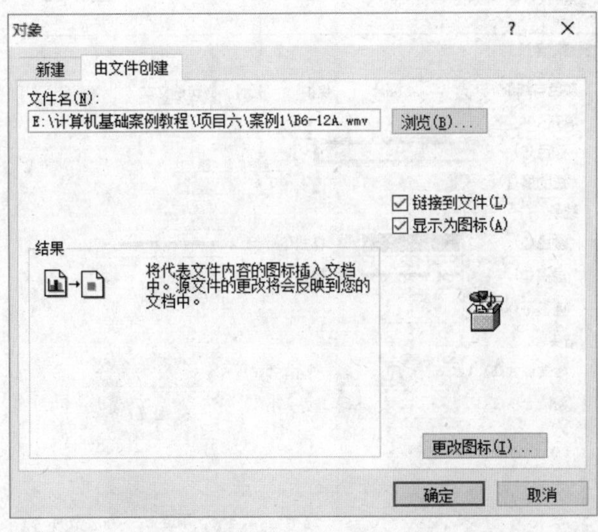

图 6-30　“对象”对话框

3）单击“更改图标”按钮，弹出“更改图标”对话框，单击“浏览”按钮，弹出“浏览”对话框，在“项目 6\案例 1”文件夹下选择“B6-12B.ico”文件，单击“确定”按钮，关闭“浏览”对话框，返回到“更改图标”对话框，如图 6-31 所示，单击“确定”按钮，关闭“更改图标”对话框，返回到“对象”对话框，单击“确定”按钮。

4）右击 Sheet2 工作表中的图标，在弹出的快捷菜单中选择“设置对象格式”命令，弹出“设置对象格式”对话框，在“大小”选项卡中，取消选中“锁定纵横比”复选框，调整“高度”微调框的值为“2.5 厘米”，“宽度”微调框的值为“3.5 厘米”。

5）在“设置对象格式”对话框中，单击选择“颜色与线条”选项卡，单击“填充”选项组的“颜色”下拉列表，在弹出的下拉菜单中选择“其他颜色”命令，弹出“颜色”对话框，在“自定义”选项卡中，设置填充颜色如图 6-32 所示，单击“确定”按钮，返回到“设置对象格式”对话框。

6）在“设置对象格式”对话框中的“颜色与线条”选项卡中，单击“线条”选项组的“颜色”下拉列表，选择“蓝色”，单击“虚实”下拉列表，选择“长划线”，在“粗细”微调框中，输入“3 磅”，如图 6-33 所示。

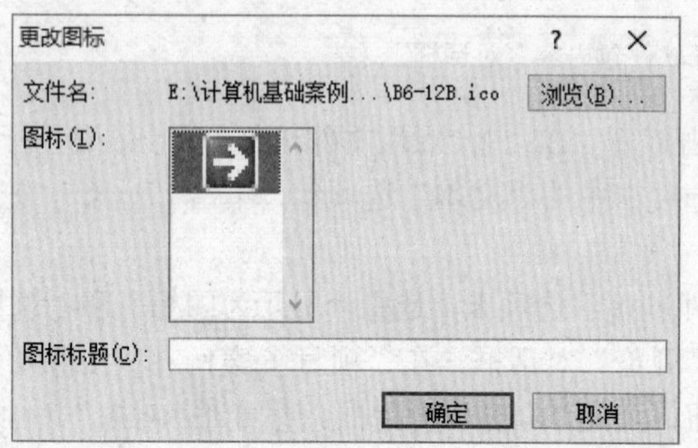

图 6-31 “更改图标”对话框

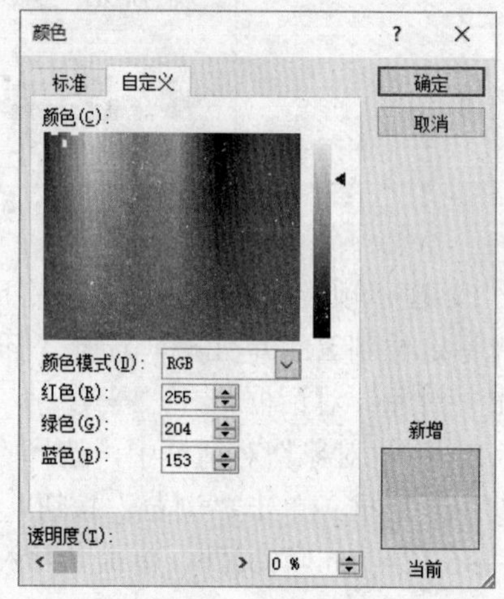

图 6-32 “颜色”对话框

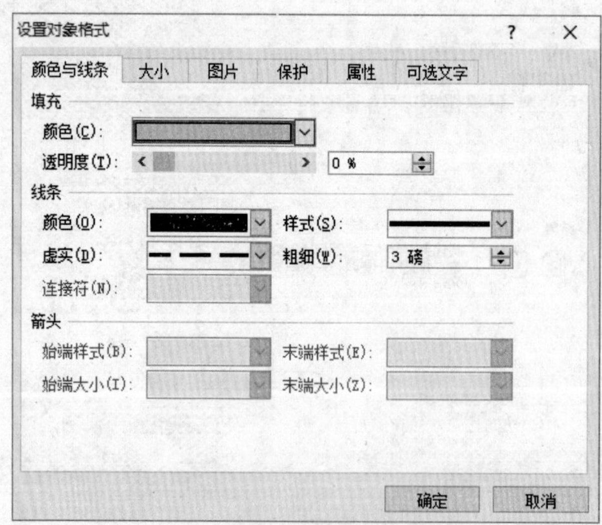

图 6-33 “设置对象格式/颜色与线条”选项卡

7）双击视频文件图标，弹出“打开软件包内容”对话框，单击“打开”按钮，打开视频播放器软件，播放视频。实现激活插入到文档中的视频对象。

（6）工作簿文件间的链接。将 A5-7A.xlsx 和 A5-7B.xlsx 工作簿已定义单元格区域“上半年”和“下半年”中的数据进行求和的合并计算，将结果链接到 A5-7A.xlsx 工作簿 Sheet1 工作表中。

1）在“项目 6\案例 1”文件夹下，双击打开“A5-7A.XLSX”文件，将光标定位到 A16 单元格，选择“数据”选项卡中的“数据工具”选项组，单击“合并计算”按钮，弹出“合并计算”对话框。

2）在“合并计算”对话框中，设置“函数”下拉列表框的值为“求和”，将光标定位到“引用位置”下方的文本框中，选择当前工作簿 Sheet1 工作表中的 A3:E13 单元格区域，单击“添加”按钮。

3）单击“浏览”按钮，弹出“浏览”对话框，在“项目 6\案例 1”文件夹下选择“A5-7B.xlsx”文件，单击“确定”按钮，返回到“合并计算”对话框，在“引用位置”下方的文本框文字后面添加“下半年”，单击“添加”按钮，如图 6-34 所示。在“标签位置”选项组中，选中“最左列”复选框，单击“确定”按钮。最终效果图如图 6-35 所示。

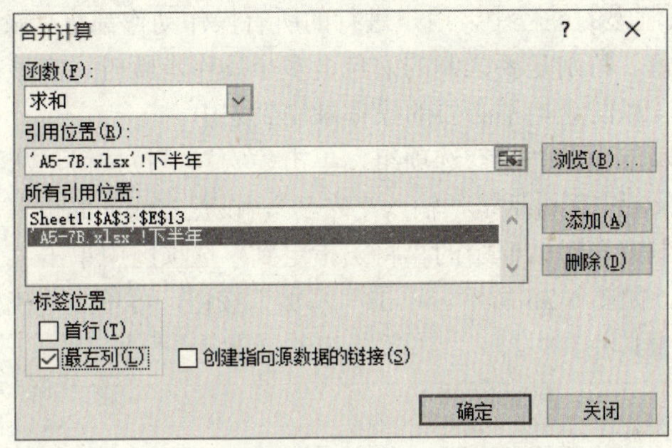

图 6-34　“合并计算”对话框

北京	150000	150000	300000	400000
武汉	140000	180000	255000	490000
上海	100000	180000	180000	440000
南京	110000	150000	195000	230000
石家庄	146000	135000	165000	187000
天津	162000	154000	135000	144000
西安	17800	173000	105000	101000
重庆	19400	192000	75000	58000
兰州	21000	211000	45000	15000
湖南	22600	230000	40000	58000
湖北	24200	249000	30000	144000

图 6-35　合并计算后的效果图

3. 宏与模板的应用

（1）模板。Word 2010 提供一种共用模板，所谓共用模板就是模板中的全部样式和设置能够应用在所有的新建 Word 文档中，最常用的共用模板就是 Normal.dotm。除此之外，用户可以根据实际需要设置自定义的模板，可以将需要重复使用的格式、样式和宏等保存在模板文件中，以便在制作同类文档时，通过加载模板文件，来直接应用模板文件中的样式、宏等，从而可极大地提高工作效率。

1）在 Word 2010 文档中新建模板文件。打开 Word 2010 文档窗口，在当前文档中设计自定义模板所需要的元素，例如文本、图片、样式和宏等，具体的操作方法同“.docx”文档。

在“快速访问工具栏”单击“保存”按钮，打开“另存为”对话框，选择需要保存的位置和文件名，设置“保存类型”为“Word 模板”选项。单击“保存”按钮。

2）在 Word 文档中应用模板文件。主要涉及两个步骤：一是在 Word 文档中加载模板文件，二是使用模板文件中的样式或宏。具体的操作方法参见“案例实现”中的“7.在 Word 文档中应用宏”中的介绍。

（2）宏。在文档编辑过程中，经常有某项工作要多次重复，这时可以利用 Word 的宏功能来使其自动执行，以提高效率。宏将一系列的 Word 命令和指令组合在一起，形成一组命令，以实现任务执行的自动化。用户可以创建并执行一个宏，以替代人工进行一系列费时而重复的 Word 操作。宏可以完成以下一些工作：①加速日常编辑和格式设置；②组合多个命令；③使对话框中的选项更易于访问；④使一系列复杂的任务自动执行。

在 Word 文档、Excel 数据表格和 PowerPoint 演示文稿中均可以录制、编辑、修改、复制、删除和运行宏。操作的方法基本相似，这里以 Word 中的宏为例，进行详细介绍。

1）录制宏。在录制宏的过程中，用户进行的所有操作动作都将“录制”下来，所以此时的操作要无比小心谨慎。特别是要录制的宏包含多个操作步骤时，应该在进行操作之前明确所要进行操作的步骤，以防止把不必要的操作录制到宏中。

选择“视图”选项卡中的“宏”选项组，单击“宏”下拉按钮，从下拉菜单中选择“录制宏”命令，弹出“录制宏”对话框，输入“宏名”，设置宏保存的位置，还可以定义快捷键或快捷按钮，在“录制宏”对话框中的“将宏指定到”选项区中单击“工具栏”按钮，弹出“Word 选项”对话框，如图 6-36 所示。单击“添加”按钮，再单击“确定”按钮，则将宏按钮添加到“快速访问工具栏”中。

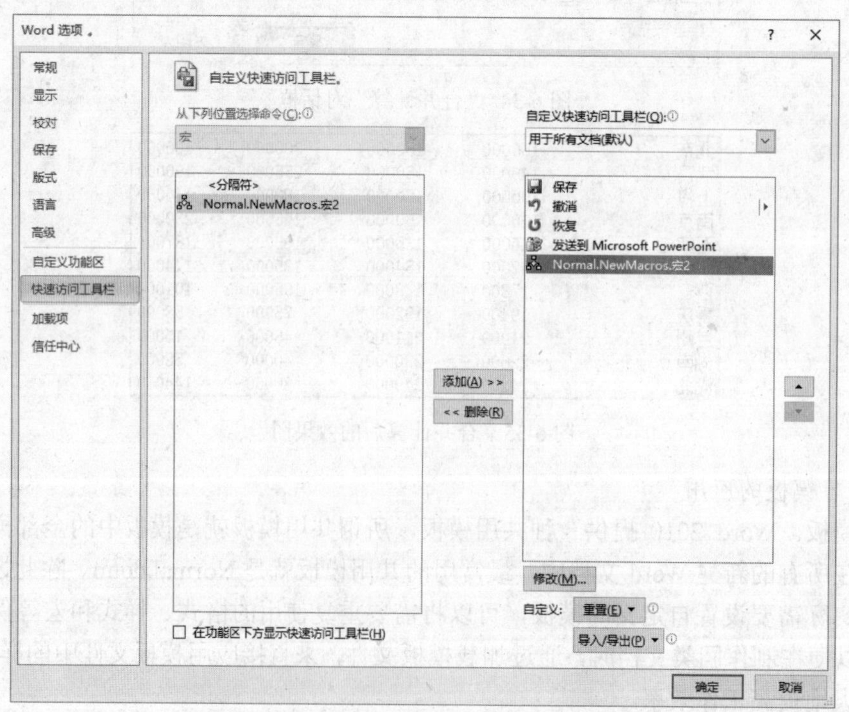

图 6-36 “Word 选项/快速访问工具栏/宏”按钮

然后设置宏的功能。最后，选择“视图”选项卡中的“宏”选项组，单击“宏”下拉按钮，从下拉菜单中选择“停止录制”宏命令。

2）应用宏。选择要进行宏操作的对象，用户可通过多种方法来运行应用宏，如单击该宏的工具栏按钮或按该宏的快捷键，单击“宏”对话框中的“运行”按钮等。

3）删除宏。删除宏的操作方法非常简单，在“宏”对话框中，选中要删除的宏，单击“删除”按钮，此时将弹出提示信息框，提示用户确认是否删除该宏。单击“是”按钮，即可删除该宏。

4）启用或禁用 Word 2010 文件中的宏。Word 2010 的宏安全设置位于信任中心，默认宏是不启用的，以防止他人更改任何设置，或可能带来一些宏病毒。在信任中心更改宏设置时，只针对当前正在使用的 Word 2010 更改这些宏设置，而不会更改其他 Office 2010 程序如 Excel 2010 的宏设置。

单击“文件”按钮下“帮助”中的“选项”命令，出现“Word 选项”对话框。在左侧列表框中选择“信任中心”，在右侧单击“信任中心设置”按钮，弹出“信任中心”对话框，在“宏设置”中，进行所需选项的设置，如图 6-37 所示，单击“确定”按钮。可以实现启用或禁用宏的功能。

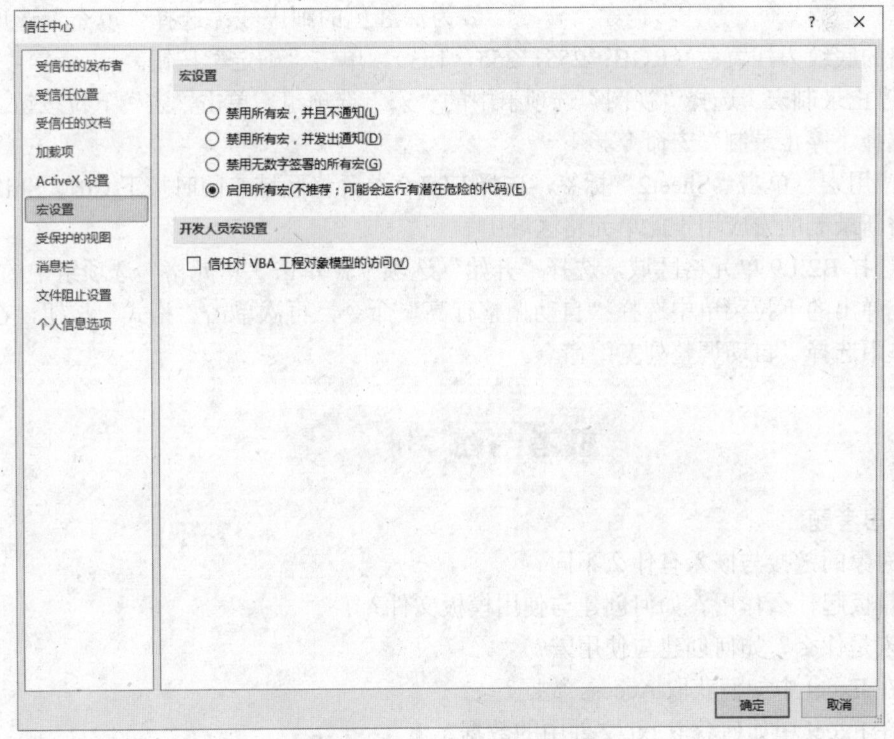

图 6-37　“信任中心”对话框

（3）在 Excel 电子表格中应用宏。在“项目 6\案例 1\B6-12.xlsx”文档的 Sheet1 工作表中录制新宏，宏名为 B6-12B，指定快捷键为 Ctrl+Shift+C，并将该宏保存在当前工作簿中。设定宏的功能为将选定单元格区域的字体设置为隶书、加粗、18 磅，单元格的外边框线为紫色的粗实线，内部网格线设置为深红色的细虚线，底纹为浅黄色（RGB：255，255，153）。在 Sheet2 工作表中，运用快捷键将宏应用在单元格区域 B2:L9 中，并自动调整表格的行高和列宽。

1）在“项目 6\案例 1”文件夹下，双击打开“B6-12.xlsx”文件，单击“Sheet1”标签，选择 B15:C16 单元格区域，选择“视图”选项卡中的“宏”选项组，单击“宏”下拉按钮，从下拉菜单中选择“录制宏”命令，弹出“录制宏”对话框，如图 6-38 所示，在“宏名”文本框中输入“B6-12B”的宏名，将光标定位在“快捷键”文本框中，同时按下 Shift 键和 C 键，设置“保存在”下拉列表框的值为“当前工作簿”。单击“确定”按钮。

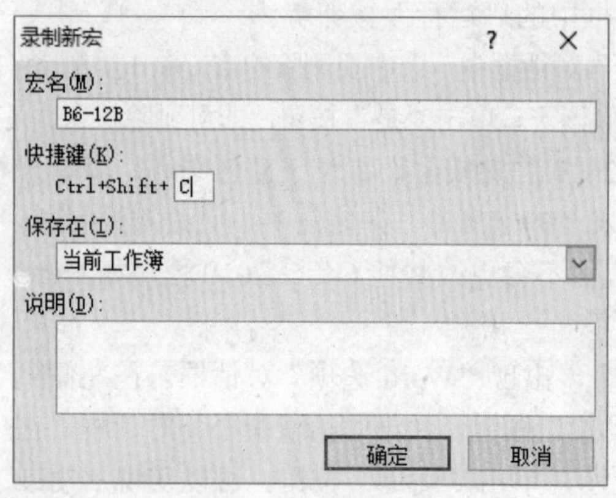

图 6-38 “录制宏”对话框

2）设置宏的功能。选择“开始”选项卡中的“字体”选项组，设置“字体”为“隶书”、“字号”为“18 磅”、“字形”为“加粗”。单击“单元格”选项组中的“格式”按钮，在弹出的下拉菜单中选择“设置单元格格式”命令，弹出“设置单元格格式”对话框，选择“边框”选项卡，设置单元格的外边框线为紫色的粗实线，设置内部网格线为深红色的细虚线；选择“填充”选项卡，设置单元格的底纹为浅黄色（RGB：255，255，153）。单击“确定”按钮。

3）停止录制宏。选择“视图”选项卡中的“宏”选项组，单击“宏”下拉按钮，从下拉菜单中选择“停止录制”宏命令。

4）应用宏。单击“Sheet2”标签，选择 B2:L9 单元格区域，同时按下 Ctrl、Shift 键和 C 键，则将新录制的宏应用于此单元格区域中。

5）选择 B2:L9 单元格区域，选择“开始”选项卡，单击“单元格”选项组中的“格式”按钮，在弹出的下拉菜单中选择“自动调整行高”命令，再次单击“格式”按钮，在弹出的下拉菜单中选择“自动调整列宽”命令。

一、思考题

1．对象的链接与嵌入有什么不同？
2．模板起什么作用？如何创建与使用模板文件？
3．宏是什么？如何创建与使用宏？
4．在 Excel 中如何获取 Access 数据？
5．在 Excel 中如何获取.txt 文件中的数据？
6．试着用 Word 制作网页。
7．为一篇 Word 文档自动生成目录。
8．试着将 Excel 数据链接或嵌入到 Word 文档中。
9．在 PowerPoint 演示文稿中插入 Word 文档。
10．在 PowerPoint 演示文稿中插入 Word 表格。
11．在 PowerPoint 演示文稿中插入 Excel 图表。
12．完成两个 Excel 工作簿文件的链接。

二、练习题

（一）打开文档“项目 6\思考与练习\A7.docx”进行如下操作。

1．在文档中创建、编辑宏：

（1）在文档中录制新宏，宏名为 MACRO2，指定快捷键为 Ctrl+Shift+C，并将该宏保存在当前文档中。设定宏的功能为将选定文本的字体设置为华文彩云、加粗、四号、蓝色（RGB：50，50，255），行间距为固定值 24 磅。利用快捷键将新录制的宏应用于文档的第 1 段中。

（2）将“项目 6\思考与练习\DOTM7.dotm”模板文件中的宏 KSMACR014 复制到当前文档中，并应用于文档的第 2 段中。

2．在文档中插入表格：

在文档的结尾处以插入对象的形式插入文档“项目 6\思考与练习\WJ7-5A.docx”中的表格。

3．办公软件间的信息转换：

（1）在当前文档的第二页以插入对象的形式插入工作簿“项目 6\思考与练习\WJ7-5B.xlsx”，并运用“前六车间产品统计”工作表中的相关数据生成分离型三维饼图图表，再将该图表以“Microsoft Excel 图表对象”的形式粘贴至文档的第三页。

（2）将第三页对象中的图表类型更改为复合条饼图。

4．办公软件间格式的转换：

将当前文档以“启用宏的 Word 文档”类型保存后，再重新以单个文件网页文件类型保存至当前文件夹中，页面标题为“沈氏园的传说”。

（二）打开文档“项目 6\思考与练习\WJ7-20B.xlsx”进行如下操作。

1．复制工作表：将 Sheet1 工作表数据复制到 Sheet2 工作表中。

2．录制宏：在 Sheet1 工作表中，以 MACRO4 为宏名录制宏，创建快捷键 Ctrl+ Shift+Z，将宏保存在“当前工作簿”中，要求设置单元格的字体格式为隶书，加粗，字号为 18 磅，单元格的边框线为靛蓝色的粗实线，底纹为金黄色。

3．运行宏：在 Sheet2 工作表中的 A1:H10 单元格区域运行快捷键来自动完成执行宏 MACRO4 的任务。

4．办公软件间格式的转换：保存当前工作簿，再以单个文件网页类型保存，页面标题为“预算内财政支出表”。

参 考 文 献

[1] 全国计算机信息高新技术考试，办公软件应用（Windows 平台）Windows 7．Office 2010 职业技能培训教程（高级操作员级）．北京：希望电子出版社．2014．

[2] 办公软件应用（Windows 平台）Windows 7、Office 2010 试题汇编（高级操作员级）．北京：希望电子出版社．2014．

[3] 办公软件应用（Windows 平台）Windows 7、Office 2010 试题解答（高级操作员级）．北京：希望电子出版社．2014．

[4] 全国计算机信息高新技术考试，办公软件应用模块（Windows 7 平台）高级操作员级考试大纲．

[5] 全国计算机及信息高新技术考试，办公软件应用模块（Windows 7 平台）高级操作员级考试评分细则．

[6] 青巧．Office 2010 高级情景案例教程．大连：东软电子出版社，2014．

[7] 眭碧霞．计算机应用基础任务化教程-（Windows 7+Office 2010）．北京：高等教育出版社，2013．

[8] 张福炎，孙志挥．大学计算机信息技术教程．6 版．南京：南京大学出版社，2015．

[9] 陈珂，李金祥．计算机应用基础上机指导教程．苏州：苏州大学出版社，2015．